相楽総三とその同志

長谷川　伸

JN177643

講談社学術文庫

目次

学術文庫化にあたって

・本書は『相楽総三とその同志／相馬大作と津軽頼母』(「長谷川伸全集」第七巻、朝日新聞社、一九七一年)に収録された「相楽総三とその同志」を底本とした。
・ルビを適宜、増やした。
・全集では地名等については原則として執筆当時のままとしているが、文庫化にあたって、適宜、補足したりあらためたりした。編集部による説明的箇所は［　］で示している。
・講談社の規準にしたがって表記を統一し、送りがなや句読点をおぎなったところがある。
・詩歌の組み体裁をあらためた。
・年齢は原則として数え年である。
・明らかな誤植は、これを正した。
・人名や書名、地誌や日時、引用については原典や他の典拠にあたり、明らかな事実誤認等があると考えられる箇所についてはこれを正した。人名の異同や重複、時系列など判断困難な場合は底本そのままとした。
・今日の人権意識に照らして不適当と思われる表現があるが、著者が故人であること、差別的意識を助長する意図があると考えられないことに鑑みそのままとした。諒とされたい。

相楽総三とその同志

昭和十五年三月—同十六年七月『大衆文芸』連載

自　序

相楽総三《さがらそうぞう》という明治維新の志士で、誤って賊名のもとに死刑に処された関東勤王浪士と、その同志であり又は同志であったことのある人々のために、十有三年間、乏しき力を不断に注いで、ここまで漕ぎつけたこの一冊を、「紙の記念碑」といい、「筆の香華」と私はいっている。

初めここには論説を載せる気であったが取止めた。事情を明らかにすることは百の論説に匹敵するはずである。事情の明らかさを欠くときにのみ論説の要こそあれと思うが故である。私は別に人あって必要ある論述にあたる時、その資料を送ることにも使命をおぼゆる。

昭和十五年三月から同十六年七月まで雑誌『大衆文芸』に、掲ぐること前後十五回、約八百枚、そのときの題名は「江戸幕末志」であった、それを拾遺し削略し補筆し改訂し、分量頓《とみ》に加わったものの、これは決定稿ではない。未定稿というほど弱きを感じているものでもない。第一稿と呼んでいる。私といえども、その時に於ける可能の知悉《ちしつ》を永久不変と傲信するほど不遜ではない。

埋《うも》れたる人物と事蹟の掘返しに、尚つづくべく思うているわが第一稿の予定題目のみでも多きに過ぎるほど多い。それほど、有名と比べて劣らざる有名でない人物と事蹟とを、過去にもつ豊富さは、わが日の本独自の特色異彩で、世界に冠絶《かんぜつ》するものある所以《ゆえん》の一つがここにもある。

明治維新の鴻業は公卿と藩主と藩士と、学者、郷士、神道家、仏教家とから成ったの如く伝えられがちであるが、そして又、関東は徳川幕府の勢力地域で、日本の西は討幕、東は援幕と印象づけられがちだが、その二ツとも実相でないことを『相楽総三とその同志』は事実に拠って弁駁《べんばく》表明している。士・農・工・商という称呼で代表している、全日本のあらゆる級と層から出て明治維新の大業が成ったのが実相で、そういう観かたを余りにもしないわれらの習癖に対し、無言の体当りを食《くら》わせた意味をもたない訳でもないのである。明治維新には博徒すら起《た》っている。更に極端な例を引けば盗賊すら心身を浄めて御奉公に精進した（嘘みたいに取られるといけないのでいうが、秋田藩隊長荒川久太郎附属折之助と与八が一例である）、こう云っては徒《いたず》らに奇を求めていう嫌いがあるなら、別の方面からいってもいいのである。例えば『波山始末《はざんしまつ》』をとって無虚《むこ》の心で臨めば、そこに姓のない戦死者刑死者が随所にあるのに心づくだろう、従来これらの安兵衛とか久蔵とか名のみ記された多くの人々を、無頼野合の徒として扱ったことはあっても、詮じ詰めて草莽《そうもう》の志士かどうかを探ったことがない。更に『草莽北越□□』（作者脱字）を取ってみると今いった答えが事実に拠って弁駁の実を挙《あ》げているのに心づくであろう。

私はわずかに『相楽総三とその同志』だけにかかっただけだが、文化年間をシンにその前後に跨《また》がる帝政ロシアの北方入侵について、詳密にもっと知ることを得たとしたら四民蹶起《けっき》のありさまが、国民の胸に名曲のような響きを与えるに違いないと思える。独りそれのみならず日本の内の大きな事の幾つかに、それとおなじきものが矢張り見出されるのではなかろうか。

補足した点を一々挙げないが、その二、三を記すと、綾小路俊実が、京都脱走の日、庭田大納言に贈った訣別状がある、当時の綾小路の凛烈《りんれつ》な気宇がよく現れている、馬淵友太郎・虎吉兄弟のことや、徴兵七番隊のことや、小諸、岩村田両藩に於ける、それぞれの明治早々の内訌や、桜井常五郎等の死刑執行前後についてや、関東に於ける浪士取締役だった山内源七郎の死刑、追分の大黒屋主人とは、漢詩人金丸淵斎であることや、その養子恕平が平田学徒であったことや、その他、約百ヵ所に新事実に拠る充足をした。

だが、依然として手と筆の及ばざるものが多い、伊勢松阪の山本鼎《かなえ》（西村謹吾）、土州だという小松三郎（福岡幸江）、秋田の大木四郎、上州の金田源一郎（宇佐美庄五郎）、駿州の高山健彦（望月多仲）、秋田の竹貫三郎（菊池斎）をはじめ、その反対側では渋谷和四郎その他、記すべくして記し得ざるものがまだまだ多いことを遺憾とする。

『常ざむらい』という単行本が私にある、以前『サンデー毎日』に書いたものである。『相楽総三とその同志』の刊行はそれを抹殺するものである。あれには誤りが多い。

この稿にかかってからも改修に着手中も、思わざるに難解を解かれ、はからざるに推判の材料を与えられた、これを私は神明の冥助と信じ感激を永く忘れまいとしている。買う気に何のためになったか我ながら合点のゆかぬ、古書店からの紙屑屋からの買いものが、再三再四どころでなく打開探究に進めてくれたことなどを云う。

この一冊の校正を終えて語るべくして語り落したことが少《すく》からぬを後悔している、たとえば足利の鈴木千里のごときである。そうして又思わるることの一つは、敗北以上の敗北者だった生残りの相楽の同志のうち、志渡長次郎の如く戸田恭太郎の如く無理な死処に飛びこんだ者とても私利私慾はすこしもなかった、その他の多くは山の草が冬がれて枯れる如く人知れず静かに世を去っていると思えることと、雪冤《せつえん》に熱中した血縁の者達に反抗の毒々しさが毫末もないことである。これを執拗に詛《のろ》い永き遺恨とし、対抗闘争を事とする外国の人物と事蹟とにくらべ、雲泥の差を発見し、清冽を感ずるもの私のみではあるまい。

資料に供したものを次に記す、どなたかの役に立つ時があるかも知れないと思うからである。疎笨《そほん》の性がわざわいして手控不備となり若干の欠漏散逸さえある［今回の文庫化にあたり、可能なかぎり書誌を正した」。

「雪冤手記（仮題）」（木村亀太郎）「赤報隊雑纂（仮題）」（長谷川伸）「薩邸浪士と赤報隊」（長谷川伸）「相楽総三関係史料」（諏訪資料叢書）「相楽総三資料（仮題）」（木村亀太郎）「薩邸浪士と赤報隊（仮題）」（長谷川伸）「野州岩船山浪人追討の顚末聞取書」（藤野近昌）「小中村史蹟」（石井録郎）「白雪物語」（落合直文）「岡田貞信談話筆記」（内藤信一郎）「戊辰国難記」（関重麿）「近世日本国民史・薩邸焼打の事情」（徳富蘇峰）「徳川幕府末期の小田原藩」（片岡永左衛門）「戦亡の士の事歴」（茂木澮蔵）「栃木史蹟」（大浦倉蔵・高田安平）「南紀徳川史」「薩邸焼討事件真相」（大泉漁史）「薩邸焼討論を読みて」（国分剛三）「朝比奈閑水手記」「神原富文談話筆記」「福田誠好斎伝」「西山尚義遺書」（丸山久成）「堤和重談話」「根岸友山伝」「金子与三郎」（寺尾英量）「殿木春次郎小伝」（殿木三郎）「俣野時中談話」「小自在庵南園」（平松理準）「山田年貞談話」「芳賀直哉談話」「相楽総三と嚮導隊」（田沼佐）「南部広矛伝」（芳賀矢一）「伊達宗城御手留日記」「陣幕久五郎伝」「幕末百話」（篠田鉱造）「井上頼圀談話」「五十年前」（塚原靖）「林源太兵衛談話」「日本近世造船史」「薩藩海軍史」（東郷吉太郎）「丁卯日記」（中根雪江）「下野史談」「可堂先生事蹟」（塚越停春楼）「梶金八談話」「甲賀源吾伝」「安保清康中将伝」「平井直談話」「川俣茂七郎」（斎藤馨）「藍香翁」（須藤光暉）「薩艦砲撃始末」（横井時庸）「幕末軍艦咸臨丸」（文倉平次郎）「小川香魚資料」「松田正雄資料」「桜国輔資料」「唾玉集」（伊原青々園）「落合直亮談話」「中村恕助伝」（若木武之助）「御許山勤王記」（小野精一）「八王子偉人伝」「藤岡好古伝」「西南紀伝」（黒竜会）「権田直助詳伝」（埼玉県教育会）「埼玉史談」「霊山大山」「名越廼家遺稿」「権田直助翁」（神崎三郎）「二ツの宝船」（沢太郎左衛門）「薩邸砲撃方略」（ブ

リューネ）「続藩翰譜後御事蹟」（白井重高）「鈴鹿郡野史」（柴田厚次郎）「昨夢記」（城多図書）「大原重実手記」「山科元行談話」「台山公事蹟」（山路愛山・久保和三郎）「勤王家佐藤清臣翁」（岐阜県恵那郡大井高等尋常小学校編）「西本祐準資料」「水野丹波」（水野純）「油川信近談話」「大給亀崖公伝」「塩川広平伝」「関東謀攻日記」（塩川広平）「追分最後の日」「東山道嚮導隊」（田沼稲里）「岡谷繁実談話」「渡辺清談話」「上田市史」「偽勅使桜井常五郎」「北佐久郡史」「軽井沢町史」「由利公正談話筆記」「世外侯事歴」「佐波郡史」「群馬県史」「足利市史」「山形県史」「両毛宝鑑」「吉仲直吉談話」「栃木県史」「宇都宮市史」「秦林親日記」「先考小野良意・伯父伊東甲子太郎・岳父鈴木三樹三郎」（小野圭治郎）「竹内廉之助資料」「官軍先鋒嚮導隊」（油井七回子）「金輪五郎資料」「軽井沢郷土史」「北越戦争実記」（野口団一郎）「回顧録」（塩谷良翰）「翠樹園」（岸伝平）「高松実村談話」「松のほまれ」（清水謹一）「館林叢談」（岡谷繁実）「田中不二麿伝」「伊地知正治小伝」（野村綱吉）「岩倉公実紀」「伊那尊王思想史」（市村咸人）「信州人物志」（佐藤寅太郎）「滋賀県神崎郡史稿」「回想の日本」（アーネスト・サトウ）「徳川慶喜公伝」「北巨摩郡史」「飯田武郷（笠井蘭山）「道俊随筆」（林勘吉）「松本郷土訓話集」「甲斐国見聞日記」「近藤勇と土佐勤王党」（寺石正路）「三井家奉公事歴」「池田徳太郎」（沢井常四郎）「殉難録稿」「金井之恭伝」「近代月表」「晦結溢言」（堀内信）「落合直文号」（仙台郷土研究）「隈山詒謀録」（谷干城）「鳥尾弾三談話」「峡中沿革史」（望月南涯）「贈位先賢伝」「戊辰戦亡人名録」「志士人名録」「某将軍昔日談」「長谷川昭道伝」「原保太郎翁と語る」（阿部道山）「下諏訪採拾（仮題）」（長谷川伸）「斎藤鋭助談話」「信州追分宿と赤報隊」「金山太田誌」（富岡牛松）「安楽兼道伝」「日の丸船隊史話」（山高五郎）「大里郡史」「上毛及上毛人」「飯能郷土の誌」（吉田筆吉）「落合直亮と愚庵」（片桐顕智）「鹿深遺芳録」「東葛飾郡史」「秋田人物伝」（山方香峰）「伊牟田尚平小

伝」「秋田沿革史」「逸事史補」（松平慶永）「東郷平八郎元帥談」（原道太）「堀秀成小伝」（古河大観）「伊東祐亨小伝」（岩崎徂堂）「江戸城日記」「元帥東郷平八郎」（伊藤仁太郎）「東郷元帥詳伝」（小笠原長生）「思ひ出を語る」（小笠原長生）「報効志士人名録」「能代乃武加志」（近藤八十二）「越奥戦争見聞録」（片岡志道）「黒駒勝蔵」（堀内良平）「喜入村郷土史」「手前味噌」（三代中村仲蔵）「佐久人の国家的発展」（山岡竜三）「維新史料綱要」「竹内廉太郎及哲次郎伝」（渡楫雄）「竹内義之助文書」

昭和十八年一月早春

木村亀太郎泣血記

この稿は、薩摩屋敷に屯集した浪士が、明治維新に貢献したことを明らかにする目的のものである。世間誤って強盗とするその非を訂正し、下野岩船山附近の戦争、甲府城占領計画の失敗、相州荻野山中の陣屋討ち、芝三田薩摩屋敷戦争、江戸湾の海戦に多くの志士の演じた悲劇、信州追分戦争、信州下諏訪の赤報隊潰滅と、大体、以上の事蹟を調査報告するものである。

私はそれらの諸人物と何の縁故もないが、憐むべく傷むべきものがあるので、年来久しく拾聚《しゅうしゅう》した資料によって記述し、後来、編まるる幕末史乃至《ないし》明治史に、是正の材料に供えたいのである。

◇

宮内省できょうは給仕の採用試験があるので、幾人も幾人もの少年が、上気したり緊張したりして集っていた、その中にひとり背は高いが顔色がよくない少年がいた。係員がその少年の順番がきたとき、「幾つだ」と尋ねると「十二歳です」と答えた。この子は実は十三歳だった。他の少年にくらべて、発育が劣っている、それを知っていて一つ歳を隠したのである。すると係員は「来年お出で」といって次の番の少年を呼んで、それっきり相手にしなかった。少年はうなだれて門を出て行った。

翌年の春の給仕の採用日に、彼の少年が再びやって来た。昨年よりは成長しているが矢張り発育が劣っていた。それのみかこの子には、何処となく、陰《かげ》が暗くさしていた。

今度は採用されて宮内省主殿寮の給仕で、日給十三銭に宿直料が十二銭、宿直は一日置きで宿直明けの朝帰って、翌朝出勤するのであるから、一ヵ月のうちに半月は昼から続けて宿直するものである。

この少年は亀太郎といった。父は木村河次郎といい、母は栄子という。河次郎の父は明治元年三月三日に、梟首《きようしゆ》となり、河次郎の母は自害して夫に殉じた。

◇

父の河次郎は病弱だった。勤めに出たこともあるが勤めきれなかった。筆蹟が美しいので写字をやったり絵がかけるので絵をかいた。茨城県相馬郡相馬町大字椚木《くぬぎ》［現・取手市］の小島家に、四枚の襖にかいた絵が現存している。小島家は河次郎の妻栄子の実家で、栄子の父は小島岩吉といい、明治維新前は椚木村の庄屋であった。そうして小島岩吉は河次郎の父の従弟だった。

栄子は河次郎に嫁いだ。そのときの木村家は巨万の富があった。実家は栄子の弟の高之助が嗣いだ。高之助の他に栄子には姉が一人、妹が一人あったという。財産を失ってからの河次郎はいつも昏《くら》い顔をしていた。病弱のために昏い顔をしている以上に、底知れぬ昏さがあった。何故、そんなに陰鬱な父であったかということは、後になってわかったが、少年である亀太郎にはまだ判らずにいた。

河次郎は門口に刀剣鑑定の看板を出し、稀に鑑定を頼みにくる人から、いくらかの鑑定料を得ていた。それは生計の足しに殆《ほとん》どならない、僅かばかりであった。

家は河次郎の祖父が住んでいた広大な屋敷跡で、幾棟かの立派な建築は取崩され、土地は三人に分割して売払われ、以前は、小大名ではとても出来ない豪快なくらしだったころ、小者を住まわせて置いた長屋の端くれが僅かに片隅に残されていた。その長屋は四軒だか五軒だかで、河次郎親子が住んでいるのは、隣りとおなじ畳四枚に半畳の板の間、それだけで入口と台所とは隣りと共同だった。

壁一重の隣りは人力車の塗師屋で、その他は人力車夫と浅蜊《あさり》の剝身《むきみ》売りだった。この人達が月に一度ぐらい酒を買って集り、音の悪い三味線をだれかに弾かせ、一日中、騒いだ。そういうときの河次郎は侘しそうな顔をして一日中口をきかずにいた。病床についてからのそういう日は、殊に悲しそうな顔をしていた。

人力車夫の中に小池というのがいて、夫婦の間に子がないので河次郎の子を可愛がった。使いなどを頼んで、ときどきお駄賃だといって小銭をくれたり、昼飯を食べさせたりした。

或るときは、河次郎の家には米がなかったので、妻栄子が饂飩粉《うどんこ》で団子をつくり汁に入れて食事を代えた、すいとんである。そういう日がすくなくなかった。出入りの植木屋だった人が昔忘れず、ときどき訪れてきて、芋などを置いて行った。その芋に米をすこし混ぜ、芋粥をつくって、飢えをしのいだ日が幾日も幾日もつづいた。

この長屋のどこにも電燈はなく、石油ランプをつかっていた。一晩の費用は一銭ぐらいだったが、河次郎の家は貧しいのでランプが点《とも》されないで、行燈《あんどん》をつかった。

河次郎は多く病臥していた。妻の栄子は薄ぐらい行燈のそばで、夜更けるまで賃仕事に脇眼もふらず、昼のうちは何処へ行くのか、日傭《ひよう》取りの働きに出ていた。

夫婦の間に長男亀太郎の他に、一男（隆平）一女（千代子）が生れた。一家五人、くらしはいよいよ悪く、父は病臥の日が多くなり、母は日に日に窶《やつ》れて行った。

◇

亀太郎は小学校の尋常科三年まで行った。一年のときも二年のときも、秋季の遠足に行ったことがない、同級生がみんな唱歌や軍歌をうたいつつ、楽しげに出発する声を遠くから聞いて、亀太郎は泣きたくなるのを怺《こら》えて、幼い弟や妹の守《も》りをするのが常だった、しかし、三年級限りで退学することになっていたので、三日も四日もいい出しかねていた末、思い切って父河次郎に、「どうか一ぺんだけ学校の遠足にやって下さい」と頼んだ。父は無雑作に「うん、よしよし」といった。働きに外へ出ていた母が帰ってきて、父からその話を聞くと、激しく反対した。やがて父と母とが口論となった。それは小学校の先生が「遠足に行くものは新しい草履《ぞうり》をもっておいでなさい」といった、その草履が買えないのだった。それどころか弁当をつくるのに白米がなかったのだ、遠足に着てゆく着物もないのだった。九歳か十歳だった亀太郎は、父と母の口論を聞いて、大変なことになったと思い、母の前に坐り、「あしたの遠足に行きたくないから止めていいのです」といった。すると母がワッと泣き伏した。父は黙って眼を瞬《しばた》いて泣くのを辛抱していた。蟋蟀《こおろぎ》のないている晩だった。

亀太郎は家の中にいられなくなって、外へ出て、歩きつつ泣きに泣いた。秋の空はその晩美しく澄んでいた。泣き疲れた眼がいつか星を仰ぎ見た。星はきらきら輝いていた。このとき以来、今日に至るまで亀太郎は、夜空に輝く星を仰ぎみて、何を考えるでもなく、じっと見つめることが好きである。

家へ亀太郎が帰ろうとすると、うしろに母がいつの間にか来ていて、「今まで一度も行ったことがないから、明日はゆっくり行っておいで、その代り麴町六丁目まで一緒においで」といった。母は大きな包を抱えていた。

麴町六丁目とは質屋へ行くことだった。赤坂見附下の弁慶橋をわたり、喰違《くいちが》い下の交番までの間は至って淋しく、右には大久保利通遭難の記念碑、左は伏見宮家の竹藪で、母と子はぴったり寄り添って歩いた。

質屋からの帰りに母は亀太郎をつれて、一ツ木通りで、草履を買い、海苔を買い、米も買って、そこから遠からぬ家へ帰った。二人とも夜露にひどく霑《うるお》っていた。

亀太郎は家へ帰るとすぐ、照る照る坊主を幾つもつくり、以前は曾祖父から父が譲られた、宏大な屋敷の庭の樹だったことのある、そうして今は、他人が地主である大きな柿の木の枝に、あしたは天気になあれ、雨降るな雨降るなと念じて結びつけた。

翌日は快晴だった。亀太郎は始めで終りの小学校の遠足に行った。そうして三年から進級して四年になると、一日も登校せずに退学し、近所にいた山田という人に教えられ、宮内省の給仕を志願し、「来年お出で」といわれたのである。

◇

宮内省の給仕に採用された亀太郎は、その年の十二月十一日に金五円の賞与をいただいた。亀太郎はその五円をもって父を喜ばすものを買いに芝の露月町《ろうげつちょう》に行った。そこには刀剣商が七、八軒あったのである。亀太郎は刀を一口《ひとふり》買うつもりだった。何故、少年の亀太郎が刀を買う気になったかというと、父の河次郎が刀剣をみることが何より好きで、昼は戸棚のなかにはいり、行燈の灯皿をもちこみ、火を点して刀をじっと見る、そういうことをよく知っていたので、父を喜ばすには刀剣に限ると一図におもい込み、母にも相談せず、露月町へ廻ったのである。

亀太郎は或る一軒の刀屋で「刀を買いますから見せてください」といった。刀屋は客が子供なので相手にしなかった。仕方がないので又一軒へ行ってみたが、そこでも断《ことわ》られた。別な刀屋へ行ったがそこもまた相手にしなかった。漸く四軒目に行った刀屋で、鈍刀物を十本ばかり出してみせてくれたので、父がやるとおりを真似て、一本一本丹念にみたが、どれもこれもひどい鈍刀だった。すると奥から主人が出てきた。店のものが子供が刀を買いにきて、ためつすかしつしてみているとでも知らせたのだろう、主人は出てくるとすぐに亀太郎に「お前さん刀がわかるのかね」と尋ねた。亀太郎は父が大変に刀剣が好きであることや、父は病床についていること、金五円いただいたからそれで買って帰って父を喜ばしたいと思うことなど、すっかり打明けると主人が、「感心だなあ」といったきり、暫時なにもいわずにいたが、「それならば良い刀が奥にあるから見せてあげる」といって、二十本ばかりの刀を、奥から持って来て見せてくれた。その中から一口《ひとふり》、寸端物だったが、備前長船勝光と銘が切ってあるのを買う気になり、値段を聞くと、「四両二分だが五十銭はご褒美にあげるから、四円でいい」という。それではと四円払ってその刀を持って帰ろうとすると、「それはいけない、御規則であるからお宅へ届けさす」というのを無理に頼んで、刀屋の店の人に一緒に持ってきてもらった。

河次郎は果して大変な喜び方で、「亀太郎この刀は性がいいぞ、大変にいい掘出し物だ」といい、その後、毎日、戸棚の中で灯にかざして備前勝光を見ていた。

亀太郎は残りの一円で近所の道具屋にあった短刀を一口買って、又も父への土産にした、今度も河次郎は喜んで、「これは大変なものだ、今正宗と呼ばれた正近の作だ。これはいい。俺が死んだらこれだけは棺の中に入れてくれ」と笑談のように云って笑った。その笑い顔がひどく淋しかった。

それから二十日ばかり経って河次郎が死亡した。

◇

亀太郎にとって父は優しい父だった、母は厳しくこわい母だった。厳父慈母というが、亀太郎には慈父厳母だった。父は祖父から譲られた財産を、集った不信不義の輩に、欺かれたり騙されたりして、悉《ことごと》く失い、窮迫の底に陥った上に、病弱で、子供を愛する時間がそう長くはあるまいと、死を覚っていたそのために、厳父でなく優しい父になったのである。父がそれで母が優しかったら、この一家は餓死の他なかった。そこで母は強くなった、挫けかかる心を我と支えて、夫のため、子のため、母は努めて強くなった。それだから慈母でありながら厳母のかたちであったのである。

母の栄子は下総《しもうさ》の父から譲られた田地があった、それを一枚売り又一枚売り、遂に悉く他人手《ひとで》にわたしてしまった。実家の方からも月々永く補助してくれた。臨時の扶助もしてもらった。

河次郎の死を悲しんだ栄子は、毅然として起ちあがった。

それから二十余年にわたる悪戦苦闘がつづいた。夫を失ったときの栄子は三十六歳だった。

◇

或る日、仏壇の掃除をしていると、妙なものが出てきた。包紙をのぞいて見ると、硬《こわ》ばった一握りの髪の毛である。ひと目でそれが男の髻《もとどり》であると判った。硬ばっているのは血が古くなっているのである。亀太郎はどうしてこういうものが仏壇の中に安置されているのか、不審に思って訳を母に質すと、母は厳粛にその由来を語った。

「お前の祖父は小島四郎将満といった人で、変名を相楽総三といい、若いときに既に学者になっていて、二十四、五歳のとき、門人が二百人もあった。酒井様という旗本《はたもと》が三百石で抱えたいといって来たが、お前の祖父は千石ならばいざ知らず、といって一言のもとに断った。そのころ浪人は三百石はさてとして十石で抱えようというようなことも滅多にあることではなかった。

それから間もなく芝の薩摩屋敷へはいり、五、六百人の部下が出来て、その大将になり、江戸城を攻めて徳川将軍を亡ぼし、天朝の御代にかえし奉ろうとしていたのが発覚し、幕府の兵三千人に囲まれて戦争になった。幕軍の射った大砲で、火薬庫をやられ、火事になったので、漸く一方の囲《かこみ》を破って逃げ、一行五、六十人で品川から薩州の軍艦で京都へのぼり、西郷吉之助［隆盛］などに会い、今度は官軍赤報隊を編成し、隊長となって、江戸の徳川を攻めに出発し、信州へ出たところ、他の隊長が讒言《ざんげん》をしたために明治元年三月三日、雪の降る日、信州下諏訪という処で、賊をはたらいた偽勅使という汚名を着せられて殺された。この髻はその祖父ので、血は祖父の怨みの血だ。祖父が立派に官軍であったという証拠はそのとき奸者の手で焼きすてられたから残っていない。赤報隊の主なる人は祖父と同時に殺されてしまった。祖父をそういう目にあわしたものの一人は香川敬三と今いっている人で、香川はわたし達には怨み深いものだが、当今では高位高官で、宮内省のえらい人になっているから、お前がもしも相楽総三の孫だと知れたら、どんなことになろうか知れないから、心をつけて、覚られぬようしなくてはいけない、幸い家の姓は小島ではなく木村と変っているから、黙っていれば覚られることは決してない、必ず香川に覚られるな」

と、こういう、亀太郎には初耳の驚くべき話だった。それにしても祖父相楽総三こと小島四郎の讐ともいうべき人が、正二位勲一等の香川敬三伯爵で、今の今まで、宮内省の廊下で出会えば二、三歩退いて敬礼していた、あの矮軀短小《わいくたんしよう》の老人が、そうだったかと知って、亀太郎は涙を禁《とど》めかねた。口惜しくも情けないのである。

◇

亀太郎はその後も、たまたま廊下で出会う香川敬三伯に、恨みを呑んで二、三歩さがり敬礼した。

こうして年月が経って七、八年、亀太郎は給仕から文書課の雇員になり、月給何十円かをいただくようになってからは、貧しくはあるが気楽にくらせた。妹もやがて人の妻となり、亀太郎の肩にかかっていた荷がやや軽くなった。母の栄子もほッと一息ついた。

明治四十五年改元があって大正元年の十二月、明治天皇御大葬の後で、亀太郎は慰労手当金五十円をいただいた。生れて初めて手にした五十円の半ばを母に渡し、残る二十五円をふところに、休暇の日を待ちかねて、飯田橋駅から汽車に乗った。亀太郎の行く先は長野県下諏訪である。四十五年前、雪の降る三月三日、偽勅使の強盗、悪人の頭取、という罪人にされて殺された祖父相楽総三が、怨鬼となっているであろう下諏訪である。どんな山川があり、どんな草木があり、どんな人情風俗のところか、亀太郎はあたかも敵地にはいる心地で緊張した。

亀太郎は長い時間の汽車の旅は初めてだった。その汽車は夜半に甲府駅に着いた、それから先はあすの午前までないという。生れて初めて待合室の腰掛に深夜を過し、翌朝九時の松本行の汽車で、祖父の血に硬ばっている髻を見て以来、日も夜も、忘れずにいた信州下諏訪駅に着き、鏡のような諏訪湖からくる氷の風に吹かれつつ、停車場を出て驚いた。亀太郎が想像して来たのは高原の寒村だった。

悪名の下に非業の死を遂げた祖父の墓は湮滅《いんめつ》しているかも知れない、しかし、故老の間を訪ねまわったら、存外、記憶している人があって、その旅浪人を葬った処なら知っていると教えてくれるかも知れない。仮令《たとえ》、葬った場所は滄桑《そうそう》の変を来《きた》しているかも知れないが、祖父が無惨なる碧血《へきけつ》で染めた土はこの処であるというぐらいのことはわかるだろう。探したら墓も在るだろう、下諏訪の土地の人の全部が祖父を憎んだのでもなかろう。一人や二人の特志家があって祖父の冤《えん》を信じてくれ、ひそかに一基の墓石を些《ささや》かに建ててくれているのではなかろうか、こう描いて来た亀太郎は、高原の寒村どころか、立派な街だったので、こんなに人家が多いのではと落胆さえした。墓を探すだけでも三日四日では出来ないだろうと思ったからである。

亀太郎はすぐ警察署へ行き、「この土地に相楽総三というものの墓を探しに来たものですが、何とか特別にお力添えを願いたいのですが」と頼むと、警官はいとも手軽く、「それなら四、五町下がると、新道と旧道の岐れ道がある、そこに相楽塚といって立派な石碑が建っている」と教えた。亀太郎は相楽塚と聞き、立派な石碑と聞いて、予期して来たのとは大違いらしいので、喜びに血が沸き立った。

　行って見ると約百坪の正方形の土地に三基の石碑が建っていた。右の端にある一番大きい石碑の表には次の如く、八人の氏名が刻みつけてあった。

相楽総三

渋谷総司
大木四郎
西村謹吾
竹貫三郎
小松三郎
高山健彦
金田源一郎

　その隣りの石碑には次の如く刻んであった。

招魂之碑

金原忠蔵
熊谷和吉
丸尾清
北村与六郎

その次に隣れる石碑には「石垣東山碑」とある。

亀太郎は思い設けなかった立派な石碑をみて、驚き喜ぶとともに哀傷がとめ度なく出て、泣きつつ苔むす石碑に対《むか》っていた。四辺に人はいなかった。ただ一株の柳の樹が冬枯れた枝を寒々と、草も枯れつくし、地は凍てている片隅にみせているだけだった。

程経て亀太郎はともかくも宿をとらねばならぬと思い、更めて碑に額《ぬか》ずき起ちあがるうしろに人の気配がして「何方《どなた》かの身寄りの方ですか」と声をかけられた。亀太郎が振返ってみるとその辺の主人らしく、亀太郎の様子に気がついて急いで出てきたものらしかった。「相楽の孫です」というとその人は「えッ」と驚いた。「私の家はすぐそこですから是非立寄って下さい、石碑に捧げる供物もすぐに用意しますから」とその人の深切に、亀太郎は喜んで「お邪魔させていただきます」とその人の案内のうしろについて行った。その人の家は増屋という雑貨店で、この土地の者ではなく、十年ばかり前から、そこに雑貨店を開いている飛騨出身の人だった。増屋の主人は「この土地では相楽塚とも魁《さきがけ》塚ともいって、ここらでは有名なもので、土地の名所図絵にも載っています」と、魁塚の図の版行したものを三十部ばかりくれたり、「時折縁故はないがといって旅の人がお詣りなさる」とも語った。

亀太郎は増屋の主人が調えてくれた香華《こうげ》を碑に供え、更めて参拝し、厚く礼をいって一先ず別れて、沢山ある旅館のどこに泊ろうと迷いつつ歩いた。今の先までは木賃宿へでも泊って、費用を成るべく切り詰めたいと思っていたが、祖父がここでは思いがけなく有名と知って、安い宿へ泊っては、相楽の名に恥をあたえはしないかと心配になってきたのである。

迷った揚句、鉄鉱泉と看板の出ている家に旅装を解いた。

鉄鉱泉の主人に亀太郎は会って「この土地に相楽総三が殺された当時のことを知っている老人が現存しているなら教えてもらいたい」と頼んだ。主人は亀太郎が相楽の孫だと知るや熱心になり、「幸い本陣の老人が丈夫でおります、本陣に相楽さんも部下の重役の方も泊ったのです。それでは電話ですぐ本陣へ話しましょう」と照会してくれた。

本陣というのは温泉旅館の亀屋で聴泉閣ともいう、中仙道第一の名園といわれる庭がある。鉄鉱泉の主人が本陣の老人といったのは岩波太左衛門といい、そのとき七十歳ぐらいにみえた。岩波老人は訪ねてきた亀太郎を喜んで迎え、相楽総三が泊っていた座敷を先ず見せ、「ここは、岩倉卿がご到着になるまで相楽さんがおいででしたが、岩倉卿に譲って、相楽さんは他へ移られました」といった。

老人は亀太郎に、「どうして私の処へ泊らないのか」と、その点ではしきりに不平をいっていたが、甚だ深切で、古い帳面を出させ、その記載の文面を指で示しつつ、往事を語ることかなり詳《つまびら》かであった。

その古い紙面には相楽総三以下にくだされた「殺戳梟首」の宣告文がある。「勅命ト偽リ官軍先鋒嚮導隊ト唱ヘ総督府ヲ欺キ奉リ勝手ニ進退致シ剰《あまつさ》ヘ諸藩ヘ応接ニ及ビ或ハ良民ヲ動カシ莫大ノ金穀ヲ貪リ種種悪業相働キ其罪数フルニ遑《いとま》アラズ」というのがその主文である。これによって、この地で殺戮梟首されたものは次の八名であると知った。前にいった相楽塚の大きい方の石碑にあった氏名の人々である。

相楽総三、大木四郎、小松三郎、竹貫三郎、渋谷総司、西村謹吾、高山健彦、金田源一郎。

亀太郎は岩波老人から、相楽塚の碑の由来を聞いた。江戸時代の相楽の副将だった落合直亮が、この土地が伊那県支配のとき、大参事という官職に就いて赴任し、数人の人々と協力して建碑したものだったのである。又、「明治十二、三年ごろでしたろうか、相楽総三の姉という品のいい若くない婦人が、金井《かない》之恭《ゆきやす》さんといって名高かった人や、その他四、五人でみえ、盛大な祭典を行い、碑の維持費にとて多額の金を当地の或る人々に託して行かれたが、その後の永い年月の間に間違いが起ってその金はなくなってしまいました。それでも十年程前までは土地のものが協力して年々三月三日に相楽祭というのを行《おこな》って来ましたが、だんだん、人もかわり時代も変化し、近年は相楽祭も打絶えてしまい、相楽家も今では絶えたとばかり思っていた」といった。亀太郎は岩波老人のいう「相楽の姉という婦人」をよく知っている、知っているどころか、その人こそ、相楽が殺され、相楽の妻がそれを聞いて自害し、残された当時四歳の父河次郎を引取って、母代りになって、育ててくれたと聞いている〝怖いおばあ様〟と記憶にある、新潟奉行所大弁士木村敬弘の未亡人はまである。それのみならず相楽が死刑にあってから後は本姓の小島を憚り、はまの嫁ぎ先の木村を名乗って今に至っているのである。

岩波老人はこうも云った。「相楽家は断絶したとばかり思っていたが、お孫さんが居るからはこのままにして置くべきではありませんぞ。あなたは祖父様の冤罪を雪《すす》がねばいけません。孫のあなたがそれをしないで世のだれがやってくれますか。努力なさい、必ず努力なさい。宮内省にお勤めとあれば手続きにも何彼と好都合でしょう。是非とも、祖父様の冤を雪ぎなさるがいい」老人は熱烈だった。

亀太郎は初めて祖父相楽総三の生涯のうち、終りの部分だけが、照明をあびた人間のように、よく判ってきた気がした。宿へかえってみると土地の新聞記者が待っていた、「相楽さんのお孫さんだそうですな、一つ、相楽さんの事蹟を聞かせて下さい、新聞に書くのですから」といった。亀太郎は今し方、岩波老人に聞いたことと、以前に母から聞いたことと、それだけしか知らない、祖父一代のことを語るには余りにも何も知らなかった。

このときから亀太郎は、相楽総三の雪冤に、一代を傾倒して悔いずと固く実行を誓った。

◇

亀太郎はそれから後引きつづいて、永い間、祖父の雪冤にかかったが、なかなか出来ればこそであった。

亀太郎のそれに助力した母栄子の記憶に、甦ってきたことが一つあった。それは明治時代の国文学者だった落合直文《おちあいなおぶみ》が、養父落合直亮《なおあき》は相楽の同志で副将であった関係上、相楽の名を世に出したいと希望していたが、既に物故したので、養父の望みを自分が果したいからと、家にあった関係文書の全部を、仙台へ持って行ったように思うというのである。亀太郎はそれを聞くと喜んだ。落合家に行っているその書類さえあれば、判明することが多いだろうと思ったからだった。

落合直文は日本の文法が顧みられざる時代に熱狂して研究にあたり、『日本文典』を先ず著わし、後に『日本大文典』を著わした。『ことばの泉』のごとき大編纂も敢行し、和歌革新の発端をひらきなどした国文学者である。

落合直文の『白雪物語』といって〝豊島の里に一人の翁住みけり、人その名を呼ばず、ただその年老いたると徳高きとにより、翁々とぞ呼びけり〟という書出しで養父直亮の一代を綴ったものがある。それが雑誌『太陽』(博文館刊行)に出たのは明治二十八年の第二号と第三号とであった。直亮はその後の明治二十九年十二月十一日六十九歳で東京で物故した。養子の直文が、『白雪物語』を執筆したのは養父の老弱を覚ってであろう。その頃の高級綜合雑誌で、発行部数の多い『太陽』に発表したものである。『白雪物語』は直文の詩文をあつめた『萩廼家遺稿』(明治三十七年刊行)に収められている。

直文は旧仙台藩伊達家の名門で鮎貝太郎兵衛盛房の次男に生れ、明治七年十四歳のとき落合直亮の養子となった。そのころの直亮は讒者《ざんしや》の陥穽《かんせい》に落ち疑獄に坐し、罪無きことが判って青天白日を仰いだが、伊那県大参事を最終として官途に望みを断ち、陸前に赴いて神社の宮司となったのが明治六年であるから、任地に赴いた翌年に直文を迎えて子としたことになる。

『白雪物語』が『太陽』に発表された明治二十八年は、直文が仙台の高等学校に国文学を講義していたときである。越えて明治三十一年には第一高等学校の教授を退いているから、明治二十八年から後に仙台を辞して東京へ戻ったのだろう。直文は明治三十六年十二月十六日、本郷浅嘉の自邸で物故した、年四十三。

亀太郎はそういう事を知らなかった。文学博士落合直文だからすぐ判る、こう思って喜んだのが直文の世を去った後であった、そうして又、その遺族を亀太郎は探し当てることが出来なかった。

相楽総三の従弟で亀太郎の母栄子の父である北相馬の小島岩吉も、相楽雪冤の助力者になっていたので、前にいった『太陽』に出た『白雪物語』を、手写して亀太郎に送って来た。しかし、亀太郎は『白雪物語』は落合直亮に詳しく、相楽はそれほどでもないので落胆した。

明治二十二、三年ごろの『小学読本』の巻八か巻九かに、相楽の勤王始末が出ていたが間もなく禁止削除になった、それは相楽が勤王家と認められず、偽勤王の強盗の張本人と認められていたからである。このことはその頃亀太郎はまだ知らずにいた。ここでいうその頃とは明治四十年代のことである。

雑誌『武侠世界』（武侠世界社刊行）に押川春浪《おしかわしゅんろう》が「水戸の二勇士」という題で板垣退助伯爵の談話筆記を載せた。それには幕末に於ける関東第一の勇士というべきは、水戸の中村勇吉と相楽総三である。この二人とも上野の戦争で壮烈極まる戦死をしたという二十頁ばかりのものだった。

亀太郎はそれを数年後になって知り、読むとすぐ公休日に、芝公園にあった板垣邸を訪ねた。そのときは寒中であったが足袋さえ穿いていない汚い若者は、玄関に立って案内を乞い、面会を懇請した、が、玄関子は「ご不在で」の一点張りで拒んだ。亀太郎は次の公休日に再び行ったが今度も又玄関払いを食った。亀太郎は屈しなかった。三度目に行って三たび追払われた。四度目に又行ったが玄関からではとても駄目だと思い、残念ながら内玄関へ今度は廻って面会を懇請した、が、前の三回と同様に断られた。

「それでは伯爵閣下に、相楽総三という者の孫が参り、お目にかかりたいと今日で四回目で参っておりますとだけ申上げて下さい、それでも面会せぬと仰せがありましたら今後必ず参りません」と、亀太郎は頑として退かなかった。玄関子は遂に根負けして、「それでは一応そう申上げてみるが、会わんと仰有ったら今回限りで屹度《きっと》来ないか」、「必ず参りません」、「それでは」といって引込んで行った。

玄関子が再び出てきたときの態度は、前と非常に違い、応接間へ慇懃《いんぎん》に案内し、茶などもはこんでくれた。そのうちに板垣退助伯が和服で現れた。

「君が総三さんの孫さんか」と板垣伯は不審そうに亀太郎を眺めた。「そうです、私は相楽総三の孫で木村亀太郎といいます。ご存じでしょうが相楽は本姓を小島と申します。孫の私は小島でなく、木村を名乗っております。それには事情があります」と語りかけると板垣伯は、「ちょっと待ってくれ、俺は近ごろ耳が遠くなった。待て待て」と聴音器を耳にあてて、「さあ話してくれ」といった。

亀太郎は語った。「相楽が信州で殺されたとき一人の男の子がありまして、四歳になっておりました。相楽の妻――私の祖母は名を照と申します。祖母は、と、申しましてもまだ若かったと聞いております。祖父相楽が殺されたと聞いて一子河次郎を残して自害しました」板垣伯は眼の球を動かして、「そんなことが当時あったのか、ふうむ俺は今初めて聞いた、そうか、奥さんが自害したか、ふうむ」といった。板垣伯は往年の相楽をおもい浮べているような眼つきをした。

「一子河次郎を残したのは、小島家の血統をむなしくするのに耐えられなかったのだと存じます。相楽には一人姉がありまして木村敬弘の妻になっておりました。木村の家で河次郎は養育してくれる、そう思ったのに違いありません。そのころ私の曾祖父の小島兵馬が赤坂に豊かにくらしておりましたので、養育に事を欠くことはございませんが、悪名を着て刑された相楽の子ですから、世を憚って木村姓を名乗りましたので、河次郎の長男であります私も木村を名乗っております。閣下、私は祖父相楽がどういう事情で刑に処されたか、その原因を知りたいのでございます。相楽は真に偽勤王家でしたろうか、相楽は真に強盗の張本人でしたろうか。私は真の原因が知りたいので、不礼を冒して閣下に、しつこくご面会を願ったのでございます」亀太郎は死にもの狂いになって云った。

　板垣伯は熱心に聞いていたが、後段の「原因を知りたい」というあたりへ来ると、眼に困惑がちらりと出た。熱をいよいよ帯びた亀太郎の顔をジッと見つめていたが、「相楽は真に不忠不義なりしや」というあたりに来ると、困惑の色が顔に強く出た。やがてしてから徐《おもむろ》にいい出した。「そうか――その頃の話をしろといっても、古いことで忘れがちだ、しかし、俺は総三さんとかなり親しくしていた。わしが江戸で藩の——土佐の兵隊の長をしていた頃だった、幕府のものに追いかけられて、総三さんの屋敷に隠匿《かくま》ってもらったことがあった。そうだ赤坂の大きな屋敷だった。それから又、総三さんが危ないとき、今度はわしが総三さんを土州屋敷へ連れこみ隠匿ったことがあった。信州で斬られたときも、わしが居れば、あんな事にさせはしなかったのだ。あの時わしは甲府の方へ新撰組を討ちに行った。三月一日だから二日前だ。新撰組の方は五、六日で埒《らち》があいたので諏訪へかえってみると、総三さんが殺《や》られた後だ、非常に残念におもった。処刑にあった原因か——その真相はどうも自分の立場として云うのは悪い、のみならず、それを発表したのでは、現在の知名の人達に迷惑をかける結果になるし——」といって黙ってしまった。暫くしてから「どうだ、それ以外に何か希望はないか、あれば聞いて置きたいが」といって亀太郎の眼を見つめた。亀太郎にはそれ以外に何も希望はなかった。ただただ祖父の雪冤がしたいのであるから、「他に何の希望もありません、どういう事情で殺されたか、その真相が知りたいのです」といい切った。

「そうか、それでは已むを得ない、わしとして云えないことも、大山ならいうかもしれん、それでは紹介状を書いてやるから大山に会ってみろ。知っているか大山巖、陸軍の元帥だ、昔は大山弥助といった。総三さんは、元来、薩州に関係が深い、大山の兄、それから先日死去した伊東祐亨《いとうすけゆき》と、あれの兄、その三人とは殊に親しかった。薩摩の人から真相の発表をさせれば、問題は起らないはずだ。又、わしよりも詳しいはずだ」と、紹介状を書き、更に又

「この問題以外で相談があるときは来い、何時でも会うから遠慮なくやって来るのだ、よいか」と、紹介状とともに土産にしろといって菓子を包んでくれた。

板垣伯はその後間もなき大正七年七月十六日、八十三歳で物故したので、亀太郎にとって始め終りの面会だった。

◇

亀太郎は大山巌元帥を青山の邸に訪うた。ところが、猛犬がいて亀太郎をみるより襲ってきたので逃げた。これではならぬと又行ったが、今度も猛犬に襲われ逃げるより他なかった。強引に面会を求めに行けば咬みつかれるのは知れていたが、三たび、亀太郎は勇気を振って行ったが、又も猛犬に追返された。

亀太郎はそれでも目的をすてる気はなかった。更《あらた》めて勇気を鼓舞し、四たび大山元帥邸に行った。今度は首尾よく猛犬の襲撃を免がれ玄関に起つことが出来た。

大山巌元帥邸の玄関子は「ご不在だ」といった。そのころ内大臣であった大山元帥は大演習に供奉していたのを亀太郎は知らずに来たのである。「それではご帰邸の節これをお目にかけていただきたく存じます」と、板垣退助伯の書いた紹介状をわたして引取った。

新聞記事に気をつけて、大山元帥の帰京を知り再び訪ねて行ったのが、紹介状を置いて来てから十日ばかり後だった。玄関子は冷淡に「ご来客中で何方《どなた》にもお目にかからぬ事になっています」といった。亀太郎はいっかな退かず、「先日お願いして参った板垣閣下の紹介状をお目にかけて頂けたでしょうか」、「差上げました」、「ご覧になって、何とも仰有らぬのですか」、「ご来客中だから今日はお帰んなさい」突っ張られて結局、取りつく島がない、悄々《しおしお》と門から亀太郎は出た。

こんなことではいけない、と、気を取り直した亀太郎は、数日の後に大山元帥邸へ又も行った、が、今度も玄関子は冷淡で、「ご不在です」とばかり、取次どころでない。亀太郎は勇を鼓して「あの紹介状をご覧になって会わぬと仰有るのでしょうか」、「いや会うとか会わぬとかは仰せがない、今日はご不在であるというのです」、「でも私は、紹介状を持ってまいったときを入れて、今日で三度目です」、「何度であってもご不在では致方《いたしかた》があるまい」。形勢は亀太郎がそこにうろうろしていることを許さないものがある。悄然として亀太郎は今度も又門を出る他なかった。

その後、亀太郎は大山元帥邸へ行かなかった。猛犬に追いかえされること三度、玄関子に拒まれること三度、それでは勇気が挫けもするはずである。

大山巌元帥は確かに、相楽総三等が死に処されたときの真の原因を知っているはずだ。相楽の孫に会うのを避けたのは、それだからだと判断していいだろう。亀太郎に会えば、大山巌将軍のような人は、多分、真相を語るだろう。語るべきでないのだったら、将軍は会わないがいいと決定していただろう。

玄関子の冷淡な言葉が、そのまま将軍の意を体したものでないことは云うまでもない。

◇

牛込薬王寺町《うしごめやくおうじまち》に大原重朝《おおはらしげとも》伯爵の邸があった。明治維新のときの綾小路俊実《あやのこうじとしざね》の子である。綾小路俊実は滋野井公寿《しげのいきんひさ》とともに赤報隊が一度は奉じた公卿である。人の話に大原伯の家には江州松尾で赤報隊が結成式を挙げたときの血判状が保存されてあるということだった。亀太郎は喜んだ。そういうものを見せてもらい手写すれば、相楽の赤報隊の全員がわかる、雀躍して亀太郎は大原家を訪ねた。そこでは玄関払いも食わされず、通されたばかりか、大原重朝伯が——と亀太郎は確信しているが、家令か家扶ででもあったかも知れない——面会してくれた、しかしその結局は秋の水のごとく冷かだった。「いずれそのうちに探しておこう」というのが一時の言葉に過ぎないと取れた。亀太郎は赫《かっ》となって立去った。

或る日、亀太郎は『紳士録』を繰った、頭のなかに幾人か刻みつけている人々の姓名がある、いずれも祖父の雪冤に関係のある人のみである。その中の一人である落合直文博士の息子さんの名が出てはいまいかと、頁を繰ってみると明治書院監査役落合直幸というのがあった。直文の直をとって直幸、多分、この人が子息だろうと思い、問合わせて確かめ、千駄ヶ谷の落合邸を訪れた。

落合直幸は亀太郎の話を聞いて深い同情を寄せ、父直文の歿後書類を大分処理してしまったが、出来る限り捜すから四、五日中に再度訪れてくれといった。亀太郎は泣きたいくらい嬉しかった。

その後、直幸は約のごとく、相楽に関する古い書類を捜し出して貸してくれた、亀太郎はそれを手写した、返しに行くと又捜し出して置いてくれた、それも借りて手写した。直幸は亀太郎に相楽総三直筆の届書草稿、おなじく短冊、おなじく和歌集を始め、赤報隊結成直前まで相楽の同志だった権田直助の書簡、落合直亮の短冊、その他を贈った。

これで亀太郎の雪冤材料が多くなった、しかし、まだまだ不充分である。

◇

大正のはじめ頃のことである。宮内省の有川という人が、かねてから亀太郎が祖父雪冤のため材料をあつめているのに好意を寄せていたが、「図書寮の井上博士か、逸見氏又は外崎《とのさき》氏に会ってみ給え」と教えた。図書寮は虎の門にあった。

亀太郎は図書寮で外崎覚に会った。外崎は拙居と号し、津軽旧藩の出身で、『弘前城主越中守津軽信政公』『津軽信明公』『鴻爪記程』『工藤他山記念永懐録』『外の浜風』『拙居詩文稿』『六十有一年』その他の著書のある維新史に通じた篤学者である。『殉難録稿』の編纂はこの外崎と大橋義三が当ったのである。

外崎は小石川戸崎町に住んでいた、亀太郎はそこへ三、四回訪れ話はいろいろ聞いたが、亀太郎が欲しているものは余りなかった。それがために井上博士をさえ訪れずにしまった。井上博士とは井上頼圀《いのうえよりくに》のことで、薩摩屋敷へはいった国学者の権田直助に教えをうけたのみならず、僅かのうちだったが薩摩屋敷へはいったこともあり、薩摩屋敷焼討のときは外にいて働いたものである。もし亀太郎が会えばいろいろ材料が与えられたであろう。井上博士はそれから幾何《いくばく》もなく、大正三年七十六歳で他界した。活字になった『古事類苑』や、『平田《ひらた》篤胤《あつたね》全集』はこの人の力によって出来た。著書には『東西年表』『已亥叢説』『羅摩舟』その他がある。

阪正臣《ばんまさおみ》も井上頼圀とおなじく、権田直助の教えをうけた人である。御歌所寄人であった。この歌学者に、注意を向けることを亀太郎に教えるものがなかった。

◇

或るとき、虎の門にある文部省維新史料編纂局で、明治維新の史料展覧会があった。亀太郎は新聞記事でそれを知り、何か祖父に関するものはないかと行ってみた、が、「この会は特殊の人だけ招待したので一般にみせることは出来ぬ」といって入場を拒絶された。亀太郎はすごすご引返したが思い切れない、翌日又行って「編纂官のどなたかにお目にかかりたい」と、無理やりに頼んだ。受附子は不快そうに起って行ったが、やがて、一人の編纂官が出てきた。亀太郎は「自分は相楽総三というものの孫ですが、是非史料を見せていただきたい」といった。

その編纂官は薄井福治である、非常に喜んで、「赤報隊の総裁だった方のお孫さんですか、それはそれはよく来てくださった。維新史を編纂するにもどうも相楽という人の事がはっきりせず、当局でも弱っているところでした。お孫さんがいるとは些かも知らず、招待状も差上げませんでした」と案内してくれた。

薄井編纂官は「是非お手許にある資料を拝借したいものです、こちらにある資料は全部お貸しいたします」といった。そのころ維新史料編纂局には『赤報記』『大原重実日記』『秦林親日記』などがあった。このなかで『赤報記』は何人がかいたか判らないし、原本も何処にあるか判らないが、明治初年に写したものが内閣文庫にあった、それが編纂局の保管になっていたものである。

◇

そのうちに元老院議官の芳野《よしの》世経《つぐつね》が、相楽の隊士で金原忠蔵のことを史談会で講演したとき、訪ねて行って話を聞いた。そのとき、芳野は七十歳ぐらいで、明治を過ぎて大正となっていた頃だのに、頭に髷をいただいて金色まばゆい大礼服で、日本刀をひっさげて参内するといわれた漢学者で、父は金陵といい、有名な下総の漢学者だった。昭和二年六月二十日、年八十で他界した。

芳野世経は金原忠蔵について語り、そうして云った。「金原忠蔵本名は竹内廉之助、弟に哲というのがあった。哲は元治元年の筑波事件に加わり、潮来《いたこ》で闘って死んだ、兄の廉之助は勤王に働いたが信州追分で賊名を着せられ戦死した。竹内兄弟の家は笹屋といって下総小金の豪家であるが、当主は兄弟のうち哲のみが靖国神社に合祀の恩命に浴し、廉之助は明治元年以来今に至るまで賊名のもとに埋っているので、何とか雪冤したいと常にいっている、一度会ってみたがよい。渋沢栄一さんは相楽さんのことを知っている、是非、訪問するがよろしい」といった、又、相楽の部将だった渋谷総司の遺族があることも語った。

何彼と亀太郎の手許に資料があつまってきたので、日夜それらによって研究した結果、相楽総三は偽勅使に非ず、正式の勅使にして、強盗の行為全くなし、賊名を着せて殺し梟首したるは、某、某、某等の奸計に出《い》ず。そういう確信が持てたので、いよいよ雪冤運動に乗り出した。しかし、亀太郎は貧しかったのみか、大官を背景としていない、全くの独力で、雪冤をやろうというのであるから、成功のほど極めて覚束ない。

先ず亀太郎は信州下諏訪に相楽祭を再興して、相楽以下の志士の霊を慰め、年々これをつづけて、相楽以下の名を不朽のものたらしめんと欲し、信州岡谷の花岡太郎、花岡恭三の尽力で、下諏訪の有志、中村秀吉、松沢庄吉、増沢寅之助、小口竹次郎と会し、祭典の再興、御贈位の請願をすることに話が進んだ。

相楽塚のまわりに下諏訪の町が桜木を植えた、大正七年三月十八日である。翌四月三日には相楽祭復興の第一回祭典が催されることに事がはこんだ。

その頃かその翌年か、宮内省詰の新聞記者団の旅行会があった。内閣書記官であった牛塚虎太郎が同行し、その下役の一人に木村亀太郎が選まれた。行く先は武州飯能《はんのう》である。

亀太郎は飯能で贈従五位小川香魚《おがわこうぎょ》の墓があるのを知った。小川香魚は相楽が薩摩屋敷時代の部下で、相楽の赤報隊結成の以前に北武蔵で斬死した、若い志士だった。

先程から何くれとなく一行の世話をやいている飯能の紳士で小川清という人がある、この人が小川香魚の遺族だと判ったとき、亀太郎は驚きつ喜びつした。それだけでなく、小川清の口から、「薩摩屋敷にいた浪士で、生残りが三人いる」と聞かされ、いよいよ驚き喜んだ。

現存しているものとは、下谷にいる峰尾某、八王子方面にいる平井永吉、雑司ケ谷の鬼子母神境内で雀焼料理の武蔵屋の主人で小島某である。

雑司ケ谷鬼子母神の武蔵屋の主人は、小島源十郎といって、背の高くない、巌乗な、七十ぐらいの人だった。亀太郎の訪問は思いがけないことだったのでびっくりした。その話はこうだった。

「薩邸にいたころは、自分は極く末席だったから、相楽総裁の顔は二、三度遠くの方からお見受けしただけで、余り記憶がございません。私はそうですが峰尾小一郎はだいぶ上席で、絶えず総裁や副将の小姓のようなことをしていたから、いろいろのことを存じているでしょう。峰尾は下谷御徒町におります。まことに気の毒千万な逆境です。娘の縁付き先だか姪の縁家だかに、世話になっております。もう一人、八王子に森田谷平というのがおります」

平井ではなく森田だった。小島源十郎は森田の身の上も気の毒そうに語り出した。

「森田谷平は十年ばかり前までは、八王子で撃剣の道場をひらいていましたが、時勢が変りまして、だんだんに落ちぶれ、きのうの道場の先生が今日では洋傘直しになっております。時折は私のところへも来ます、年はとっていますけれど元気な男で、酒さえ飲ませておけば喜んでいます。相楽さんの孫がいると聞いたら、さぞかし喜ぶでしょう。そのうちやってくるでしょうから、来たら早速はなしてやります」

◇

亀太郎は峰尾小一郎の居どころを探した。秋更けた宵だった。下谷竹町の細い道路を曲りくねった処で、下水が不完全な時分のことだから、溝《どぶ》があって板の蓋がしてあるのを、踏んで歩くので一足ごとにかたかた云った。

峰尾小一郎が厄介になっている家というのは、見るからに貧しげで、峰尾は上品な小柄な老人で、汚い蒲団に臥せっていた、その枕許には薬瓶が置いてあった。その裾の方で三十余りの女が黙々として、手内職に脇目もふらずにいた。

相楽総三の孫の来訪と知った峰尾は、声を出して驚き、起き直ろうとした。零落して病中ながら、礼儀だけは欠くまいとするのであった。

峰尾は病み疲れていたが、話し振りは、存外はっきりしていた。

「私も落魄してこの態になったので、総裁のご遺族をお尋ねも出来ず、却ってご訪問をうけ恐縮の至りです。私は死期がちかづいておりますので、お伺いいたすことは出来まいと存じます、悪しからず思召していただきます。当時のことは今では忘れがちで、纏《まとま》ったお話もできませぬが思い出せば出すほど事毎に残念なことのみです。われわれが、若いときに夢みていた王政復古の実現をみますと、薩長が権を妄《みだ》りにいたし、われわれ関東武士が血みどろになって働いた功はすべて奪われて、彼等のものとなりました。明治維新の火蓋を切らすに至った功は、闇から闇です。江戸城の本丸へ火の手をあげたという類のことも、一切が闇から闇です。彼等はわれわれのような関東武士の生残りが、一人二人ずつ、世の中から消えてゆくのが望みでしょう。彼等は関東武士で勤王に働いたものが、一人でも世に出ようとすると、陰に廻って悪辣に迫害します。これは私のひがみではありません。実例を申上げます。落合直亮氏、権田直助氏、このご両人はどうでした。落合さんは伊那県の大参事になられたが、飛んでもない嫌疑で叩き落された、それでは悪いことがあったか、何もありはしませんでした。権田さんはそれではどうか。権田さんも陰謀に引っかけられ、国事犯の嫌疑で大学教授のとき叩き落された、しかも、形跡のない事でした。相楽総裁はもとより落合さん、権田さん、共に、薩州か長州かの出身だったら、刑死の厄も免がれ、叩き落されもしなかったでしょう。関東出身だったのがいけなかったのです。しかし、そんな事があってよいのか、関東で勤王といえば水戸だけです。水戸は藩主烈公《れっこう》［斉昭《なりあき》］が光っているから藩士の功も光ったのです。われわれには烈公に相当するものがない、だからだ、梟首となり叩き落しとなったのです」

峰尾は蒼白な痩せた顔に、一抹の血をのぼらせ、痛烈に批難し、攻撃し、舌鋒がいよいよ鋭くなった。「将来とも薩摩屋敷の総大将としての相楽総三の名は世間に出ないでしょう、必ず私のこの言葉は間違いますまい」

薬を飲みに半身を起すのでさえ、容易ならぬ病体ながら、相楽とその隊士について、断片ながら幾つかの思い出を語り、そうして云った。「一度は下諏訪へ行き、総裁や先輩や同志の霊を弔いたいと念願していながら、遂に、それすら果し得ず、私はこのザマで死なねばなりません。思い出せばいろいろまだある事を、今までは寧《むし》ろ忘れるに努めていましたが、総裁のお孫さんがおいでと判ったからは、思い出して、今度きてくださるまでに、話の材料をうんと纏めておきましょう」

柱にかかっていた八角時計が十時を打った。峰尾の脇で手内職をしている女の人が、黙って仕事に脇眼もふらぬ姿に気がついて、あまり遅くなってはと、亀太郎は辞して起《た》った。外へ出ると風が寒く、家なき小犬だろう一匹、亀太郎に半丁ばかりついて来たが、諦《あきら》めたかして、何処かへ去った。

亀太郎は心のうちで、今度くる時は峰尾に、少しでもいいから金を持ってきてやろう、そう思ってその後もそれを忘れずにいたが、余裕のあるくらしではないので、来月こそは来月こそはと思ううち、二、三ヵ月経ってしまった。

或る日、端書がきた、峰尾小一郎が死亡したという知らせだった。峰尾は薩摩屋敷焼討のその当時、華々しい働きをした。攻撃軍の一方の大将であった上《かみ》の山《やま》藩の金子与三郎を射殺したのはこの峰尾である。その他にも、殺伐とも壮烈ともいえる、死生の間を勇敢に出つ入りつしてきた男である。それが煎餅蒲団の中で消えて行った。

◇

その翌年の正月、「八王子の森田谷平です」といって亀太郎を訪れた老人がある。飯能の小川清と雑司ケ谷の小島源十郎がいった、生残り三人の一人であった。森田は壮健そうで、小島よりずっと元気だった。身長五尺七寸ぐらい、肩幅も広く手首なども太かった。

森田谷平は「小川さんから相楽さんの遺族がわかったから早速ゆけといって来ましたし、小島に会ったら貴方がみえたと云っていました」と年に似ぬ元気で、「私は四、五年前までは八王子で、道場を開いていましたが、それでは飯が食えなくなったので、今ではつまらぬ商売をして、姪の世話になっているので、上京するのが容易にできかねます」そういっていろいろその当時のことを語った。その後も森田は二、三度、訪れたが亀太郎の不在のときばかりだった。

或る晩、森田はべろべろに酔って亀太郎を訪ねてきた、余り酔っていて話も出来ない。狭い家の隅に寝て、翌日、立去った。亀太郎は勤めがあるので、朝は話がしていられなかった。帰って聞けば、森田は朝のうちに立去ったという。それっきりで消息が絶えた。死んでしまったのだろう。

◇

信州下諏訪では大正七年四月三日、打絶えていた相楽祭が盛んに執行された。つづいて、御贈位請願の準備にかかった。が、艱難《かんなん》が多いだけでなく、成就の望みも細々としたものだった。

◇

相楽総三の孫の木村亀太郎は、乏しい中から工面した旅費で、きのう東京を発って信州下諏訪に来て、昔の本陣、今は亀屋という旅館に泊り、三十年振りで再興されるあすの相楽祭を待ちわびつつ、睡りに就《つ》いた。そこは上段の間といって亀屋で一番いい座敷で、赤報隊が下諏訪に駐屯中は相楽が寝起きした座敷だったし、相楽が樋橋《とよはし》から呼びよせられて捕縛されたとき、岩倉具定《いわくらともさだ》、同じく八千丸が、危険を慮って一時立退いて空にした座敷もここだった。入り口の杉戸に極彩色の唐子《からこ》が描かれており、漆塗りの障子の外に聴泉閣という名の起りの林泉があって、水の音が絶えず聞えた。

中空高くうちあげられた一発の花火に、朝の夢をやぶられた亀太郎は、七年の間、苦しみ抜いて集めた祖父の雪冤材料が役にたち、絶えていた相楽祭がきょう再興される嬉しさで飛び起きた。その日は大正七年四月三日、相楽総三等が殺されてから五十一年目である。花火はきょうの祭の先触れで、祭典は午後一時から、それまで時間が、まだあった。

亀屋を出て左に行くと諏訪神社の森が、冬黒い鬱蒼さで迎えていた。亀太郎は社殿の前で、朝の日に照らされながら礼拝しているうちに、胸を衝《つ》いてくる万感に眼を潤ませた。仏壇の奥からふと見つけ出した一握の髪の毛に、乾からびた血がついている、それは祖父のものだった。母から聞かされた若い祖父が刑死した事歴に、十二歳の少年の血は沸きかえり、その日から雪冤を志して年久しく経って今日となった。

諏訪神社の裏山にのぼった亀太郎は、赤石山の峡に日が映っているのを見た。真紅に染められた朝の諏訪湖も眼についた。有明山、焼ケ嶽、遠く連峰が青空の下に聳《そそ》りたち、雪をかぶっている美しさも見た。御嶽の山は左にあった。どちらを展望しても在るものは雄大と蒼古と瑰麗《かいれい》と荘厳だった。しかし、祭こそ再興されたがそれで雪冤が成ったのではなかった。亀太郎は山にも湖にも心を惹かれることが出来なくなっていた。

宮内省の給仕時代にさんざん嘗《な》めた貧苦は、雇員となり判任官となり、衣食の資《しろ》をやや多く給されたが、雪冤の大仕事を背負っている亀太郎は、おなじ年ごろの世間並のように美味いという物を何一ツ口にしなかった。資料聚集の費用に殆どを注ぎこんで尚且つ不足だらけだった。世間でいう面白いという物をただの一度も観なかった。そんな物を楽しむより生残りの故老を歴訪する足代がもっと欲しかった。集めた資料に拠る記録作製の筆墨紙に換えなくてはならなかった。世の多くの青年と違って亀太郎は、念々、ただ祖父の雪冤、その他に何もなかった。酒も恋も、この若者からは世にない物だった。

亀太郎の心は、果てしなき荒野に行き暮れて佇む旅のものと同じだった。相楽祭の再興についてさえ、この下諏訪の町の人々の間に反対が強く起っていた、それはその時分の世間の感情が縮図されて、ここにも出たので、下諏訪の特殊の現れというべきものではなかった。

昨年の秋、亀太郎は妻寿々代の叔母の夫である芦田浜二郎の紹介で、信州岡谷の花岡太郎、花岡恭三の二人を訪れて、相楽の冤を具《つぶ》さに語り、「相楽祭というのがその以前あったという、然るに中絶して久しい、願わくばその再興に力を借していただきたい」と乞うた。両花岡は大いに同情して、下諏訪に出て、友《とも》の町《まち》区長の松沢庄吉と増沢寅之助、小口竹次郎、町長中村秀吉などに計り、上諏訪の信陽新聞社長小口貫一にも助力を乞うた。これらの人々はすぐに同志を募り、前町長の小口小次郎、小口亀衛、その他の有志が一致協力して、祭の再興に着手したところ、忽《たちま》ち反対が激しく一部に起り、事甚だ面倒となった、〝相楽等は賊〟だというのが振りかざした理由だった。有志の中で松沢庄吉は殊に挺身して悪戦苦闘し、遮二無二、押切って祭再興に漕ぎつけた。松沢は体格もすぐれているが押して行く力が豊富だった。その経緯を知っているだけに亀太郎は、きょうの祭典のあとで、相楽とその部下のうち、死刑、戦死、殉国の人柱となった人々に御贈位の請願と靖国神社合祀の請願、それをやらでは雪冤の名実が備わらない、たとえそのために如何なる困苦に遭うとも、是非ともこれだけはと決心した。――しかし、亀太郎は貧しく、そういう事をするのに相応《ふさわ》しい背景と援助者とがない。それのみか、相楽を憎む人々がまだ存世していて、雪冤の動きを中途で重圧するだろう危惧がもたれた。

朝の寝起きには、相楽祭の再興を喜んで有頂天になれた亀太郎が、諏訪神社の森厳な浄域で、責任を感じ、行動が冒険で難渋なことに心づいてみると、前途は遼《とお》く、そして暗いのがしみじみ判ってきた。亀太郎は暗澹《あんたん》となった。眼前の絶勝に眼をくれるどころではなくなった。

◇

亀太郎が生れてこぬ昔の明治の初め、相楽の旧盟の士で丸山久成（丸山梅夫）、その他、諸有志が、そのころの陸軍省だった兵部省に歎願し、辛うじて許されて建立した魁塚に〝海ゆかばみづく屍《かばね》も戟《ほこ》たてて あらぬ汀に果し君はも〃（花岡篤成）と歎くものがあった。〃こし方のことをあまたに思ふかな幾何《いくばく》あらぬ昔なれども〃（福田千春）と回顧の涙をそそぐものもあった。〃魁けて嵐にちりし花の色を世に知られぬる時はきにけり〃（金井清純）と慰撫した人もあった。それは事情を知る旧盟の士か旧交の人のみで、世は挙げて憎悪し詬罵《こうば》を加えた。

魁塚には山桜が一株植えられた。枝がちょうど塚の上にかかっていて、年毎の春に美しい趣きをみせて人目を惹いた。株が五、六寸まわりになるまで桜は年毎に春を忘れなかった。〃ますらをの奥城《おくつき》といへば咲き匂ふ花の雫の袖にかかりて〃（畠山清胤）、〃この神のしるしに植ゑし山ざくら勲《いさお》かくさず茂り栄《さか》えよ〃（小柳重孝）、この二首、ともに魁塚の桜を咏んだものだ。この他にも尠《すくな》からずある。その桜は美しきが故に心なき輩が手折った、幾枝となく年毎に花盗人の手に荒され、遂に枯死した。

相楽等が殺されたその年から、どうした訳からか、刑場のすぐ前の水田のまわりに泥鰌《どじょう》が夥《おびただ》しくわいた、それから後は子供達が筌《うえ》を入れて漁《すなど》る場所となり、水田が桑畑に変るまで続いた。そのころ泥鰌を漁った子供たちで現存のものは七十、八十の翁となっている。

◇

桜が枯死したのち魁塚は雑草にかこまれ、手向けするものなく荒れ果てた。心ある人々はそれを憂い、何とかしたいものに思ったが、すぐ近くの上諏訪は旧藩時代の高島藩諏訪家のあった処で、高島藩は相楽等に快くなかった。その旧藩出身の人が町の有力者だったからその影響があって、思うばかりで何をするという運びにならず年月が経った。魁塚はいよいよ荒廃した。

そのうち、明治十三年の春がきた。

女もまじって五、六人の東京から来た客が下諏訪の人々の目についた。その中のひとりはそのころ有名な金井之恭だった。金井は相楽と共にこの南信濃に勤王捨身の士を求めたことがある、それから時は二十年も経っていた。

この一行のうちの女は木村敬弘の未亡人で相楽には姉のはま子だった。木村は四十歳にまだ間がある少壮時代、新潟の開港に従事し、後米沢藩に招聘された英学者で、終始幕府に尽した。出身地は相楽とおなじ下総相馬の守谷《もりや》だった。木村も和歌をやった。相楽が万葉を推すのと反対に、歌僧弁玉《べんぎょく》と相許した仲で、そのころでの新派和歌の唱道者のひとりだった。惜しいかな、咏草の全部が散逸し残欠すらない、それどころか、幕府の蕃書取調所《ばんしょとりしらべしょ》で枢要《すうよう》の地位にいた人だったのに小伝一つ編まれていない。青山墓地の中に旧称を立山墓地といった地域がある、そこに四角い一基の碑があって、僧弁玉の撰文、妻はま子の輓歌が刻みつけてある。これが地上ただ一ツの木村敬弘の伝記だ。

明治十三年三月三日は相楽の十三回忌に相当した。姉のはま子は勝気な女性だったので、世を挙げて弟を賊というとも、姉が法要をするのに何の憚るところがあろうか、譏《そし》らば譏れと、世間を物ともせず下諏訪へやってきた。金井之恭はかねてから相楽の死を深く悼んでいたので、進んで後楯となって同行してきたのだった。

魁塚が清掃され、絶えて久しき法要が営まれた十三回忌の当日、白無垢を着て参列したはま子の風采を、少年時代の印象をそのまま今もなお記憶しているひとりが、南信の老新聞人小口貫一である。

このとき、相楽の遺児河次郎は、相楽の姉に育てられ十七歳になっていた。世間の白い眼を気づかったはま子が、旧姓の小島を棄てさせ、木村姓を名乗らせていた。

はま子はそのとき、纏《まと》った金を、この後、年々絶やさず相楽を祭る費用の源にとて土地の某々に託した。その金が生む利子で年毎に相楽祭が執行される約束だったが、だれがどうしたか元利金ともども行方《ゆきがた》知れずになり、相楽祭はわずかな回数だけ執行されその後が絶えた。祭のために新調された幔幕は揚羽の蝶の紋が染められてあった。薩摩屋敷の浪士隊の一部が、竹内啓《たけのうちひらく》を隊長に下野《しもつけ》で兵を挙げるため出流山《いずるさん》に乗りこんだとき、掲げた旗の紋どころが揚羽の蝶だった。この祭典用の幔幕も消えてなくなった。

◇

相楽祭の日は必ず雨が降った。土地ではこれを〝相楽の涙雨〟といった。祭が絶えて三十年、相楽の涙雨はその日がくると必ず降った。しかし、死後五十一年目の再興相楽祭のその日は、永年の例が破られて、快晴とも快晴とも珍しい好い天気だった。

祭典は予定の午後一時に始った。魁塚のある友の町では家毎に提灯をかかげ、子供たちは太鼓をたたき、参列者も多く、参拝の人も夥しかった。神官の寂《さ》びた声であぐる祝詞の、「汝《いまし》、命《みこと》たちが此世《うつしよ》にましませしときは、世は鯵群《あじむら》とさわぎたち、徳川の流も末に濁りゆき、天皇《あめのみこと》のおほみ軍《いくさ》を煩《わずら》はし奉るその折しも、相楽等《みことたち》は御国に尽す赤き心の誠もて」というを聞いて亀太郎は頭をたれた、はふり落つる涙は爪先に止めどなく落ちた。

◇

帰京した亀太郎は御贈位の請願にかかった。聞けば久しき前に金井之恭も落合直亮も権田直助も、丸山久成も、芳野世経も岩波美《み》篶《すず》も、相楽その他を靖国神社合祀の栄に浴さしめて、賊の汚名を拭ってやろうと熱心に請願をつづけたが、その効がなかったそうだ、それでは亀太郎の微力をしては、百貫の鉄を糸に吊らんとするが如きものだ、さればとてやむべきではない、木村亀太郎という我は、冤《むじつ》に死んだ人々の頭領たりし相楽総三の孫である、我これをやらでたれかやる。多数の幽鬼に責目《おいめ》を背負いて生れたる我ならずやと自ら励まし、心に鞭打って先ず、今までに聚集した資料の写し一千枚を基礎に長い請願書をつくった。亀太郎は尋常小学三学年で退学し、文章を学んだものではなかった。しかし、落合直亮が編纂して置いてくれた祖父の和歌をあつめた『将満咏草』を熱読し又熱読し、資料を纏め、書き更めなどした八年の間に、とに角ひと通り文章が書けるようになっていた。

請願書は独り相楽のためのみ弁じなかった。おなじ刑場の露と消えた竹貫三郎、小松三郎、西村謹吾、大木四郎、高山健彦、渋谷総司、金田源一郎と信州追分戦死の金原忠蔵、熊谷和吉、上州坂本戦死の丸尾清、北村与六郎を入れて十二名の事蹟を書いた。これが出来あがるまでに稿をかうること幾十回、月日もかかった、瘠《や》せもした。

或る日、請願書をふところに訪ねた先は時の内大臣秘書課長股野琢《またのたく》（藍田《らんでん》）だった。請願とはどういう手続きをふむべきか、先ずそれから教わらねばならなかった。股野秘書課長は快くあってくれただけでなく、極めて深切だったが、その意見は亀太郎を、なお谷の底深くズリ落させた。

股野課長はこういうのだった。「明治の御代には、皇室の御慶事の節の外に毎年の大演習に、御行幸あらせられ給う際、その地方の功労者又は勤王家へ御贈位の思召を拝し奉った。大正の御代にはその儀が廃せられ、皇室の特別の御儀のときのみと相成った。御贈位の機会はその時を待って致すべきだ。しかし、最近、請願令が公布されたので唯一の方法がある、それはその規定に随い、相楽等の五十年祭とか一百年祭とかを執行するに際し、右を理由として直接に内大臣へ上申する。が、これとても容易ならぬ事だと思う」と。

相楽等の五十年祭に相当するのは大正六年だ。祭再興のあったのは五十年を過ぎること一年だからその機会は既に去った。では百年祭の機会を待たねばならないが、約五十年、これから待つことは亀太郎に出来ることではなかった。

股野課長は語をつづけた。「相楽以下の人々が冤罪だったと仮定してもだ、梟首というのは重刑だ——それも一年早ければ徳川時代だから何とかなるかも知れないが、慶応四年三月の処刑であってみれば明治元年だ、殊に、東山道鎮撫総督府といえば当時の陸軍だ、陸軍が処刑したのであってみれば、表面からいえば現政府が行った処刑なのだから、政府が重罪人に贈位ということは出来ないのではないか。なるほど、事情を聞けば大変にお気の毒だが、政府が処置を誤ったことになる結果の請願は私としては駄目だと思う。寧《むし》ろそれよりは、こうしたらどうか。その事情を陸軍大臣に上申して死刑を取消してもらい、殉難志士として靖国神社へ合祀を願い、その後、よき機会を待って御贈位を請願する、これが順ではないだろうか」

辞して廊下へ出た亀太郎の顔は、血を失って藍のごとくなっていた。

◇

靖国神社合祀の請願はその前に失敗した人々が幾人もあった、それでもと亀太郎は勇を鼓して、知人から知人と手蔓をあさり歩き、漸くのことで、そのころ陸軍省でそうした係は朝比奈知泉《あさひなちせん》がやっていると知り、合祀請願書を差出し、その後、たびたび行って願った。朝比奈は水戸人で有名な新聞記者だった人だ。請願書は却下されなかった。しかし、採択にすらかからなかった。

亀太郎は失望落胆した。

◇

大正八年四月三日、下諏訪で相楽祭の再興第二回が執行されたが、雪冤の扉に閉め出しを食った亀太郎は祭に参列するのが辛かった。それに費用もないので弟の角川隆平を代表に立てた。隆平が帰ってきて、「渋谷総司の甥の渋谷貴重という人が千葉県から来て参列した」と話した。亀太郎は渋谷貴重のことは竹内義之助から聞いていた。竹内義之助は追分で戦死した金原忠蔵の長男だ。竹内のそのときの話では渋谷貴重は農学士で、農林技師で、職を埼玉県に奉じているとあった。

或る日、外から帰宅した亀太郎は、不在中に渋谷貴重が訪れてきて、残り惜しげに立去ったと聞き、甚だ残念におもった。二、三日すると渋谷から手紙がきた。それには〝相楽氏の御贈位を請願せらるるなら渋谷総司の遺族だから義務としてだけでも協力したい〟と熱情の溢れた文句が書かれてあった。亀太郎は良薬の注射を打たれた如く元気を取り戻し、敢然として再出発にかかった。

これから後、この渋谷貴重が協力し、援助し、熱烈を極めた。

下諏訪には相楽総三の赤報隊関係の資料がほとんどないので、亀太郎はそのころ、百事を投げうって資料を手写した、それは半紙で二、三百枚に及んだ。

◇

日本橋にある渋沢栄一男爵（後の子爵）の事務所に、紹介なしの瘠せて細い亀太郎が、粗末な服装で現れ、「お目にかかりたい」といった。事務所の人はみすぼらしい若者にも慇懃で「私用ですか、それでは邸の方がよいでしょう」と教えた。翌《あ》くる朝の九時に滝の川の渋沢邸の玄関に亀太郎は立った。

ここでも若者のみすぼらしい姿を邸の人は気にかける様子なく、「主人は毎朝八時には邸を出ますから面会は六時半から七時までとなっています。なお先客からお話を伺うことにしておりますので六時ごろまでにお出でください、折角お出でになりましても、先客が多く時間がなくなりますとお断りする場合があるかも知れませんから、その辺のところは予《あらかじ》め御承知を願います。なお、お話は相成るべく要点を御腹案くださいまして、約十分ほどにして頂きたいと存じます」こういわれた。

その日は役所へ出勤し、翌朝、昏《くら》いうちに起き、朝飯もそこそこに飛鳥山へ急いだ。急いだといっても自動車が雇える身ではないので赤坂から初発の市電で飛鳥山へむかった。電車だけでも一時間余りかかったので、渋沢邸の門前に着いたのは六時半を過ぎていて、門の外には自動車が三、四台、大きな甲虫《かぶとむし》のように黒光りを放っていた。

亀太郎はきょうも又、みすぼらしさに負《ひ》け目を感じながら玄関に立ち、ゆうべ吏めて書いた名刺を出した、それには相楽総三の孫と肩書きをしておいた。渋沢さんは相楽を知っているそうだと聞いたので訪ねる気になったのでもあるし、名もなき者が何の用できたかと僅かでも思わせることを避けたかったからだった。恰度《ちょうど》そのとき、自動車が一台着いて立派な服装の身分ありげな一紳士が玄関に立ち、差出した名刺の表がちらと亀太郎にみえた。子爵何のなにがしと印刷されてあった。永年、明治維新に関する資料を漁ってきただけに亀太郎は、その紳士が近畿地方の大名華族であることを知った。亀太郎と大名華族と一枚の名刺が、わずかの差で玄関の人の手に受取られた。

程なく引返してきた玄関の人が、子爵には「主人の申しますには、最早、出かけます時間でございますので本日はお気の毒ながらお引取りくださるよう、何《いず》れ午後に御電話を差上げます。かように御座ります」といった、それを聞いた亀太郎は落胆した。子爵でさえ断られたのだ。自分など何として会ってくれよう。子爵は「それでは」と帰って行った。すると、「木村さんには一寸でしたらお目にかかりますと申しております、どうぞお通りください」と玄関の人がいった。亀太郎は驚きのあまり茫《ぼう》となった。

案内された控室には紳士が四人いた、一人ずつでなく二組だったらしかった。固くなって隅の方に坐っている亀太郎の耳に、隣室から聞えてくる嗄《しわが》れたような声が渋沢さんだとすぐ判った。聞くともなく耳に入るのは話し合っているのでなく渋沢さんが訓《おし》えている雄弁だった。

最後の先客が隣室へはいると渋沢さんの声で「もう時間がありませんから、五分間ぐらいで要点だけお話しください」というのが聞えた。それを聞くと亀太郎は当惑した。もともと訥弁《とつべん》で初対面の挨拶だけでも五分ぐらいかかる自分だ、きのう注意されたので十分間で要点を話せる練習をやったが旨くゆかなかった、十分間でさえそれなのにその半分の時間では、何からどう云っていいか迷い切っているうちに隣室へ呼び入れられた。先客がどこへ去ったか、そんなことどころか、夢中で歩いた。

渋沢さんの前に坐ってお辞儀はしたが、そこがどんな部屋だったか亀太郎の眼に映らず、ただ愚図愚図しているだけだった。「あんたが相楽さんのお孫さんか」と渋沢さんの方で先に口を切った。亀太郎は固くなって「はい」とだけいった。「ゆっくり別室でお話を伺うことにしよう」と渋沢さんが先に立って歩いた。亀太郎は身ぶるいが出るほど感激して、そのあとに随った。居間らしい座敷へ導かれた。

桐胴の火鉢を中に渋沢さんと相対した亀太郎の眼がすこし充血していた。応接室からここまでくるまでに心を落着けることに努めた。新聞でよく見るとおりの渋沢さんは黒紋付の羽織に袴で、水際立った老熟さだ。それに打たれて息詰りながらも喋舌《しゃべ》り出した。「突然、今日お伺いしましたのは私の祖父につき不審がありますので、いろいろ調べましたところ、梟《きょう》木《ぼく》に晒されるような悪人とはどうしても思えません。それどころか勤王無二の者でござりました。あれは何かの間違いで冤罪を着せられて殺されたものと確信いたします」といううちに涙が眼から溢れ出た。「それがために部下だった者も冤罪で殺されました。私は相楽総三の孫ですから、部下の方々の冤罪が気の毒心外の至りです。汚名を一掃してあげることは相楽の孫たる私の責任だと思い、十二歳のとき発念いたしまして、今日まで貧窮の中から費用をつくり、雪冤の資料を集めて十年の歳月を越えました。相楽とその部下とは、偽官軍といわれ死刑に処され梟木にかけられました。死後今日に至るも、強盗といわれ無頼の徒といわれております。このままでは悪名は永遠でござります。それでは部下の方々の遺族に申訳ない、死んだ人々の霊に面目ない。相楽のおなじ部下であった方々でも、他国で自殺し、幕兵に殺された中の幾人かは御贈位の光栄に浴しております。江戸の薩邸で戦死したものはその名すら没し、信州で働いたものに至っては悪名を被っております。私このたび決心を固め御贈位の請願をいたします。それにつき恐るることは薩人の心です、元来、相楽とその部下は江戸の薩摩邸以来、一番親しかったのは薩藩です、殊に明治維新の暁の鐘とも申すべき鳥羽伏見の戦いは相楽等が誘引いたしたものです。信州下諏訪を押え、上信国境の碓氷《うすい》峠を押え、旧幕臣の人心に大影響をあたえましたのも相楽の功だと確信いたします、でありますのに薩人に憎まれ、相楽等は狡兎《こうと》つきて煮られた走狗《そうく》にされましたのみならず、今日は明治維新後五十四年に及んで、いまだに相楽等は憎悪敵視をうけているとしか思えません。請願書の一ツは長野県知事に差出しますが、長野県知事赤星典太《あかぼしてんた》氏は薩人であります［正しくは肥後の人］。万が一赤星知事が只今申上げた薩人の例に漏れない人でしたら請願は閉塞され、苦心水泡に帰し、志士の枉屈《おうくつ》、慰むるに途がなくなります。願わくば一寒生の心事をおくみとり下すって、御尽力を伏して哀願いたします」亀太郎の顔が蒼白になって、瘠せた頬が熱い涙でびっしょり濡れた。

渋沢さんはときどき瞑目して聞いていたが、「あなたのいうことは実によく判った、よく祖父のためそれまでの苦心をなすった、感じ入りました。この上とも勇気を出し目的の達成をなさることを祈る、私も及ばずながら出来るだけ尽力しますから、何なりと遠慮なく註文を出してください。ただ申しておかなくてはならないのは、私の立場上、御贈位請願の運動ができないことです。元来、私は微禄ながら一ツ橋家の家来で、只今でも主家と一ツ橋家を仰いでいる旧幕臣です。相楽氏は討幕派の領袖ですから、義として相楽氏の御贈位請願の運動ができかねる——関八州であのころ勤王浪士の第一人者といえば指をまず相楽氏に屈したものでした、私も相楽氏の名声を慕った一人で幾度も同志の列に投じようとしたが、その実行を遂にみなかったのは運命の支配で、他に原因はなかった。私の友人に竹内廉之助（金原忠蔵）といって下総小金のものがある。その竹内が相楽氏に投じ同志となったと聞き、竹内のために喜び、自分は羨望に耐えなかった。私は勤王と佐幕の中間に立って苦悶に苦悶し、外国へとうとう渡航した」といって言葉を絶ち回想でもしているのか眼をとじた。やがて口をひらいたときは話題が一転していた。「若いころわれわれは遊廓へよく行ったものだ。しかしそのころの青楼は志士の密談所で現在のように遊興本位の場所とわれわれはしていなかった。そういう場所で私は相楽氏の部下の人々には会ったが相楽氏には一度もお目にかからなかった、数百の士を指導しているだけにそんな処へはなかなか来ないようだった。年齢は私より二ツ上と承知している。相楽氏が関東の浪士でなく、すこし大きな藩の士で藩主を擁していたなら、今ごろは坂本竜馬や高杉晋作や水戸の武田耕雲斎などより有名になっている人だった。存命でいられたら立派に天下を料理する人材であった。実に惜しむべきだ。不幸な英傑だったと思う。もし生地の赤坂区から御贈位の請願をするようだったら、東京府知事が取扱う訳だから、宇佐美東京府知事によく話をしておこう。しかし、いずれにしても手続きをよく聞いてからにしないといけないから、私から府知事に話すから暇のとき府知事に会ってみるがよい。それから長野県で請願するようだったら知事へ依頼状を書いておくから、二、三日中に又来てください。又そのときよくお話をしましょう」

渋沢さんは辞して去る亀太郎を、玄関に立って見送った。往来へ出た亀太郎は百万の味方を得た気がして、日の光がこんなにも明るかったかとさえ思った。

◇

亀太郎は宇佐美東京府知事を訪ねた。宇佐美氏は懇切だった。亀太郎は世の中の諸所に好い人がいることをますます知った。

◇

大正十三年の御慶事には全国にわたり、贈位者詮考のことが発表された。亀太郎は雀躍して、天、機会を恵み給うと喜び、夜を日についで請願に要する書類をつくった。『赤報記』をはじめ各種の資料を綜合採択して一部三百余枚（半紙）三部で一千枚をつくりあげた。これに三ヵ月かかった。

そのころ内閣の牛塚虎太郎（書記官）、天岡直嘉（書記官）、下条康麿（書記官）、宮内省の酒巻芳男（爵位課長）その他が、亀太郎の宿志を達せしめるため援助に起った。

亀太郎は三部一千枚の書類を抱えて信州下諏訪に行き、松沢庄吉その他の援助で町役場に中村町長を訪ね、請願書に連署をして貰い、郡役所に書類を出して郡長の認可を得るに五日間かかった。下諏訪町の小林広志（助役）同道で長野市の県庁に行った。亀太郎には薩人怖るべしという先入観があるので、赤星典太知事を心のうちで怖れていたが、渋沢栄一男爵の添書があるので心強かった。知事は不在だった。亀太郎は幸先悪しと思ったが、已むなく内務部長に会い、渋沢さんの添書、請願書三通、附帯書類三部を提出して述べられるだけのことを述べた。内務部長は「明日は長官が出庁せられるから、今夜一泊の上、直接、長官に話された方がいいと思う。そうなさるがよい」と深切にいってくれた。しかし、亀太郎の懐中には長野駅から帰京する汽車賃だけしか残っていなかった。一泊の上、赤星知事に会い、思うところを充分に述べたいのは山々だが、一泊の費用どころか、下諏訪から同道してくれ、万事に心をつくしてくれる小林助役に、茶菓をもてなす銭すらなかった。「多忙のため」と偽って県庁を出た亀太郎は、小林助役にも、「多忙のため直ちに帰京します」といって別れて独りになると、足の向くまま筑摩川の畔に出た。河原に坐った亀太郎は泣いた。公務の忙しい中を切りぬけて骨折ってくれた小林助役に、一泊どころか、一餐のもてなしもせず、嘘をついて別れた心苦しさが身を責めるのだ。亀太郎は逝きてかえらぬ筑摩の川水を瞶《みつ》めて「淋しい」と何度も絶叫した。

◇

亀太郎が信州上田市に丸山久成の家を訪うたことがあった。丸山梅夫の丸山久成は伊藤九右衛門と後にいった。そのあとがどうなっているか判らないが行ってみた。味噌問屋の伊藤という家で聞くと、この先二、三丁の左側の下駄屋だと教えられた。

伊藤九右衛門の旧宅は大きな立派な家だった。そこの主人の話に「私は当家の養子で、家内が丸山梅夫の娘です。養父は三年前に亡くなりましたが、在世中は口癖のように相楽総裁の汚名を雪ぎたいと申し、長野毎日新聞へ三十回ほど〝相楽総三勤王伝〟というものを書きました。よく申しておりました、相楽総裁や友人の西村謹吾その他が、せめて合祀の栄に浴するのを、生きているうちに見たい、それでないと死にきれないと――」

丸山梅夫の娘に亀太郎が会ったのはそのときだけで、その後、死亡して久しくなる。

◇

そのころこういう事があった。時の枢密顧問官で南部甕男《みかお》男爵は、東山道総督府付の南部静太郎であるから、相楽の刑死について内情を知っているはずだ。

或る日、宮内省の廊下で南部男爵に出会ったので、亀太郎は意を決してその前に立って敬礼した。「閣下は明治維新の当時、南部静太郎と仰有って、東山道総督府付でいられましたか」と尋ねた。男爵はじろりと見て「如何にも」と答えた。「それでは赤報隊総裁の相楽を御存じでしょう」といった。男爵に驚愕の態度がサッと出たが、「君は一体どういう関係の人だ」といって亀太郎を瞶めた。「私は相楽総三の孫です。実は相楽の刑死が冤罪であることを苦心の結果、漸く確実にいたしましたので、聚集いたしました材料によって、御贈位の請願もしたく、就《つい》ては閣下のような事情を御承知の方に御尽力が願えますれば非常な仕合せでございます。又冤の雪がるることも速かだろうと思い込んでおります。大変、失礼でございましたが突然ながらお願いする次第でございます。御邸へ参上することをお許しの上、当時のことをお話しいただけますとこの上もない喜びですが」と、頭を何度もさげた。

男爵は視線を天井に向け亀太郎を見なくなった、そうしていった。「甚だ残念だが、近ごろすっかり老耄《おいぼ》れて当時のことは全部忘れてしまった。ええと、相楽と――ええと、相楽と」視線は天井にばかり向けられていた。亀太郎は男爵がわざと忘れたといっていると解し、顔色をサッと変じ拳を握ったが、辛うじて冷静になった。「全部お忘れでございますか。お忘れでは致方がございません。失礼しました」と怨みの眼を、去り行く男爵にむけていつまでも睨んだ。

亀太郎は母から聞いた曾祖父小島兵馬の話をおもい出した。相楽の父兵馬は相楽の刑死を憤って、何びとが施した陥穽かと、さまざまに探ったが、遂に水戸人の鯉沼伊織（香川敬三伯爵）のした事とおもい、或る日、短刀をふところに香川邸に推参、面会中に刺し殺そうとして飛びかかった、――これは兵馬の誤解だが――さすがに生死の間をくぐって来た相手だけに、老人の小島兵馬では刺せなかった。兵馬は目的を達せず慰撫されて帰った。こういうことが亀太郎の記憶にあったので、南部男爵が「全部忘れてしまった」といい「ええと、相楽と」といって、わざとらしい忘れ振りをみせたのが腹立たしかった。亀太郎はこのとき以来、南部男爵を卑怯だと思いこんだ。

後になって亀太郎は南部男爵にぶつかったのは失敗で、錦鶏間祗候《きんけいのましこう》だった原保太郎《はらやすたろう》にぶつかればよかったと気がついた、しかし、聚集した資料は紛々糾々としていて原保太郎を心づかせなかった。

◇

御贈位の発表のある大正十三年三月の佳日に先だつ数日、宗秩寮《そうちつりょう》爵位課勤務の宮内属である亀太郎は、今度の御贈位には、相楽をはじめその部下もともに漏れていると知った。御贈位に漏れても自分のことは左程でない、渋谷総司が漏れ金原忠蔵が漏れたことが苦しかった。恐らくは下諏訪の人々も、詮考に漏れたのは偽官軍の強盗無頼の党が真相であるからだろうと思うに至りはしないか、それだと相楽祭も廃止され、今までより却って悪名が倍加され、永久に雪冤が成就しないものになるだろう。考えてそこに至ると亀太郎は居ても起ってもいられなかったので、遂に詮考の杜撰《ずさん》を批難する気になり、覚悟を据えた。それにしても、贈位詮考の国府種徳主任には請願について世話になった。後援してくれた牛塚、天岡、下条の内閣書記官や酒巻宮内省書記官に対しても弓をひくものとなる。忘恩かも知れない、不義かも知れない、しかし家門の誉れが得たいのでなく冤罪が雪ぎたいのだ、是非に及ばぬことだと辞表をふところに、酒巻課長に弓を引く心の苦衷を訴えて、辞表を差出し、自宅に帰って謹慎閉居した。

亀太郎の引いた弓から矢となって飛んだのは新聞記事だった。東京日日新聞の藤樫記者がその役を買って出て、東京の大新聞の殆どに材料を送り、大阪朝日、大阪毎日、京都日日はじめ九州、東北、四国、北海道から大連日報、樺太毎日の遠くまで、〝祖父の冤を雪ぐ三十年・贈位審査の杜撰に抗議・史料を公開して世の批評に訴う〟といった内容の記事がぱっと出た。亀太郎はそこまで強くやりたくなかった、相楽祭が中止となることを食いとめたかったのが真意だった、しかし、強烈な記事が出たので責任を回避する気はもとよりない。世間にはそういう記事をみると同情してくれる人が多く住んでいる。亀太郎のところへ未知の人から、激励やら慰問やら賞讃やらの手紙が夥しく飛びこんだ。

酒巻課長から数日後に呼出しがあった。課長は「事柄が事柄だけに辞表に及ばず。多少不穏当におもえる点もあるので、大臣宛に始末書だけ出せよ」といった。

亀太郎はその後ずっと役所に出勤した。時に借金が一千円ほど出来ていた、その殆どが雪冤資料のためだった。

◇

翌年の四月三日、相楽祭に辛くも旅費の工面が出来た亀太郎は往きの汽車のなかで考え抜いた末、式祭の前に下諏訪の有志に、「御贈位に漏れたことに就いて全責任が私にあります。この上皆さんにご迷惑をかけたくないので、甚だ勝手ながら相楽祭は今回限りとし、他日、御贈位成就の暁まで中止していただくか、或は僅かに形式だけにとどめて頂きたいと存じます」といい出した。有志はそれを聞くと即座に反対した、「われわれが年毎にやっている祭典は、冤罪に斃《たお》れたお気の毒さのためであって、御贈位とは別のことです」といって更に応じなかった。

しかし、下諏訪には相楽等を偽官軍だと主張する人々が相変らずあって、下諏訪の〝町の祭〃とならず、単に〃区の祭〃でしかない。
それから年月が流れた。

◇

昭和三年ごろに御大典の御儀があるように漏れ承《うけたまわ》った亀太郎は第二回の請願準備にかかった。今度は新たに有力な援助者が出た、といっても、一朝一夕にそうなったのではなかった。遺族側は亀太郎と渋谷貴重の二人、惜しいことに金原忠蔵の長男竹内義之助は物故し、その子は大陸に行っていて、とうとう関係しなかった。

諏訪選出の長野県会議員今井梧楼は下諏訪の町長大和仁平、宮坂市郎次、松沢庄吉と共に東奔西走した。今井梧楼は木曽義仲の部将で有名な今井兼平の嫡統、宮坂市郎次は武田氏の部将の嫡流だ。この人々は小川平吉（鉄相）、鳩山一郎（輸長）を訪い、長野県知事を訪うこと何回ということなく、一木喜徳郎（宮相）、岩波武信（爵位課長）に始末を具陳し同情好意を乞うた。その中で小川平吉鉄相が遽《にわ》かに熱情を傾けるに至った。思いがけない因縁がわかったためであった。

小川射山（平吉）は信州諏訪の出身だ。それだけの縁故でなく、射山の夫人は金井之恭の娘だった。金井は、いうまでもなく相楽の同志で、そもそもの相楽祭に深く関係があり、生存中に相楽とその部下の雪冤や顕彰に奔走したことが射山にわかった。それが判ると更めて赤報隊事歴を研討し、冤罪なりと確認ができたので、援助の力を大いにはじめた。

やがて請願書が出された。遺族は相楽の孫木村亀太郎、金原忠蔵の孫竹内健太郎、渋谷総司の甥渋谷貴重、それから有志の今井梧楼その他が連署して、正副三通とり揃え、関係書類『赤報隊記』二冊を添え、長野県庁の一室で田中無事生内務部長に面会して、大和仁平町長、渋谷貴重、木村亀太郎の三人で提出した。

このとき渋谷貴重は「相楽氏だけは是非とも恩典に浴せしめたい」と思い、亀太郎は「梟首が障りとなっているなら金原一人だけでも恩典に浴せしめたい」と、心ごころに天に祈りをささげた。

◇

昭和三年の御大礼に亀太郎は大礼使主膳兼舎人として京都へ供奉を命ぜられた。その発向の直前に内閣調査済の贈位詮考書類の発表準備を内命され、同僚と密室でその事務を執った。もとよりそれは、御即位の当日御発表になるまでは絶対秘密だった。

亀太郎は次つぎに回送されてくる書類を処理しつつ、長野県の分が回送されるのを待ちこがれていながら逃避したい気になっていた。

御贈位の請願はそのとき全国で数千名だったという。その中から内閣御用掛の国府種徳(犀東)が主任で審査し、厳選に厳選して六百五十名を選定し、更にそれを厳選に附し、結局のところ約百名が有力な候補として残された。こういう新聞記事が亀太郎の眼に光を鏡のごとく映つた《ママ》。

請願したのは相楽以下十二名、その他に相楽の同志石城《いしがき》東山の請願も出ていた。回送の書類はひそかに宗秩寮総裁室にはこび込まれた。亀太郎は発表準備として長野県の書類に指をかけたとき相楽の孫だという私情がこみあげて来た。第一枚をめくった。そこには贈正五位相楽総三とあって略伝が附してあった。息をつくのを忘れて第二枚目をめくった。贈従五位渋谷総司とあってこれも略伝がついていた。忝《かたじ》けなさに眼が霞んだが気を取り直し第三枚目をめくった。金原忠蔵とあれ、石城東山とあれ、西村、小松、竹貫その他の同志の名であれかしと、きらきらと光るがごとく祈りつつ見れば矢島重綱とあった。千葉県の分を見た。亀太郎は血眼だった。それにも竹内廉之助とも金原忠蔵ともない、脳貧血が起りかけた、しかし喜憂するのはまだ早い、この後、取消されるものがある、追加もある、決定とおもうには時間がまだある。

これは昭和三年十一月五日の夕方のことだった。

◇

御即位式の前日、贈位者明朝発表すべしの電報が、氏名と共に各府県知事、新聞社、内閣の官報部へ発せられ、昭和三年十一月十日の佳日、大日本全国で百六十六名へ御贈位が発表された。

亀太郎はこのことを手記した。〝以上で芝薩摩屋敷の強盗無頼の党と誤伝されて今日に及んだ相楽の党から、次の如く九名の贈位者を出した。総裁相楽総三、副総裁落合直亮、大監察権田直助、同じく長谷川鉄之進、監察竹内啓、同小川香魚、渋谷総司、使番西山謙之助、同じく松田正雄。薩長のごとき大藩はさてとして、勤王浪士の隊その数尠《すくな》しとせずだが、一ツの浪士隊から九名の贈位者を出した隊は絶無だろう。況《いわん》や強盗といわれ無頼といわれ偽官軍の賊といわれた薩邸浪士隊及び赤報隊であるに於ては一種の皮肉を感ずることなきか〟と。『木村亀太郎手記』が挙げた九名の贈位者の他に、自殺したる小島直次郎。斬り死したる桜国輔。明治八年五月六日、五十二歳で郷里上州で病死した大館謙三郎《おおだちけんざぶろう》などがある。

◇

贈位記伝達式は、昭和四年一月十七日、長野県庁で行われた。

昭和四年四月の靖国神社臨時大祭に、十五名の合祀が告示された。その十五名のうちに相楽総三と渋谷総司の名があった。

おなじ月に千葉県東葛飾郡鎌ケ谷村に渋谷総司の碑が除幕された。

昭和五年四月三日の相楽祭の日、〝魁塚碑〟の除幕式が行われた。相楽等が刑に死んで六十有二年、初めて偽官軍《にせかんぐん》の汚名が雪がれた。

亀太郎が少年のとき仏壇の奥から見つけ出した相楽総三の血のついた髪の毛は、魁塚碑の下にうずめ、屍が土に還った下諏訪の地に還した。

これで雪冤が一応成就した。しかし、真の雪冤はいまだしだ。亀太郎の悩みは永くのこされて今もつづいている。

薩邸焼討戦闘のとき戦死した山田兼三郎、奥田元その他は路傍の石よりひどく世から人から忘れられてはいないだろうか。野州栃木戦争、出流岩船戦争に関し戦死自殺刑死した人々がこれ又路傍の石以下になってはいないだろうか。小田原の闘死者、八王子荻野山中の闘死者、信州追分、上州坂本の戦死闘死刑死の人々も又その例とおなじではなかろうか。下諏訪刑死の残る六名といえども同様ではあるまいか。白神晋その他のごとき牢死者は知る人さえありや無しではなかろうか。東海地方に刑死した赤報隊員に至っては殊に惨を極めてはいないだろうか。

◇

薩邸浪士と赤報隊とに一本の糸ほどの因縁もない私が敢てこの稿を起すために久しき年にわたってこの〝未定稿〟を今日漸く得るに至ったる意は、殉国埋没の士に謝礼の意を尽さんがためであり、些かなりとも顕彰して慰労せんと欲したからだった。しかしその他に希っているものが別にある。渋谷総司の碑にある詩句に〝復夕枉屈ノ冤無シ〟とある。その〝無シ〟とあるを〝無カラシメヨ〟とするにある。即ち〝復夕枉屈ノ冤無カラシメヨ〟である。

江戸の薩摩屋敷

浪士屯集

慶応三年十月の上旬、江戸の芝新馬場にある薩州鹿児島藩の上屋敷へ、益満休之助と伊牟田尚平と二人の薩摩人が、江戸で生れて江戸で育った小島四郎（将満）を伴って、到着した。京都からこの三人は、江戸へ、死ににやって来たのである。

江戸へ出発する前の晩、薩藩の西郷吉之助［隆盛］が、京都三条の旗亭へ小島四郎を招待して、餞《はなむけ》の会をひらいた。列席者は小島四郎を西郷に紹介した益満・伊牟田の二人と、少し遅れてやって来た薩藩の大久保一蔵［利通］と主客あわせて僅か五人だけだった。華やかにやれない性質の送別会だったのである。

三田の薩摩屋敷には、留守居役として篠崎彦十郎（仲苗《なかなえ》）が、西郷の旨を含んで、先頃からきている。留守居添役に関太郎といって江戸に詳しい人がついている。監察は児玉雄一郎といって、これ又、西郷が江戸で討幕の機運をつくり、皇政復古促進のため何を小島四郎にやらせんとしているのか、その大体を知っている人である。この他に関太郎の同役で立花直記、柴山良助、西村喜作の三人がいた、まだその他にもいた。その数は百人を遥かに超えていた。

◇

　島津修理太夫久光の家は七十七万八千石、薩摩・大隅・日向の国主で琉球国を兼領している大藩で、江戸に持っている屋敷は、三田一丁目の薩摩屋敷といった方が、芝新馬場のというより、早わかりがする広大なる上屋敷の他に、幸橋内に中屋敷、高輪、品川の二ヵ所に下屋敷をもっている。藩主の家族を別として、家老用人その他多勢いたが、今はすべて引揚げていない、人がいないだけでなく、家宝はもとよりのこと、これはという物は悉く品川沖へはこび出し、差し廻されてあった藩の船に積込み、鹿児島へもって行く準備が出来ていて、後を殆どがらんどうにした、それより先、同時に、江戸に在任させて置いては邪魔になったり、不適任であったり、或は他の方面に活用する方がいい人物は、悉く、江戸引揚げに口を藉《か》って転任させたそのあとへ、勤王論者で有名だった篠崎彦十郎を赴任させ、西郷の息がかかっている者だけで固めた。そこへ、益満という江戸隠密の名人で乱世向きの人物と、日本中を駈けめぐった激烈精悍な伊牟田とが、小島四郎を伴って到着したのである。

小島四郎は三田の薩邸の内部を見て廻り、ここがよいといって一つの建物を選んだ、それは糾合所と称せられていた学黌《がっこう》のあとで、通用門からはいって正面に近い位置にある。小島は多くの浪士を招集して、そこに寄宿させる心算である。

◇

十月の十日から中旬にかけ、小島四郎の飛ばした檄《げき》に応じて、四方から集まってきた人々がある。落合源一郎（直亮）は門人峰尾小一郎、森田谷平、林幸之助を率いて来た。落合は武州多摩郡駒木野の関の累代関守・落合家の長男で国学者である。薩邸へはいってからは変名に水原二郎をつかった。峰尾は藤井誠三郎と変名し、森田は木田谷平と称した。林幸之助（行成）は越後黒川藩一万石の柳沢式部少輔の家来で、武州駒木野に来て、落合源一郎の門人となっているうち、剣客の森田や、同門の峰尾とともに、落合について薩邸へはいったものである。

落合源一郎の水原二郎と殆ど同時に、薩邸へはいったものに、武州入間郡毛呂《もろ》村［現・埼玉県入間郡毛呂山町］の名医で国学者で歌人の権田直助（玄常）がある。権田も門人の小川勝次郎（小川香魚といい変名は梅咲香《うめさきかおる》）、西宮諸助その他を率いて来た。

武州川越在竹内《たけのうち》村の医者で国学者の小川嘉助（重成）、その地方では小川節斎といって徳望のあったこの人も来《きた》って薩邸に投じ、変名を竹内啓といった。啓をヒラクと読ませる、荘内藩の執政松平権十郎が執筆させた文書には、誤って竹内開などと記されてある。

越後の長谷川鉄之進（世傑）もはいった。

信州上田の医者と称して斎藤養斎（延世《のぶよ》）が、同志を率いて投じて来た、斎藤は通称を謙助といい、国学に長じたる商人である。薩邸へはいってからは、科野《しなの》東一郎と変名した。

この他にもいろいろの人物が投じた、武州入間の漢学者で清河八郎の同志であった根岸友山は門人小島直次郎等を送り、下総の漢学者芳野金陵の門下からは竹内廉太郎（変名は大原廉之助といい後には金原忠蔵という変名をつかい、信州追分で戦死した。後の渋沢栄一子爵が、そのころ、薩邸へはいったと聞き羨望に耐えなかったというは、この竹内のことである）、渋谷謹三郎（変名を渋谷総司、又は大谷総司といった）も投じた。野州足利の脱藩で医者の鈴木敬哉が島林敬一郎と称して来り投じた。

元治元年、筑波山の義兵に参加した国芳房吉（常陸の人で変名を戸宮一郎といった）も来た。上州の剣客で新徴組にいたことがあり、清河八郎の同士で大橋渡と称した高橋亘、新徴組にいたものでは山川竹蔵、横山明平など、それから出生不明ではあるが下総の飯篠《いいざさ》神刀流の達人で年わずかに十九歳の醍醐新太郎（変名を飯篠長江斎といった、長江とは香取鹿島両宮の間を流るる利根川をとって名としたものだろう）と、醍醐の親友で年もおなじ十九歳の下総香取郡牧野村［現・千葉県香取市］の小林勝右衛門の長男勝之進（勝行）も来た、小林勝之進は江戸番町の武藤という剣客のところにいた者で、変名を小林進之助といった。

斎藤弥九郎の門人で小倉藩士高屋友七の次男柴生健司（音清）もはいった、柴生は前にいった小林勝之進の義兄にあたる。

北辰一刀流の千葉の道場から出たものでは山田兼三郎が優れた技倆をもっていた。同門から中村恒次郎という遣い人《て》も来り投じた。出羽《でわ》最上《もがみ》の剣客で結城四郎（威実《たけざね》）もはいった、結城は村山誠吾といい、最上司《つかさ》という変名をよく使った。秋田人の須藤長二（変名を金輪《かなわ》五郎といい、佐藤鬼太郎ともいった、本名は志渡長次郎）。おなじく岩谷鬼三郎（後に古世蔵人といった）。おなじく荒井仁造、おなじく大木匡（秀美・変名を大樹四郎という）等も加わった。おなじく栃内蔵四郎（義盛）、この人は菊池斎といい、菊池竹貫斎ともいった。これらの人もはいった。

美濃出身では、久々利村の西山謙之助（尚義）。大垣の安田丈八郎（今大路藤八郎ともいった）。それから駿河の田中の出身で渡辺主馬（近藤俊輔ともいった）、おなじく信沢武馬（清紀）。常陸からは会沢元輔、友田正輔、坂田三四郎（鯉淵四郎ともいう）、尾崎忠兵衛（又は川崎常陸）、佐藤栄十郎。上州からは岡田信造（又は木村正造）、新田満次郎家の医者で長山源十郎、塩谷宕陰の門人で松田正雄。館林藩の宇佐美庄五郎（後に金田源一郎といった）、綿打村の郷士長山直一郎、江戸からは日本橋の医者殿木竜伯の次男で殿木春次郎、小石川大塚上町の旗本の子で伊丹桂二郎（伊丹兵庫ともいった）、麹町四番町の旗本長塩隼人の家臣で浅井才二（貞利）、この人は甲府勤番の浅井才兵衛の二男で、変名を神田湊といった。甲府勤番の家からは植村平六郎、加藤隼人（牛田静之助ともいう）、笹田宇十郎（水村吉三郎といった）、南信州の飯田守人（彦助武郷）の手から石城《いしがき》東山など、踵を接して来り投じた。前にいった落合源一郎の後を追って来た駒木野のものも数多ある。

この他にいろいろな人物が薩邸に投じた。力士で天の川米吉というのもその中にいた。人数を集めるため小島四郎は毎夜のごとく、羽織を二、三枚引っかけ市中に出て、零落している武士や逞しそうな不良の輩とみると、突当ったり足を踏んだり、わざと喧嘩を売った、相手がおとなしければ相応に説きつけ、悪い奴で因縁をつけてくれば取って押えて降参させ、羽織を与え、金を与え、「食うに食えなかったら三田の薩摩屋敷へ相楽総三と尋ねてこい」といって放してやった。こういう連中の十中の八九が尋ねて来た。しかし、こうやって集めたものの中に、思いの外、質のいい人物もあったが多くは悪かった。どんなに悪い奴でも、薩邸内の糾合所へはいると一応良くなる、悪い奴が悪いままで押切ろうとすれば、捉えて首を斬るという厳格さを示した、それでも悪い奴はやはり悪いことをした。

十月から招集して十一月末までに、集ったものは約五百人、が玉石混淆《ぎょくせきこんこう》を免がれなかった。

◇

小島四郎はそのとき年二十九、権田直助は五十九歳、落合源一郎は四十一歳、長谷川鉄之進は四十六歳、斎藤謙助も小島より年上で三十七歳だった。これらの人々が協議して、糾合所屯集隊の組織をつくった。

総　裁　相楽　総三　（小島　四郎）
副総裁　水原　二郎　（落合　源一郎）

大監察　苅田　積穂（権田　直助）
大監察　長谷川鉄之進
大監察　科野　東一郎（斎藤　謙助）
監　察　会沢　元輔
同　山本　鼎（西村　謹吾）
同　菊池　斎（栃内　蔵四郎）
同　大樹　四郎（大木　匡）
同　小川　香魚（小川　勝次郎）
輜重長　桜　国輔（原　三郎）
使　番　大谷　総司（渋谷　謹三郎）
同　金田　源一郎（宇佐美　庄五郎）
同　大原　廉之助（竹内　廉太郎）

この中で使番と監察を兼勤したものもあり、輜重方《しちょうかた》兼務もあり、又、漏れたものもあるだろう、確実な文献は慶応三年十二月二十五日流血の際に紛失し、又はその後に散逸して反古《ほご》と化したものか、辛くも残存しているものは、根本は維新史料編纂局にあって『赤報記』の巻頭に写《うつし》が出ている「人名録」と、落合直亮が手記したという無題の「人名録」と、この二ツしかない。『赤報記』は薩摩屋敷を脱出した糾合所屯集の浪士隊が、組織を更めて赤報隊となり、慶応四年（明治元年）三月三日、赤報隊壊滅の後に隊中の何人かが書き残したもので、人名を一ツにならべ、薩邸屯集時代のときと、翌年の信州潰滅時代のものとを区別し、それに△○□◎など符号を説明に代用し、経歴を示したもので、一応これでも判るには判るが、乏しい資料に拠ってこれをみても、訂正すべき点が尠《すくな》からず目につく。落合直亮手記の人名録は、丹念に記入作製されていた原本があったのを、落合が懐中して薩藩邸戦争のとき、三田から品川方面へ引揚げの途中、札の辻から東禅寺前ぐらいの間で遺失してそれなりになった。そこで記憶を辿り他人の記憶を借り、ひそかに作製して残して置いたものである。落合直亮、落合直文、二代の間、この人名録を他人でみた者はない、三代目の落合直幸のとき初めて相楽総三の孫木村亀太郎が見て写しとった、と、こういう筋のものなのである、原本は今ないそうだ。この人名録だとて錯誤がないという訳にはゆかない。

例えば小島源十郎という浪士である。小島は武州入間郡黒須村小島恒次郎の子で、薩摩邸に投じた。黒須からは須田鎌太、福島均平、小西健次郎などが薩邸に投じた。黒須は旧幕のころ、扇町屋《おうぎまちや》といった日光街道の宿場に隣接した村で、今は埼玉県入間郡豊岡町［現・入間市］に併合されている。ここからは幕末から明治初年にかけて黒須大五郎一味という多人数の慓《ひょう》悍《かん》な強盗が出た。大五郎は博徒の頭で、暴威をふるった。若い小島源十郎その他が、土地柄で佐幕にゆきそうなものを討幕に奔《はし》らしたのは、大五郎の勢威が反撥させたのではなかろうか。

小島源十郎の身の落着きについて『赤報記』は何とも註記をしていない。『落合手記』には〝脱上野にて暗殺〟とある。〝脱〟とは脱走と落伍とを一ツにしたものであることは、他々のものの事で判定がつくが、〝上野にて暗殺〟は風説の誤りだ。大正年間、相楽の孫木村亀太郎が、晩年の小島源十郎に会っているからである。

完全無欠の辞典はないが辞典のあることは大きな仕合せである。史家の資料も又それと同様で『赤報記』や『落合手記』がなかったら、約三百人の報効の片鱗さえ、或は永久に伝えられることがなかっただろう。

こういう風な誤りは明治戊辰前後に限らず、いつの時でもないとは云えない、殊に明治維新の前後にはありがちである、幕末に幕府が和蘭《オランダ》へ註文して竣工した軍艦開陽丸を、和蘭留学の幕府派遣学生が、首尾よく回航してきたことがある。そのときの一人が、明治になって死亡したと信ぜられ、そういう事を書いた物さえあったが、何ぞはからんその人は、深川だか本所だかで、大きな工場を経営して健全だった、こういう例もある。随ってこの以下、一聯の記述に、そうした誤謬がないとはいえない。願わくば大方の教示を得たい。

相楽の父兵馬

江戸赤坂に三分坂というのがある、その坂下に小島兵馬（満茂）という下総北相馬出身の郷士が、広大な敷地に、幾棟もの家を建て豪快なくらしをしていた。富がどの程度であったか今となっては判らない、が、想像の材料となる唄が残っている、それは「小判小粒を桝ではかる家はあるが小島分限《ぶげん》は箕《み》ではかる」というのである、これは、北相馬で代々の富豪で名望家であった小島家をうたったもので、江戸へ引移ってからの小島家をうたったものではなかろう、という疑問が起らぬでもないが、小島兵馬から直接俗謡の話を聞いたものもあり、それを耳にして大きくなった兵馬の長女はまの話を聞いたものもあり、その他の事実もあるので、小島家は北相馬にいるときよりも江戸へ移ってからの方が、富を倍加したものらしい。明治と改元されて東京の山の手下町を問わず、屋敷跡が桑畑になり、江戸の昔の俤《おもかげ》が家康入国以前の田舎に引返すのではないか、そう思われた時代、世間も人も落着きかね、東京が新たに興隆して、古い江戸に倍々の大都会となる、激しい陣痛の時代だけに、世相は険悪、人情がとげとげしい、そういう折柄に兵馬は、きょうは歌の会、あすは遊山、あさっては芝居と、豪奢なくらしを続けた、それにはそれだけの原因があり、豪奢の裏にひそむ悲劇があった、いずれそれは後段に説くが、その時分、兵馬は広大な庭にある大きな池の底から、時どき瓶や壺を人知れず引きあげて封を解いた、中にはぎッしり小判小粒が詰っていた。こういう壺や瓶が、どのくらい、池に沈めてあったか判らなかった。

それくらいの富をもっていた兵馬に四人の子があった。一番上は女ではまといい、蕃書取調所の頭取になった木村敬弘の夫人になった。二番目は男の子だったが池だか川だかで溺死した、それが長男。二男は旗本だか御家人だかの彦坂家へ、幼い時に貰われて行き、明治時代に彦坂良正といっていた、この人の娘でてい子というのがあったが、大正十二年九月一日の大震災で行衛不明となった。その次も男の児で天保十一年に赤坂の屋敷で生れた。これが三男ではあるが、小島家の次代の主人となるべきものと、生れぬ先からきまっていた。

した。兵馬は三男を素晴しい人物に仕立てたいと念願し、幼年時代から金に飽かして教育に熱中した。兵馬は最も近しい後楯の旗本の酒井錦之助に相談して、教育上の指示をうけた。

旗本のうちで千石以上の酒井家というと、神田橋外に屋敷のある七千石の酒井が筆頭で、およそ十家ある、酒井錦之助というのはその中の一ツで、溜池に屋敷のあった五千五百石の酒井家のことだろうが確かではない。

小島兵馬の屋敷は今の赤坂区［現・東京都港区］檜町十七番地で、そこを酒井家で下屋敷といい、小島家では酒井のことを御上屋敷様といっていた。小島の屋敷に酒井の下屋敷が包含されていたのか、それとも、地を接していただけであったのか、その辺の詳しいことを、今日では知ることが出来難くなっている。

小島家の三男はすくすくと成長し、元服して四郎左衛門将満《まさみつ》となった。後に四郎左衛門の左衛門を棄てて単に四郎といった。四郎は武芸にも学問にも秀いで、得意中の得意は兵学と国学とであった、別して国学に自信があった。二十歳で国学と兵学を講じて門人が百人からあった。四郎の学問系統について書いたものなく伝承もないが、万葉集を崇拝していたことと、友人に平田学をうけた年長の人が多いこと、それから推して、学問の根幹となっていたものは、平田篤胤、平田銕胤《かねたね》、その方向にあったに違いない。

◇

小島四郎は文久元年、二十二歳、門人を振り棄てて、父兵馬から金五千両ひき出して旅立った。行った先は奥羽だということだったが、翌文久二年、帰ってきてからの話では、久保田（秋田市）に専ら居たという、この言葉通り信じては嘘になる。持ち出した五千両は、赤城山で討幕の兵を挙げんとしたる、桃井儀八（可堂）の慷慨《こうがい》組の軍資に充てたものと推定される。

桃井可堂の赤城山挙兵の計画と、時をおなじくして尾高新五郎（淳忠）、同じく長七郎兄弟の天朝組の挙兵計画があった。可堂がいる武州榛沢《はんざわ》郡中瀬村と尾高新五郎兄弟のいる手計《てばか》村とは隣り合っている［ともに現・埼玉県深谷市］、それでいて計画は別々で、時はおなじ。可堂の赤城挙兵の時期は文久三年十一月十二日ときまり、尾高兄弟の実行は同年冬至の日と予定されていた。

赤城挙兵の同志は可堂の子桃井八郎、同じく宣三、長州の大楽源太郎、福田美禰助、久留米の古松簡二（権藤真郷）、水田謙次、石州津和野の梅村真一郎、宇都宮の広田精一、出羽松山の川股茂七郎、武州の小田熊太郎、上州須賀川の侠客で星野要助、越後荊羽の湯本多門之助、その他浪士十数名で、主将に上州の名門で新田義貞の遺裔《いえい》の新田満次郎（岩松義純）を仰ごうとしたが新田家に決断が乏しく、おまけに新田家に関係の深い越後の湯本多門之助が違約したので、計画、遂に破れたのみか、湯本多門之助の密告で、可堂等は捕縛され、再挙の計画さえ出来ない結果となった。これに関係したときの小島四郎の変名は村上四郎であった。

小島は村上四郎の他に内田四郎、二荒二郎を変名につかった時代がある。

文久三年十一月十二日の赤城挙兵が失敗した翌月の十二月十二日、小島四郎は武州大宮の一の宮に、夜半詣でて、「氷川の宮は日本武尊の神を鎮め奉ると承れば、いとも畏《かしこ》く尊く在《ま》しますを、広前荒れて手洗う水もあらねば、御池の氷を砕きて手洗い口そそぎ、ぬかずきて懇ろに拝みまつりぬ、あわれ今の世の人仏詣でするは多かれど、神の宮に詣ずるは稀なれば、かくさまに手洗う水もなく荒れてはあるなり、いと悲しくうれたく思う」といって、長歌短歌をつくっている。大宮から約三里の蕨《わらび》へきたのが午前四時ごろ、「人も倦み足も疲れて行きなずみぬ」といい、「暁の風は骨にとおり、袖に置く霜は真白にみえて、今は身も凍らんと思うばかりなりき」といっている。師走の夜を徹して江戸へ奔るは何の故ぞ、当り前の旅でないことが察せられる。それのみか、「されどかく身をくるしめ、心をいたましむるも、皆わが身のためにするわざにあらざれば」といっている。赤城挙兵水泡に帰し、上州に潜伏して機をうかがい、一挙に江戸へ奔る途中であったと断定するのは、この文章が残っているからである。このとき詠んだ短歌は、

　玉ちはふ神も知らさね置く霜の
　　深き心は神も知らさね

この短歌の底にひそむものが、赤城挙兵の失敗でなくて何だろうか。

それだから、慶応三年の冬、落合源一郎等が薩邸に投じてきたので、上州から来た者の中に新田満次郎家の医者で年三十八の長山源十郎があり、その従兄弟で、二十七歳の長山真一郎といって上州の郷士を伴ってさえ来ている。その他にも深い関聯が後々になって出てきて

いる。

◇

小島四郎が二十五歳になった元治元年に、水戸藩士を主体としたる浪士その他が参加し、筑波山に討幕の兵を挙げた、これが赤城一件の同志で参加したものは、権藤真郷、梅村真一郎、小田熊太郎等、その他にもあっただろう。四郎はこれにも加わった。それは「元治と改れる年の弥生望《ぼう》ばかり、鹿島の宮に詣でて詠める」という四郎自筆の歌が残っている。筑波山に楯籠《たてこも》った田丸稲之右衛門、山国兵部《やまぐにひょうぶ》、藤田小四郎等の行動のはじめはその年の四月四日、日光街道の出石場宿（野州）に、烈公（水戸斉昭）の神輿をかかせ、武装の約二百人が同駅の本陣に泊り、紫の幕を打ち、白地に水戸葵の紋のある幕を張りなどしたことからである。四郎の鹿島詣ではそれに先立つことわずかに十数日の三月中旬、そうして赤城失敗の権藤等は、その地方に潜伏していて、三月下旬から野州に集ったのであるから、一聯のつながりが明らかに観取される。

藤井誠三郎（峰尾小一郎）の語るところに「総裁は筑波山の挙兵のとき、応援に行っておられたと、お話しになったのを聞いた。藤田小四郎等の策が、徹底を欠いているので、山を下って去られたのだそうだ」というのがある。おもうにこれは、赤城以来の同志の権藤真郷（古松簡二）等が、筑波軍の幹部の考え方に、いつかしら水戸藩の内訌がひどく反映し、挙兵の目的からズレて、藩内の異党を敵とする傾向を多く帯びてきた、と観てその非を痛論し、遂に山を下って去った。権藤は江戸へ飛びこみ、こういうときは幕臣の力を借りたがいいと、大胆に、山岡鉄太郎を訪ねたところ、山岡が不在だったので夫人に会い、江戸脱出の援けをもとめた。山岡夫人は女丈夫だ、夫に代って引受け、権藤を変装させ、旅用の金まで与えて逃がした、こういう事があった。四郎の筑波党と袂を分ったというのはこのときであるに違いあるまい。

これは挿話であるが、前に名前が出ている水戸の国芳房吉は、筑波の挙兵に加わったが、敗れて江戸に入りこみ、幕臣松平太郎の用人になっていると、薩邸で四郎が浪士を招集しているると知って来り投じた。松平太郎は祐筆で筑波攻撃の幕府軍の中にあり、元治元年七月、江戸から出張し、翌年の慶応元年二月江戸へ引揚げた。どういう訳でそうした立場の松平太郎が国芳を用人に使ったか、面白いことである。

それと又こういう事がある。小島兵馬は何とかして四郎を江戸から出すまいとした。それには妻をもたせたらじッとして居るだろう、子でも出来たら尚のことだろうと考え、急いで花嫁をさがし始めると、雲州松江の松平家の渡辺という士の娘で照という美人があった、この娘に限ると、話をすすめたところ、ばたばたと纏ったので、その年のうちに結婚させ、これでもう四郎が江戸を出てゆくことはないだろうと、兵馬は大安心だった。これは赤城と筑波と二度の危険を冒した子に対する、親ごころの現れではなかったろうか。

その翌年の慶応二年に男の児が生れた、四郎はさすがに喜んで、「この児は武州大宮の氷川の宮の申し児であるから」とて、氷川の川を遠慮して河次郎とつけた。河太郎では俗説の河童が河太郎であるからという、父兵馬あたりの抗議で、長男ながら河次郎と、次男の如き名をつけたといわれている。

華夷弁

慶応二年、四郎が二十七歳のとき、酒井錦之助が「三百石で抱えたいという諸侯があるが、どうだ」といった。これは兵馬が酒井錦之助に頼んで、そういう口を求めてもらったのである。妻子持ちにはなったが、四郎は富豪の若旦那ですまし込んでいる男でない。四郎は三百石の就職口を即座に断った。「有難くは存じますが、当分、こうしておりたいと存じます」こうしていたいというのは学問を励みたいということである。所信を枉《ま》げることのない、悪くいえば強情な四郎のことなので、酒井錦之助はあッさり手を引いた。

その年の春、四郎は京都へのぼり、勤王の諸家に交わるうち、『華夷弁《かいべん》』という論文を書いた。これが有志家の間で転々として読まれているうち、長州藩主毛利敬親が頗る同感し、跋文《ばつぶん》を書いて与えたので、四郎の名が従来に倍して知られた、そのときの四郎の歌が残っている。

僕嚮《ニ》述二「華夷弁」一頃《ス》二跋於長公一、長公乃《チ》憐《ミ》二僕《ノ》志一、即《チ》賜《フニ》以《テス》二一美言一、於レ是僕之喜実《ニ》不レ勝二雀躍一也、今和歌作《リ》二一首一苟《かりそめに》表《ス》二其喜《ヲ》一。

みな人のえかてにおもふぬな川の
　底なる玉をわれは今えぬ
海士《あま》の子が浦わに出《いで》てあさるてふ
　真玉もしかし君か言の葉

◇

京都に四郎がいたのは慶応二年三月二十七日から翌年九月下旬までである。その間に江戸の姉はまが送った手紙が一通だけ現存している。四郎が上京した年の十二月十五日付のものである。

四郎から江戸の父兵馬に出した手紙も二通だけ現存している。一通は慶応三年三月十九日付のもの、一通は同年五月七日付のものである。四郎は京都へ着いた年の内は江戸の父へ手紙を出さなかったらしく、殆ど満一年に近いころ初めて手紙を出したと取れる文面がある。そうしてその手紙には、「四月中には必ず帰宅仕る心得に御座候」と書いたすぐ後で、「乍然《さりながら》、又如何様《いかよう》の義か有之用事出来仕り候節は、五月にも相成るやも難斗《はかりがたく》、如何程遅く相成候とも必々御案じ被下間敷《くだされまじく》」と、それとなく江戸へ帰る日がはかり難いとほのめかしている。この手紙に京都の近況が書いてある。「物価が高く、米は百匁《もんめ》で九勺《しゃく》くらいなので何となく騒々しく、夜は追剝ぎが出たり人殺しがあったり、強盗、放火、又は首くくり棄児などがあり、人が斬られるのは毎晩のごとくなので、私は夜の外出は一切しないから、安心して頂きたい」というのである。

慶応二年三月から翌年三月までの間にはいろいろの出来事があった。幕府は二度目の長州藩毛利氏討伐をやったが戦果殆どあがらず休戦となり、長州藩は英国軍艦と戦って苦戦したがこれも和睦が成った。十四代の将軍家茂《いえもち》は大坂城に薨《こう》じ、慶喜《よしのぶ》が徳川宗家を嗣ぎて十五代将軍となり、勤王佐幕の政治波瀾はいよいよ重畳し、幕府は見廻り組、新撰組を手先に勤王有志家の制圧に努め、薩州藩会津藩の間は険悪を加えた。

孝明天皇、崩御《ほうぎょ》あらせられる（二・一二・二五。陽暦一月三十日）。

明治天皇、御践祚《せんそ》あらせらる（三・一・九）。

そういう間にいて書いた四郎の手紙の文面は一転して家事に及んで、「河次郎が成長してさぞかしお手数をかけることでしょう、時には灸《きゅう》を据えてやって頂きたい」といい、「京都の産物を送りたいが人任せでは心許ないから、目出たく帰宅の節に持参します」などと、穏かなことを書いているが、但し書にこういうことを記している。「尚私京師に居候と申儀は必ず外へ御話し御無用に奉願候、下総在所に居候様に御伝え可被下《くださるべく》候《そうろう》」下総在所とは父の出身地で、小島一族がいる北相馬をいう。

前の手紙で五月には帰るといったが四郎に帰る心がなかったのは、五月六日付で「用事がどうしても済まずにいるが、五月中には帰る気でいるから心配しないでいただきたい」という一方で、「この後どんなに遅くなっても、手紙を差上げないうちは、身に変りがないのだから安心して居て頂きたい。いずれ目出たく江戸へ帰るから」といっているので判る、そうかと思うと、「物価がいよいよ高くなって、新米の乞食が沢山でき、何となく世間が騒がしい」とか、「旅籠代が一泊二朱或は三朱二百文で、金が乏しいので、五、六両でいいから送って頂きたい」といい、「送り先はこの前のとおりにして、表は江戸よりとだけにして頂きたい」といっているのを綜合してみると、他人の目に対し警戒していることが察せられる。

◇

四郎は表向き酒井錦之助家来ということになっている、『落合手記』の「人名録」にも〝赤坂三分坂下酒井錦之助家来〟とある。手紙に現れたところでは、酒井は目上に違いないが主従ととれないものがある。それは父兵馬への手紙に付けた酒井へのもので「最早、財布がからになり酒も飲めず、日々青い息のみつき居り申候、ただ折々は祇園の御社或は東山の神楽岡、或は加茂平野北野天満宮様へ信心参りに歩き候のみ」といった調子で、徳川期の主従の文面とは取れない、それとこの手紙には、酒井錦之助に肚のうちをも知られまいとして、政局の風波をよそにしている歌人で終始している如く見せかけたところがある。

姉はまの手紙は十二月二十五日付であるから明らかに慶応二年のものである。「霜枯れし籬《まがき》も三つ四つ二つ、梅の綻びそめて匂ひめづらかに、鶯の涙もとけぬべき」という書出しで、江戸へ帰れと諫めたもので、「このまま君が心に任さば、御父君のお心に違ひ、いといとかしこければ、賤《しず》の小田巻いく度くり返さるる事になん、返す返す家を出づる事はおぼし止まりてよ」というのが文句の眼目だ、又、「自ら家を興し身を立てん時の至らんを待ち給へ」と、諌めた文句もある。

はまは芒《すすき》の舎《や》といって歌人だった。その詠は多く散逸したがその一部分を拾遺したものが、刊行されてはいないがある。

◇

四郎は慶応二年三月二十七日から慶応三年九月末日まで京都にとどまっていた。その間に前いったとおり、『華夷弁』の著述で長州藩主の顧みるところとなったので、長州藩に近づいたかというと、そうでなく、薩州藩に近づく結果となった、四郎の滞京中に高杉晋作が世を去り、兵庫開港問題が沸き返り、薩長土三藩の皇政復古同盟が出来、原市之進が暗殺され、薩藩と盟約のできた土州藩は西郷吉之助に薩藩の討幕挙兵の延期を求め、薩藩はその乞いを拒絶し、長州藩と討幕挙兵の決行を約束し同盟を結びという形勢に、変化し進展した。

そのころ四郎は、鷲尾隆聚《わしのおたかつむ》をいただき、近畿地方で挙兵せんとする討幕運動に参加していたが、計画の相談が長びいて纏らず、その一方で、薩州の伊牟田尚平と深交を結び、その紹介で薩州の益満休之助と相識り、伊牟田、益満の紹介で、西郷吉之助、大久保一蔵と識った。その一面では土州藩の乾退助《いぬいたいすけ》（板垣退助）と相識った。

そのうちに西郷、大久保の方で話が熟し、伊牟田、益満を添えて幕臣系の小島四郎に江戸を擾乱《じょうらん》させ、幕府をして手を出させるように仕向けさせ、それを機会に討幕を実際に移し、皇政復古をはかろうということになり、四郎がその重大な使命を託された。

この事について、越前福井の旧藩主松平慶永《まつだいらよしなが》（春嶽《しゅんがく》）が、明治になってから執筆した『逸《いつ》事史補《じしほ》』でこういっている。「皇政一新発令前、岩倉公、大久保、西郷等の内議により、江戸の薩人に申遣わして、都下を暴動し、酒井左衛門尉等の兵を動かさしめ、江戸に在りし徳川家の旗本を忿怒《ふんぬ》せしむるために設けたる一策なりともいえど、分明なり難し、余が考うる所は、多分この策は信偽は保証しがたしと雖《いえど》も、実証なるべきを信ず」と。

因縁まことに奇で、四郎の薩邸戦争を惹き起した背後で、松平慶永のいう如く岩倉具視が糸を引いたとすれば、四郎が殺戮梟首の刑にあったとき、又、その背後にあったものが岩倉具定兄弟だったことである。

挙兵準備

江戸芝三田の薩摩屋敷で四郎が招集した浪士は、瓦落苦多《がらくた》者も混って約五百人となった。時をおなじくして江戸に来た土州藩の乾退助も、江戸擾乱をはかったが、この方は計画だけで実行とまで行かなかった。

二十八歳の四郎は或る日、黒駒に跨《また》り、颯爽として赤坂三分坂下の父兵馬の屋敷を訪れた。従者はただ一人だけだった。これが江戸へ帰って初めての帰宅である。四郎は門前で下馬したが玄関からはいらず、父兵馬に挨拶の上、闇《あん》に、天朝に対し奉り一命を棄ててご奉公する身となりました、と、黙認をもとめた。兵馬に多少の意見があったのだろうが、四郎がもう渦の中央へ飛びこんでいるので、何とも致方がないので承諾した、そこで四郎は資金の融通を乞うた。兵馬は快く金二千両を与えた。或は何回かにわけて与えた金額が二千両だともいう。

四郎は薩邸へはいってからは本名をつかわず、変名の内田四郎も、二荒二郎も、村上四郎もつかわず、最後まで相楽総三で通した。正しくこれをいうときは相楽総三藤原の武振《たけふる》である。

◇

相楽総三の下に集った浪士達は、絶えず出入りがあるので、いつもおなじ人数でなく、或るときは四、五百人、或るときは二、三百人という風であった。明治年間に有名だった井上頼圀（その前名は井上肥後）は苅田積穂（権田直助）が、門下を率いて藩邸へはいったとき、一緒にはいったが数日後に出てしまった、これは不和を生じたからでも、排斥されたからでもなかった、井上の性格に薩摩屋敷の浪士達とは一致できないものがあったからだ。

井上は神田っ子で、はじめ朱子学をやったが、体が弱いので、花柳寿輔について踊りをならい、その後、長唄は杵屋六三郎に、清元は清元延寿太夫に、義太夫は花沢伊左衛門に、それぞれ習い、弓術も出来れば剣術も勿論できる、平田銕胤に国学を学んで深くはいり、朱子学を全く放棄し、権田直助に医術を学んでいよいよ勤王論が身についた。大正三年七月三日、年七十六で他界した。

◇

相楽は浪士中の幹部と、益満休之助、伊牟田尚平、篠崎彦十郎等と協議の上いよいよ積極的に動き出すことになり方略を樹てた。それは江戸を中心に三方から徳川幕府を脅かそうというので、一つは野州で討幕の兵を挙げて江戸から東北へ行く口許を押え、一つは甲州の甲府城を攻略して甲信方面の口許を押え、一つは相州方面を騒がせ東海道筋の側面を押え、江戸に居残りの面々は日夜とも幕府に挑発を仕向けて居たたまらないようにする、この四つが実行されれば、西郷、大久保の目論見である、討幕の軍事行動を起す機会が促進され、皇政復古の実現が一日も早くなるだろう、それには火急に実行しなくてはならぬというので、それぞれに向けて下準備にかかり、上州、野州の浪士のうちから選定して集会を開き、協議を急速に進める一方、甲州方面のことも、相州方面のことも、調査を重ね、連絡の密使を出し、その一方では江戸市中の大商人の中で、どこを押せば幕府が痛いか、その調査内偵もやらせた。

薩邸内糾合所で幹部と幹部どころの総会がひらかれること数回、野州の挙兵、甲府城攻略、相州荻野山中の大久保氏の陣屋襲撃と、この三つも出動者が決定し、その隊長を次の如く決定した。

野州挙兵の隊長　竹内　啓
甲府城攻略隊長　上田修理
相州襲撃隊長　鯉淵四郎

十一月二十四、五日ごろ、野州挙兵隊と甲府攻略隊と、二手のものが、相前後して江戸を出発した。出発の前日、相楽総三が盛んなる生別死別の会をひらき、慷慨淋漓《こうがいりんり》の激励の辞を述べ、一死報国の実現を望んだ。

野州挙兵隊で、三田の藩邸から出発したものが何人であったか、これを養父落合直亮の談を骨子にした『白雪物語』（落合直文）でみると、「一群六十人許《ばか》り、そを野州に遣わす、是を率いたるものは竹内啓、従うものには会沢元助、西山謙之助などあり」とあるが、『薩邸略記』でみると、「野州方面の隊長は竹内啓と衆議一決し、同志西山謙之助、奥田元その他数人行をともにし」といっている。両方とも薩邸浪士から出た記述だが、事によると、『白雪物語』には文飾があるかも知れない、とすると『薩邸略記』の「その他数人」といっている程度が真にちかいかとも思う。別の方面からこれをみると、『野州岩船山浪人追討の顚末聞取書』（館林藩士藤野近昌）は「慶応三卯八月の末頃より、諸浪人野州鍋山村に集り来《きた》りて、一民家を借り受けて、此処に毎日密々評議に日を送り居たりしが、其内追々人数相加わり、大将分として知名の人々は、竹内啓、会沢元輔、不破歓一郎、安達孝太郎、西山謙之助、山本必衛等なりと、里人之を云えり」といっている。だが、竹内啓が、川越在小川村から来って薩邸に投じたのは、十一月十日ごろで、十一月十日以前に来り投じた者はだれもないのであるから、八月の末から鍋山村に集ったというのは誤伝である。

要するに、江戸出立の浪人の数は判らないということになりそうである。が、『落合手記』の「人名録」、『赤報記』の「人名録」、『殉難録稿』『佐野天明所刑連名』などに拠ると、それぞれ判ってくるものがある。

『落合手記』に拠ってみると次のとおりである。

隊長　小川　　節斎（四〇歳・武州川越在・竹内啓）
使番　西山　謙之助（二三歳・濃州久々利）
同　　奥田　　元（信州上田）
監軍　会沢　元輔（水戸浪人という）
　　　小宮山蘇十郎
　　　醍醐　新太郎（一九歳・下総香取・飯篠長江斎）
　　　　　　国次郎（伊井家）
　　　小林　勝之進（一九歳・下総牧野村・小林進之助）
　　　安達　孝太郎（四七歳・越後新発田・野州石塚居住）
　　　丸尾　　雄蔵（武州忍藩・丸尾清）
　　　岡　　甚之助（野州栃木・津田四郎）
　　　平井　　五郎（二九歳・武州多摩郡平井村）
　　　沢　　　　束（三九歳・伊賀上野・清水定右衛門）

西阪　直之助（二九歳）
吉田　定次郎（野州佐野）
鈴木　謙三郎
関　　浪之助（薩藩系統・土佐原出身）
川原　　平次（三四歳・野州佐野）
川島　　一郎（二六歳）
奥沢　　　勇
不破　貫一郎（信州高遠）
高橋　　　亘（三五歳・上州佐位郡木島村）
河野　　橘蔵
荒川　　藤造（或は荒川藤馬）
山田　　謙三（紀州出身という）
小沢　友之進（二五歳・江戸生という）
林　　秀之介
横越　　篝作
原　　金之助（裁縫師）
　　計　二九人（津田四郎ト岡甚之助ト別人説アリ、然ラバ計三〇人トナル）

この他に次の面々も隊士であったことが、『赤報記』の「人名録」に記載してある。

林　幸之助（越後、武州駒木野居住）
高田国次郎
植村仙太郎（江戸・三浦弥太郎）
信沢　武馬（駿州田中・清水正紀）
大増　司（増谷備）
望月　長三（高山健彦）
川村藤太郎（武州駒木野・白神晋）
藤田　新（野州宇都宮・大藤栄）
渡辺　主馬（一九歳・駿州田中・近藤俊助）
荒木又之進
松田万兵衛
水野内蔵助（信州佐久の神官水野丹波）
高橋新太郎（仙台、又は下総の人）
尾崎忠兵衛（川崎常陸）
山口金太郎（常代藤三郎）
計一五人
その他に次の八名が加わっていた。この他にもあるだろう。
大芝宗十郎（五五歳・甲州巨摩出身）

市川　平吉（三四歳・野州足利郡迫間田村）
丸山　梅夫（信州上田・丸山徳五郎）
日吉　邦助（野州・赤尾清三郎）
山本　　鼎（野州）
吉沢　富蔵（上州）
会沢　忠二（会沢元輔の弟）
飯篠忠次郎（飯篠長江斎の弟）

右の三つを併せると総人数四十人乃至五十人を越える。但し或はこの中に変名が重複しているかも知れず、遺漏がないとも云えず、誤入があるやも計り難い、しかし、大体、右の如くである。

◇

小川節斎の竹内啓は通称を嘉助といった。家は源氏の末流で、武州入間郡竹内村で代々の里正《むらおさ》であった。朝川善庵に漢学を学び、国学を平田銕胤に学び、医学医術は辻元崧庵《つじもとすうあん》に学んだ。朝川善庵は医者で漢学者の朝川黙翁に養われて長じ、実父は片山兼山である、十返舎一九の『東海道中膝栗毛』の中にある鼈《すっぽん》が夜中に旅籠屋で泊り客を驚かすあれは、善庵が九州に遊んだとき、太宰府の宿屋で実演したことだ。善庵が一九にそれを話したので、『膝栗毛』に取り入れられたのである。平田銕胤は平田篤胤のあとを享け、日本国内に平田学を普及した国学者で、平田学が明治維新に学問として、どのくらい強力に働いたかは、更めていわずともいいだろう。薩邸浪士の中には、野州挙兵隊の使番西山謙之助のごとく、銕胤に学んだ人が尠くない、或は銕胤以外の人から平田学をうけた人が多い。

薩邸浪士の間には、それだから国学が主潮をつくっていた。従って漢学一点張りの人とは思想的に衝突が起り易い、その代表的なものは、大監察だった越後の長谷川鉄之進である。顔が鉄のように黒かったこの人は、朝川善庵に学んだ。国学の方は殆どなかったといってよい、そのためか衝突がたびたび起った、一つには酒癖が悪かったともいう。あるとき例のごとく衝突し、短気で腕力のすばらしい大樹四郎が飛びかかって殴った、これが直接の原因となってこの一派から去った。大樹が殴打したということは、藤井誠三郎（峰尾小一郎）が、相楽の孫に語った中にある。

『落合手記』にも長谷川鉄之進の姓名の上に〝暴論暴行ノ為ニ斥《しりぞ》ク〟と記入されている。長谷川の勤王行動は相楽総三とその一派の如く、不利に終始していない、行述の伝うべきは伝えられている。明治四年、年五十で京都で他界した。

◇

甲府城攻略の一隊を『白雪物語』では脱漏している。『薩邸略記』には「甲州行・上田修理を以て隊長として、数人出発す」とある。これを『赤報記』と『落合手記』とで探してみると、次の十名だけ判った、他に幾人か行っているに違いないが不明だ。

隊長　上田　修理（四七歳・本名、長尾真太郎、武州）
富田弥十郎（二〇歳・美濃加納在）
堀　秀太郎（相馬中村藩脱走）
植村平六郎（甲府勤番）
加藤　隼人（同、牛田静之助）
神田　湊（甲府、本名・浅井才二）
安田丈八郎（美濃大垣・今大路藤八郎）
笹田宇十郎（甲府、水村吉三郎）
僕　重助
原　宗四郎（会津浪人）

◇

相州荻野山中なる大久保氏の陣屋襲撃隊を『白雪物語』は「一群三十人計り、そを相州に遣わす、是を率いるものは鯉淵四郎、上田修理、岩屋守三郎、結城四郎などいう、一騎当千の剣客なり」としてある。上田修理は甲州行の隊長で相州行ではない、これは『白雪物語』の語りぬしの落合直亮の間違いでなくして、書いた落合直文の錯覚混同だろう。『薩邸略記』では「相州行坂田三四郎を隊長とし、結城四郎、岩谷鬼三郎等、数人之れに従う」とある、この方が確かだ、この一行の方も又二つの人名録で探してみると、次のものだけしか分らない。
隊長　鯉淵　四郎（二八歳・水戸・坂田三四郎）
谷　　竜夫（三三歳・鈴木佐吉）
長山真一郎（二七歳・上州錦織郡綿打村）［新田郡カ］
岩屋鬼三郎（秋田脱藩・古世蔵人）
結城　四郎（出羽最上・最上司）
川上　　司（江戸の人）
わずかに六人、この他に石井三千三という同志が加わっていたのではないかと思う、石井は荻野山中出身である。これで全部とは思えないが、「三十人ばかり」か、「数人」か、今しばらくこのままにして記述を進める。

出流天狗

水原二郎（落合直亮）の遺した談話では、「一方に野州、一方に甲州、又その一方に相州と、各所に事を起し、徳川幕府の力を分散させ、江戸が薄弱になるのを待ち、一挙に江戸を襲う、こういう方策でした」とある。そういう主力の分散に働く一つである野州行が、どうして野州を選んだかというと、江戸界隈では、幕府が号令して各藩を動かすだろうし、歩兵隊などもあるので、鎮圧されるのが目にみえている、それらの力が成るべく及び難いところ、というので、上州野州方面いずれかでということになった。

上州でならば赤城山に拠るべしという説がかなり有力だった。赤城山だと沼田城を奪って根拠地とし、三国峠、清水峠を押えて、諸藩の攻撃に耐えるには、越後方面と連絡がないといけない。ところが、薩邸浪士の面々は越後との交渉がない、長谷川鉄之進でもいればだが、長谷川はいない。それに桃井可堂とその一党が失敗した前例もあるので、これは不採用となり、野州挙兵が可決された。が、大平山に拠るか岩船山に拠るかは、隊長竹内啓その他の採決に任せられた。

江戸からの諸街道は、品川、内藤新宿、下板橋、千住、岩淵、どこの関門も厳しく人あらためをやっている。野州行の一隊は、千住の関門を何とか無事に通過しなくてはならない、そこで関門突破の手段が考えられた。それは、かねて薩藩主の夫人が野州出流《いずる》山の千手観世音に祈願をこめておられたところ、先般お引揚げになる際、願ほどきの代参を立てる隙《ひま》がなかったので、汝ら機をみて代参に立てとご命じになられた、只今、その代参に罷るのである、こうやれば怪しみもしないだろうというのである。なるほど、それだったら成功疑いなしと、だれもが確信した。

そうなると、仮想ながら目的地が極《き》まったので、勢い挙兵の地も、野州都賀郡鍋山村［現・栃木県栃木市］の出流山方面と決定した。出流山は鞍懸山《くらかけさん》、岩船山と連亙《れんこう》し、大平山、晃石山《てるいしさん》が西につらなる。出流山下は峡谷で、白兵戦だけならそこは要害の地形だ。

◇

関東で勤王の挙兵をやり、又はやろうとしたものが、文久以来、大体、四ツある。文久三年十一月を期して破れた慷慨組の赤城山挙兵と、天朝組の横浜異人街の襲撃計画と、元治元年正月十六日、攻撃をうけて潰滅した南下総の楠音次郎の挙兵計画、それに同年の四月から起って秋深くなって破綻を生じた筑波山挙兵である。このうち慷慨組のことは『可堂先生事蹟』（塚越停春楼篇）、『川俣茂七郎』（斎藤馨篇）などが伝わっており、天朝組のことは『藍香翁』（須藤光暉篇）、『渋沢栄一伝』（幸田露伴篇）などが伝わっており、筑波山挙兵に至っては『波山始末』をはじめ夥しくある。しかし、楠音次郎に関してはあるかも知れないが知らない。『譚海』（依田学海篇）にあるにはあるが、著者依田学海が下総佐倉藩の旧藩士だけに匪賊として扱っている。楠音次郎を評して、「譎黠《けっかつ》狡賊、童子ノ師タルヲ以テ業ト為ス、貧ニシテ口ヲ糊スル無ク、窃《ひそ》カニ天下ニ事有ルヲ冀《ねが》ヒ、奇計ヲ以テ富貴ヲ博取《はくしゅ》セント欲ス」の人物としている。頼三樹《らいみき》三郎《さぶろう》の門人で筑波山の挙兵に参加した薄井竜之は『筑波騒動実歴談』の中で、「その頃、攘夷の大義を唱え、同志を募りしものが諸所にありまして、その最も顕われたるものは、上総の茂原に於て、楠音次郎、千葉源次郎等が主領となり、数百人を集めておりました。又武州中瀬の人、桃井儀八という儒者が有志多人数を集合し、上州赤城山に拠り、事を挙げようと致しました。ところがいずれも事半ばにして敗れ、諸方に潜伏していたものが、藤田等の挙（筑波挙兵である）を聞き伝え来って加盟する者が多分ございました」といっている。

上総国匝瑳《そうさ》郡井の内村［現・千葉県山武《さんむ》市］に檜山民弥という人があった。隣村の楠玄覚という医者の養子となり、楠音次郎正光といった、この人が主唱して尊王攘夷の同志を集めた。楠家は伊勢から出で、その先は楠木正成である。

楠音次郎の下に集ったものは、千葉源次郎、三浦帯刀、この三浦は旗本津田英次郎の用人小口順助の変名であるという。『近代月表』の記すところでは、「一宮侯加納備中守久徴浪士三浦帯刀、楠音二郎《ママ》等数十人」とある。音次郎の一門の檜山八郎、矢野重吉、山内額太郎、その他で、小関《こせき》村［現・千葉県山武《さんぶ》郡九十九里町］に義士会館を設け、上総の茂原、下総の八日市場等に支部を置いた。これを知った幕府は上総、下総の各藩に命じて討たせた。元治元年正月十六日のことで、小関、八日市場、茂原の三ヵ所を同時に攻撃、主将の楠音次郎は小銃乱射のうちに戦死し、三浦帯刀、山内額太郎等数名は生擒《いけどり》されて、十七日断首され、檜山八郎等は血路をひらいて逃げ、千葉源次郎等は茂原に討死し、矢野重吉は自殺した。この直後が筑波挙兵で、筑波党と常陸那珂《なか》の湊《みなと》戦争の武田耕雲斎の一党とが、越前敦賀で死に処されたのが慶応元年の春、それから中一年置いて慶応三年十一月下旬、前いった薩邸糾合所の屯集浪士が動きを開始した、と、こうなる。

◇

竹内啓を首領とした三十人又は四十人の一隊が、薩州藩士らしい服装で、出流山千手院の千手観世音に奉納の品々を入れてあると称する長持一棹を人足に担がせ、千住の関門を事なく通り、奥州街道を佐野まで来た。佐野の約六里手前は木崎の宿《しゅく》である、足利に近い木崎には後の金井之恭がいる。この金井が、明治中期に竹内啓等のために奔走し熱心に顕彰を努めた、当年これに関係があったからである。

佐野からは一里で犬伏、岩船山を眺めて二里で富田、それから一里半で栃木となる。栃木から三里半ゆくと思川《おもいがわ》峡谷の鍋山村である。鍋山村は石灰石の産地、今は尻内、大久保、梅沢、星野、寺尾の五ヵ村を併合して、寺尾村という。

竹内啓等は栃木へはいって旅館に投宿した、慶応三年十一月二十七日の夕方近くである。栃木は野州足利藩の陣屋のある処で、足掛け四年前（元治元年）の五月二十九日、筑波党の田中愿蔵が放火し、上町だけ残し中町、下町、穀町など残らず灰にした。それを〝天狗火事〟という。筑波党はその前に、四月十三日から大平山に来て、主将田丸稲之右衛門以下が、名主の委文《しどり》左蔵他六軒と二ツの寺院に滞在していた。引揚げの五月二十九日、田中は約百五十人を率いて別行動をとり、壬生《みぶ》城下にはいろうとして果さず、栃木へはいって来て、陣屋にむかい、軍用金を出せと談判したが拒絶された。それが原因で衝突して、前いった如く栃木の殆どを焦土にした。

栃木近傍ではそれに懲《こ》りて、「大名領では郷士が音頭とりで農兵隊をつくり、旗本領のところでは、農人が村々で槍刀を用意し、自分達のところへ、そういう者は一歩も立ち入れさせないと、自衛団といったようなものを拵《こしら》えた」と、同地方の古老の談話筆記が残っている。そういう形勢ではあったが、元治から慶応の元年、二年と経って、三年の冬のことなので郷村の警戒が弛んだ。そこへはいって来た竹内啓等は、「薩藩の出流山参詣」と触れこんだので、陣屋のものも宿のものも、片柳とか、薗部とか沼和田とかでも、気にとめなかった。

竹内は栃木から使いを出流山の鍋山村名主岩本半兵衛に出し、明日それへ参詣にゆくから宿泊の用意を頼むといってやった。半兵衛は承知して、同村の大塚武右衛門方にその準備をさせた。

翌二十八日、竹内啓、西山謙之助、奥田元その他で合計十一人が、鍋山村に例の長持を担がせてやって来た。会沢元輔、高橋亘、赤尾清三郎その他は、同志を求めて遊説に歩いていたのでこの中にはいなかった。

一晩経った二十九日から、浪士達の態度と行動ががらりと一変し、討幕の烽火《のろし》に代わる挙兵準備に、薩藩島津氏の定紋、丸に十の旗や、揚羽の蝶の幕を長持から出した。

栃木宿の戦闘

軍資金問題

霜月二十九日の朝まだき、立ち罩《こ》める靄《もや》のなかに三旒《りゅう》の薩藩旗がみえた。竹内啓《ひらく》等十一人が鍋山村大塚武右衛門方の宿舎を出て、思川峡谷の底冷え烈しい中を、一里半の奥にある、出流山千手院の千手観世音に詣でんとしているのである。

鍋山村の名主岩本半兵衛、宿舎の大塚武右衛門はじめ、村の役人達は、薩藩士夫人の願解き代参であるという触れこみに、すこしの疑念も抱いていないので、この朝、旗持ちの人夫を出し、参詣の先導もし、供もしたのである。このとき使用した薩藩旗は三旒で、二ツは丸に十の字で、これはだれしも知っている島津家の定紋、一ツは揚羽の蝶であった。揚羽の蝶は島津の隠し紋である。

出流山千手院のある所は、三面に山を負い、山には鬱蒼たる森林があり、幽邃《ゆうすい》で荘厳である。千手院は寺号を満願寺という。

出流の山の洞窟のなかの巌壁に、千手観世音菩薩の像が彫りつけられてあるのを、勝道上人が発見したのが、天平時代のことだといわれている。天平時代は西暦でいえば八世紀である。中華民国でいえば唐の時代である。西洋人の欧羅巴《ヨーロッパ》が、無学無知の暗黒時代の最もひどかったのは十世紀、十一世紀だという。それよりずっと前の七世紀、八世紀などでは、印度も、中華民国も、アラビヤも、燦爛《さんらん》たる文化の国だった。我が日本はというと聖徳太子がましまし、藤原鎌足があり、和気清麻呂があり、国史の編纂がなされ、天長節が定められ、と、これだけいっただけでも、そのころの文化が回想される。要するに、東洋人の科学が西洋人にはいったのですら、出流の観世音像発見の時代から遅れること、数百年であったのである。

出流山には全部で九ツの洞窟がある。大黒・聖天・毘沙門・普賢・文珠・不動・大日・観音・大師と呼ばれている、その中で観世音の洞窟は奥の院といわれ、観世音信仰の中心となっている。又、空海上人がここに来錫《らいしゃく》して、老杉の梢に自在菩薩を拝したという伝説があって、回向杉というものが、ここの古蹟になっている。

それはさてとして竹内啓の一行は、鍋山村から千手院へ、粛々として徒歩で行き、到り着くと、本堂の前の広庭で、三旒の旗を中心に列を正し、祀祭の式を行った。それが終ると、全員が京都の空を拝した。

最早、薩藩主夫人の代参ではない、仮面をかなぐり棄てて、討幕の兵を挙げるものだという正体を示したが、鍋山村からついてきた人達に、それがまだ判らずにいた。

◇

竹内啓が読みあげる誓文を聞いて、鍋山村のもので、多少、文字のあるものは色を失した。しかし、迂闊《うかつ》にここでものを云えば、どんな事になるか知っているので黙っていた。ついで、竹内が檄文の朗読を命じた。命ぜられて大きな声で朗読したものがだれだったか判然しない、奥田元だったかも知れない。次に掲げる檄文は、上州、野州、常陸その他の有志家に飛ばしたものと同文で、起草者は会沢元輔だという。この朗読を聞いて、鍋山村の岩本半兵衛や、大塚武右衛門その他幾人かが、愈々《いよいよ》面色を変えた。〝徳川幕府を討たずして皇政復古は成らず攘夷を実行せずしては我が日本危《あやう》し〟という意味の章句が、びんびん耳を叩いたからである。

諭　告

夫《そ》レ天アリ地アリ国アリテ主ナキハナク孰《いず》レノ国郡邑部落アルモ長アラザルハナシ。我国ノ如キハ上　聖天子アリ下賢子アリテ孜々《しし》国事ニ労シ、勤王ノ士、皇国ニ忠義ヲ竭《つく》サントスト雖《いえども》幕府ノ執政、朝命ヲ奉ゼズ、ソノ職弥々《いよいよ》欠ク、我徒節義ヲ守リ、国家ノ志士ヲ糾合シ、征シテ幕府ヲ倒サンガ為ニ、糾合軍ヲ起シテ将《まさ》ニ輦下《れんか》ニ会セントス、諸士怠ル勿《なかれ》。徳川八百万ヲ領シ、旗本八万騎ヲ統ベ諸侯ハ愚カニシテ順逆ヲ悟ラズ、コレニ服従スルモ豈《あに》、能《よ》ク官軍ニ勝ツベケンヤ、我ガ軍暴発軽挙ニ非ズ、四方ノ義輩、糾合方隊ニ非ザルナシ。敢テ而《しこうし》テ諸士ニ告グ。人ニ上下ノ分アリ、君臣ノ別アリト雖、皆是、皇国ノ民ニシテ、皇事ニ一身ヲ砕クハ固《もと》ヨリ厭フベキニアラズ、諸士ノ義挙即チ朝廷ニ事《つか》フルナリ、又我輩臣下ノ職ナリ、努力セヨ。諸士ニ告グ。

鍋山村のものは「これは四年前の天狗騒ぎの再来だ」とぞッとした。言うまでもなく、四年前の天狗騒ぎとは、元治元年の筑波戦争である。だが、最早どうにもならない。鍋山の大塚方の玄関には幔幕を張り高張り提灯をかかげ、奥には何がはいっているか判らない長持があり、十一人の武士の固い結束が、今となってみると、いろいろの事から推してよくわかる。

千手院の徒弟の一人で、法名を千乗という若い僧がいた。竹内等が千手院へ来て、住僧をまるで相手にしない、それに怪しみの眼を向けていたが、誓文を耳にし、檄文を聞くに至って、顔つきが非常に変った。

千乗は竹内啓等が、鍋山村の宿舎へ帰ろうとして再び列を組んでいるとき、一行の一人に極く手短い質問をした。あなた方は天朝の御為に身を棄てるのですかと。一行の一人はそれに答えた。われわれは屍をこの下野の山野に晒すのだと。千乗はそれを聞くと頬を火の如く赤くして隊長の氏名を尋ねた。一行の一人が竹内啓と教えた。

その晩、千乗は千手院を出て鍋山の宿舎に竹内啓を訪ね、質問した。竹内の答えと説き明かしとは千乗の胸を大いに打った。千手院へその晩は帰った千乗は、師僧に思うところあって、当寺を立去りますと告げ、出奔の形式で、鍋山の竹内啓の許に投じた。

千乗の実父は、現今では群馬県佐波郡東村大字国定〔現・伊勢崎市〕といっている、そのころは上州佐位郡国定村といった、そこで生れた博徒の忠治郎、世間でいう国定忠治である。

◇

千手院で宣誓結党の式を挙げた竹内啓の一行は、その日、鍋山の大塚方へ引返し、名主以下の主立ったものを招ぎ、竹内が時勢の大要を語りこの一行の目的を明かし、何故に兵を挙げねばならぬか、何故に討幕が必要か、何故に攘夷の実行が必要か、それを説いた。

鍋山のものは竹内の説に共鳴しない、反対もしない。命ぜられれば人足を出し、馬匹を出し、よんどころなく服従したと、後々になって申訳が立つ程度に受け答えをした。もし、反対でもしたが最後一刀両断にされるに違いないからである。竹内は温和で重厚な人柄だが、他の十人の中には、すぐにも抜刀して斬りつけそうな連中がいた。

村の者がその晩から徴発されて労役に就いた。どうせこの連中は、人の日当、馬の駄賃、そういうものは出さないにきまっていると頭から諦めてかかった。ところが人馬をつかうと、それぞれに、普通よりは割高に日当も駄賃も、その日勘定で払いわたしたので、村のものはその案外に驚き、やがて有志方或は攘夷さんと呼んで尊敬をはらった。すこし隔たった土地の者は〝出流天狗〟と呼んで恐がった。

月が変って十二月の朔日から、毎日、四方から同志が鍋山に集ってきた。江戸から鍋山までの間で一行と別れ、有志家遊説に赴いた会沢元輔、高橋亘、赤尾清三郎その他が同志を伴い鍋山に来って合した。日ならずして江戸出発当時のものが全部揃い、来り投じた同志も日毎に多く、百五十人程にもなった。

これら同志の目的を、反対側の立場に起った館林藩士藤野金太郎（近昌）は、『野州岩船山浪人追討の顚末聞取書』の中にこう書いている。「その嘯集《しょうしゅう》の目的は何処にありしや、これを知るに由なきも、陽に唱うる処は、横浜在住の外国人を征伐するが為め、義挙の旗揚げを為さんとするに在りという」と。横浜在留の白人を討つということは当時一番早判りのする討幕の標語である。幕末に起った幾多の行動のその殆どがこれを高唱した。

竹内啓の一隊がその当時、どんな風に解釈されたかというと、低劣粗悪な質のものが集ったと解された、その後久しき間、実相を認めるもの少く、例えば次の如く、〃浮浪の徒〃として扱われた年月が長かった。

「十一月二十七日、下野栃木に浮浪の徒起る。十二月十一日より之を捕縛す」。（『近代月表増補』鈴木蘭台）

「野州にて追捲くられ候散乱の浮浪、二十三日夜千住宿より御府内へ多人数入り込み候事故、遠隠れに跡を付け候処、頃日、薩邸へ入り込みたりと」。（『丁卯日記』中根雪江）

◇

同志の数は正確にわからない、少くみて百五十余人、多くみれば三百余人、その程度であった。それほどの人数になると、本部の大塚方だけでは収容しきれないので、村の商家農家に合宿させた。さてこうなると必要なものは資金である。武器兵糧もだが、先ず真先に金がかかるのは隊士の服装だ、見すぼらしい姿では農人商人が服さない、相当な服装をさせておけば服す、そういう機微を察して隊士の服装を立派にした。同志の中には資金を持ってきたものもある。志は厚いが貧しいものもある。服装の他にも欠くべからざるものがある。武器も要る、兵糧も要る、人それぞれの人件費も要る、資金はいくらあっても多過ぎるということがない。そこで資金調達係が出来て、近郷近在の豊かな家計の家を歴訪して出金を促した。応ずるものもあるが、巧みに逃げを打つものや、一寸逃れで押切ろうとする者もある。そういう向きには議論を経《けい》にし、若干の圧力を緯《い》にして出金を促した。往々、促す以上になったと観られることもあった。その状況を『浪人追討聞取書』に次の如く記してある、

「軍用金兵糧の借り集めと称して浪人共は、遠近を問わず、苟《いやしく》も豪《ごう》農富商と認むれば昼夜の差別なく、公然と押掛け行き、強談若《もし》くは脅迫的に金銭米穀を横奪して毫も憚らず、斯く毎日民家を徘徊出没する人員は、一組多きは十四、五人、少くも五人以上、これら人々の服装は皆紋付の背割羽織達付袴《せわりばおりたつけばかま》を穿き、見苦しからぬ大小両刀を手挟《たばさ》み、その風采態度陋《ろう》ならず、殊にこれら組員を指図する指揮者の如き、浅黄地に紋散らしの鎖帷子《くさりかたびら》を着用し、裏金の騎兵笠を戴き悠然と乗馬せるさま、天晴れ武士然たる威容を失わず、故に時人これを攘夷家と称え、尊敬して悪漢無頼の徒と同一視せざりき」と。

が、こうした資金つくりが、往々、失敗の因をつくり、汚名をのこす原因となる。次に引

くものはその実例の一ツである。
「文久元年正月二十四日、水戸藩内屯集攘夷党、浮浪の徒を招集して攘夷資金を募る。是《この》日《ひ》、下総佐原にて強暴の挙動をなす。或はいう、是より正邪混乱して賊名を得るに至りしと」（『近代月表』鈴木蘭台）
「万延元年十二月晦日（註・万延ハ文久ノ前年）、新庄駿河守（註・常陸麻生一万石）幕府に訴て曰く、嚮《さき》に水戸浪士等常総の間に蜂起せしが、頃者《けいしや》に至り、人数益《ますま》す増加して、臣が管轄の地方にも到り、攘夷の軍須と称し、農商に迫り金を奪う。尤も水戸浪士のみならず、郷士農兵山伏等無頼の徒が烏合せるなれども、之を捕うるや、若し賊勢熾《さか》んなる時は、砲を以て威服せしむるも可なるや」（『近世事情』山田対湾・明治六年）
「文久元年正月二十二日、津田英二郎、幕府に愬《うつたえ》て曰く、水戸浪士及び東西不逞の徒数十人、臣が領地下総香取郡佐原町に至り、攘夷の期近きにあれば軍備をなさんと、処々に狼藉し、農商を劫《おびやか》し金を出さしむ。請う士卒を発し、之を捕縛せん事を」（同上）
これだけの抜書きからでも、資金徴発は一枚の紙の裏と表の如きもので、その裏表が初めに定っているのでなく、後になって、或は裏となり表となり、測り知ることの出来ない結果をつくるものである。（但し、例に引いた万延文久のことは、前回にいった楠音次郎の挙兵計画の先駆をなしたもののことで、関東の挙兵の未遂で終ったものがなかなか多い）。
さて、竹内啓の一党は、近郷の農商から資金を徴収したが、鍋山近傍からでは思うが如き金額を引出し得なかったので、幹部会の結果、栃木陣屋から纏まった金を出させせんと考え、高橋亘、斎藤泰蔵、高田国次郎、山本鼎、吉沢富蔵、この五人が談判係を引受け、栃木へ行くことになった。

◇

　高橋亘は上州佐位《さい》郡木島村の出身である。木島村は現今では群馬県佐波《さわ》郡采女《うねめ》村［現・伊勢崎市］の内にある、そこの漢学者で高橋巍《たかはしぎ》堂《どう》の子が亘である。亘は伊勢崎藩酒井家の士で戸田流の剣客・斎藤武八郎の門にはいり、上達して助教授格となっていたが、激しい気性で、到底、伊勢崎の剣客ぐらいで納まっていられる性格でなく、折柄、幕府が尽忠報国の浪士なるものを求めた。それに応じ変名して大橋渡といった。

　応募の浪士約三百人、いずれも一癖も二癖もある連中だけに浪士係の松平上総介を手古摺《てこず》らせた。鵜殿鳩翁《うどのきゅうおう》が代って主任者となって入洛まではどうにか統率したが、上京後は手を焼いた。鵜殿が退いて高橋謙三郎（泥舟）が代るに及んで、さしも癖者だらけの浪士も悉く服した。これらの浪士の宿舎の中心が洛外壬生《みぶ》の新徳寺だったので、人呼んで壬生浪人といった。

　壬生浪人が京都残留組と江戸へ帰る組と二ツに割れて、高橋亘の大橋渡は、東帰組の首領である清河八郎に共鳴していたので江戸へ帰った。東帰後の大橋渡は、伊勢守に任官していた高橋謙三郎の部下にいて、新徴組小普請方伊賀者次席というに就任した。これで高橋伊勢守が政敵に叩かれ失脚することがなかったら、山岡鉄太郎、松岡万と共に高橋伊勢守の行動に添って、将軍慶喜のために血涙を絞る側の人であったろうが、伊勢守の失脚に憤激し江戸を棄てて故郷へ帰った。これが亘の一代に方向の変化を与えた。

慶応元年、高橋亘は京都へのぼり、以前、清河八郎によって知合いとなった薩州、水戸、長州の諸有志と往来しているうち、或る晩、旅宿を、夜半に、幕府側のものに包囲され、既に危いところを辛くも逃れ江戸に走った。

江戸に暫くいるうちに、水戸藩士を主力として、上野の宮を奉じ、挙兵をはからんとして失敗し、諸方に潜伏しているうち、慶応三年十一月、薩藩邸の相楽総三の許に投じ、次いで、野州へ下ったのである。「上下《かみしも》をすてて今世《いまよ》は異人風、涙をかくす袖さへも無し」と、悲憤の歌を詠んだのが伝わっている。

◇

斎藤泰蔵と高田国次郎とは、共に野州都賀《つが》郡粕尾《かすお》村［現・栃木県鹿沼市］の農家出身である。斎藤の家の祖は井手ノ判官《ほうがん》といって、禁廷に武伎を以て入るを許されたものだった。そうと知ってから斎藤は、家名再興の志を起し、故郷を去って数年間、どこに何をしているか知るものがなかった。

ところが、故郷の者が栃木に用があって出た帰りに、とある往来で、「出流天狗が来た」という人の囁きを耳にし、何ごころなく見た眼に映ったものは、山深い粕尾村にいた頃とは、見違えるような容貌風采の斎藤泰蔵だったので、あッと驚きの声を出した。その声に振返った斎藤は、絶えて久しい故郷の者の顔を見出し、にッと笑って彼方へ去った。

それは斎藤が、鍋山を出て、栃木に談判に向う途中であった。

そのとき斎藤と一緒に、おなじ粕尾村出身の高田国次郎もいたのだが、故郷の者の注意は斎藤だけに惹かれた。

故郷の者は驚きの種を、村へ帰るとすぐ人に話して、驚きを分けあった。それを伝え聞いた斎藤の父が、事実を質してきたので、詳しく話した。

斎藤の父は仰天した。ちらちら耳にはいる出流天狗の噂、その天狗党の中に息子がはいっているとあれば、結果は息子の死をみる他はない。これはいかん、急いで行って息子を連れ帰らねば、可惜《あたら》、泰蔵が殺されてしまうと、村を発って鍋山へ急いだ。その途中で耳にはいった噂は、栃木に戦争が始ったということだった。斎藤の父は胸を衝かれた。息子の身の上に何事もなくてあれと祈りつつ、出流天狗の本部があるという鍋山へ行こうとしたが、道路の諸所に農兵が武装して屯《たむろ》していて通行を許さない。それをやッと通らせてもらい、少し行くうちに幕府側の軍隊が往来を塞いでいて、到底、行くことが出来ない、といって、引返す訳にはゆきかねた。今来た道までが厳重に遮断されてしまったのである。

斎藤の父は戦乱の地となったその方面を、必死に抜けつ潜りつ、漸く、出流天狗の一人で戦い疲れた者から息子のことを聞いた。息子は栃木で斬り死にして今はもう世にないというのである。父は泣く泣く粕尾村へ帰った。多分、息子の死体は栃木に打棄てられているだろうが、引取りにも行けないほど、出流天狗の評判が、その後久しく悪かった。

斎藤は肌着に「潔よく出流高根に旗あげて君が軍《いくさ》の魁やせん」と決意の歌を書いていたと

いう。

高田国次郎は斎藤と同郷ということだけしか判っていない。

山本鼎は野州都賀郡梅沢村［現・栃木県栃木市］の人、討手の側で山本必衛などと書いたのはこの人のことで、吉沢富蔵は上州佐位郡馬見塚《まみづか》［現・群馬県伊勢崎市］の人で、共に薩邸からきたのである。

高橋亘は三十一歳ともいい三十五歳ともいう。斎藤は二十八歳、高田は二十七歳、山本は二十三歳、吉沢は三十一歳だった。

栃木戦闘

高橋、斎藤、高田、山本、吉沢の五士が、軍資金引出しに行った栃木陣屋とは、今の栃木市に、宝永二年から幕末へかけ約百五十年間、足利戸田家の所領の頃あったもので、戸田家一万一千石のうち四千三十石は栃木陣屋の扱いだった。

陣屋は旭町と今いっているところへ、東西三十間・南北五十間ばかりを敷地に、寛政元年八月、足利藩主戸田長門守忠禄［大隅守忠喬の誤りか］のとき建てたもので、その後、模様換え、修繕等があり、火災にも罹った。大体に於てこの陣屋は回という文字の如く出来ていて、周囲には土塀と堀とがめぐらしてある。堀は西と北と東の三方が幅六尺あり、南だけが幅三尺で、馬場と射垜《あずち》とにここだけが隣り合わせで、あとの三方は道路に面している。背後は深い森だった。

そのときの陣屋の奉行は善野司《ぜんのつかさ》（勝右衛門）といった、明治になってからは善野秀とい い、足利藩の権大参事となり、晩年は足利学校遺蹟管理者となり、求道館という学校の教授をやり、辞めて足利から栃木へ移り、明治二十九年七月、七十二歳の長寿で歿した。この人は足利生れでなく、上州館林藩士の子で、江戸に遊学中、佐藤一斎系の学者に就き、それから幕府の儒官林祭酒に師事し、三十一歳のとき足利藩士善野勝右衛門の養子に迎えられ、文久元年三十七歳、栃木陣屋の統率を命ぜられたものであるから、高橋、斎藤、高田が談判に来たときは年四十三であった。善野司の身辺には小銃の名手小村正作という老人が、影の形に添う如くついていたという。

◇

高橋亘、山本鼎等は、栃木へはいると、宿を押田屋という旅籠屋にとり、それから陣屋の善野司に面会を求めたが、何の彼のといって会わない。所詮、一度は会わねばならないが、会うまでの間に準備が要る、それまでは浪士の要求に応じない気の善野である。応じないからとて引込んで行く相手とも思えない。どちらから先に手を出すか判らないが、一戦は、到底、免がれないだろう。こう善野は考えた。しかし、一万一千石の戸田家は士卒が少い。「足利は小藩中の最小藩、領主戸田氏の封、足利栃木を併せて僅かに一万一千石、士卒の江戸に在る者六十人、足利に在るもの三十余人、雇卒を加えて百人に満たず」（『草雲先生』須永鱸山）、こんな風である。陣屋にいる租税、行政、両方面の係り員から走り使いのものまで入れても、この数は至って少い。宿の者で組織している自衛団のようなものがあるが、果してこれらが本当の戦闘となって、どれぐらい力を発揮するか覚束ないものがある。恐らくは、勝ったとなれば強くなるだろうが、敗けかかったら一溜りもなく潰走するだろう。それでは出流天狗を一戦して追払うことが難かしい、と、援助を他に求めなくてはならないが、多事多端な時勢で、隣藩がどの程度に兵を来援させるか、これが又覚束ない。そうすると主力たるべきは野州真岡《もおか》に在任する幕府の代官山内源七郎の手にある者しかない。そして又、栃木から出流天狗を追払ったら、その後は幕府の方へ始末を任せ、こちらは肩抜けをやるのが上策である。そのためにも、真岡代官を主力にすべきである。と、大体、こういう謀略をたてた善野は、一方では浪士の面会強請を何の彼のと受け流し、一方では隣藩に来援を求めた。「ここで出流天狗を挫かねば、天狗は御藩の方へ押掛けますぞ」という筆鋒で交渉をどしどし進める一方では、真岡代官所に向け、「今にして挫かずば禍の及ぶところ測り難いものがある」と、討伐の交渉を進めた。それはそういう筋があった。真岡の山内源七郎代官は浪人取締という役を元治元年六月（或は五月）から命ぜられていたからである。

こういうようなことは、善野にとって、今度が初めてではない。謂わば試験済みともいうべきだった。

◇

足掛け四年前の元治元年四月十三日、大平山へ日光方面からやって来て屯した水戸の田丸稲之右衛門等が、同年五月二十九日引払いまで滞在し、栃木界隈に激しく反映を与えたことがある。

大平山の別当蓮祥院の僧の書いたものでは、その数、三百二、三十人くらいだが、『浪人動静探索書』という当時の報告書では二百六十三人となっている。どちらが正確だというよりも、双方とも正確にちかいといった方が中《あた》っている。浪士のこうした集りは、独りこれに限らず、竹内啓の一隊にしろ、その本隊たる相楽総三の隊にしろ、後に記す赤報隊にしろ、異動多く、一定の数字で示し難い。

大平山屯集の党中に鎮静方という役の立原朴次郎が、栃木宿の富豪に金千両の立替えを命じたとか、田中愿蔵が足利の商人に多額の出金を命じ二百両しか出さぬので怒って受取らなかったとか、常陸の土浦では三千両の出金を求めたとか、筑波義軍にも金に関する問題が幾らも起った。

善野はそのとき栃木陣屋に赴任して四年目だった。意を決して銃手小村正作の子で国太郎という好学の青年ただ一人をつれて、大平山にのぼり、蓮祥院で浪士隊の幹部に会い大平山引払いの交渉をやり、それが功を奏し、間もなく浪士隊は筑波山へ去った。こういう風に足利旧藩側ではいっている。が、田丸等の浪士隊が大平山を引払ったのは、「同じ幕軍と戦争するなら水戸領で」という水戸家側の勧告が主因である、と同時に、田中愿蔵が田丸、武田等と袂を分ったのも、そのためである。そうして又そうなるに就ては善野の処置よろしきを得たこと勿論である。善野はこの他に、日光例幣使《れいへいし》街道で、騒動を起しかけた浪士をうまく処理して、事なく済ましたということもあった。

田丸稲之右衛門等が大平山を引払った後で、田丸等と喧嘩別れした田中愿蔵が、部下百五十人ほどを率いて、六月五日、栃木宿へ取って返し、宿の役人を集めて出金を命じた。このことは前にもちょっと書いたが、田中は栃木陣屋が武力を持たないのを見抜いていたから、頭から無視してかかった。宿役人の方では宿の富豪と相談の上、災難のがれのためだからとて、「金四千両までならご相談に乗りましょう」と返辞した。ところが、田中は「そればかりでは役に立たぬ」と、もッと多額を要求し、宿役人の方は「それでは篤と相談の上」といって引下り、更めて「金四千両以上は調達が出来かねます」と突ッ張り、田中は「もっと出せ」と迫り、宿役人は「出せませぬ」と頑張り、押返し揉返し、談判が永引いている間に、善野の指揮で、隣り領分の鳥居丹波守（野州都賀郡壬生、三万石）と有馬兵庫頭（同、吹上一万石）の両家へ、援兵の出動を乞うた。有馬家だけが、早速兵を急派させてくれたので、これを陣屋の中へひそかに入れ、時機の熟するのを待って、陣屋の者と宿の義勇兵とが善野を主将として、一斉に起って攻撃した。田中等は暫く戦ったが敗走した。敗走の途中追撃を禦《ふせ》ぐため、栃木宿の諸所で、火のついた松明《たいまつ》を人家へ投げこんだ。火は四方に延焼し、宿のうち三百余戸を灰とした。こういうことが四年前にあったので、高橋等五十が出金の談判に来たときの栃木宿は、復興が竣《な》って、宿の過半が土蔵づくりの防火建築だった。宿のものの心の内には、おのれ浪士どもめという敵意が今も旺盛であった。善野はそうした住民の心をよく知っている。だから、今度も前と同様に出流天狗に一撃を加え、後は真岡代官に任せ、藩の命令がない限り、浪士攻撃の続きをやるまい、そういう方針をもっている。宿の者には勤王論がわかっていない、といって、佐幕論なのでもない。ただただ、栃木宿を愛していたのである。

こうした栃木宿へ高橋等五士がはいったのである。極めて不利であったが、栃木宿の住民から軍資金を引出そうとはしなかった。小なりと雖、大名である戸田家の陣屋から数千両引出す気であったので、善野に面会を求めたが、下役が出て応接するだけで面会が出来ない。漸く善野に会えて、議論を吹きかけ、出金の義務があると論じ、厭応いわさず軍資金引出しにかかったが、善野は言葉巧みに躱《かわ》しつ流しつ、断《ことわ》るでもなく出金するでもなく、巧みに釣っておいた。釣られていると知らずに五士は、なおも根強く談判を試みたが、牧民をやっている善野の方が、純情家の五士よりは世故の才が遥かに長けていた。五士は、まんまと釣られた。

出流天狗の出金談判が栃木宿はもとより近郷近在にすぐ拡まった。いや、拡められた。沼和田、片柳、薗部その他、近郊の村々ではそれとばかり非常手配にかかった。中にも沼和田の如きは、栃木から敗走の田中愿蔵に放火されて、農家十三戸、貸家十二棟が灰になっただけでなく、男女数人が殺傷された四年前のことがあるので、何処よりも殺気立っていて、村内の川に架っている大橋の上に花火筒を三本据え、火薬と小石を充填し、もしも浪士がやって来たら、偽り敗けて思う壺に引きつけ、ブッ放して一人残さず殺そう、逃ぐる浪士があったら槍薙刀脇差など、武器を手にした村の男という男が総がかりで遣っつけよう、と、手具《てぐ》脛《すね》ひいて待っていた。

五十の運命というものは、実に、風の前の灯というべきである。

◇

鍋山の本部では、出流山に籠るつもりで、いろいろの設備にかかりかけていた。その中で、竹内啓が高橋等五十の身の上を心許《こころもと》ながり、緊急幹事会をひらいて応援を急派することとなった。応援の指揮者は、正が西山謙之助、副が田中光次郎、この二人とも監察兼使番である。その他は、河野橘蔵、荒川清之丞、渡辺勇次郎、大竹市太郎、富永甚太郎、大谷千乗坊、併せて八人。前に五人行っているので、全部で十三人が合体して陣屋に当り、その様子次第で次々に、応援が行く手筈となった。

更めてもう一度、先発と応援と、十三人の氏名を列記する。

〔先　発〕

高橋　亘（三五歳・上州）
斎藤　泰蔵（二八歳・野州）
山本　鼎（二三歳・野州）
吉沢　富蔵（三一歳・上州）

〔応　援〕

高田国次郎（二七歳・野州）
西山謙之助（二三歳・美濃）
田中光次郎（年不明・上州）
荒川清之丞（不　　　明）
河野　橘蔵（不　　　明）
渡辺勇次郎（二八歳・会津）
大竹市太郎（不　　　明）
富永甚太郎（不　　　明）
大谷千乗坊（二四歳・野州）

国定忠治の子の千乗坊は、髪の毛がまだのびていないが還俗《げんぞく》したのだから、最早、千乗坊ではなく、自分で選んだ大谷刑部（国次《くにつぐ》）である。栃木行は最初の行動だったので、人一倍、勇み立っていた。

高橋亘、山本鼎、吉沢富蔵、高田国次郎、斎藤泰蔵、この五人は栃木宿の押田屋にいる、それに合せんとして、西山謙之助、田中光次郎等八人が、栃木宿の入り口へ近づいたのが、十二月十一日の日の暮れ近くだった。

◇

栃木陣屋の善野司は、かねて放してある密偵の報告で、出流天狗の応援隊が近づいたのを早くも知り、陣屋その他に待機させてあった戦闘員全部に合戦準備を命じ、宿の入り口に篝《かがり》火《び》を焚かせ、木戸の門をぴたりと閉め、兵は残らず内側に配置し、宿々の四方にもそれぞれ配置し、人家の表戸の全部を閉じさせ、別に消防隊を各所に配置した。これは、四年前の天狗火事の苦い経験に基く、放火防ぎの準備である。

栃木陣屋側の戦闘員は、陣屋詰の収納役人、行政役人をはじめ、使い走りの男までが、武器をとって起った。陣屋出入りの御用聞きも子分を率いてきて、武器を手にして加わった。

隣藩の吹上藩有馬家の援兵は数が少いので、陣屋のものに合流して、部署についた。

それらの他に最も有力な、割合に多人数な、一隊があった、農兵隊である。この指揮を執るものは〝八州の旦那〟と俗にいわれた関八州取締出役の一人で、戦術に長じている渋谷和四郎という確《しっか》りとした人物である。和四郎を鷲郎と書いたものもある。時の勝者たる板垣退助がいつ乾の姓を旧姓の板垣にかえたかは判る、時の敗北者たる渋谷ではそれが判りかねる、しかし、これは推測に過ぎないが渋谷鷲郎と名乗ったのは、幕軍の衝鋒隊といって、函館郊外で戦死した、古屋作左衛門を隊長に、坂本竜馬暗殺に加わった今井信郎等が幹部だった隊がある、それに投じてからではないかと思う。

渋谷和四郎は八州の旦那のうちでも、当時、羽振りのいい、切れ味のいい人だったので、渋谷の命令一ツで生死の間に飛びこむ博徒の数が多かった。それと、農家出身のものとを併せ、鉄砲を買って与えて調練をやり、曲りなりにも新式の戦闘法を会得させていた。身分は前にいったとおり関八州取締出役で、その定員は二十一人、勘定奉行支配で、おなじ勘定奉行支配の代官とは別種のものであったが、実務の関係で代官に属した如くにあった、しかし、今はその点が非常に変化し、渋谷の如きはそのうちでも権限が最も拡がり、殆ど手兵をもっているが如くなっていた。天下無事の時代には、関東八ヵ国の幕府領と諸侯領の嫌いなく、非違の検察に巡廻した〝八州の旦那〟が、当今の仕事はといえば反幕府の者を弾圧し検挙する、その方が主な仕事になっていた。

渋谷の率いる農兵は、何梃だったか小銃をもっていた。竹内党の先発・応援十三人の中で、一梃の小銃をもったものがない。武器の相違が実力のひらきである。勝敗は既に決していた。

◇

応援の西山謙之助、田中光次郎等は騎馬で、槍をひっさげた者が多い。頭に陣笠をいただき、背割羽織に達付袴、脚絆草鞋で、もとより帯刀している、その態、見るからになかなか凜々しい。これが八騎揃って日暮れ近く、宿の関門へさしかかった、関門は閉じてある。内側では多数の者が控えているらしく、篝火が夕空を何ヵ所となく染めている。

西山は関門の扉を槍の石突きで叩き、「門内の者に申す、頭取はだれか、自分は西山謙之助という者である」といった。門内からそれに答えるものがあって、「名札を出さッしゃい」という。西山は名札を投げこみ、「頭取に面談したい、頭取はだれか」と聞いたが、それに答えず、門内から声があって、「只今開門するからおはいりなさい」というかと思う間に、扉が開けられ内側の様子が見えた。篝火に照らされた武装の農兵らしいものが、何ヵ所となく集って、眼を一斉に西山等に向けている。

八騎の先頭にいた西山は、馬をすぐさま関門の内へ乗り入れた。後から七騎が続いてくる、と、突然扉が閉められた。乗入れ終らぬ浪士の馬が、鼻面を閉まる扉に叩かれて騒いだ。「こら何をする」「開けろ」「開けんか」二、三人の怒号がうしろで聞えた。

振返ってみるまでもなく、敵は八騎を二分した、と西山は覚った。何故、二分したかは考えるまでもない、討取る便宜のためである。西山は怒って、「何ごとを致すか、頭取はだれか」と叱りつつ大声で問うたが、だれも答えない、答えの代りの如く銃声が一発起り、鯨波《とき》の声がそれを合図に三方から起った。日はとっぷり暮れて、寒い風が中空で鳴っている。

西山は最前列、うしろに三騎か四騎かがいる。関門を背に、馬上で槍を執り直し睨んでいる浪士を、攻撃隊は遠巻にしているだけで討ちかかる者が一人もない、それは瞬間、浪士側が西山を中心にその左右へ馬を乗り出したので、戦争開始となった。攻撃隊は些か後退気味になったが、忽ち狙撃の銃声数発が鳴った。浪士のうち、射たれて馬から落ちた者がある、馬は往来を驀地《まっしぐら》に狂奔した。

西山は攻撃隊の真っ只中へ馬を躍りこませた。幾人たりとも敵を踏殺そうとしたのである。攻撃隊は四方に逃げた。西山の馬が敵の逃げた後へ躍りこんだ、幾人か蹄にかけられたが、戦いの形勢が、そのために一変する結果にはならない。

狙撃が盛んに行われた。浪士のうちで射たれたものが何人かある。西山も右腕を射ちぬかれ、左手だけで槍をふるい、当るを幸い叩き伏せた。石を投げる者がある。馬を叩く者がある。西山は満身に血を浴び、髪振り乱し、力のあらん限り闘ったが、遂に力竭《つ》きて鞍壺《くらつぼ》に伏した。それと見るや、敵が群がりかかり、馬から引きずり卸《おろ》して殺した。

西山が討死した場所は、皆川街道から栃木へはいると巴波川《うずま》に架っている念仏橋がある、その橋際のところだった。念仏橋は昔の名で今は幸来橋という。この橋を渡れば程近い満福寺の西に戸田家の陣屋があった。

西山の戦死の前後に、田中光次郎、荒川清之丞、渡辺勇次郎、大竹市太郎、富永甚太郎の五人が戦死した。——渡辺、大竹、田中、河野はこのとき免がれたともいう——八士の中でただ一人、大谷刑部の千乗坊だけが生き残った。千乗坊は扉の外にいた中の一人だという。千乗坊は攻撃してくる者を馬蹄にかけ、血路をひらいて、出流山さして皆川街道を疾駆した。都育ちでない千乗坊は子供のときから自我流だが馬の御法を知っていた、武芸も心得があった、祖父が出流山から余り遠くない大久保村の大久保一角という田舎武芸者であったからである。

西山等七人が斃れた。それと、時をおなじくして、旅籠押田屋にいた、高橋亘、斎藤泰蔵、山本鼎、吉沢富蔵、高田国次郎はどうなったかというと、この方にも討人が向った。陣屋と渋谷和四郎の策戦は、各個撃滅にある、出来るだけ浪士を分離させて討取るのである。だから関門を利用して西山等の八騎を二分しておいて討取った。押田屋にいた五士にも、矢張り、各個撃滅の策戦が執られた。

◇

押田屋の附近に伏勢が置かれてあるとは知らぬ高橋亘等五十は、不幸にも、その日の夕方に起った栃木宿の険悪な様子に心づかなかったので、善野司に繰返す出金談判の手段方法を相談しているとき、銃声を耳にし鯨波の声を耳にした。さてはと五十とも急いで刀をとって外へ駈け出した。押田屋にこの五十が籠ったのでは多少の困難があるが、多分、驚いて外へ出るだろうと予測した、そのとおりになったので、攻撃隊には思う壺である。往来で討取る段には、犠牲者なしでやれるという見込みである。

五十が外へ飛び出したときは、西の空が赤いだけで、日は既に没していた。一頭のぬしなき馬が飛んできたので、勇敢なことにかけて類のない高橋亘が、矢庭に馬をとらえて跨った。斎藤泰蔵、山本鼎、吉沢富蔵、高田国次郎は徒歩である。馬乗と徒歩とだから、勢い間隔が出来た。これ又、攻撃隊の思う壺の分離撃滅に嵌《はま》っている。今まで待機していた伏勢が、一時に四方の横町、四ツ角、露地から、喊声をあげて迫った。高橋はそれに眼もくれず、篝火で明るい関門さして馬を飛ばした。そのうしろで斎藤、吉沢、高田は包囲されている。山本はそのころ巧みに姿を消していた。

高橋は馬を躍らせて、たった今、戦闘が終ったばかりで、統制がつかずにいる攻撃隊の中を突破し、関門へかかると、戦闘中に開けたか戦闘直後に開けたか、扉がひらいていたので、一気にそこを通過した。うしろから狙撃弾が放たれたが中らない。

斎藤、吉沢、高田は、包囲の中で悪戦苦闘したが、忽ち、多勢の敵の手に掛って死んだ。山本だけ、行衛が判らない。

高橋亘は一文字に出流に向った、鍋山村は前哨線になり、根拠地は出流の山中と、留守の間に成っているはずだと知っているのだ。〝栃木宿の変〟を出流へ報告する気である。

栃木宿で戦死したものは九人、血路をひらいて還ったと明確なものは先発では高橋亘、山本鼎、応援では大谷千乗坊ただこの三人だけであった。しかし、死体は九人しかなかったのだから、そうして渡辺、大竹、河野の三人は岩船戦争で戦死したという書類があり、又、田中、高田は出流で戦死したという書類もあるので、要するに、渡辺、大竹、河野、田中、高田の五人のうち、だれかが脱出しているのだろうが、詳《つまび》らかにするを得ない。

山本鼎は後の西村謹吾で、赤報隊で働いた。

戦闘の後

栃木の宿《しゅく》はその晩、一人残らず夜を徹して宿を護った。往来の諸所に倒れている浪士の死体を数えてみると九人、逃げ去ったものが幾人あるか攻撃隊のものには判らない。押田屋にいた高橋亘の死体が見当らないので、高橋だけが逃げた、でなければ、宿の何処かに潜っていると見て、念のため、宿中、大捜索をやったが見当らない。夜中に放火して、それに紛れて逃げるのだろうと心配する者もある。そこで、消防隊は今や火の手があがるかと緊張した、が、何事もなかった。

出流天狗が仕返しにくるだろう、と、いう憂いが充分にあったので、警戒をいよいよ厳重にし、出流方面からの道路に沿った村々でも、見張りを出し、闘争準備をし、夜を明かした。

何ごともなく、その夜が明け放れた。

◇

農兵隊の指揮者である渋谷和四郎は、真岡代官所に報告をする一方で、浪士討伐の準備にかかった。渋谷の考えでは、進んで浪士の巣窟を掃蕩しない限り、事態は遂に救うべからざるものになる、こういう意見である。渋谷は真岡代官の同意と応援隊の到着とを待った。

宿《しゅく》はそれやこれやでごった返している、その一方、往来にいつまでも浪士の死体を棄てて置いては、住民が迷惑なので、取片づけることになった。が、浪士に対して好意同情が全くない時だったので、九ツの死体をセドの原の一ツ穴へ棄て葬いにした。セドは裏の意味で、宿外れの一ツ穴へ投げこむことを宿のものはぼっこみといった。そこは大名の通行などのとき斃馬《へいば》が往々にして出る、それを抛りこんだ処である。後代になってその場所に近く郡役所が建つので、地盛りのために、そこから要るだけの土を掘りとった、ところが、斃馬の供養に建てた馬頭観世音の碑のある近くから、人の骨が出たので、そこだけ止めて他を掘った。その土工作業が終って、雨がたびたび降るうちに、掘った跡に水溜りが出来て、馬頭観世音の碑のある掘り残した処だけが中の島の如くなった。そこが、九人の戦死者をぼっこみにした地点である。

◇

戦死した西山謙之助（尚義）は、美濃可児郡久々利村《みのかにぐくくり》［現・岐阜県可児市］の西山春成の次男で、弘化二年に生れた。二十歳だか二十一歳のときだか、生れ故郷を、世襲の知行所にもつ千村《ちむら》平右衛門に仕えたが、暇をとって、江戸へ出た。そのとき「思ふことなるも成らずも武夫のかくて空しくやまんものかは」という歌を詠んでいる。

謙之助が仕えた千村平右衛門の家は、久々利九人衆といわれた名家のうち一番上席の家で、徳川将軍に直属であって、又、尾張徳川家の士でもあった、宗家と別家と跨ぎの家柄である。千村の祖先は木曾義仲に仕え、義仲が亡びてからも、代々、木曾の家臣で、義仲十九代の孫、伊予守義昌が天正十八年頃、家康に属し、下総で一万六千石を領したとき、従って行った譜代の士のうちに、この千村家とそれから山村家とがあった。伊予守が歿して御家騒動が起り、家は取潰しとなったので、千村、山村の二人が伊予守の子の木曾千三郎義利に従い木曾へ帰り住んだ。年移って慶長五年、関ケ原合戦の直前、徳川二代将軍秀忠が木曾路を西に行軍するにあたり、千三郎義利は入道していたが、「自分は魯鈍でお役に立ちませぬ」と、家士の千村良重と山村良勝とを代理に出して、道案内をさせた、この功により木曾家は赦免となり、山村、千村の二人には土地が与えられ、山村は木曾に、千村は久々利に、分れ分れとなって、子孫永代、定住した。山村は木曾福島世襲の関守で、代々、甚兵衛を名乗り、千村は久々利の知行所を世襲し、代々、平右衛門を名乗った。こういう久々利の千村家の領地から、西山謙之助が出たのである。

◇

久々利から江戸へ出た西山は、剣を斎藤弥九郎の道場に学び、学を平田鉄胤の下に励んだ。

慶応三年十一月末、野州に出発するに先立ち、故郷の父兄に送った訣別の手紙は悲壮なもので、「あながちに文かかなむと思ふだに先立つものは涙なりけり」と冒頭にかき、「尚義儀、今般、尽忠報国の士列に加はり、遠祖以来受候、国恩の万一を奉じ奉り候心得に御座候、就ては生前拝顔の儀は十分不㆓相叶㆒儀と奉㆑存候に付、書中を以て謝罪旁《かたがた》御訣別申上候」とつづけ、今度の挙兵は錦旗を奉じて、嘉永六年以来違勅の罪をかさぬる幕府を討つもので、江戸城を屠《ほふ》るも近いうちだと思う。が、烏合の徒の大望ゆえ、事の成否はわからない、敗れたとて五百年以前の楠公のあとを行くもので、稀代の盛挙、不朽の名誉、これに過ぎたるはない。併《しか》しながら二十三年の高恩をうけ、殊にこの一両年は御心配をかけ塵ほどの孝行もせず、こういうことになるのは不孝千万で、恐懼《きょうく》の極みであるが、盛挙を知って坐視しては天罰に値いすると、赤心を吐露した大文章で、読むものをして襟を正させる。母の歎きを察し、「尚義実に断腸之思に御座候」の一句、人をして泣かしめる。手紙にはこういう事も書いてある。「一体、学問之実は本居、平田両翁の書に非ざれば不㆓相叶㆒儀、近来始めて感じ候」、更に筆を進め、弟滝三郎を「行々は同家へ入門させ被レ下尚義の志を継て、皇国之道を主張仕候様御申聞奉願候」といい、更にこれを強めて、「是こそ瞑目後の御願に御座候」といっている。

平田、本居両翁とはいうまでもなく平田篤胤、本居宣長のことである。

明治三十六年十一月、西山謙之助は贈正五位の恩命に浴し、明治二十四年十月靖国神社に合祀され、その筆になる『尚義遺芳』が生残りの同志の手で出版されている。久々利にも記念碑があると聞く。栃木市のは筥森《はこもり》の錦着山《きんちゃくさん》の招魂社々殿の西に建っている。

◇

栃木陣屋の善野司は、反勤王家の如くとれるかも知れないが、それはその当時の情勢が、〝出流天狗〟は〝浮浪の士〟と思わしめた事情と、もう一ツは何といっても、田中愿蔵の放火殺傷の影響であった。西山謙之助等が戦死したときは十八歳であったという沼和田代官の子であった生沢積一郎の「私はそのとき直ぐ見に行きましたが浪士の死体は四、五人ありました。後に勤王の士だったと聞いて、それがよく判っていたらと、今でも残念に思っています」と思い出話をしたのが残っている。

それから足利藩のことだが、幕末の足利藩も、他の藩とおなじく勤王佐幕の二派があった。勤王の首領は参政川上斎佐であった。画人田崎草雲（恒太郎）が勤王家であったことは世に知られている。有名な鈴木千里（贈従五位）がここの藩医で、長男は敬哉、次男は麟

二、三男は三郎（苅谷三郎という、号は無隠、明治二十三年三月歿四十七歳・贈従五位）、三郎は元治元年六月、栃木で戦闘して火を放った田中愿蔵隊の中にいた、そのとき出兵した足利藩の隊中に兄の鈴木敬哉がいた。栃木で兄弟が顔を合わせはしなかったが、三郎が浪士隊にいたことが判って敬哉は、足利新田中町の宅に閉門、母俊子と妹達は追放されて足利郡江川村に世を忍んだ。この江川村の母の家が志士の集会所になり、新田の後裔岩松満次郎を擁立して討幕の兵を挙げんとする藤屋五郎（金井之恭）、本島自柳、昌木晴雄、松本奎堂その他が出入りし、敬哉も忍んで来《きた》り会合した、これを極力扶《たす》けたものが敬哉の母俊子である。俊子がそういうことを進んでやったのは亡夫千里の遺志を嗣いだのである。が、この計画は実現しなかった。岩松満次郎が上州から江戸に去り、江戸地方で白河藩保管の砲台付陣地に滞在中と幕府に届出たのはこのときのことだろう。母俊子が五十三歳で病歿した慶応二年の秋でもあろうか、敬哉は脱藩して江戸に出で、大坂に奔り、「薩長浪士の間に伍し、幾多の艱苦を嘗《な》め、飽くまで勤王の素志を貫徹せんと努めたり、然るに王政維新の代となり、敬哉の志亦自ら達せられたり」と、これは『足利市史』にある。鈴木敬哉は前にもいったとおり、島林敬一郎と変名し薩邸に投じていたのだが、足利脱藩だけに慶応三年師走の野州挙兵には加わらず、薩邸に留まっていた。変名の島林とは母俊子の生家の姓、敬一郎の敬は敬哉の敬、一郎は長男だからそう名乗ったのだろう。『落合手記』の「人名録」には本名・長沼良之助とある。長沼とは父千里の生家の姓で、明治になってから敬哉は長沼良之輔を名乗った。

出流玉砕組

栃木戦争の前の日の十二月十日、幕府は下野の国に屯集の賊徒召捕りを、次の三家に命じた。

鳥居丹波守（野州壬生・三万石）
秋元但馬守（上州館林・六万石）
戸田長門守（野州足利・一万千石）

その命令には、「若し手に余らば打捨・切捨等致し不レ苦」とある。打捨は射殺である。

真岡代官所の警衛は、戸田土佐守（野州宇都宮・七万八千石余）に命じた。真岡代官は前にいったとおり山内源七郎である。

◇

館林藩秋元家では幕命に応じて出流山攻撃に藩兵二小隊と大砲隊とを出した。六万石の秋元家がその程度だから、三万石の壬生藩鳥居家と、一万千石の足利藩戸田長門守の家中からも、出来る限りの出兵なぞはしない。それで構わない理由は、幕府の命令に「在所有合せの人数差出し召捕候様」とあるので、藩の運命をこれに掛けるなぞはしない。宇都宮藩戸田土佐守の家中もそれと同じである。

そういう情勢を真岡代官の山内源七郎は知っていて、出流山の浪士攻撃は代官側だけの力でやらなければならない、こう覚っていたので、渋谷和四郎の策を容れて、農兵隊だけで攻撃を展開させ、討伐の目的を遂げる決心になり、渋谷の同僚である木村喜蔵と宮内左右平とを、渋谷に合体させた。

そこで攻撃隊の編成が出来あがった。主将は渋谷和四郎、副将は木村喜蔵である。宮内左右平は軍監であっただろう。

主将渋谷、副将木村は宮内を加えて協議し、攻撃戦の主力を渋谷隊と木村隊だけに限り、館林藩、壬生藩、足利藩、この三藩の兵は後方に置いて、他方面から出流浪士の救援にくるものがあるだろうから、それを遮断して討滅させる、そうしておけば、渋谷、木村の両隊は、後方と側面とに何の注意も払わず、正面だけに全力を挙げられる、こういう方略を執った。

鍋山を中心に、その方面に、一線を布いた竹内啓の一党は、出流山を根拠地に、設備の急造にかかっている最中、栃木から生還した高橋亘と大谷千乗坊の報告が——その他に山本鼎があったはず——十二月十一日の早朝本部に届いた。幕府が浪士討伐の命令を出したのと同日である。

即刻、竹内啓は戦闘線を張らせ、敵の攻撃に備えつつ、幹部を集めて、戦闘評定を議題にかけて練った。

浪士のうちに野州真岡出身の星野武右衛門という人がある。この星野が、「出流山は防禦陣地には不適当である、よろしく、別に要害の地形を選んで拠るべきである。出流方面で戦っては必ず敗北する」と提言し、「如何ばかり天然の防禦地形であっても、我が隊の移動中を攻撃されたのでは必ず破れる、依って、近い距離に、適当な陣地を選定し、急速に引移り、敵を待って戦うべきである」と、力説した。

竹内啓は星野の説に同感だった。と、小宮山蘇十郎が星野の説に大賛成で、「当地の案内に詳しい方々から、然るべしと思う地を申出《もうしい》でてもらい、その上で討議し、決定しては如何か」と、緊急動議を出し、評定の進行を促した。

星野武右衛門には候補地の用意があって、「これよりも南にあたり、小野寺という地がある、小野寺の西は唐沢山である。この唐沢山に籠るならば、天然の地形を利用して、如何ほどの敵が押寄せても、毫も恐るるところはない、唐沢山は天然自然の山城で、守るに易く、攻めるに難い」と地形を詳しく説明した。

小野寺は今の栃木県下都賀郡小野寺村〔現・栃木市〕で、出流から東南へ、藤岡に向って約四里の処にある。昔は小野寺にも城があって、承久の乱に宇治川で戦死した小野寺禅師太郎通綱の居城であった。星野武右衛門はその城趾に着目したのでなく、その近くにある唐沢山の佐野城趾に着目したのである。新田の金山（野州）、佐竹の太田山（常陸）と唐沢山の佐野城とを、戦国時代には〝関東三名城〟といった。

星野のいうとおり、佐野城趾のある唐沢山はうしろの裾に佐野川があり、南は平野で、犬伏、天明（佐野）にひらけ、東は山嶽が重畳起伏し、北は山ばかりが重複しているので、なるほど要害の地形ではある。が、しかし、要害とは敵のもっている武器次第で違ってくる。

関東三名城の一とされたのは、矢合せして戦闘にはいった時代のことである。慶応三年十二月というと、正直な瑞西《スイッツル》の商人ファーブルの如きと伍して、狡猾で貪欲な白人が、廃物同然の大砲小銃を持込み、火器について知識の不足な、幕府や藩や商人に売りつけたとはいえ、大砲小銃の偉力が、一刀流柳生流の達人すら一溜りもなく射殺する時代である、星野の要害説も、竹内啓の一党の戦闘方針も、新時代を計算に入れた考えではなかった。浪士は一梃の小銃すら持っていないのである。

◇

攻撃準備中の渋谷和四郎は、攻撃隊の農兵に、「近い距離で戦争したら出流天狗は手剛いが、こちらは遠い距離で戦争するのだから、出流天狗が敗けるにきまっている。それと申すのが、天狗どもは槍刀という時代遅れの武器を頼みにしているが、われらの方は、遠くの方から鉄砲でやッつけるのだから、一刀流の達人だろうが柳生流の名人だろうが、ズドンと一発で片づけられる」と、勝利を確信させ、武器の優秀長所をよく合点させた。

◇

竹内啓その他が決定した方針は、唐沢山に敵を近づけさせて戦闘するのでなく、三方にある山を利用して敵を近づけさせず、持久戦をやっているうちに、同志の上田修理等の甲州挙兵が実現するだろう、上方でも義兵を挙げるだろう、江戸にも何か事が起るだろう。そうなれば、この処へ来《きた》り投ずる同志も増加し、常陸、上野、下野、越後、各所に、勤王の挙兵があるだろうから、持久戦をやっていれば、機運が熟し、幕府が崩壊する、こう観たのである。

根拠地移動は既に決し、浪士達の士気は盛んだが、迂濶な根拠地移動は出来ない。といって、出流にいたのでは惨敗する、万難を排してでも移動を断行し、西山等の英霊に対しての戦闘を、最も有効にやらねばならぬという決心が、たれにしろ固かった。

そこで出流引払いの軍議を決定し、少数の残留隊を囮《おとり》にして敵を出流に引きつけ、その間に、主力隊は唐沢山に急行して根拠地としての設備を急ぎ、第一隊は岩船山にのぼって右翼陣地に就き、第二隊は大平山に拠って左翼陣地に就く。そうなれば、唐沢、岩船、大平山は鼎足《ていそく》のかたちだ、栃木方面から兵を進めてくれば大平山陣地から出て撃破する、佐野犬伏方面から攻撃してくれば岩船山陣地から出て撃破する、田沼方面から攻撃してくれば唐沢山陣地から出て撃破する。それに又、大平山と岩船山との聯亙《れんこう》も出来るし、岩船が戦ううちに唐沢山から迂廻して敵の虚を衝くことも出来る、こう考えた。しかしそれは、全部、白兵戦に限ってのことで、大砲小銃戦が計算されていない。

その頃の義兵の挙が悉く失敗したのは、いろいろの事情と理由からであるが、その一ツの因は火器に無関心だったためである。いい換えてみると、国学は興隆したが、攘夷論の行き過ぎが、近代武器に関し盲目であらせた。興隆の国学に伴って、発達すべきものが不足した実例を最もよく語る一ツが、この出流挙兵の結果である。

◇

出流山に残って、全員玉砕する犠牲隊がつくられた。隊長と隊士とで判明している氏名は、次の十一名に過ぎない、もっといたに違いない。

隊　長　川田　太郎（二五歳・野州安蘇郡永野村）
亀山常右衛門（五五歳・同　野上村）
町田　吉太郎（二六歳・同　旧多田宿）
安中　武助（二三歳・上州　安　中）
三木　柾之助（一八歳・野州都賀郡皆川村）
加藤　祐松（二二歳・同　）
桑原　作蔵（三一歳・同　奈良部村）
鈴木　長五郎（二四歳・同　都賀郡粕尾村）
亀山　広吉（二三歳・同　）
古橋又左衛門（四五歳・同　安蘇郡永野村）
大島　馬之助（二八歳・同　安蘇郡上永野村）

隊長川田吉太郎は酒造家の息子で、出流浪士に加わってからは、本名のうち吉の字を除き川田太郎といった。川田は残留玉砕を志願し、隊長竹内の承諾を得ると喜んで、「いざとくと死出の高嶺の雪を見ん」と辞世の句をものした、号を家業に因み酒泉といった。

出流岩船の戦い

福田誠好斎

　幕軍の攻撃隊長渋谷和四郎が、動員したものは農兵ということになっているが、常日ごろ和四郎が、温情と威嚇とで手なずけていた博徒の親分子分が尠くなかった。それに、及ぶ限り猟師を狩出した。称《とな》えてこれを巡警隊といい、五隊から成っていた。他に代官所からの陣屋隊が二隊。これらを二分し、一隊は少数、一隊は多数、多数の方は渋谷和四郎が指揮を執り、少数の方は宮内左右平、木村喜蔵の両名に指揮を執らせ、両隊とも鉄砲を出来る限り持たせ、待機させておいて、かねて放ってある間諜からの情報を待った。博徒の中には、十手捕り縄を預けられ、渋谷などのような〝八州の旦那方〟の案内役を勤める、間道御案内といった連中が尠くない。密偵はこの連中にとってお手のものである。その一例にこういうことがある。——このときの渋谷和四郎の隊に眼玉が大きくって光り、眉毛の濃い、鼻が大きくて高い、体重が二十貫もあろうかという男が十数人の子分を率いて加わっていた。これは野州安蘇郡小中村の郡造という割元名主で、御用聞きの親分で、酒の醸造もやっていた。小中村は現《いま》の旗川村字小中村［現・栃木県佐野市］で、旗本佐野欽六郎の采地《さいち》だった。

渋谷が小中村の郡造のところへ来たのは、十二月十一日の夜で、それ渋谷様がおみえになるというので、門の前に砂を盛り門の内と外とに篝火を焚いて迎えた。渋谷はそのとき三十余人をつれてやって来た。炊出しをしてもてなし、その晩のうちに出発した。そのとき郡造も紋服に袴、呉絽《ごろ》の陣羽織、長い刀をさし陣笠をいただき、子分は長脇差やら槍やらでそれぞれに武装をして加わった。渋谷は「郡造は年をとっているから俺のうしろにいろ」と劬《いたわ》ったが、戦いとなると飛び出してゆき若い者に負けなかった。郡造と子分とが小中村へ帰ってきたときは抜身の槍を子分に担がせ、陣羽織を着て、得意満面だった。

◇

間諜の報告が次々に渋谷和四郎の許にはいって来た。それを綜合するとこういうことになる。出流天狗の浪士どもの総数は百五、六十人ぐらいで、軽装ではあるが武具を身につけた者ばかりで、武器は、刀、槍、薙刀で鉄砲は一梃もなく大砲は勿論ない。見たところ、諸藩の士とすこしも変った態なく、言葉は薩州弁でなく、専ら関東地方各所の訛りがある。それらの面々の大部分が、急に行く先を明らかにせず鍋山を出立し、葛生《くずう》方面に向った。極く僅かな人数がそれらとは別に出流方面に向うらしい。葛生の方面に向った一隊の荷物を運搬のため、鍋山附近の者が雇われたが、賃銭は前払いで、その額が普通より多い。大体こんな風な報告だった。

渋谷は次の情報を受取った。それは、鍋山村から移動した浪士隊の人足の中にまじっていた間諜からで、この報告で浪士隊の行く先の見当がおおよそついた。竹内啓等が目ざすは唐沢山か大平山、岩船山かだ。その他の何処でもないと判断して、すぐに行動を起した。

大体もう決定していたとおり、木村喜蔵、宮内左右平は、少数隊を率いて出流の山砦に籠るであろう浪士を討ち、渋谷は多数隊を率いて浪士側の主力を討ち、双方で、一挙に全滅させてしまう、こういう計画だ。両隊とも、全員に、白木綿をわたして襷《たすき》十字にかけさせて袖印に代え、全員に、かねて配付してある鉢金をかぶらせ、戦闘の方法を、一にも鉄砲、二にも鉄砲とし、決して白刃でわたり合うなかれと申渡し、木村喜蔵隊は勝手知ったる道を出流に向い、渋谷和四郎隊は、これも知り抜いた道を選みに選んで、浪士隊の先廻りをして、大平山の占拠を妨げ、唐沢山にも岩船山にも拠らしめずと、出発したのが十二月十二日の夜に入ってからだ。

◇

出流山玉砕組は川田太郎隊長、鈴木長五郎、亀山常右衛門、町田吉太郎、古橋又左衛門、安中武助、三木柾之助、加藤祐松、桑原作蔵、亀山広吉、大島馬之助その他数名か数十名か

が、鍋山村の会所（大塚武右衛門方）で、総隊長竹内啓等と生別死別の杯を交わし、竹内の率いる本隊は葛生方面に向い、川田太郎隊は出流峡谷に向った。不幸にも、幕軍の痒《かゆ》いところに手の届くが如き間諜の働きで、せっかくの囮戦術が観破されてしまった。

幕軍の木村喜蔵隊は、宮内左右平、望月善一郎、馬場某、中村某等を幕僚又は小隊指揮者として、巡警隊の一部、陣屋隊の一部で、急速力で川田太郎隊を追跡し、出流峡谷の半ばで輜重《しちょう》隊に接近したので、鉄砲をあびせかけた。銃声が峡谷を震撼させた。

攻撃を受けた川田太郎隊には、銃声を聞いて早くも逃亡者が続出した。それより先に輜重隊の人足は一溜りもなく逃げ失せた。野州都賀の粕尾村出身の鈴木長五郎は、肉薄してくる幕軍にむかい抜刀して駈け向った。が、弾丸に左足を傷《きず》つけられた。それに屈せず敵の中に飛びこみ、数人を斬りは斬ったが、足辷《すべ》らして流れに落ちたところを、幕軍中の武士がふるう槍に貫かれて落命した。野州安蘇郡会沢村［現・佐野市］出身の町田吉太郎は輜重隊についていたが、幕軍が銃火をあびせるとすぐさま、川田太郎隊長の許に駈けつけ、防戦の準備を扶けた。川田隊長は周囲のものの逃亡続出で悲憤慷慨していたところへ、輜重隊潰乱の報告に接し、踏止まるものだけで斬死と決心し、戦うよき地形を求め、押寄せる敵を待った。

町田吉太郎は相子佐源次という豪農の次男で、町田家の養子である。会沢元輔の遊説に応じて加盟を申出でたが、養父がこれを許さず、勤王の美名は認むれど、幕府の強力の下には霜の湯に解くるが如く、成功の望み全くなしと説いた。が、吉太郎は肯かず、会沢に付いて村をひそかに去って、鍋山村の浪士会所に来って投じたものである。

幕軍はやがて進撃して、川田太郎隊長以下若干名の防禦線に近づき銃火をあびせた。距離をもっての鉄砲攻撃であるから、鉄砲のない川田隊にとっては、防戦の方法がない。町田吉太郎は左手と咽喉を弾丸に射ちぬかれて戦死した。安中武助も、三木柾之助も、加藤祐松も、戦死した。

野州安蘇郡永野村［現・栃木県鹿沼市］出身の古橋又左衛門、野州安蘇郡野上村［現・佐野市］出身の剣客亀山常右衛門、都賀の粕尾村出身の江戸力士であった亀山広吉等は、その他のものとともに抗戦これ努めた。

古橋又左衛門は四十九歳で、川田隊長の父ともいうべき年齢だ。軀の大きい腕力のあった人で、剣法に達し、銃手としての心得もあった。味方には銃がない不利に心づき、銃の徴発に同郷の青年大島馬之助をやったが、遅れてまだ到着していない、已むなく抜刀して敵中に斬り入り、胸を弾丸に貫かれ戦死した。又左衛門は侠骨稜々で、領主米倉丹後守の代官の暴《ぼう》戻《れい》甚だしく、村民の怨嗟が高かったとき、たれあって代官排斥をする者がない。又左衛門はそのとき、挺身、江戸に出で米倉丹後守の重役に直訴し、代官はこのために免ぜられ、村民の憂いが去った。こういう事があったので永野村に於ける又左衛門の徳望というものは高かった。因《ちなみ》に、米倉家は武州久良岐《くらき》郡金沢［現・神奈川県横浜市］に治所を置き、その所領に相模の大住、淘綾《ゆるぎ》の二郡と下野の安蘇郡（永野村ハ今ハ上都賀郡ナリ）、武州埼玉郡と、この四つの郡のうちから併せて一万二千石であった。

亀山常右衛門は実家を弟に譲り、自分は出でて親族の家を嗣いだもので、安政頃には江戸にあって大名の人足宰領をしていた。剣法を花房某に学び、甚だ上達したころ、武者修行に出たまま消息を絶ち、慶応三年の春、御神楽村に、突然、帰ってきたとき年五十五であった。その年の冬、出流浪士に加盟したもので、白兵戦ならば究竟《くっきょう》の士だが、銃火戦では手腕が揮えない。それでも味方の最先頭に立って敵中に飛びこみ、乱闘中、敵の一人が右から胸を槍で突いた。突かせたまま槍の柄を伝わってその敵に迫り、一刀で斬り斃した剛強さにだれも手をつけない。常右衛門はよろめきながら、傍らの林の中に入り、静かに自殺した。

力士あがりの亀山広吉は、生れつき体格が万人にすぐれ、怪力があったので人のすすめで江戸に出て、慶応二年の春場所ごろまで力士修行をした。力士の名を響が瀬といった。或るとき両国橋の上で、夜に乗じ二人の武士が厭がる女を何とかせんとしているところへ通りあわせ、女を助けんとすると、武士どもが承知せず、刀を抜いてかかって来たので、その一人を橋の上から川へ抛りこんだ。それに怖れて残る一人は逃げ失せた。しかし、力士仲間は後難を怖れ、響が瀬に退去をもとめたので、故郷の粕尾村に帰った。広吉の出身地を安蘇の柿平村としたものもある。

戦いは川田隊に悉く不利で、隊長川田太郎は今は死花を咲かすのみと、一軒の廃屋に入り、敵の近づくを待って躍り出で奮闘努めたが、一発の弾丸に胸を射たれ、年二十五、戦死した。隊長を失っては崩れるのみ、亀山広吉は一先ず粕尾村へと志し、下永野、山際を経て大越路の峰を越えにかかった。それから先は粕尾で、粕尾をずっと抜けると足尾に出られる。広吉は大越路で幕軍の望月善一郎が兵を率いて残敵を追って来たのに見つけられた。そのときの広吉は紋付の筒袖で袴をうがち、大小刀を帯していたので、一目で出流浪士であると判ったので、幕軍の兵はすぐさま躍りかかった。広吉は元が力士だけに格闘は得手である。忽ち数人を投げつけ撲り倒したが、遂に捕われた。野州佐野の獄に繋がれるまでに、苛烈な拷問に苦しめられた。

鉄砲を何とか手に入れんと、川田隊からしばらく放れ徴発にむかった大島馬之助は、少年のころから尋常でなく、読書も武芸も人並より遥かに進んだ。が、農事をひどく厭《いと》った。領主米倉丹後守に仕えるようになったのが十七歳ごろだという。米倉家にも勤王佐幕の両派があって、氷炭相容れないものがある。佐幕派が有力であった。その実状を見て馬之助は、仕えを辞して故郷へ帰った。そのとき、詠んだ和歌がある。

名にしおふ大和刀の切味を試すは松の一枝にこそ

松の一枝は松平にかけた詞である。松平はこの和歌では徳川家をさしている。馬之助がかく目ざめたのは、平田学のためだ。

出流峡谷の戦闘に遅れて参加した馬之助は、股に銃創をうけ、進退に苦しんだが、顧みれば峡谷に反響する銃声がない。戦いは終ったらしいので後図《こうと》をはかる心で落ちのび、永野村の蔵本河原まで来たところ、幕軍の宮内左右平が兵を率いて待伏せ、生捕りにされた。

◇

このときに、出流浪士の援助に乗り出した地方在住の学者がある。野州都賀の引田村の誠《せい》好斎《こうさい》、福田八郎右衛門（義典）が、その一人である。引田村は現《いま》の栃木県上都賀郡東大芦村大字引田［現・鹿沼市］である。誠好斎は南北の賀蘇尾村［ともに現・鹿沼市］の鎮守たる加蘇山神社の宮司時代は湯沢監物といい、又、舎人といった。水戸中納言斉昭の知遇を得、藤田東湖、西郷吉之助はじめ、水戸薩州の間に友人知己が多かった。

誠好斎が引田村に閑居し、子弟を導いているとき、水戸の田丸稲之右衛門、山国喜八郎、藤田小四郎の大平山に拠るのことがあった。誠好斎は養子と実子と両名を大平山に急行させた。が、田丸等が大平山を去った後だったので、一行に合することが出来ずに引返した。さもなかったら元治元年の筑波山義兵の挙に、養子湯沢義路、実子福田義達の名があっただろう。

そういう風な誠好斎であるから、出流に薩藩の士と号する竹内啓が、義兵を招集していると知るや、黙止していない。直ちに門人福田左近、大貫倉吉の両名を加盟させんとした。左近、倉吉は竹内隊に投ぜんと急行の途中、幕吏に見出されて生擒《いけどり》された。そうと知らぬ誠好斎は門人有志十数名を率いて鍋山さして急がんと粟野村まで来た。引田から出流鍋山の間の半分ぐらいのところが粟野である。

誠好斎は粟野で、先発させた福田左近と大貫倉吉とが、幕府の手で生擒されたとの知らせを得た。それのみか出流で惨敗したことも知ったので、事既に終った、この上は左近、倉吉の生命を救わざるべからずと、人を宇都宮藩に急行させ、戸田越前守忠恕《ただゆき》の執政に懇願させた。宇都宮藩は誠好斎の依頼を容れ、藩士上野新右衛門、青山又兵衛を佐野にやり救助運動をさせた。なかなか幕府側が応じないのを、数回の交渉で、漸く両名を救い出した。しかし、誠好斎に対する嫌疑は去らず、日光役所から数回の取調べがあったが、それも又、宇都宮藩の尽力で無事に落着した。

誠好斎は剣道に一流を編み出し、心明当流と呼んだ。明治三十三年十一月、九十六歳の長寿で世を終った。

敗戦

出流の玉砕組の中の逃亡瓦全《がぜん》の手合は別として、隊長川田太郎以下玉砕し、又は力闘の後に生擒された、と、知らぬ竹内啓を隊長とする本隊は、小野寺村の近くまで先頭が来た。それを予め知っていた幕軍の渋谷和四郎隊は、栃木から新里村に先廻りして、兵を岩船村附近に伏せ、偵察を出し間諜を放ち、手具脛ひいて待設けた。渋谷は先手に出て、戦闘に有力な地形を選び、竹内隊を思う壺に引きこみ、全滅させせんとしているのである。

竹内隊は、そういう配置が出来ていると知らず、先鋒隊と本隊と殿後の三隊で、小野寺村と岩船村にはいり、民家に命じて食事をつくらせた。その間に、岩船村に着いた先鋒隊の隊長大芝宗十郎（五五歳）が、萩原条太郎（四三歳）、神山金次郎（一六歳）その他と、岩船山へ斥候に出た。

大芝宗十郎は甲州巨摩《こま》郡村山西割［現・山梨県北杜《ほくと》市］の出身で、幼名を長次郎といい、家を嗣いで三左衛門と名乗った。大芝家は代々の名主である。或る年水害で村々の農家に収入がなく、納税が出来ない窮状に陥ったので、免税歎願を、百方、領主に試みたが効力なく、農家の窮状いよいよ甚だしいので、罪を一身に引受け家を弟に譲り、村内の小宮山昌照寺に退隠した。その後、機をみて江戸に出て、学問武芸に傾倒した。慶応三年竹内啓と相識り、薩邸内の相楽総三の下に投じ、竹内を扶け野州入りをしたものである。

萩原条太郎は真影流内藤兵部の門人で、野州都賀の永野村で農業をやっていた。出流で戦死した川田隊長や古橋又左衛門、負傷して生擒された大島馬之助と同郷である。

岩船山にかかると萩原条太郎は大芝宗十郎を後に、どんどん登り、絶頂まで行って偵察し、引返して下る途中、出会うはずの大芝に出会わなかった。大芝は麓で、その以前に、渋谷和四郎隊のものに、突然、包囲され、生捕られていたのである。

渋谷隊は間諜によって、大芝宗十郎等の動きを知り、山中に兵を伏せ、先ず大芝を虜にし、次に萩原条太郎を発見して前後から挟んで生捕りにかかった。条太郎は木立を背にして闘ったが、数ヵ所に負傷して、力竭《つ》き、遂に捕えられた。

神山金次郎は法号を大仙といった寺の徒弟で、斥候に出たときも法衣を身につけていたのと、年わずかに十六なので、渋谷隊のものも、まさかと一度は通過させたが、念のためにと再び取調べにかかると、逃れ難しと思い、隠していた武器を取り出したので、忽ち格闘となり、生捕りにされた。

大芝、萩原、神山の他にも斥候が出た筈だが、逃亡したのか、首尾よく任務を果したのか、その点、不明である。

　ここまででも明らかに、幕軍の渋谷和四郎隊の方が有利で、先手先手と出ている。竹内隊の方は残念ながら不利に不利を重ねた。

　やがて、竹内啓は一隊を進めて、新里村近傍を押えて岩船山を兵站《へいたん》の地とするため、行動を起させた。これも、又、渋谷隊の早く知るところとなり、戦闘準備を充分にして待っていた。そこへ、竹内隊の過半とおぼしき一隊がはいって来た。斥候の大芝等の消息が絶えたので、多少の不安心はあったが、怖れる心はだれも持っていない。

　出流へ向った木村喜蔵、宮内左右平は間諜の報告と案内とにより、出流方面のことは望月善一郎、中村某等に任せ、兵を率いて間道を抜け、新里村に向って行くうち、岩船村の方に灯が点々として見える。さては、出流天狗は岩船村に着いたとみえると、間諜を放って探偵させたところ、岩船村の民家の戸を叩いて起し、炊出しをさせていると判った。十二日の夜明けにまだ間がある時分だった。

　そのとき、渋谷和四郎隊も間諜によって、出流天狗が岩船村で、早い朝飯をとらんとしていることを知った。その目的地が岩船山であることは既に明白になっていたので、岩船山の下で全滅を計画していた。ところが、出流から反転に出た木村隊、宮内隊が、岩船村に入りこみ、村の前後の出口と西の出口と三ヵ所に兵を配し、残る兵で、民家にはいって朝飯中の出流天狗に遠方から鉄砲をあびせかけた。これが幕軍によって決定的な勝利の原因となった。

銃火を不意にあびせられた浪士隊は、駭《おどろ》く様子もなく、民家を立ち出で、村の西口に出でんとした。西口に待伏せた幕軍は、浪士隊を近づかせず、遠くから射撃を開始した。浪士側には銃砲がないので、俄《にわか》に方向を一変し、村を横断して岩船山の下に集った。どこまでも幕軍は刀槍による白兵戦を避けているが、浪士側は白兵戦以外に途がない。

浪士側の動きを見て、木村隊、宮内隊は聯合してじりじり迫り、しきりに銃火をあびせかけた。浪士側は極力銃火を避け、岩船山の麓まで退いて、飽くまでも敵を近づけ、武芸による戦闘をなさんものと鳴りを鎮め、専ら敵を引きつけんとした。が、幕軍側は遠巻きに銃火をあびせるのみである。

浪士側は朝飯を食ったのもあり、半ばしか食わなかった者もある。随って、次の食事の用意がないから、敵の遠きに対し安心していられない。そこで折角のぼった麓だが、更めて下って、斬って出る他に途はないと、山下に向って動き出したときに、麓の西側に、突如、半月の馬印を押立て、鉄砲を乱射して優勢な一隊が現れた。渋谷和四郎隊である。

思わざる側面の脅威に浪士側は忽《たちま》ち混乱したが、その中で、敵を目ざして斬りこみを急ぐものが、どっとばかり駈け下り始めた。

竹内啓はそのとき、浅黄色の陣羽織をつけ、緞子《どんす》の野袴を穿き、岩の上に突ッ起ち、采配を納め、抜刀して敵に向ったが、弾丸に貫かれて戦死したという説が、当時、行われた。これは会沢元輔を誤伝したのである。竹内啓はそのとき、一隊のものと小野寺村にいた。

会沢元輔は岩船村で食事をとった一隊の隊長で、岩船山麓へ、一たびはあがったが、決戦せんと坂を下って敵に向うその傍に、神山彦太郎（一八歳）といって、川田太郎、古橋又左衛門、大島馬之助、萩原粂太郎などと同郷のものが付添っていた。もう一人、同じ永野村出身で会沢に師事していた大森玉吉（一六歳）も付添っていた。

会沢元輔（三五歳）は渋谷和四郎隊に駈け入った。渋谷が半月の馬印の脇に床几を据えさせ、腰かけて戦況を熟視していた。そこへ斬って入った。会沢の背後に数名、わッわッと喚《わめ》いて続いて斬りこんでくる浪士がある。渋谷和四郎は手許の兵で防戦させたが、巡警隊のものはこうなると役に立たない。陣屋隊のもの若干が、浪士と斬結んでいる。その真ッ只中で、会沢元輔が渋谷にみるみる近づき、斬りつけた。刀は渋谷の頭にあたったが、冠っていた兜頭巾の鉢金に疵をつけたのみである。渋谷は抜刀で渡り合わんとしたが、側面から味方が狙撃したのがあたって、会沢は胸を貫かれ即死した。会沢の弟の会沢忠次（二五歳）も戦死した。

会沢の傍を放れずにいた神山彦太郎は、師匠の戦死を見届けると、その場を去った。江戸に赴き薩邸にはいる心であった。その途中、野州藤岡宿で幕吏に発見され、数人を相手に格闘したが遂に生擒された。

大森玉吉も又その場を去り、潜伏して十二月十五日、江戸に向う途中、栃木で幕吏に捕縛された。行李のうちに会沢の遺物をもっていた。

渋谷の陣中に斬って入り、斃された数名の氏名が判然しない。が、出身地も経歴も不明な井上十郎と称する浪士（井上重郎・二一歳・長州萩の人ともいう）があわやもう少しで、渋谷和四郎を討取るところまで行った。ほンの瞬間に失敗し、群がる敵の中を斬り抜け、何処ともなく去ったということがその当時評判だった。それは浪士側が惨敗し、幕府側が安心してほッと一息ついている、というときで、渋谷隊の中に紛れこんでいた井上が近づいて急に刺そうとした。渋谷は素早く引ッぱずし、抜討をかけんとする、と、井上は陣中の味方多勢のなかに姿を晦《くらま》した。多勢の中のたッた一人の敵は、存外、探し当てることが難かしく、遂に姿を見失ったという。『殉難録』には年二十一、戦死と記してある。十二月十八日の処刑日に、井上は死の座について世を去っている、この方が本当である。

この戦いは十二日から十三日早朝までだったということが、小中村の郡造の『石井家文書』にある。これが一番確かだと思われる。

◇

岩船山下、新里村八幡山等にわたり戦死したもののうち、常田与一郎（五二歳）は川田太郎や神山彦太郎等と同郷の野州安蘇の永野村で医師をしていた人で、出身は肥前佐賀、江戸に遊学して経書と医を学び、佐賀藩に帰って吟味役を勤めたことがある。思うところあって浪人となり、親友池沢浅右衛門（六九歳）の縁故で永野に落着き、医者の傍ら、子弟を集めて指導をしていた。八幡山に退き敵と戦闘中、弾に横腹を射ぬかれたときこの人は、大声に「一死もとよりその分なり、愉快」と叫んで絶命した。長男与八郎（二八歳）も一ツ所で戦死した。池沢浅右衛門も老人ながら常田与一郎とともに、竹内啓の隊に投じ、常田とともに闘ったが、戦後、生擒され、癈人《はいじん》となった。

　野州足利の鈴木兼三郎（二七歳）、生国不明の牛田右膳、生国不明の坂本豊三郎（二九歳）、野州粕尾の萩原兼三郎（二四歳）、飯篠長江斎の弟だという飯篠忠次郎も戦死した。

　野州安蘇小野寺村出身の島田重吉（五三歳）、麦倉伊三郎（四四歳）、江田熊太郎（三六歳）、この三人はおなじ処で戦死した。

　戦場で生擒された者の中で赤尾清三郎（四七歳）と、飯篠長江斎（一九歳）の両人は、戦闘のすぐ後で、野州安蘇の吉水村［現・栃木県佐野市］川原新田で斬殺された。

　赤尾清三郎（秀行）は備後の国福山藩阿部家の浪人で、赤尾鷺州（小四郎）の三男だ。筑波山の挙兵に加わり、戦い敗れて奔り、薩邸には日吉邦助という名でいた。水野小三郎という変名もつかった。号を空山といい、不言斎ともいった。父鷺州は安政三年に死去して、このときはいなかった。赤尾には豊三という長男があった。豊三が幕府の手に捕われたことを、父清三郎が知って、自首しようとしたところを渡辺慎次郎という者に捕われ、佐野へ護送の途中に斬られたのである。〝大君の辺にこそ死なめ人はただ　浜の真砂の数ならずとも〟〝かねてより君に捧げし身なりせば　棄つる命の惜からなくに〟〝旧事還今事　発為一夢憂　天神知意否　誓断醜夷頭　丹心攘夷一　朝暮信無忘　生為天兵進　死応結草芒〟という詩歌が遺っている。年四十七。息子の赤尾豊三は佐野の獄にあること一年余、明治二年三月青天白日を仰ぎ、その後小学教師となった。

飯篠長江斎は醍醐新太郎のことである。飯篠と赤尾と両人だけが、即日、斬殺され、その他の生擒者はその後に斬首の刑に就かせられている。日を隔つこと僅々に過ぎない、というものの、即日、断頭とは、何かそれだけの理由があったのだろうが不明だ。生擒された者のうち、戦場で捕えられたのは、大体、次の人々である。

金子文蔵（二七歳）、八木要次郎（一八歳）、若林定吉（二三歳）、大塚鼎作（二七歳）、安東竹之助（一九歳）、羽鳥竜三（二八歳）、津布久久次郎（二二歳）、福地吉五郎（二八歳）、荒川藤吉（三二歳）。

このうち金子文蔵にはこういう逸話がある。或るとき、大越路の峠で山賊に出会った。一先ず逃げて樹のうしろに隠れ、追ってきた山賊をやり過し、うしろから出て蹴倒して引ッとらえ、諄々《じゅんじゅん》と説いて、その以前に強奪した太刀その他を、被害者に返させた。剛胆で論客だったという。

大塚鼎作は栃木駅で働いた高橋亘に武芸を学び、亘の父巍堂に学を授けられた人で、この年十一月、上州新田家（岩松家）を擁して義兵を挙げんとして失敗した一人で、竹内啓の檄に応じたものである。

八木要次郎は刀剣鍛冶の子で、岩船山の下で闘ったときの刀は自作のものであった。非常な美少年だったので、野州佐野の獄につながれているとき、取調べにあたった幕吏が大いに心を打たれ、放って還さんとしたところ、下役の者が「こいつは女にしてみたい美貌ですが、なかなかの奴故、赦さぬがよろしいでしょう」といったので、釈放が取りやめになった。余程美しかったものらしい。

　安東竹之助は宇都宮藩士安東庄平の長男で、鯉淵四郎と平井五郎の名で届いた檄文で蹶《けっ》起《き》、竹内啓の隊に投じた人である。

　福地吉五郎は、野州安蘇の栃本村の福地滝蔵の女婿である。

　荒川藤吉は孤児で、新井村の八木勝次郎に扶養されて長じた。器の大きい生れつきで、同志をあつめるのに最も功があったという。幕軍の木村喜蔵の隊に生擒され、木村が冷遇したとて大いに怒り、雄弁をふるって論難した。その為かして、前にいった赤尾清三郎、飯篠長江斎についで、その他の同志よりも二日早く斬殺された。

◇

　戦場を一先ず引揚げはしたものの、その後、生擒された人々は、大体、次の如くである。

　安達　　石斎（四三歳）　上州田沼にて縛
　久保田　弥吉（二六歳）　江戸への途中縛
　島　定右衛門（三二歳）　野州堀米にて縛
　市川　　平吉（三四歳）　野州佐野にて縛
　高実子縫之助（二一歳）　江戸への途中縛

　このうち安達石斎（幸太郎）と高実子縫之助は師弟で、石斎は野州安蘇の石塚村に住み、赤尾鷺州（赤尾清三郎の父）に学んだ。幕府の失政を憤り、勤王の志に燃え、野州の鈴木千里、江戸の村上四郎等と画策したが成功しなかった。鈴木千里のことは栃木陣屋に関する足利藩の件りでいった。村上四郎は相楽総三の変名である。石斎は岩船山下に惨敗したが落胆せず、後図をはかるべしと竹内啓等に極諫《きょっかん》し、一先ず、上州田沼に潜伏したが、発見されて捕われた。門人の高実子縫之助は銃丸に右の腿をやられ、夜に入るを待って江戸に走らんとし、その途中、幕吏に捕われ、他の同志とは別に、ただ一人、上州岩鼻陣屋に護送され、そこで殺された。

久保田弥吉は実父を島田七左衛門といって名主である。久保田家の養子となり、竹内啓の隊に投じ、敗戦後、敗残の同志をあつむべく、奔走中捕えられた。

島定右衛門は野州安蘇の堀米村の島家の養子で、本姓は高柳である。出流天狗に投じて変名に吉田定五郎をつかった。岩船惨敗の後、堀米村にひそかに帰り、両親に訣別して、立出でたところを多数の捕吏に囲まれ、力闘久しい後に捕われた。

市川平吉は前にいった荒川藤吉の友人で、荒川の手引きで加盟したものである。惨敗の後、一時、佐野で巧みに潜伏していたが捕われた。

◇

場所はわからないが、その他に生擒された人は次の如し。

岩松播磨正（五三歳）、永井斎宮（五九歳）、川島一郎（二六歳）、井上十郎（二一歳）、小沢友之進（二五歳）、毛塚清吉（二三歳）、阿部久次郎（二四歳）、平井五郎（二九歳)、立花佐吉(二六歳)、富岡五郎(三六歳)、中川直江(二八歳)、深町金之助(三八歳)、川原平次(三四歳)、市川平吉(三四歳)、里見武右衛門(四三歳)、西阪直之丞(二九歳)、白沢佐蔵(三三歳)、柾吉(二〇歳)、仁三郎(二一歳)、下船亀太郎(五一歳)、大久保俊策(二八歳)、高橋亘(三五歳)、大谷千乗(二四歳)。

江戸から来た一人で不破貫一郎(二四歳)は信州高遠の出身、敗戦の十三日、下総の結城で、幕吏と斬合い討死を遂げた。

長谷入道(二三歳)といって、野州の上永野出身の人は、皆川村で捕えられんとして斬死した。小林進之助もおなじところで同時に斬死した。敗戦直後の十二月十三日である。

◇

幕府側について出陣した小中村の郡造の倅《せがれ》を石井郡三郎という。その親友織田尚種が竹内啓の軍に投じていたが捕われ、郡三郎が救解に奔走し事なく釈放された。小中村の青年で生擒され、郡三郎の救出をうけたものがその他にもあった。これは石井関係の文書にも記されている。

八王子・相州荻野山中の変

敗戦の後

国定忠治の女房は名をおつるといい、妾は二人あって名をお徳といい、おまち（或はおまき）といった。と、いうのが通説で、おていという妾は登場しないようである。

上州の国定地方の故老で、忠治に子はなかったという説を固く執るものもあった。野州辺で女を孕ませたそうだという説をとる者もあった。地方専門の俳優で太夫元兼の高浜喜久義は忠治の弟の孫である。その高浜の話に、忠治に子はありませんでした、何処とかで子を生ませたともいう話がありますが嘘か本当かわかりません、先年、忠治の落胤と名乗るものが現れましたが、私ども、忠治の血縁の間では本物だと思いませんでした、野州に落胤《らくいん》があるということを、屢々《しばしば》、耳にしますが何かの間違いでしょう、と、こう言っている。しかし、大谷千乗が忠治の子であることは確からしい。

千乗は弘化元年に生れたのだから、そのとき忠治は赤城の山籠りを解散し、行衛を晦ました折柄にあたる。忠治が上州へ引返したのは弘化三年だから、千乗は数え年三ッで、寅次といっていたときにあたる。

寅次が七歳の嘉永三年十二月、年四十一の忠治が半身不随の軀を、大戸の関所の刑場で磔《はりつけ》にかけられて死んだ。

忠治の刑死した後の二、三年間というものは、血縁のものは四散し、又は四散のかたちを取って遠慮の実を挙げた。そういうときだったから寅次の母おていは、野州都賀郡大久保村に引ッこんでくらしていた。忠治がその一代に、直接間接に、人を殺し人を斬り、世間を擾《さわ》がせた罪障消滅をはかるため、おてい父子が、寅次を出流山千手院の徒弟としたということは、合点のゆく話である。

大谷千乗が還俗《げんぞく》して、大谷国次《くにつぐ》といったことは前にいった。栃木駅の戦闘を脱し、鍋山会所に報告にかえってから後、何処で幕軍の捕虜となったか、『野州岩船山浪人追討の顚末聞取書』（藤野近昌）には、〝竹内に始終付添いいたる大谷千乗坊と名乗る入道、これを看るや殊勝にも長刀を水車の如く振廻し、敵に当らんとせしが、飛弾の烈しさに辟易したるか、長刀を捨てて浄楽寺の方を指して落ち行きぬ〟とある。この記述に随えば、落ちて行って間もなく生擒されたことになる。『殉難録稿』にその件りは簡単で、「岩船山に赴き又々烈しく合戦したり、されどついに利無くして生捕られ」と記している。

◇

浪士側の総隊長竹内啓は、同志とともに、戦地に死せんとしたが、後図をはかれと諫めるものがあったので、自刃を思いとどまり、信州上田藩松平家の脱走で奥田元その他数名と、江戸に向ったが、前にもいった如く、残兵をまとめる役の久保田弥吉が生擒され、高実子縫之助も生擒され、佐野、田沼でも同志の潜伏があばかれて生擒となり、故郷に忍んではいった者も生擒され、敗戦の同志の追捕《ついぶ》急である。

幕命によって渋谷和四郎隊、木村喜蔵隊の応援に出動した上州館林藩の二小隊、大砲隊はじめ、壬生藩鳥居家、足利藩戸田家、宇都宮藩戸田家の派遣したそれぞれの藩兵は、岩船山近傍の戦闘が終った十三日午後、それぞれの藩地に向って去り、敗走潜伏の浪士検挙に関係しなかった。

当時、幕軍の討取った首級は十三、分捕品は、幕（薩州定紋付）一張、槍三十五本、長刀七本、火縄五束、弓張提灯（浪人定紋付）二十張、刀数十本、竿銅《さおどう》三本、騎兵笠若干であった。

◇

戦場から江戸の薩邸へ引揚げ中にある浪士側で、判っているものは左の人々である。

森田　吾市

山田兼三郎（千葉道場）
奥田　元（信州上田脱走）
植村仙太郎（或は仙七郎）
藤田　新（野州宇都宮）
尾崎忠兵衛（水戸）
丸尾　雄蔵（武州忍）
大増　司
水野内蔵助（信州佐久）
町田　栄司
川村藤太郎（武州駒木野）
横越　籌作
渡辺　主馬（駿州田中）
岩代藤三郎
信沢　武馬（駿州田中）
鈴木謙三郎
原田金之助
高橋新太郎（仙台又は下総）
松田万兵衛

竹内　啓（武州川越在）
荒木又之進
丸山　梅夫（信州）

この他にもあっただろう。これらの人々は、全部、江戸の薩邸から行ったものばかりで、野州で同志になった人々は入っていない。それから江戸の薩邸から行ったものの中で、これに落ちているものがある。この他、殺害されて屍も氏名もともに湮滅《いんめつ》したものもあるだろう。或は奔ったッ切りになった者もあったろう。

『白雪物語』（落合源一郎の伝）には「同行せしものの内（註・江戸の薩邸より野州へなり）、五人帰り来て復命せしところなり。其《その》五人のものいうよう、吾々の生《いき》のびて帰りきたりしは、かなたの事情の分明ならざるを恐れてなり、復命したる上は又やくなき命なり、腹かき切りて死者にまみえんといい終るや、頓《にわ》かに刀を抜きはなす。水原（註・落合源一郎なり）それを押止め、君たちにも似合ぬ振舞いかな、君たち、今死にたりとて何事かあらん、永らえて死者の志を果さんの心あらざるやといいしに、容易に肯かざりしが、百方諫められて遂に思いとどまりぬ。死者に対する情誼の程、実に嘉すべきにあらずや」とある。この五人というのはだれだれか不明だが、最も早く薩邸へ帰り着いたもののことで、その一人は奥田元であること確かである。『薩邸事件略記』には「奥田元還り報じて曰く、此の行大敗、数十の浪士全き者なし、是我輩の失策、諸君に対するの面なし、我唯この事を報ぜんが為め生還せるのみ、今用なし、割腹せんと、直亮曰く（註・落合源一郎なり）、勝敗は兵家の常なり、何ぞ耻《は》ずるに足らむ、況《いわん》や事未だ定まらず、一死国に報ゆるの時、甚だ多きをやと、遂に止む」とある。

◇

竹内啓は戦場から引揚げ、江戸に向うのに、ちりぢりばらばらに行かせた。単独、又は二、三人での道中は、捕縛せんとする幕府側にとって有利である、と、いって、集団で引揚げるのには人数が不足である。ちりぢりの引揚げ以外、方法がない。方法を別に求めれば潜伏だが、それも密告と探索とがある限り、余程、有力の下に隠匿《かくま》われ、周到な方法を尽さぬ限り危い。

竹内啓は下総の中田宿《なかだ》まで、幕吏の眼を晦《くらま》して来たが、遂に木村喜蔵配下の者に観破され、包囲強襲をうけた。竹内は勤王の実行動で、家産をために殆《ほとん》ど傾けた人で、故郷にあっては医師で、教育家で、学者で、就中《なかんずく》平田学の熱心な国学者で、重厚な人だけに、そうとは知らずに群がる捕吏が、血の気を失いつつ包囲するその中で従容として縛についた。竹内啓なら出流天狗の総大将と聞き知っているので、捕縛した者の方が却ってびっくりした。

木村喜蔵はこの方面の追捕隊の隊長だったので、竹内啓が縛に就いたと聞いて躍りあがって喜んだ。木村の名は喜蔵とも機蔵ともある。機を誤って越蔵とした写本すらある。竹内が捕えられた中田は、茨城県猿島郡新郷村大字中田［現・古河《こが》市］で、そのころは下総に属し、奥州街道の宿場で、そこには房川《ほうかわ》番所があって、下総古河藩土井家の持場、利根川沿いで、栗橋とは川を挟んで近い。

竹内啓を護送する部下を督して木村喜蔵の一行が、下総の松戸まで来たのが十二月二十四日である。松戸は水戸街道で江戸川に沿い、川を中にして松戸金町《かなまち》の二ヵ所に関所がある。ここまで来たとき江戸からの飛報があった。その夜、幕府は庄内、上の山、鯖江、岩槻の四藩の責任者を招集し、江戸の薩邸攻撃を命令した。そうなるまでには、そう成る空気が濃く醸されたからにきまっているので、木村のところへ届いた飛報は、そういう形勢を伝えた。木村はそこで考えた。江戸では局部とはいいながら戦争になる、そうするとこの下総辺は、反幕府のものが居るところだから、隊長竹内啓を奪還せんとする者が出るだろう。今、率いている兵は八州方の手先若干と、ここ松戸と布佐《ふさ》陣屋［現・千葉県我孫子《あびこ》市］、その他の農兵だが、農兵も手先も腕におぼえの剣術達者に斬りこまれたら、たあいなく敗北する。木村にはそういうことが判っているので、急に決心し、俄《にわか》に竹内啓を死刑にすることとした。その裏には木村の仕返しが含まれていた、そのことは後で説く。

木村喜蔵は松戸の川沿いに刑場を設《しつ》らえ、竹内啓を曳き出し、「その方は名を美名に借るといえど実は財物を掠《かす》めとる曲者である。よって、只今、刎首《ふんしゅ》の刑に処す」と申渡した。竹内は微笑して、「お前は後に悔むだろう。憫《あわ》れむべき男かな」といって、死の座に自若として就いて死んだ。年四十。明治二十四年九月、靖国神社に合祀され、大正元年十一月、贈従五位の恩典に浴した。

竹内の身柄は、中田で生擒の後、野州佐野の獄につなごうとしたが、そこには多くの生擒者が繋がれている。そこへ首領を入れたら恐るべき結果を惹き起すかも知れない、と、いうので武州羽生《はにゅう》陣屋［現・埼玉県羽生市］の獄に移そうとした。その護送の途中、刎首の刑に処したのである。羽生陣屋はこの年三月、木村次郎吉という小役人から立身して甲斐守に任官した利《き》け者が、附近の陣屋数ヵ所を幕命によって連絡強化した。そこならば竹内を投獄しても安全と思われたのである。

薩邸の糾合所に屯集している浪士隊の最高幹部の一人、権田直助は竹内と同国でおなじ郡であり、学問系統もおなじなので、これを哀傷すること強く、明治三年三月、松戸に碑を建てて竹内の事蹟を不朽たらしめんとした。次に引くのがその文章である。

啓は、本名を小川、通称を節斎といいて、武蔵国入間郡竹内村の人なり、故姓を更めて竹内とぞ云いける。弱冠より倭漢の書読む事を好み、医をもて業とせり、為人《ひととなり》、忠に勇《つよ》くして、国を憂うる志深く、嘗《かつ》て思えらく、医たらんもの、人の病をのみ療《おさ》めて在るべき物かは、今国いたく病て、蒼生苦瀬に落むとす、何ぞ救わざるべきと、去る慶応三年といいし年の冬、相楽将満、水原直亮（註・落合源一郎）と相謀りて、同志の人々と共に、江戸なる某の館に屯し集い、殊に策を設て、西山尚義（註・西山謙之助・栃木に戦死）、会沢元助等と下毛野に下り、磐船山に旗揚せんとせしかども、時の到らざりけむ、予《あらかじめ》に事露《あらわ》れ遂に賊徒に被打破《うちやぶられ》、同年の十二月二十四日、年四十にして此下総国松戸の里にて、はかなく死たりしは、最も悲き事になむ。今その霊を慰めまくと、親族と議《はか》りて、其国の為に身を委任、心を尽したる所由を、石に勒《ろく》し、幾千歳の後に将伝とするを、見む人疎略にな思いそ。
明治三年と云う年の三月
啓と同郷の友たる
茢田　積穂

茢田積穂は前にいったとおり権田直助の変名である。

◇

野州佐野の獄に繋がれた浪士の面々は、竹内啓が死に処されたよりも、ずッと早い十二月十五日と十八日の二回に、悉く死刑に処された。場所は佐野河原である。佐野を天明《てんみよう》ともいったので、天明河原というとも同じ場所である。三毳《みかも》河原もおなじだ。

十二月十八日、報国の碧血《へきけつ》で河原を染め、世を去った志士の氏名を次に列記する。『史談会速記録』（明治四十年二月）に発表されたる、野州の茂木滝蔵調査の『慶応丁卯・栃木出流山戦亡士之事歴』に修正を施し、削除し、塡加したものを先ず掲げる。出身地は二、三を除き現在のものとした。

安達　孝太郎（四三歳・石斎・栃木県安蘇郡赤見村石塚）
川島　一郎（二六歳・房吉・栃木県）
高橋　亘（三五歳・群馬県佐波郡伊与久村木島）
久保田　弥吉（二九歳・同　大正寺村馬見塚）

大谷　千乗（二四歳・俗名寅次・二十八歳ともいう）
亀山　広吉（二三歳・栃木県安蘇郡氷室村柿平）
大島　馬之助（二八歳・同　上都賀郡永野村上永野）
萩原　条太郎（四三歳・同　　）
神山　彦太郎（一八歳・同　下永野）
大森　玉吉（一六歳・同　　）
八木　要次郎（一八歳・同　　）
荒川　藤吉（三二歳・同　下都賀郡皆川村新井）
金子　文蔵（二七歳・同　上都賀郡粕尾村下粕尾）
神山　金次郎（一六歳・同　　）
若林　定吉（三三歳・同　　）
羽鳥　竜三（二八歳・群馬県新田郡九合村上矢島）
大塚　鼎作（二七歳・同　　）
大芝　宗十郎（五五歳・山梨県北巨摩郡熱見村村山西割）
井上　十郎（二一歳・長州）
小沢　友之進（二五歳・江戸）
永井　斎宮（　・下総）
安東　竹之助（一九歳・栃木県宇都宮市）

毛塚　清吉（二二歳・同　葛生町）
立花　佐吉（二六歳・群馬県館林市）
岡　富五郎（二六歳・群馬県館林市）
大久保　俊策（二八歳・同　高崎市）
福地　吉五郎（二八歳・栃木県田沼町栃本）
中川　直江（二八歳・茨城県茨城郡大場村）
深町　金之助（三八歳・同　富塚村）
島　定右衛門（三二歳・栃木県安蘇郡堀米町）
川原　平次（二四歳・同　佐野町）
市川　平吉（三四歳・同　）
里見武右衛門（四三歳・同　芳賀郡真岡町）
津布久久次郎（二二歳・同　安蘇郡正雲寺）
西坂　直次郎（二九歳・沼津）
下船　喜太郎（三四歳・同　）
柾　吉（二一歳・栃木県足利郡富田村奥戸？）
仁三郎（五一歳・同　下都賀郡家中村）

次に『小中村史蹟』にある〝討幕殉難烈士姓名録〟のみにあって、右の姓名録にないものを挙げる。

古河　定吉（二一歳・茨城県古河在）
福田　倉吉（二八歳・栃木県上都賀郡東大芦村引田）
山崎　茂三郎（二八歳・下総）
木村　幸太郎（二五歳・群馬県館林）
家中　仁三郎（二一歳・栃木県下都賀郡家中村）
安良岡　平助（二七歳・同　上都賀郡本城村本城）
久保田　新吉（三四歳・群馬県佐波郡大正寺村馬見塚）
五十島勝太郎（二八歳・栃木県塩谷郡三依村五十里）
福田　左近（三八歳・同　上都賀郡東大芦村引田）
荒川　倉之助（二八歳・同　永野村）
高友　新吉（三三歳・茨城県　高戸萩）
阿部　久次郎（二四歳・栃木県下都賀郡中村小林）

処刑放棄となったのは次の三名である。

白沢　佐蔵（三三歳・栃木県下都賀郡寺尾村梅沢）
岩松　播摩正（五三歳・同　芳賀郡七井村七井）
池沢浅右衛門（六九歳・同　上都賀郡永野村上永野）

その中で岩松と池沢は戦傷がひどかったらしく、それが因で岩松は明治六年五月十二日に死亡し、池沢は同年九月三十日に死亡した。白沢佐蔵だけは追放の刑だったが、明治二十九年二月死亡した。

◇

三甕河原の露と消えたひとり、大芝の出生地の山梨県北巨摩郡熱見《あつみ》村〔現・北杜市〕小宮山昌照寺に古碑があって、その刻文に、「治信州、娶村山大柴氏女、生二子、嫡曰四郎忠真」、これは長篠に戦亡した小宮山土佐守昌照の子又七のことをいったものである。大芝宗十郎はその系統で風流人、獄中で取り寄せ得る物だけで挿花をやり、静かに死を待っていた。この人の後だろうと思いながら確かめずにいるが、昭和七年に歿した東大法科出身で地方長官をやった大芝惣吉がある。

◇

佐野で死刑となった人名簿のうちに、「平井五郎（二九歳）鹿児島」というのがある。『落合手記』人名録に「平井五郎、武州多摩郡平井村ノ産、剣客、野州行、壬生ニテ脱牢、存命」とある。その通りで『泣血記』に出ている八王子の剣道師範から洋傘直しとなり、人生の転落甚だしきをみせた森田谷平が平井五郎の後身である。だれかが、平井五郎と間違えられてしまったのか、知るべき方法が今ではない。

小中村の郡造の石井家文書では、佐野河原で死刑にしたのは五十一名だとある、そうだとすると、前に挙げた以外に、漏れている氏名があることになる。それから処刑は十二月十五日と十八日の二日にわけて行《おこな》ったらしいことが記されてある。郡造はこの死刑に首見役というので立会っている。序《ついで》ながらこの石井郡造は明治十一年二月十四日死亡した、年六十七だった。

◇

これも『落合手記』人名録にのみあることだが、「水戸の人、友部正輔（義政）、常陸へ行きて帰らず。明治二年、千住にて敵討《かたきうち》す。精忠家、後に信州にて学校教師」というのがある。それに関係して「林幸之助行成、卯二十八歳、越後黒川藩民部少輔柳沢（一万石）の士。十一月初め入邸（註・薩邸入りのこと）、友部正輔同伴、常陸行、大田原（註・栃木県）にて友部と別れ、行方不詳」というのがある。

明治になってからの敵討というと、元年から五年までの間に、住谷兄弟の東京の敵討、赤穂旧藩士の紀州高野の敵討、幸治幸七の陸中の敵討、設楽嘉丸の越後の敵討、和田熊四郎等の磐城の敵討などがあるが、友部正輔の敵討というのをまだ探しあてていない。

志士の群動

前に福田誠好斎が門人を竹内啓の隊に送って果さず、自らも赴いたが、戦い敗れた後だったことをいったが、そういうことは誠好斎だけではない。地方の学者でやったものが、相当数あったものと思うが、判っているうちでも最も重大な役割であったのは、次の事どもである。

上州佐波郡島村の名門で勤王の画家金井烏洲の三男に、文八郎（之恭）がある。明治四十年五月十三日、年七十五で病歿した、元老院議官となり、元老院廃せられて錦鶏間祗候《きんけいのましこう》となり、貴族院の勅選議員であった。この文八郎が金井五郎、桑原梧楼の変名をつかい、四方の有志と往来しているうち、元治元年の太平山筑波山の挙にあたり、義貞の後裔である新田満次郎を仰いで筑波山義挙の盟主とすることによって、建武中興の再現ができると考え、平田銕胤の門人で、同郷の太田稲主（上州新田郡岩松村［現・群馬県太田市］の八幡宮の神職太田年麿の子）、安達石斎、野州足利の藩医鈴木敬哉、江戸の人村上四郎（小島四郎の相楽総三）と結んで新田家の蹶起を促した。それは前にすこしばかり云っておいた。そのとき新田は遂に起たず、その一方で筑波山義徒は山を下って分散するに至った。こういう縁故があるので新田家の医師長山源十郎（安忠）が後に薩邸へ、従兄弟の長山真一郎（喜三次義忠）と入った。

江戸の薩邸にいる相楽総三は、野州挙兵を竹内啓等に決行させるにあたり、先ず金井文八郎に、元治元年に試みて失敗した新田満次郎擁立の実現を託した。新田が起てば、義旗の幅広く、意義が明白に知れ、上野越後から武州の一部にかけての新田一族又は新田由縁のものが集ってくるに違いない。そうなれば倒幕の気運が強化する、こう考えた相楽の計策はまことに当を得たものである。金井文八郎は直ちにそれに応じ同郷の太田稲主（『上野国新田郡史』の著者）、黒田桃眠（信一郎）、岡田稲雄、大館謙三郎、本島貞之助（七代目自柳）、石原政蔵、高木七平その他と計り、新田満次郎の蹶起を促し、事成らんとする際に、栃木陣屋の戦闘が起り、つづいて出流戦争となり、岩船山附近の戦争となり、新田の蹶起が又しても手遅れとなった。

この事がどこからか漏れて、幕吏の利けもの渋谷和四郎の知るところとなり、渋谷は幕吏宮内左右平をして、金井五郎（文八郎の変名）、黒田桃眠、大館謙三郎、岡田稲雄、本島貞之助を捕縛させ、上州岩鼻陣屋に護送投獄した。同志のうち太田稲主、高木七平、石原政蔵は、辛くも免がれた。

捕縛された黒田桃眠は、大館謙三郎とともに、文久年間、幕府が浪士を招募し、大いに起用すると号したとき、応じて江戸に赴き、新徴組小頭となったが、黒田も大館も去って帰国した。志すところと方向が違うのが判ったからである。

黒田も医師だが、本島貞之助も医師、石原政蔵も医を学んだものである。大館謙三郎は医師ではないが父も兄も医師である、高木七平は代官所の役人だった。

岩鼻陣屋の獄に繋がれたる金井文八郎等は峻烈な取調べに屈せず、知らぬ存ぜぬと極力頑張った。新田家でもそういうことはなかったと白ばッくれたので、断罪の理由が出てこない。といって、竹内啓その他の如く斬る訳にゆかない。上州新田仵居、柳の間詰、白無垢着用、岩松（新田）満次郎の特殊な家柄がものをいうのである。その一方で時勢はどしどし変化していた。

◇

翌年の慶応四年（明治元年）の二月から行動を起した東山道総督岩倉具定の兵力は、約三千五百人で、その先鋒兼鎮撫使は薩長二藩と大垣藩戸田家の兵。薩藩は四番隊長川村与十郎（後の川村純義将軍）が率い、長州は第一大隊第二番隊長梨羽《なしは》才蔵《さいぞう》（後の梨羽時起将軍）、大垣は兼用兵隊長長屋益之進が率いた。薩州は約百人、長州が約二十人、大垣が約五十人、併せて二百人内外、これが信州諏訪を発し、三月四日碓氷峠を確保し、六日には武州深谷《ふかや》宿に到着した。金井文八郎等が繋がれている獄屋は、岩鼻陣屋であるから、その通行の途中にある。

信州軽井沢から碓氷横川二つの関所を経て上州坂本まで二里十六丁。坂本から松井田を経て安中まで四里十六丁。安中から岩鼻まで三十丁。岩鼻から高崎まで一里三十丁。高崎から倉賀野、本庄を経て深谷まで七里三十丁である。

岩鼻陣屋へ先鋒兼鎮撫使の一行が現れたのは、三月四日と三月六日の間のはずだから、三月五日であったかも知れない。獄中に金井文八郎、岡田稲雄、黒田桃眠、大館謙三郎、本島貞之助が、斬首の刑に擬せられているのを知って、すぐさま救い出した。この計らいは薩藩四番隊長川村与十郎から出たことだが、実際に当ったものは四番隊の半隊長黒木七左衛門ではないかと思う。黒木七左衛門は後の黒木《くろき》為楨《ためもと》将軍で、明治三十七、八年の日露戦役の黒木軍の将帥である。

金井文八郎等は救い出されると、上州新田へすぐ急行し、新田満次郎を盟主として、一隊を組織し、東山道総督の認可を得たのが三月八日で、江戸守衛、越後会津に従軍、再び東京守衛等にあたりなどした。

こういう事情があるので、明治になってから金井之恭（文八郎）は、相楽総三の霊を弔い、出流岩船の戦亡者の靖国神社合祀の請願などと、いろいろ尽した。

◇

岩鼻陣屋［現・群馬県高崎市］は、明治元年六月、大音《おおど》竜太郎（厚竜・江州）が監察兼知事として赴任するまで、七十六年間、徳川幕府の代官が支配した。幕府最後の郡代は木村甲斐守で、その配下に渋谷和四郎等がいた。渋谷は先鋒兼鎮撫使が来て、獄中から金井文八郎等を救い出した途端から、岩鼻を去って、幕士の古屋作左衛門が率いる衝鋒隊に加わり、三月九日夜明けからの野州梁田《やなだ》の合戦に参加し、川村与十郎その他の隊と闘った。梁田戦争は『将帥としての伊地知正治』（公爵大山柏）に拠ると、薩長と大垣の聯合軍は死傷わずかに十人、幕士側の遺棄せる死体百三、四斤砲四、ボート砲四の分捕りがあって、大勝を博したとある。伊地知正治は薩州藩士で、東山道軍の参謀で、川村与十郎はその下にあった。

渋谷は梁田の戦いで敗れたその日の朝五ツ半ごろ、小中村の郡造のところへ来た。郡造は厚く待遇し、刀と金とを贈った。渋谷はその後、会津に去り、再び衝鋒隊で信越教導役をやっていたが、越後で行衛不明になった。

関東地方の諸代官所を連絡させ、行動の統一をはかり、勢力の強化につとめんとして幕府は、木村甲斐守を岩鼻陣屋に遣わした当時、木村の勢威は、凜々、圧倒するものがあったが、形勢一変後は、打って変らざるを得ざる立場となり、大音竜太郎が赴任に先立ち、三十五人の男女をつれて、岩鼻に近い綿貫村［現・群馬県高崎市］の野尻順蔵という富豪の邸に潜伏し、やがて、姿を隠した。

しかし、そこまで行く間に一ツの事件があった。それは渋谷和四郎を打殺せと、博徒が暴れ廻ったことである。

渋谷和四郎が野州栃木、出流、岩船などの戦争でつかった博徒が、岩鼻附近からも出た。そのうち十数名が頗る傲《おご》って、農工商を苦しめるので、大いに怒った渋谷が検挙に向ったところ、案外に強く、敗れて退却した。そうなるとその博徒達は更に傲り、近村を荒し廻り、暴戻を極め、最早、関八州取締の威勢など遠く及ばなくなったので、前橋藩に鎮撫方を頼んだ。前橋藩は出兵して、初めは空砲、後には実弾で、遂にその一半を鎮圧した。残る一半は渋谷和四郎、木村喜蔵、宮内左右平等の手で鎮圧した。明治戊辰の前後は、いずくでも、八方十方にいろいろの事件が、次から次と起らぬ日とてはなかった。

◇

薩邸にいた権田直助は、竹内啓の野州挙兵にあたり、前橋藩士堀内敬内（信吉）と結んで、金井文八郎等の新田満次郎擁立ができたら、堀内敬内を中心人物として、藩主松平大和守直克の養祖父松平誠丸を迎え、上州勢多《せた》郡橘山《たちばなやま》［金毘羅山、現・群馬県前橋市］に拠って、竹内啓の挙兵と、鼎足のかたちで、相呼応せんと計った。この計画に江戸の薩邸から来たものは権田直助、金輪五郎の両名で、権田は勢多郡天川村の熊谷此次郎方に宿をとり、金輪五郎は堀内敬内方に宿泊したが、竹内啓等の隊は惨敗し、呼応の相手がなくなった。新田満次郎も起たない。権田、金輪は已むなく江戸の薩邸に帰った。

その後、間もなき十二月二十日（慶応三年）、主謀たる堀内敬内が隠居謹慎の場所たる、日輪寺（群馬県勢多郡南橘村荒牧の古刹）で捕縛され、やがて、切腹を命ぜられた、年五十。江戸の藩邸から急使が来て、敬内を殺すなかれと命じて来たが間にあわなかった。敬内は号を鎮斎といって、詩をよくし、剣道に長じ、砲術に精《くわ》しかった。

堀内敬内のこの挙に参加したる前橋藩士と、藩士以外とで、七十余人の同志があった。前橋藩はこれ等のすべてを不問に附した。

◇

前にいった福田誠好斎とおなじように、武力を竹内啓の一隊に致さんとしたものに、友山、根岸伴七（信輔）といって、武州男衾《おぶすま》郡冑山《かぶとやま》［現・埼玉県熊谷市］の人がある。北辰一刀流千葉周作の門人で山本北山、寺門静軒に学び、文久年間、幕府の招募に応じて近藤勇などと同時に京都に赴いたことがある。冑山の邸内に振武所を設けて武芸練達の道場とし、又、三余堂を設けて大義の精神作興《さっこう》に資し、権田直助が薩邸にはいってからは、邸外の同志として、挙兵の場合、援助を約し、門人小島直次郎を薩邸にはいらせた。小島直次郎は変名を館川衡平といい、武州男衾の相上《あいあげ》村［現・埼玉県熊谷市］、小島一三の長男である。

根岸友山は竹内啓等が野州出流に拠ると聞くと、門人有志五十人を率い、表には幕府側の催促に応じて浪士討伐軍に従うと見せかけ、実は幕軍中から幕軍を斬って崩さんと計画した。が怪しまれて排斥され、とうとう、この計画は実現しなかった。明治二十三年十二月三日、病みて死す、年八十二。大正元年十一月、贈従五位の恩典に浴した。その子武香（伴七を襲名す）は父を扶けて国事に尽瘁《じんすい》、出流一件のときは名主役を勤めていた。

小島直次郎は医を権田直助に学び、剣を千葉道場に錬り、薩邸にはいってからは、幕府の事情を探偵する役を引受けていた。

或る日、薩邸屯集の同志のうち、松田正雄（上州小幡の士）、石垣《いしがき》一作（信州諏訪の士）、中山信之丞（下総）の三人と、目黒の祐天寺に遊び、幕吏と、幕吏が招集した附近の若者等に包囲され、石垣一作は負傷して捕縛され、中山信之丞は負傷して自殺し、松田正雄は包囲を衝いて免がれ、小島直次郎は激しく闘って、刀の刃こぼれて鋸の如く、数ヵ所の負傷に屈せず囲《かこみ》を破り、変装して、夜に乗じ故郷相上村に帰り、須永某の邸内に隠匿《かくま》われ、治療に手をつくしたが遂に死亡した。死に臨み、次の一詩を賦した、年二十三。

誤為二僧徒一傷二此身一　不忠不孝恥二精神一
無他今日復何説　泉下唯須二王政春一

大正元年十一月、贈従五位の恩典に浴し、栄光枯骨に及んだ。この乱闘を埼玉県関係の文書は、すべて慶応三年七月二十日としている。薩邸の浪士屯集の始りは十月下旬からであるから、十一月のことでなくてはならない。十一月と七月と伝写又は誤読の誤りが原因となっているのだろう。小島の死亡も又十二月でなくては、瞑目に先立って賦したといわれている詩の〝泉下唯須《ま》《つ》王政春〟が意味を持たなくなる。

甲州組相州組

甲府城を乗取って、江戸を脅かそうという目的で、江戸の薩邸を出発した隊長上田修理の一行中に、甲府関係のものが数名いた。判っているのは次の四名だけだ、この他にも居たと考えられる。

神田　　湊（二四歳・本名・浅井才二貞利・甲府勤番士の子）
植村平六郎（甲府勤番士）
牛田静之助（本名・加藤隼人・甲府勤番士の弟）
水村吉三郎（本名・笹田宇十郎・甲府）

その他同行者で、氏名がわかっているのは、次の人々だけである。

隊長　上田　　修理（四七歳・本名・長尾真太郎・武州）

今大路藤八郎（本名・安田丈八郎・美濃大垣）
堀　秀太郎（相馬中村藩脱走）
　重　助（僕）
原　宗四郎（本名・甘利健次郎・会津浪人）

これに柴生健司（音清・一九歳）がいただろうと推定される。柴生健司は小倉藩の高尾友七の二男で、江戸で斎藤弥九郎の道場で剣を学んでいて、薩邸へはいったもので、上田修理の組にいた。

甲府乗取り組が薩邸を出発したのは、野州出発組のあとで十二月十五日だ。隊長の上田修理は野州挙兵隊の竹内啓の謹厳と違い、豪放磊落で、酒も女も好きだったので、横山十五宿といった八王子に着くと、宿を妓楼の千代住と壺伊勢というのに選んだ。甲州黒駒の神職武藤藤太が同志と謀って、上田修理の隊をひき入れ、兵を挙げて甲府城を脅かそうというのであるから、成功か不成功か予想すれば、十中の七、八は不成功だろうから、命はないもの、そういう気があるので、往く道中だけは浩然の気を養うという、やり方をしたものらしい。

武藤藤太とは甲州八代《やつしろ》郡上黒駒村［現・山梨県笛吹市］の神座《かむざす》山檜峰《ひみね》神社世襲の宮司で、天正年間から畑一町山林一町八反を徳川家から給されているので、屋敷を俗に八反屋敷といった。藤太の父は外記《げき》で、嘉永五年に初めて振鷺堂という私塾を開き、子弟の教育にあたった。この外記の息のかかった者の一人に黒駒の勝蔵といって、後に四条権少将隆謌《たかうた》の親兵隊長小宮山勝蔵がある。講談小説の黒駒の勝蔵と実際の勝蔵とではひどい違いである。外記が志士だったのでその子の藤太が、祝詞をあげているだけの宮司ではなかった。その頃、藤太が甲府城を脅かす反幕府の同志とは、支配の幕府代官所でも気がつかなかったらしい、が、その後に説く赤報隊の悲劇の直後に、檜峰神社（神座山権現ともいう）の社用と称し、京都へ行っているところでみると、相楽と関係がそのときもあったのではないかと思われるが確かでない。振鷺堂は明治元年師走に閉鎖した。『家塾及寺小屋調査』には藤太の人物に就き、「教育の余暇、農、蚕、植林、勧業を好み、多くの標準となれり」と記載している。

当時、甲府城は相州小田原の大久保加賀守（忠礼）が、城代を命ぜられて足掛け四ヵ月目であった。甲府へ人数が行ってもいるし、大久保加賀守自身は大坂にいた。随って小田原の方は手薄である。それを狙って、別に、相州行の一隊があった、その方は坂田三四郎が隊長で、おなじ頃に薩邸を出た。この相州行の一隊は、あわよくば手薄な小田原城を乗取ろうというのである。

八王子の妓楼千代住、壺伊勢に泊った上田修理の一行は、隊士の原宗四郎（物十郎と記したものもある）が間諜だと知らなかった。原宗四郎は八王子千人町に在住の千人頭、俗に八王子の千人同心という、その隊長と連絡をとり、千人同心は関所のある駒木野（落合源一郎の出身地）附近の農兵隊の首領である鈴木金平に援助を命じた。そうと心付かず、女を擁して甘い夢にはいっていた上田修理一行は、夜九ツ半（午前一時）、不意に強襲されて、千代住の階上と階下が先ず、瞬くうちに乱闘場となり、家の中の半分がこわれた。

間諜の原宗四郎は短銃をもっていた。一行のうち美濃加納の河田新助というものの弟で富田弥十郎が、武芸に長じていて、手痛く千人同心等と闘っている、その脇から、不意に二発あびせかけ射殺した。植村平六郎は囲《かこみ》を衝いて一度はのがれたが千人同心等に追跡され、大和田河原で斬り死にを遂げた。堀秀太郎（俊徳）は、これ又、千代住を脱出し、十五宿のうちの本郷というにある善能寺へ飛びこんだ、そこも探索がきびしいので出て、大和田河原まで落ちのびたが、包囲に陥り惨殺された。僕の重助は二階から火鉢を投げつけていたが討たれた。

壺伊勢の二階にいた神田湊は、行燈《あんどん》を踏みかえして真っくらになった中で、頭を二寸五分ほど切られ、胸を一ツ突かれた。これは同志討だったらしいと当人が後にいっている。神田は血に染まったまま屋根へ出て飛びおり、裏へ出て川端まで逃げたところ、うしろから人数が追ってくるので、裸になって川へはいったが、瀬が荒い。やッとのことで川を渡り村へあがったころは早や明六ツ（午前六時）近くだったので、人目についてはならぬと、村外れの弁財天の宮の床下へもぐり、濡れている衣類を絞り、潜伏していると、その朝は風が強く、濡れている衣類がカチカチに凍って、寒いこと一方でない。その日が暮れたので、床下を這い出し、日野から玉川へ出たが腹がへッて歩けないので、畑から菜と蕪《かぶ》を三ツ抜きとり、それを食いつつ歩いたが、道が凍って辷って歩けない。府中でやッと草鞋《わらじ》を買って穿き、稲荷ずしを四百文買って食べた。新宿へやッと来たので辻駕籠を雇い、三田へ帰り着いた。

隊長上田修理は負傷したが首尾よく脱出し、牛田静之助の加藤隼人、水村吉三郎の笹田宇十郎、今大路藤八郎の安田丈八郎等も、血路をひらいて江戸の薩邸へ引揚げた。間諜の原宗四郎はそれっ切りである。

神田湊などは原をひどく憎み、どこかで彼奴《きやつ》を見掛けたら必ず斬るといっていたが、原のその後はちょッとしか判らない。

甲府攻略は線香花火の如く終った。甲府方面が成功しないと、相州行の一隊に不利である。それは甲州行の上田隊が成功しても、相州行の坂田三四郎分隊が失敗すれば、矢張りおなじことになる。

◇

十二月十五日の夜、相州厚木町に現れ、食事をとって立去った三十六、七人とみえる一隊がある。これが薩邸を出た坂田三四郎（鯉淵四郎）の隊である。そのころ土地のものが書いた手紙などでは、博徒を集めて使った如くとれる。そういうこともあっただろうが、薩邸外の同志が参加していたに違いない、それでないと三十七、八人の人数であることはない。

旧小田原藩士関重麿の『戊辰国難記』（一名『六十路の夢』）には、「十二月二十日、兇賊の一群遠く愛甲郡厚木町に出張し」、「翌二十一日大久保氏の荻野山中の陣屋を夜襲し番士を逐殺し」とある。が、大久保長門守の陣屋を夜襲したのは、十二月十五日の夜から十六日の朝へかけてである。

◇

鯉淵四郎は小田原旧藩関係からは敵だから悪感情で見られている。それは前に引いた旧藩士関重磨の『戊辰国難記』でも片岡永左衛門の『徳川幕府末期の小田原藩』でも、傾向はおなじである。敵と味方の立場の相違で、その時代と、その時代の引続きのある当分は已むを得ざることだ。が、今いった二ツとも、資料として頗る有益である。

荻野山中の大久保とは、十一万三千百二十九石余の小田原城主大久保加賀守の分家で、大久保長門守（教義）、一万三千石、城持でないので、在所の相州愛甲郡荻野山中［現・神奈川県厚木市］の居館を陣屋といった。

鯉淵四郎の一隊は陣屋に行き、陣代にむかい、長州萩藩の海野武助の一行であるが、国家百年の計のため、軍用金を納められたいと談判した。陣代はそれに応ぜず、遂に談判不調となった。浪士隊は予めそれを承知できている、手早く陣屋に放火し、陣屋の武士以下を死傷させ、追いはらい、武器武具を奪い、倉庫にあった米などは使った人足達に与え、宿舎を下平井村の久保田惣右衛門方にその日はとった。

翌十六日、浪士隊は妻田村の富豪永野茂右衛門、山際村の富豪中丸十郎兵衛、川入村、粕屋村、山際村、栗原村、根小屋村、窪田村等の豪農にむかって、軍資金の寄附を命じた。妻田村茂右衛門の金二百八十五両をはじめ、それぞれ寄附させ、「荻野山中より小田原を経て横浜まで行く」と、宿々の問屋、村々の庄屋に、左様に心得よと村継の先触れを出させ、小田原方面に向う気勢を示した。

本藩たる小田原藩では、支封の荻野山中の陣屋が焼討ちされ、藩士に死傷があり、敵は小田原に向う形勢だとの急報に接し、それに備えて酒匂川《さかわがわ》橋に出兵し、藩士植田某を偵察に出した。一方、鯉淵四郎隊は、厚木から小田原に向い、酒匂川の東まで来たが、その先鋒が小田原藩の出兵を知り、折柄、偵察にきた騎馬の植田を斬って馬を奪い、引返したといわれている。

浪士隊は厚木の仮橋を破壊して去り、八王子方面に一たん出て、江戸に向い、十七日、内藤新宿の妓楼を足溜《あしだまり》として、引揚げ来る同志の点呼を行い、十八日の夜明けに内藤新宿を立ち出で、分捕りの大砲その他を人足に曳かせ、三田の薩邸へ帰り着いた。神速といっていい行動である。この一行中に二人のやや重き負傷者がいた、鈴木佐吉の谷竜夫と川上司とである。死者はただ一人、上州錦織郡綿打村〔新田郡か。現・群馬県太田市〕の郷士長山真一郎、二十七歳で、何かで一行に遅れ、独り布田《ふだ》駅〔現・東京都調布市〕を江戸に向って歩いていると、八王子千人同心の和田光之丞が数人でやって来て、呼びとめ、忽ち斬合いとなった。衆寡敵せず、負傷して生捕られた。長山が生捕られた場所に異説があり、布田ではない下高井戸だという。下高井戸は甲州街道の間の宿、布田も甲州街道の間の宿で、下高井戸布田間は二里一丁ある。長山は故郷に老母と妹とだけしか居ないというのを知っている同志が、大いに哀しみ惆れんだ。

長山真一郎は八王子へ護送され、賊名を着せられ、大和田河原で斬られた。十二月二十日のことだ。

分捕り品について『丁卯日記』（越前福井藩士中根雪江）に「奪取候兵器、有馬中務大輔と書認候絵符を建、三十貫目以上之長持、赤羽根（註・芝赤羽）迄継立来り、爰《ここ》に於て才領態の者抜刀、人足共を追散し、後、薩邸へ持込たりと、尤も夜中の由、会津人より承レ之」とある。

◇

鯉淵四郎隊の大久保長門守陣屋を討つや、その附近の博徒無頼漢のうち、こういう機会に乗じて、悪事のしたい奴が俄浪士に化け、相当に跳梁した形跡がある。軍用金を命じた中に、それらの手合がやったのも勿論ある。三増《みませ》峠へ浪士が向ったとか、子易《こやす》、伊勢原の方へ浪士が向ったとか、上荻野の先の田代に浪士が勢揃いしたとか、いろいろその当時いわれた正体は、偽浪士を、本物と間違えたのが多い。

厚木では農兵が武装して、寒さを忘れ、緊張して警戒した。鯉淵四郎隊は厚木へ出ず、荻野山中から相模川沿いへ出て、対岸に去った。つまり鯉淵隊は出足も速《はや》かったが、引揚げも速かった。

小田原藩兵が鯉淵隊を追いかけて、出動したのが十二月二十二日と『戊辰国難記』にある、その頃だったら鯉淵隊は、江戸三田の屯集所へ帰って足掛け五日目になる。何かの間違いか、さもなければ、偽浪士隊につられたのだ。そうなると、藩士植田某が浪士側に斬られ、乗馬をとられたのが、果して鯉淵隊がやったことか、偽浪士がやったことか判らないことになる。

『丁卯日記』の慶応三年大晦日のくだりに、「江戸表より相廻る風聞書」というのがある。

「去日、薩州浪輩三十人許、甲府へ罷越、彼地之郷士博徒共を籠絡せんと八王子辺迄差向候処、江川太郎左衛門之手に抵捂《ていご》せられ、是が為に進退究り候処へ、江川勢より逆に及二発砲一、巨魁たる者両人へ重傷を為レ負召捕候由、是によって其余之者共は散乱致したりと、是よりして大久保加賀守殿には、去る十七日甲府への御暇被仰出《おおせいだされ》、十九日当地（註・大坂）御発途、小田原に御一泊、二十四日小田原御出立、甲州へ御越之由小田原藩人之説」とある。

◇

相楽総三をはじめ、薩邸屯集の浪士隊の幹部は、甲州、相州、野州、三ツの活動が、全部、効果はとにかくあったものの失敗であった。しかし、落胆などしない、目的に向ってますます進んだ。

甲州行の上田修理隊が、この中では一番失敗である。その原因を隊長上田の拙《つたな》さからだと観て、この後、相楽は上田をたいして重用しなかった。

相楽にとって残念に耐えないのは、新田満次郎が起たなかったこともだが、堀内敬内の計画が破れたことである、しかし、遺恨に耐え難いのは、渋谷和四郎、木村喜蔵、宮内左右平等である。殊に渋谷、木村は同志の怨みの的である。そこへ、上州からの報告で、邸外の同志金井文八郎等が渋谷の手で捕縛されたと知るや、いよいよ以て許すべからずと、報復の挙に出ることを決意した。それは江戸にいる渋谷等の家族を、鏖殺《おうさつ》することで、早速、主任者が選ばれた。

◇

報復の主任者として、相楽から呼ばれたのは峰尾小一郎（忠通）である。峰尾は本名が三度変った。定次郎、小太郎、それから小一郎である。変名を由井慎之助ともいったが、藤井誠三郎を多くつかった。武州多摩の駒木野の剣客で、落合源一郎の国学の門人だ。『泣血記』の中に出てくる峰尾小一郎の落魄のすがたと、このとき腕に憶えの面々をひき連れ、出掛けて行った怖いもの知らずの彼のすがたを思いくらべると、人生の劇場が、如何に変転をみせるかが判る。

峰尾小一郎以外、十二月二十三日の夜、渋谷和四郎、木村喜蔵、その他、神田川岸にあった屋敷に斬りこんだときの連中が、だれだれか、知るべきものが今のところない。ただ、「殺傷容赦なし」とだけ、『薩邸事件略記』にもあるし、木村亀太郎の調査した資料にもある。さんざんに遣って、泊り客まで斬った。このことが松戸で、竹内啓を死に就かせた一因となったのである。

神田川岸斬込み事件は、渋谷か木村かに子孫があって、この前後にかけての文書でも持っていれば、もっと判るだろうが、今のところ渋谷は、古屋作左衛門等の衝鋒隊にはいって、梁田に敗戦したことは前にいった。その後、会津若松に行った衝鋒隊は、越後に出て戦い、再び敗れて北海道へ去り、古屋は戦死し、生き残った隊士は、他の隊のものと一緒に降伏した。そうした経過の中で越後以後に、渋谷の名がなくなっている。渋谷の背後にあった野州真岡の代官山内源七郎は、手附《てつき》の三沢昇次郎、平田義助、松野裁右衛門、江並善太郎の四名とともに、五月十七日の午前、土州の原兎弥太、肥前の重松善左衛門が、命に依って兵約六十名を率いて捕え、斬罪に処した。山内等は恭順と見せかけて敵に通じ、大田原戦争のときなどは敵を導き、又、米穀を官軍御用と称し敵に送っていたというのである。山内だけ首級を獄門にかけられ、真岡陣屋は焼払われた。

相楽の三大計画は以上の如く、成功しなかった。そこで、一歩を進めて、直接、江戸で激烈な行動を起し、討幕の機会をつくり、王政復古を促進することに、薩邸屯集の浪士隊が挙《こぞ》って最後の活動を起した。

薩邸焼討の朝

強盗偽強盗

江戸にどこからともなく拡まった噂があった。それは十一月朔日の夜（慶応三年）、薩州藩と土州藩が浪士と謀って八千余人で、江戸城の近くに放火し、勢いに乗じ西丸に乱入、和宮様と天璋院とに御立退きを乞い甲府に御供した上で、京都に攘夷即行を請願する企てがある、こういうのである。米沢藩の記録によると、そういう陰謀が発覚し形勢頗る迫っているので、江戸にある米沢藩の世子上杉茂憲は万一の場合登営して和宮様を御守護申上げることと評議が決し、米沢から江戸に藩士を急行させたとある。ひとり米沢藩上杉家だけでなく、このとき佐幕の藩はおよそ同様であった。

薩州、土州両藩士の間で、それに似通った計画があったのではあるが、土州藩は藩の大勢が変化して、そういうことが出来なくなり、後は薩州藩が独立で別の方法をとってやることになった。

　土州藩でこの事に当ったのは後の板垣退助で、この計画に加わって奔走、いざというとき、陣頭に立つ一人は相楽総三であった。相楽と板垣とはこのときの関係で、市中で幕吏に追いかけられた相楽が、土州邸に飛びこみ、板垣に隠匿われ、又、板垣が幕吏に追いかけられたとき、相楽は赤坂三分坂の実家に隠匿い、互いに助けあった。そういうことがあるのでその後、相楽が捕縛され死刑になったと聞き、板垣はその非を鳴らし、相楽を惜しんで涕泣《ていきゅう》した。こういうこともあったのである。

　幕府は薩土両藩陰謀の風聞に驚き、在江戸の諸侯を召集し出兵させた。その当日と噂された十一月朔日は何ごともなかった。が、油断ならずと、江戸城の諸門を固め、幕兵を諸所に配置の計画をした。

　謡言百出、さまざまのことが市中に拡まるその一方、十一月から十二月へかけ江戸市中に事故が次から次と起った。幕府はそこで次に列記した諸家にむかい、「市中強盗暴行致し候に付、銘々屋敷最寄七、八町を持場に相立、昼夜巡邏《じゅんら》候様可レ被レ致《いたさるべく》候《そうろう》」と命令した。

　　松平中務大輔親良（三万二千石・豊後杵築）
　　有馬遠江守　道純（五万石・越前丸岡）
　　戸沢中務大輔正実（六万七百石・出羽新庄）
　　真田信濃守　幸民（十万石・信州松代）

松平伊賀守　忠礼（五万三千石・信州上田）
西尾隠岐守　忠篤（三万五千石・遠州横須賀）
酒井紀伊守　忠良（二万五千石・出羽松山）
本多豊後守　助成（二万石・信州飯山）
松平摂津守　忠恕（三万石・上州小幡）
本多能登守　忠紀（二万石・奥州泉）
水野日向守　勝知（一万八千石・下総結城）
三宅備後守　康保（一万二千石・三州田原）
保科　弾正忠正益（二万石・上総飯野）
内藤　長寿麿政養（一万五千石・奥州湯長谷）
堀田豊前守　正養（一万三千石・江州宮川）
柳沢伊勢守　光昭（一万石・越後黒川）
丹羽長門守　氏中（一万石・播州三草）
松平主計頭　直哉（一万石・雲州母里）
青山左京太夫忠敏（六万石・丹波篠山）
秋元但馬守　礼朝（六万石・上州館林）
水野　真次郎忠弘（五万石・羽州山形）
間部下総守　詮道（四万石・越前鯖江）

永井日向守　直諒（三万六千石・摂州高槻）
内藤若狭守　頼直（三万三千石・信州高遠）
安藤　理三郎信勇（三万石・奥州磐城平）
大久保三九郎忠順（三万石・下野烏山）
黒田筑後守　直養（三万石・上総久留里）
板倉甲斐守　勝尚（三万石・奥州福島）
増山対馬守　正修（二万石・勢州長島）
阿部駿河守　正桓（十万石余・備後福山）
水野肥前守　忠順（一万五千石・上総鶴牧）
牧野遠江守　康済（一万五千石・信州小諸）
遠藤但馬守　胤城（一万二千石・江州三上）
酒井左京亮　忠経（一万石・越前敦賀）
稲葉備後守　正善（一万石・房州館山）
安部摂津守　信発（二万石余・武州岡部）
板倉摂津守　勝弘（二万石・備中庭瀬）
渡辺丹後守　章綱（一万三千石余・和泉伯太）
松平大蔵少輔勝行（一万二千石・下総多古）
米倉丹後守　昌言（一万二千石・武州金沢）

酒井　鉎次郎忠美（一万二千石・房州勝山）
牧野伊勢守　忠泰（一万一千石・越後三根山）
米津伊勢守　政敏（一万一千石・出羽長瀞）
山口長次郎　弘達（一万石余・常陸牛久）
田沼玄蕃頭　意尊（一万石・遠州相良）
戸田淡路守　氏良（一万石・美濃大垣新田）
森川　　　内膳正（一万石・下総生実）
松平丹後守　信圭（一万石・駿州小島）
永井信濃守　　　（一万石・泉州櫛羅）
堀右京亮　　之美（一万石・越後椎谷）
井上　　　辰若丸（一万石・常陸下妻）
井上　　　　宮内（一万石・下総高岡）

これより先、松平大和守直克（十七万石・上州前橋）、堀田相模守正倫（十一万石・下総佐倉）、鳥居丹波守忠宝（三万石・下野壬生）、酒井左衛門尉忠篤（十七万石余・羽州鶴岡）の四家が、「当節は物騒がしいから、町々を巡邏し、仮屯所へ夜中家来を詰めきらせ、持場を決めて繁々見廻り、盗賊その他怪しい者を見掛けたら召捕れ、抵抗したら斬棄てにしてもよろしい。非常の場合はかねて達しの場所へ引揚げ、警衛に差支えのないようにせよ」こういう命を幕府からうけ、既に江戸市中の治安維持にかかっていた。それに加えて今いった如き、十万石から一万石までの五十数家に、動員させたのである。その当時の江戸の市街地が、どんな風であったか、これだけでも推測が出来る。

市中へ巡邏を出したのはそれだけではない、幕府直轄の遊撃隊三十人、別手組から銃隊五十人、撒兵《さんぺい》百六十人、追っかけて別手組百五十人、これにも市中警戒を命じた。これらの人々は幕府から再三にわたり、「悪徒どもが徘徊して諸民に難渋をかけるから、人数を増し、昼夜を限らず、市中を巡邏し、疑わしい者は捕縛して町奉行へ引渡し、手に余ったら討棄てにし、その事情は詳しく申立てるには及ばぬ」といわれた。怪しかったら構わず討取れである。そこまで状況が悪くなっていた。

幕府では、別に、三千石以下の直参で五十歳以下のものに対し、非常の場合、静寛院の宮様、天璋院以下の立退きの供と警護をするべく内命した。この他、将軍家家族その他の非常立退きの手配をもつけ、万一に備えていた。状勢の険峻なる知るべしである。

◇

「江戸市内は白昼悪徒横行し、夜間は兇器を携え、商家を劫掠《ごうりやく》毎夜の如く、諸民堵《と》に安《やすん》ずる暇なく、人心恟《きょう》恟《きょう》たり、将軍不在中なるを以て、幕府は庄内藩（註・酒井左衛門尉忠篤）に市中取締を命じ、同藩は二十五人ずつを一隊とし、昼夜市中を巡邏し、尚御譜代大名若干及び五千石以上旗本某某へも、市中取締を命じ、各持場持場を警戒したるにも拘らず、浮浪悪漢の押込強奪日に甚しきを加う」これは『晦結溢言《かいけついつげん》』（紀州和歌山の旧藩士堀内信）から引いた、慶応三年十二月の江戸市中の状態である。

「浮浪徒、江戸市中を搶掠《そうりやく》し、或は下野等に出入する者、皆、鹿児島藩邸に潜匿す」これは『近代月表増補』（鈴木蘭台）の一齣《ひとこま》である。

「江戸表にては関東の浪士相良中村なんど云える無頼の徒数百人三田なる薩邸に潜み居て毎夜胆太くも伍を組み銃を携え市中の富豪へ軍用金を募るとて強盗に押入り」これは『勝伯事蹟・開城始末』（阪崎斌《さかざきびん》）から引いた。

こういった風のものをここに引くとしたら、実に驚くべき分量となる。「薩邸の浪士共の乱暴狼藉も、決して一と通りや、二た通りの事では無かった。彼等には彼等の了見がありて、恐らくは幕府側を挑発せんが為めに、斯《かか》る行動を逞《たくまし》うしたるものと見る可く、将《は》た斯る行動を逞うしても、敢て自から顧慮する所無かったとも見る可きであろう」これは『近世日本国民史』（徳富蘇峰）の六十六巻〝薩邸焼打の事情〟から引いた。

薩邸に屯集した浪士側でも強奪を行ったことを認めている。「或る夜、浪士数名を派して、幕府の用途方播磨屋新右衛門を襲わしむ。このとき、浪士、金吹町に至り前後の木戸を閉じ（このころ町ごとに門柵あり町木戸という、金吹町は日本橋区）、先ずその唐物店に進入し、六連発短銃数十個を奪い、播磨屋に突入す、一家恐怖し為す所を知らず、茲《ここ》に番頭を呼て曰く、汝等常に幕府あるを知って勤王の何ものたるを知らず、その罪浅からず、汝等前非を悔いなば勤王の陣営に軍資を献ずべしと、番頭三拝九拝して承諾す。時に二童子あり、穴蔵に案内して金一万八千両を授く」これは『薩邸事件略記』の一齣である。

明治文学の一異色である歴史小説家塚原靖は渋柿園《じゅうしえん》という筆名で多くの作品がある。この人は講武所の槍術世話心得取締を勤めた塚原市之丞という旗本の子である。その塚原渋柿園の書いたものの中で『五十年前』というのにこうある。「当《その》秋の頃から（註・慶応三年）、江戸市中に強盗（註・おしこみと振仮名あり）、辻斬、いろいろ物騒な事が流行って、夜になると日本橋京橋界隈、神田、芝、品川あたりの盛り場に人通りの絶えたことがある位であった」と、そこまでは幕府瓦解前の江戸の様子を語ったに過ぎないが、その後にこうある。「その賊は皆武士の扮装で、二人、三人、多いのは五、六人も組んでいる。浅草蔵前の蔵宿、深川木場の材木屋などへ入った者は七、八人以上もいたというので、何分これは普通の賊ではあるまい、此節諸方から入込んでいる浪士（後に云う愛国の志士）等の所為か、或は一、二大藩の家来か、どうかという詮議で、或る時、岡引の一人が彼の賊の迹を跟《つ》けてみると、それが果して芝の薩州の蔵屋敷（今の薩摩原）へ入ったという、さてこそと云った、それからが此の騒動」。この騒動といいたるは薩邸焼討を指したものである。

『晦結溢言』にも強盗のことがある。「庄内藩巡邏の一人なる山下英蔵の直話に、本郷追分に高崎屋と云うは、時節柄戒心して、夜は店舗を角材格子作《づくり》とし、固く鎖して二階に警鐘を釣りたり、然るに、多人数押掛け榔槌《かけや》を以て打破り、闖入《ちんにゅう》したる故、警鐘を鳴したれば、近傍より馳集《はせあつま》るに、忽ちその両三人を斬殺し、高崎屋の家族七人を殺して、金銀を悉く奪い去る」ここまでは強盗が薩邸の浪士だと断定していないが、その後に、「十二月十八日、浅草市の日なりしが、薩邸潜伏の巨魁三名、品川のドド相模（註・土蔵相模の誤り）に遊蕩すと聞き、直ちに逮捕に向いたるに、二人取逃し、一人斬捨、確証を得、尚精査するに愈《いよいよ》相違なし」とある。

それと同じことが『南紀徳川史』に出ている。土蔵相模の客のうち斬り伏せたその首級を本所御船蔵に梟《さら》すべく十六歳の山下栄蔵が外一人とともに持って行く途中、赤羽で夜明けに近づいたので同所に梟した。同夜品川で討ち漏らした二人のうち駕で逃れた一人が後の海軍顕官たる伊藤某の由、其時、舁夫《かきふ》たりしは今現に貴族院に出入し、「あの人は夜盗を働きし旦那也」といったとある。

当時、強盗を薩邸浪士の所為としたものは、上は幕閣から下は市井人までに及んだ、各藩の士が耳にするところも又その範囲を出でずにいた。

◇

怪盗竜造寺浪右衛門なるものを、益満休之助、伊牟田尚平がつかい、江戸市中で勝手なことをやらせたという説がある。〝竜造寺は変名のようだが正体が判らない、伝聞によると滅茶乱茶に強く、焼討のとき斬死した〟（痴遊・伊藤仁太郎）。そうだとすると、斬り死にしたもののの中にあるはずだが、どうも当嵌《あては》まるものがない。

◇

薩邸屯集の浪士隊の幹部は、厳重に、次の箇条を配下のものに守らせた。「一ニ幕府ヲ佐《たす》クル者、二二浪士ヲ妨害スル者、三ニ唐物商法スル者、此ノ三者ハ勤王攘夷ノ讐敵ト認メ誅《ちゆう》戮《りく》ヲ加フベキモノトス。私慾ヲ以テ人民ノ財貨ヲ強奪スルヲ許サズ」。この禁を破った浪士の一人が、薩邸の内で処刑されて死んだ、そのことは後に書く。

そのころの江戸は、事実、強盗が多かった。強盗どもは例外なしというほどにまで、薩藩の浪士を扮《よそお》い、又は薩邸の浪士と名乗った。この根性は人の背後に隠れて投石する根性の発展したもので、卑劣極まることである。本物の薩邸浪士は幕府に武器を売りこみ、軍資金を調達融通する用達商人を内偵しておき、夜、襲って武器と資金を奪ったのである。これによって幕府を幾何《いくら》でも不利に導こうと欲した。この人々の判断では、偽者の薩邸浪士の正体を街の無頼漢の変装したもの、旗本などの次三男で別手組にはいるのも厭だし、新徴組に加入するのは尚更以て厭だ、と、いった、遊蕩の味が染みたり怠け者でねじれた心の者、賭博好きで博徒染みた者、そういった者どもが家禄の半高が〝御借り上げ〟を食って収入半減となり、父兄の困窮が身に響いてくるので強盗となったものが尠くないと観た。当時の唄にいう、「武家が半高とられる中で、異人ばかりが普請する」と。

明治年間の洋画家で茂木習古、小林清親などと同様、イギリス系アメリカ人のチャーレス・ワグマンについて画を学んだ川村清雄の談話筆記に、「麴町の原で所謂焙《ほう》ろく調練があった、その調練をする連中が今日でいう不良少年で、坪内五郎左衛門という旗本の大泥棒がその中から出た、なんでも五、六人ぐらい組んで」（註・この次のところは省略してある、察するに強盗をやったというのだろうが、明治年間はそういう談話は曖昧に語らねばならない遠慮時代であったのだろう、しかし、そのすぐ次では、想像がつくようなことを続けている）「みんな立派な旗本の若殿様とか、或は次男連中ですが、えらいことをやってしまいました」（原文のまま）。談話は更に坪内五郎左衛門等の所為と思える話し振りで、麴町の原のところにあった牡丹餅《ぼたもち》屋が儲け出し、天金式のものに一変した、そこへ強盗に押入り金を奪った、と、こういうことが『江戸は過ぎる』（河野桐谷篇）に残ってある。

明治二十年代に都新聞の挿画をかいていた山田年貞の談話筆記に、慶応三年十二月とおぼしきころ、牛込細工町の質商立花屋へ押入った数人の強盗があった。山田年貞はそのとき十八か十九だったそうだが、柔術の道場へ通っていたので、頼まれて立花屋に泊りこんでいた晩のこと、幾人とも確かでない強盗が押入った。年貞は長押の槍をとって向ってみたが、騒ぐと砲だぞ砲だぞといわれ、槍を抛り出し隣りの豆腐屋へ逃げこんだ。砲だぞといったのはそのころの言葉で、小銃を発射するぞという略語だ。このときの強盗は立花屋質店と、隣りにある出店の立花屋酒店、一方の隣りのこれも出店同然の豆腐屋と、この三軒へ一度に押込んだもので、酒屋の小僧は空樽の中にもぐっていたが、夜中から朝までいた強盗のうちに顔見知りのものが出来、その強盗が、小僧おッかねえかなぞといって調戯《からか》った。横寺町の出店立花屋から泊りにきていた正吉という男は、それと知って寝床から朱鞘の刀をもって逃げ出したが、台所で捉まり、その朱鞘の刀で峰打をくわされ、夜明けまで気を失っていた。立花屋酒店の主人長四郎は刀で頸筋を斬られて死にはしなかったが重傷だった。この晩、強奪されたのが千両箱一つと、他に金や品物で千両、併せて二千両持ってゆかれた、ところが、上野の戦争のあった日の朝、彰義隊の加勢に行く十八、九人の一隊が、立花屋の前を通ったので、店のものが見ると、何とその大将らしい、丈の低い肥った武士が、例の強盗の首領だったので、みんな喫驚《びっくり》してしまった。その武士は築土《つくど》に屋敷のあった旗本で、講武所の槍の先生をしたことがある人だ。その朝は、緞子の義経袴に、ツコウ蓑を着て白綾で鉢巻をしていた、と、こういうのもある。山田年貞は旧幕時代は井田道之助といった士分で、明治以後、山田家を嗣いだのである。これは明治二十七年ごろの都新聞に連載された探偵実話『中川吉之助』（高谷為之）の中に載っている。

『中川吉之助』を書いた高谷為之は、警視庁の刑事巡査から新聞社の探訪係になった人で、初めは雑報風の『探偵叢話』を書き、それから『三週間の大探偵』、『清水定吉』などと矢次早に探偵実話と銘をうって書いた、小説というには距離があっただけに実話的には濃厚である。余談だが現在の我が探偵小説は、白人によって成ったものから脱胎した。高谷為之のものはそういう影響なくして生れた純日本型である。この高谷等の探偵実話を探偵小説にまでさせたものは青々園伊原敏郎博士である。が、純粋日本型探偵小説は、欧米型探偵小説に主流をとられ、以後、何の発展もなく、今日に及んでいる。

高谷為之の記述を拾ってみると、前にいった川村清雄の談話に出ている、牡丹餅屋の強盗一件は旗本の中川千万喜父子だとなっている。中川父子としたのは或は附会かも知れない。その牡丹餅屋はお鉄牡丹餅といい、裕福であったこと。場所は麴町三丁目谷上で、後の英国大使館と四谷区役所にかけてが麴町の原、俗に麴町の馬場といって三丁目谷である。その上がお鉄牡丹餅屋の所在地であること。その晩、お鉄は殺され、金百八十両を強奪されたことなどが記述されている。

『江戸の夕栄』（高砂屋浦舟・大正十一年自刊）の「幕末鉞《まさかり》強盗」の項で、慶応三年十一月頃から江戸市中に鉞強盗というもの横行し、市中の富豪は門戸を二重三重として備えたが効がない、鹿島万兵衛（高砂家浦舟の本名）の店は堀江四丁目（日本橋区）で、その一軒先隣りが伊勢出身の玄米問屋久住伝吉、十二月二十日頃そこへ夜の九ツ半ごろ、入り口を破って弓張提灯をつけた強盗が押入り、床下の穴蔵にある現金九千何百両を奪い去った、この賊は川岸のお蔵の前にも親仁橋から思案橋へかけても見張りがいた。店員に危害を加えず一ツ処へ集めただけ、思案橋の方へ引揚げていった。その翌晩にも、霊岸島鹿島質店に押入らんとして新徴組と討ちあいになり、死傷が出た由。これらの手口は決して草賊に非ず、「世間噂の薩摩強盗と言いしも無根とは言い消し難きが如し」と鹿島万兵衛はいっている。

◇

旧庄内藩士俣野時中の談話筆記によると、「市中の主なる殷富《いんぷ》の地に居住する町家へ、白昼、白刃をふるって闖入し、数万両を横奪したとか、軍用資金と称し押借りしたとかいうことは、一、二にして止まらぬ。今日も人の記憶に残っているのは（註・明治二十七年五月の談話である）、浅草蔵前の札差伊勢屋のことで、浪士約三十人余りが武器を携え船でやって来て、三万両以上を奪い、乗ってきた船で引返して行った。この船は芝浦に着し、確かに浪士浮浪の徒は薩邸内に贓物《ぞうぶつ》を持ちこんだ。ここに至り、市中の乱暴狼藉は、薩邸潜伏の浪士の所為であろうと、殆ど公然にわかった」というのがある。庄内藩は薩邸浪士と最も激しく摩擦した相手である。

これでおおよそ判ることは、薩邸浪士も押込みをやったが、それには規準があった。その規準をたがえることなく、全員がやり得ていたかどうか、そういう問題もあるにはあるが、とにかく、規準があってやった。その一方に、無軌道なものがあって、薩邸浪人めかして押込みをやった、という事実がある、と、こういうことになる。

おもうに、明治は尚更なり大正から昭和にかけても、薩邸浪士に、一切合財、江戸市中の幕末強盗を塗りつけるに至ったるその主因は、薩邸浪士の真相を明らかにしてやるべきはずの薩州側が、深き事情があるために沈黙を守りつづけるうち、事情を知り、関係深かりし人々が世を去った、そうして残されたものは、佐幕又は準佐幕系統の人によって成った記述のみ、こう云って殆ど誤りがない。

史実と称《とな》えるもののうち、主観に左右され、怖るべき結果を、通説定説としてしまうことがある。史実の裁決、歴史の判定、それは、人が人を捌くのである。拠るべき法典がなくして、人が人を捌くのである。

但し、この薩邸浪士の江戸攪乱《かくらん》についての論争はたびたび繰り返された。古くは明治三十一年五月物故した旧幕臣沢太郎左衛門の『二ツの宝船』（明治戊辰最初の海戦を幕艦開陽丸乗組士官香山道太郎が草稿せしものという）が、薩州出身の某提督の反駁するところとなり、次が旧幕士某は提督の説を激しく難じたなどがその一例。近年では『幕末史概説』（井野辺茂雄）に「関東攪乱の策は巧に其功を奏し」「強盗団の挙ありし結果として王政復古之が為に成れり」とあるに対し、蜷川博士が攻撃を向けた。蜷川博士は小栗上野介系統で、反勝海舟の人であるからそうなる筈だ。

前に引いた『五十年前』（塚原渋柿園）に、「一番迷惑したのは蔵前の札差という蔵宿と、深川の木場の材木屋であったろう。肝腎の商売はあがったりに、搗《かて》て加えて脱走の方（註・これは慶応四年の閏五月までのことを云ったもので、脱走とは、奥羽に奔って東軍に属したり彰義隊等に加わったものをいう）からは、徳川氏の為に恢復の軍を起すのだ、金を出せ、貴様達も三百年の御恩沢は知っているだろうとか何とかの強談で、千、二千の大金を出させられる、中には喜んで出す者もあったが、官軍の方でも中々その辺に抜目はなく、相応の用金をいい付けた様子である。又この騒動の虚に乗じて、脱兵や官軍の真似をした強盗という奴が、錦片のついた筒袖に剣附鉄砲を担いだり、大刀を腰にして鉄扇を提げたりして押し歩く」と、こういうことが書いてある。薩邸の浪士が江戸に一人もいなくなっても、かくの如く、他の名をぬすみて強盗するものが出没していた。

縫之助の死

野州で刑死したと誤伝された平井五郎の森田谷平が、晩年、うらぶれてから木村亀太郎に語ったものに、薩邸浪士偽物の事実について、こういうのがある。

「薩邸にいたころ、江戸市中に強盗が甚だしく出没したが、世間でいうほど薩邸の浪人はやりはしなかった。邸内の者よりそいつは幕臣の部屋住みのものだの、性の悪い御家人だのが、俺は薩摩屋敷の浪人組だと名乗って、諸所方々へ押込んだので、実際、われわれの方には厳格な内規があって妄《みだ》りに行動することを許されなかった。内規は浪人組の悉くが暗記していたもので、今日でも、それを矢張り暗記している。一ツ幕府を佐《たす》くるもの、二ツ浪士を妨害するもの、三ツ唐物商法を営むもの、以上は勤王攘夷の讐敵と認め誅戮を加うべし、但し一人の行動を慎み三人以上同行その長の命に従うべし。こういうのだ。最初の幕府を佐くる者とは幕府の用達町人のことだ、その次の浪士を妨害する者とは、町廻りの類をいったのだ。町廻りとは庄内藩の酒井の手についている新徴組、新整組、幕府の別手組、撒兵組、そんな連中を指していったのだ。浪人組の内藤縫之助が、普通の家へ押入ったので、邸内で処刑されて半月ばかり経ってからだったか、十二月の馬鹿に寒い夜明けごろ、森田《わし》は宮林亀蔵（註・武州平井の出身・慶応三年十二月二十五日品川沖の海戦に戦死）と二人で、小石川の伝通院方面の探索を終って引揚げる途中、今の飯田橋の少し手前までくると、浪人風のヘンな奴が二人、その辺にあった武家屋敷の裏口から出てきた、一見して、こういう奴がわれわれの名を騙って強盗をやるに違いない、この風態、この態度、必ずや引揚げの途中に違いないと思ったので、宮林に、〝俺はあの二人に喧嘩を売っているからその間に、今の屋敷の様子を見てこい〟というと、宮林はすぐ様子を探りに行き、森田《わし》は今の二人のうしろへ近づき声をかけた」

「何と声をかけたかというと、〝芝の三田はどちらか〟といった、申すまでもなく、こういえば、薩摩屋敷の名を騙る奴だったら駭《おどろ》くに違いない、そういう人間ではなかったら平気で道を教える筈だ。ところが、並んで向うへ歩いていた二人のうち、森田《わし》の方から見て右の奴が出し抜けに無言のまま、咄嗟《とっさ》に斬りつけてきた、余りそれが突然だったので、森田《わし》はアワを食って五、六間逃げた、振返ってみると先方は追っかけてこず、一ツところに立停まっている、そのうち森田《わし》は肚の用意が出来たので、今度はこちらから何時でも抜きあわす気で、ずかずか寄ってゆくと、先方はじりじり退って行く、見ると二人とも眼ばかりぴかぴか光らしている。そこへ宮林が、〝仕とめろ仕とめろ〟といいながら引返してくる声と足音が聞えた」

「先方は、森田《わし》に抜打ちをかけた奴が前で、その後《うしろ》にもう一人がいる。前の奴が中段に構えたが余り上手でないらしい。そこへ宮林が石で狙いうちをしたのが奴の横鬢《よこびん》にあたった。それと同時に持っていた刀を放り出して一目散に逃げ出した、そいつの後にいて刀を抜かずにいた奴も逃げ出したが、慌てていたとみえて転んだ、早速、そいつをフン捉まえ、宮林が、〝こいつ等が我々の名を騙る奴だぞ〟といって、そいつを詰問したが、どうしても白状しない、自分の姓名もいわないし逃げた仲間の姓名もいわない、いつまでもそんなことをしていて、市中巡邏の奴に見つかると面倒なことになるので、生捕りのそいつを引っぱって、三田の薩邸へ帰り、監察に報告して引渡した。われわれ二人はその賞に一人一両ずつ貰った」

◇

水戸の〝御船頭〟といった者の一人で、大原廉之助（後の金原忠蔵）がつれて薩邸へはいった男がある、傲慢で人に嫌われていた、この者が強盗をした。「そういう者を置いてはよろしくない」と大原も相談を受け、結局、斬ろうとなった。向島へ連れ出し、斬る段になり、「拙者が引受けた」と引受けたものが斬り損じ、田圃の中へ逃げられた、そこで、宇都宮三郎（後に外山信夫）が田圃の中で追い詰めて斬った。このことは芳野世経の談話筆記にもある。

◇

薩邸の浪士のうちに内藤縫之助というものがあった。前にもちょっと云ったがこの男が内規を破り普通の民家へ強盗にはいった。そういうことをすると打首と規定されていた。縫之助だとてそれを知らぬではないが、柳橋の芸者と深くなり、女に会う費用が要るので、横に逸れ、禁を犯したのである。

縫之助がどういう機会で、柳橋の女と深くなったか判らない、が、総裁相楽総三が水原二郎（落合直亮）と、浪士約二十人をつれて柳橋に遊んだことがある。芸者を多勢呼んで大盤振舞いをやるうちに、刀を抜いて剣舞するものなどが出て、芸者達は駭《おどろ》いて逃げ出した。その帰りは水路をとり、船の中から水鳥を射ちなどした。そのころ江戸府内での発砲は厳禁だったから町同心などが喫驚して駈けつけたが、咎むる者がなかった。この船に陸から尾行したものがあって、薩邸に相楽、水原等がはいったのを見届けた。こういう記事が『薩邸事件略記』にも『白雪物語』にも水原の談話筆記にもある。そんなことのとき、なにかの拍子で、縫之助の恋が結びついたのかも知れないが、資料とては何もない。

監察の山田兼三郎が縫之助を呼んで調べると、縫之助は隠しきれないで白状し、柳橋の女のことも打明けた。山田兼三郎は、「本来すぐさま打首にすべきだが、武士の情け、何か生前に望みがあるなら云ってみろ」といった。山田は神田お玉ケ池の千葉道場で学んだ剣客で、大原廉之助とともに、浪士中で指折りだったが、温情の人であった。

縫之助は、「願わくば柳橋の女にひと目だけ会い、別離の言葉を申し聞かせたい」こういって泣いた。山田兼三郎は飛んでもない希望を持ち出されて当惑したが、やがて、「出来難いことだが、俺の一身に掛けて、女に会わせてやろう、その代り、女に会った後は、決して女々しい振舞いをするな、又、生きて俺の顔をみるな、判ったか」と、くれぐれも説いて、縫之助を自分の部屋へ連れて行き、早駕籠を命じて女を迎えにやった。山田兼三郎の肚では、そうしてやったら、縫之助が自殺するだろう、おなじ死ぬのでも、打首になるよりその方が遥かにいい、こう思ったのである。

山田兼三郎は相楽総裁に、内藤縫之助処分済みと届けた。相楽は縫之助が山田の部屋で、まだ生きていると知っていた。が、知らぬ顔でいた。こういうことは邸内のだれにも知らさずに出来ることではない、極く少数のものが先ず知って、次々に、口から耳へと伝わった。やがて、泣き濡れた顔の柳橋の女が来た、女は山田の部屋で縫之助に会った。その場に山田兼三郎ですら近づかないのだから、隊士のうち一人も近づいたものがない、しかし、隊士は縫之助と女とに注意を傾倒した。そのうちに冬の日だ、早くも暮れて川向うの増上寺の時の鐘が時どきに聞えた。

山田兼三郎は責任があるので、焦慮していただろうが、外に変った表情をみせていない。隊士のうちで事情を知ったものは、縫之助が女とともに死ぬ、そういう光景に頭からきめてかかっているので、今か今かと注意をはらっていたが、何の物音もない。ぼそぼそと二人の声がときどき漏れるだけで、時刻がどンどン経った。夜の五ツ（午後八時）になったが二人のぼそぼそ話す声がまだしていた。

山田兼三郎が大型の早桶《はやおけ》を買わせた。早桶が届いたのが五ツ半（午後九時）である。江戸の夜は雑音がすくない、殊に冬の夜の九時である。邸内は森《しん》としている。山田は丸橋雄蔵を呼んだ。丸橋は後に丸尾清と名乗り、悲壮な死を遂げた武州忍《おし》藩の脱藩者で、竹内啓の出流挙兵に行を共にしたもの、剣法の心得が深かった。

山田兼三郎が先で、丸橋雄蔵がその後につき、部屋の前にきた。灯のない暗い部屋の中で、縫之助と女とが泣きながら話をしていた。火気のない部屋だから酷《きび》しく寒いが、そんなことは二人とも感じていないらしかった。山田は部屋の中へはいらない、取乱していることを覚っていたのだろう。庭へ二人を呼び出した。

庭に面して障子があった、夜目にも障子の紙がほの白くそのとき見えたという。見ていた浪士のうちの一人が森田谷平である。

山田兼三郎は部屋からかなり離れた庭内で、女に、「帰れ」と一言いっただけで、縫之助には何もいわなかった。女は泣きながら門のある方へ去った。縫之助は去り行く女のうしろ姿にばかり気をとられている、それを一瞥した山田が、丸橋に合図した。丸橋雄蔵は刀を抜くが早いか、ぼンやり見送っている縫之助の肩から背中にかけ、深く斬りつけた。縫之助が倒れたのを見て山田兼三郎は、丸橋に「頼む」といって、自分の部屋へ静かに去った。

縫之助の本名も出身地も、二種ある「人名録」のどちらにもない。恐らく変名の内藤縫之助というだけにしたのではなかろうか。縫之助の死体は山田が買わせた早桶に納め、どこかへ埋葬した、多分、薩邸の内だろうが判明しない。

二の丸炎上

慶応三年十二月二十三日朝七ツ半（午前五時）とおぼしき頃、江戸城二の丸に火災が起った。その前々日の十二月二十一日は、大坂城にいる十五代将軍徳川慶喜の将軍職辞退を朝廷で御聞届になった日である。火災は『続徳川実紀』に拠ると、二の丸の御《お》広敷《ひろしき》長局《ながつぼね》辺から起り、燃えひろがって二の丸炎上となったもので、「天璋院《てんしょういん》様、本寿院《ほんじゅいん》様、実成院《じつじょういん》様、一旦三の丸へ御立退、夫《それ》より吹上御苑滝見茶屋へ御立退被レ遊《あそばされ》、唯今西丸ハ被レ為レ入《はいりなされ》候段、御広敷御用人並に御近御用人より申し越」とある。天璋院は島津斉彬《しまづなりあきら》の女で、前々将軍家定《いえさだ》の夫人、名は敬子《すみこ》、近衛《このえ》忠煕《ただひろ》の養女である。

この火災を失火として幕府は、表面、処罰者を出して繕った。その実は天璋院が薩藩の出身であるから、侍女のうちに薩邸の浪士と気脈を通ずるものあり、手引きして放火させた、こういう鑑定である。

失火か放火か、今でもこれを明白に決めることはむつかしい。しかし、薩州人の伊牟田尚平が主となって、二の丸に忍び入り、放火したのだという説がある。

八官町に大和田という鰻屋があって、そこへ明治の初年に、時を得た薩州人がよく行った。そこの老母が、「徳川様瓦解の前の年の冬、二の丸が炎上したその火の出どころを知るまい、あれは薩摩の伊牟田（尚平）さんなぞがやったのですよ」と話したのを聞いたのが薩人の市来四郎《いちきしろう》である。又、寺師宗徳といって薩人、このひとも、江戸城二の丸の放火は伊牟田尚平などがやったのだと、だれから聞いたのかそのころ公けにいっていた。それらを併せると、大体、こうなる。

京都で西郷吉之助が益満休之助と伊牟田尚平と江戸人の小島四郎（相楽総三）の三人に、江戸へ行ってまぜッ返してこいと命じた。益満は益満新之丞の子で、長男を与右衛門といい、次男は休八、三男は壮之助、四男が休之助だ。休之助は江戸へ出て長沼道場に入り、剣法を勉強していたときから薩藩の隠密であったという。休之助も伊牟田尚平も、文久二年江戸で結成された清川八郎が画策の尊王攘夷党の同志で、谷中全生庵所蔵の建白書写に、連名の筆頭は山岡鉄太郎、清川八郎で、九番目と十番目に伊牟田尚平、益満休之助とある、そういう間柄だったから休之助は、山岡鉄太郎が江戸城明渡しの前に大西郷を駿府に訪ね、前将軍のことを命かけて歎願に行くその道中を、保護する役を引受けた、このことは『慶応戊辰三月駿府大総督府ニ於テ西郷隆盛氏ト談判筆記』（明治十五年三月山岡鉄太郎記）に明らかである。伊牟田は鹿児島城下から五、六里在の肝付家の家来で、父は山伏で、伊牟田も山伏になるところを嫌って医者を志し、東郷泰玄という島津斉彬の侍医の門人となった。国事に奔走して南船北馬し、召捕られて種子島へ流刑にされたこともある。どういう訳か薩人は、今に至るも伊牟田を軽んずる風がある。それは彼が田舎五郎といわれ軽視される近在出身者であるというためのみでもあるまい。後に江州大津で部下が強盗をはたらいたその責任を負わされ、賊という名の下に京都で斬られた、そんなことから蔑視をうけているのかも知れない。

益満休之助は言葉に薩摩訛りがなく、生粋の江戸弁で、文久ごろにも江戸で活躍したことがある。慶応三年の冬、京都から江戸へ引返してからは、薩藩邸に泊らず、八官町で旅館をやっている内縁の女房のところへ泊っていた、それが伊牟田の江戸城放火の話を知っている大和田の老母の近所である。

伊牟田尚平は炭団《たどん》を風呂敷包にして、三の丸へ忍びこみ、畳を破いてその下へ入れて帰った。燃え出して騒ぎになったのは、城外へ忍び出た後だ。そのころ幕府は不取締で、伊牟田は城中で番人に出会ったが脅かしただけで逃げてしまった。そのあとは、無人の境を行くに異ならなかったという。

水原二郎の落合直亮も、二の丸放火は益満、伊牟田の手でやったと聞いていると云っている。

田沼稲里の説では、相楽がやらせたのであったとある。

それから二の丸炎上の日のことだが、落合直亮がつくった備忘録にも十二月二十二日となっており、大抵のものは十二月二十二日説で、『近世日本国民史』も矢張り同様である。『続徳川実紀』は十二月二十三日とし、その前に二十二日の記事が別に出ているから、誤記と思えない。

十二月二十三日、二の丸の炎上があった後、幕府は驚愕して配置を新たにし、厳重の度を高め、見附見附はもとより、新し橋、喰違い、水道橋、昌平橋、和泉橋、下谷新橋等に幕兵を配置し、一石橋、日本橋、江戸橋、鎧の渡し、湊橋、豊後橋等にも五ツの藩を配置し、その他、不備だったところを修正し、やがて起るかも知れない非常に備えた。

ところが、二の丸炎上の前の晩（十二月二十二日）、事件が一ツ起っていた。それは庄内藩酒井左衛門尉の手の者の屯所へ、鉄砲をうちこんだものがあるという事件だ。

◇

庄内藩に属していた新徴組六番組の小頭・中川八郎、庄内藩の徒士目附《かちめつけ》鈴木弥源太が、一組二十五人の部下を率いて、持場である芝三田界隈を巡邏して、赤羽橋際にあった蕎麦屋で美濃屋というのが屯所になっていた、そこへ帰って来て、夜食をとるため大半の者が草鞋を解いた。既に足を洗って畳の上へあがった者もあれば、足を洗っている者もある、そういう折柄、外から小銃がバラバラ射ちこまれた。六番組のものがぎょッとしている中で、大島百太郎という気丈で気早のものが、刀を引ッつかみ、裸足で外へ飛んで出て、左右を見たが、中の橋方面にもその反対の今の芝園橋方面にも、人影がまるでない。察するに射ちこみッ放しで、すぐ姿を隠したものらしい。そのうちに全員が出て四方に追跡を試みたが姿がみえない、とはいうものの、感じでは、すぐ近くの薩摩屋敷へはいったと思える。さもなくして急に十人以上二十人ぐらいと思える人間の姿が見えなくなるということはない、こう思った。これが寒い晩のことで、道路が凍ってかちかちになっていたという。

翌二十三日の晩、又も小銃の射ちこみがあった、今度は美濃屋の屯所でなく、今の三田通りの東側、春日神社の前に吹貫《ふきぬき》という寄席があった、そこを借りて庄内藩士の次三男ばかりで編成した火器隊のもの（新整組）が、休息時間で、晩飯を集って食っている、そこへ、十発か二十発か射ちこんだ。銃声に驚いて二階住居であった寄席の亭主が、梯子段をどンどンと急いでおりたが、その足音を聞いて応戦に出たと思ったのか忽ち射殺した。死者は亭主ともう一人、寄席の雇人の男が台所で即死を遂げた。この方は流弾にあたったのである。このときも何者が射ちこんだか、追跡したが姿が見当らない、いよいよこれは近くの薩邸の浪士のやったことだと、庄内藩側のものの勘が働いた。

上の山藩の藩士も幕命で、白金、二本榎に屯所を設け、伊皿子から二本榎、白金を持場とした。この方の屯所には何ごとも起らなかった。

野州で兵を挙げた竹内啓の残党で、千住から江戸へはいった者を尾行したものの報告では、三田の薩邸へ前後して五人ほどはいったという。実はもッと多いのである。

八王子で原惣十郎の手引で、叩きつけた残党の足どりを調べると、これが又、三田薩邸へはいったという。これはそのとおりだ。

相模の荻野山中の大久保出雲守の陣屋を焼討した残党は、奪った大砲一門と金品とを、人馬を雇って三田の薩邸へ運搬させた。これは馬方人足の届出その他で判った、これもそのとおりである。

二の丸の炎上は、薩州出身の天璋院と薩摩屋敷の浪人、こう考えると、どうもこれは糸がひかれているらしいということになる。

浅草蔵前の札差伊勢屋一件、大川で発砲した一件、これも薩邸のものだった。それやこれや、中小幾つかの事件が薩邸浪士に結びつけられた。市中見廻りの幕府側のものと、衝突したものの中に薩邸の浪士が勿論すくなくない。が、薩邸浪士を扮《よそお》う偽者も又すくなくなかった。それも薩邸浪人に結びつけられた。

庄内藩のうちに烈火の怒りが燃え立った。その一方で、政治的動きが、幕府の内部で、火となり水となり、揉み合っていた。この双方を代表する人物は勝安房守義邦《かつあわのかみよしくに》［海舟］と小栗《おぐり》上野介忠順《こうずけのすけただまさ》とである。勝は薩州邸の浪士どもが蠢動《しゅんどう》するに任せておけ、取潰すにはそれだけの事をやらせ、それからやれ、そうでないと取返しのつかない結果がくると、こういった風な主張をもっている。山岡鉄太郎なども薩邸の浪士討伐は時期尚早だといっていた。勝と正反対の主張の小栗上野介は、薩長を倒すだけの自信を持っていたのだから、薩邸の浪士退治すべしという所論を強く執っていた。勝の主張を幕閣で採りあげるか、小栗の主張を採りあげるか、二ツに一ツの場合に、このときはもうなっていた。

寄席吹貫亭の屯所に発砲事件があった翌日（十二月二十四日）の昼、庄内藩の執政松平権十郎親懐が喚ばれて江戸城にのぼると、老中若年寄列座の前へよばれた。このときの老中と若年寄とは次の人々だが、この全部が列席したか過半だけか、それとも少数だったか不明である。先任順で列記しておく、

老　中　板倉伊賀守　勝静
同　　　松平周防守　康直
同　　　稲葉美濃守　正邦
同　　　小笠原壱岐守長行
老中格　松平縫殿頭　乗謨
同　　　稲葉兵部　　正巳
老　中　松平伊予守　定昭
若年寄　大関肥後守　増裕
同　　　石川若狭守　総管

同　　　　永井肥前守　尚服
同　　　　松平左衛門尉近説
同　　　　戸田大和守　忠至
同　　　　堀内内蔵頭　直虎
同　　　　永井玄蕃頭　尚志

庄内藩側の文献等に拠ると、この日、松平権十郎と接触したのは水野《みずの》和泉守忠精《いずみのかみただきよ》（羽州山形藩）だという。が、水野はそのとき老中ではないから、申渡しをしたのだろうか。

幕府側では「薩州屋敷の浪人共の儀、市中を暴行し、且つ野州出流山にて召捕りたる竹内啓等の申口にも、薩州邸に同志の者多分にこれあるという、且つ二十三日の夜暴発したる者も残らず薩邸へ立ち入りたる由、右様にては御取締相立たず、御取締のことは専ら御家（註・庄内藩をいう）御引請のこと故、人数を差向け犯人共引渡しを交渉の上、先方の挨拶次第にて討入り然るべし」と、こういう。これはそれまでに再三の下交渉があっての上であった。

松平権十郎は命令をすぐ承服しなかった。「御命令のとおり、薩州屋敷の然るべきものに、これまで市中を暴行し、屯所に発砲した犯人の引渡しを求めますが、到底引渡すことはないと存ぜられます、そうなると武力でやることに相成りますが、庄内藩一手でそれをやっては、屯所に発砲された私怨を含んだものと、後世のものからも観られます、これは決して私怨でなく、市中御取締も命ぜられた庄内藩の責任上、やることですから、他家と聯合の上でなくては、面目上、致しかねます」と述べた。幕府側はそれを承知した。

その晩、松平伊豆守信庸《のぶつね》（羽州上の山藩三万石）、大岡主膳正忠貫（武州岩槻藩二万三千石）、間部安房守詮道（越前鯖江藩四万石）、この三家に切紙による重役召集状が飛んだ。

上の山藩松平家からは先ごろ江戸へのぼったばかりの家老山村縫殿ノ助（弘毅）に、留守居役仁科大之進が付添って登営した。岩槻藩大岡家、鯖江藩間部家からも、家老が留守居役付添いで登営し、大目附木下大内記（利義）、目附松浦越中守、長井筑前守の列座で、木下大内記から、「三田一丁目松平修理大夫（註・薩州藩主のこと）上屋敷内に浪人ども潜伏し、夜夜、市中商家へ押入り金銀を奪い去るのみならず、容易ならざる企《くわだて》これ有るやに聞く、不届につき召捕り方、酒井左衛門尉家来へ申達したる間《あいだ》、左衛門尉家来と申し談じ、討手に向うべし、万一、手に余らば臨機の取計いこれあるべし、且つ、家柄の儀につき、格別励精あるべきなり」と、命令が達せられた。三家とも承服してそれぞれ大急ぎで藩邸へ帰った。討手に向うのが明朝未明とあるので、準備を速やかにしなくてはならない。三家のうち、鯖江の間部家の上屋敷は常盤橋内、岩槻の大岡家の上屋敷は辰の口の角で、この二家とも近い。上の山の松平家は麻布の新堀端で一番遠い、山村縫殿ノ助が帰邸したのはそれがために夜の九ツ（夜零時）であった。

が、外桜田の松代藩邸のものの書いたものでは、「公辺撤兵隊、御屋敷（註・松代藩邸のこと）御長屋の下土手より上杉御門まで（註・米沢藩邸のこと）、凡《およそ》五百人も相固め」たのが前日の夜五ツ（八時）、その翌朝は新橋（あたらし橋）とて外濠に架りいたる橋の通行止めとなったとあるから、幕府の動きは前日の宵には具体的になっていたのだ。

◇

薩邸浪士討取りの命がくだって、藩の代表者が退出した後から、幕府は使番を遣わすのが例である。幕末も慶応となると古例古格がひどく乱れていて、その中には良くなったのもあり、悪くなったのもある。当時、使番勤役中の旗本の士で、薩邸討払いの軍目附を命ぜられた梶清三郎（明治になってからは梶金八という）の談話筆記が残っている、その中の一節にこういうのがある。

「使番のうちから指名で、目附部屋へ呼ばれた。酒井家他三家（梶金八は『他四家』といっている）へ、今日、出兵に就き上使を以て御達しに相成るべき間、就いては、途中、如何《いかが》わしき者を見受け候えば、召捕り又手余り候えば討取り申すべしといわれた。その頃はえらい省略で、士一人、草履取一人、馬丁一人、たった三人で上使に行くのだから、如何わしい者を召捕るどころかである、況んや討果すなどという働きは出来ない、白昼ならとに角、夜中ではとてものことである。そこで上使に当ったものが、若年寄に願って、先刻のご沙汰は承知仕りましたが、何分にも士一人、草履取一人、馬丁一人では致方がござりませぬ故、歩兵一小隊の拝借をと請うた。若年寄は至極尤《もっと》もである、早速陸軍奉行の方へ申付けるといったが、陸軍奉行の方では、そんなことにつかう歩兵は一人もつくっていないと手酷しく突《つ》ッ刎《ぱ》ねた。それが使番の方へ達しになったので、使番一同が御役御免を願った。一同といっても、本番と加番と御使心得とは、他に役目があって上使を命ぜられないものなので、この人達は御役御免に参加しなかった。そんなこんなで、使番が行ったのは神田橋内に上屋敷のあった庄内藩酒井家だけで、後の三家は、夜が明け、朝五ツ（午前八時）ごろであった」士気の弛緩、事務の遅滞、まことに眼もあてられぬ部面が生じていた。

攻撃準備

幕府は庄内、上の山、鯖江、岩槻の四藩に、討伐を命じたが、これは直接闘うもので、戦闘区域と予測される外廓に、幕兵を総動員し、それとともに、市中の巡邏をかねて命じてある藩、万一の場合、見附とか橋とか、それぞれ予め部署受持ちになっている藩、それらを動員して、芝三田の薩摩屋敷を中心に、飯倉、増上寺前、金杉橋、麻布一の橋、聖坂、二本榎、猿町と、包囲の形をとらせ、一方だけ空にさせた。その一方だけというのは、三田通り又は薩邸裏の七曲り辺から高輪品川へかけての道路である。三方を緊《きび》しく包囲し、退路を一方だけ明けておく、こうすることによって、窮鼠の狂暴を除こうという戦略だ。

幕府の急激派は、早くから薩邸討払いを断行せよといっていたのだから、討払いについて、幕府の雇い教師だったフランス陸軍の砲兵大尉ブリューネに教えを求め、ブリューネはそれに対し、野戦四斤砲、四斤線条山砲による薩邸攻撃の法則を示した。そのころの日本では、フランス砲兵科の、そのころの幼稚な攻撃法でも実に大したものだったろう。ブリューネは邸のよく見ゆる地点を選んで砲を据え、榴弾発射によって、戸並びに窓を破壊せよ、門並《ならび》に戸にして間隙あるところは霰弾射を行え、仰角射は五百米突《メートル》以上に於て為せ、敵の脱出者あるときは霰弾射を行え、その場合特に距離に注意せよ、というが如きをはじめとして、相当細かく文書にして述べている。戦略には及んでいない。ブリューネとはフランス公使レオン・ロッシュの周旋で、シャノン歩兵大尉その他と、その年の春来朝し、夏から幕軍に歩騎砲の三兵科について教えていたもので、明治元年から同二年にかけての函館籠城の旧幕脱走軍に加わり、函館開城後、ロッシュ公使の後任ウトレーン公使に引渡された八人中の一人で、普仏戦争には参謀部に属したそうである。この他、金杉橋方面から薩邸を包囲した幕兵の指揮者の中に、紅毛碧眼のものがいたという。

◇

攻撃の中心勢力である庄内藩は、士分七百余戸、足軽徒士中間《ちゆうげん》を入れて二千戸、その他残らず入れても三千未満であったという。そのうち士分七組といって二十五人一組が七小隊、小姓組一組、それに徒士組、その他、幕末になってから士分の次、三男で殺刺隊（槍隊）、火器隊（銃隊）、寄合組六小隊、奇縦隊、それに新徴組三小隊（一小隊五十人ずつ）、新整組二小隊（一小隊五十人ずつ）、蝦夷組二小隊（一小隊五十人ずつ）、足軽組二十一小隊、大砲隊九分隊（一分隊に砲二門又は三門）、およそこのくらいである。これが江戸に悉くいる訳ではない。これらの兵制のうちから、薩邸攻撃には士分七組のうちから一組も出さず新徴組と新整組とで約三百人、徒士の大砲隊三分隊、足軽組が六組、この一組は二十五人ずつの銃隊、これらが神田橋内と柳原の藩邸から、西丸下の酒井左衛門尉預りの屋敷で俗に伊賀屋敷といったのに、夜中に、どンどン繰りこんだ。飯田町に屋敷のある新徴組と新整組も繰りこんだ。指揮は家老石原倉右衛門。大砲隊の指揮は中世古仲蔵と決定した。

このとき、案内役に立ったものは甘利源次郎というもので、薩邸内の様子に詳しい、間諜ではいっていたという。〝八王子の変〟の間諜は原宗四郎、又は原惣十郎といい、会津浪人で本名は甘利健次郎だとある、源と健である、同一人だろう。

上の山藩松平家は藩主松平伊豆守信庸が自ら出馬し、直接の指揮は金子六左衛門（清邦）である。金子は金子与三郎といった方が有名である。人数は槍隊（五十人）、銃隊四隊（二百人）、二門の大砲を有する大砲隊（三十人）、輜重《しちょう》隊（五十人）、その他を合して三百余人、そのうち、戦闘員二百五十人、その他に予備隊として、医師三名、他に下部五十人。

鯖江藩間部家の兵力はイギリス式で八小隊三百二十人、大砲六門を有する大砲隊、その他に卒隊がある。江戸にはさして多数おらず、このとき出動させた兵数を、庄内側では五、六十人といっているが、尠くとも士隊卒隊で百人に大砲隊が加わっていた。岩槻藩大岡家の出動させた兵数はよく判らない、五十内外だったろう。随って当日の激戦は庄内、上の山の両藩が主で、鯖江藩は上の山藩の右翼となって闘い、岩槻藩は殆ど血を流していない。

幕府から朝倉藤十郎、長阪血槍九郎、水上藤太郎が検視で同行した。

庄内藩の『続藩翰譜後御事蹟』（白井吉郎重高）には〝為二加勢一陸軍方可二指遣一、松平大和守、松平伊豆守、松平和泉守よりも人数を可レ出旨被レ命〟とあるが、これは第一線と第二線、つまり直接ぶつかるものと後詰とを一緒にしている。

第二線以下には例えば、新庄藩主戸沢中務大輔が竹村直記を参謀に、兵を率いて芝増上寺に自ら出馬し、高取藩主植村駿河守は牛込門、信州松代藩真田家は田安門、小諸藩牧野家は大橋というように、諸家に命じて幕府は、大がかりな配置をつけたのだった。

◇

庄内藩では早くから薩邸に目をつけ、新徴組からは永矢源蔵、中追多内という両人が浪士を扮い、間者にはいった。永矢源蔵の方は観破されずにいたが中追多内の方は間者と疑われ、捕えられて責められた。容貌も態度もウス馬鹿にみえるこの男は、それでいて強情我慢が人並外れて強い。或るときなどはうしろ手ッこに縛られ、梁へつるされたが口を破《わ》らない、そのために、「こいつに間者が勤まるはずがない」と放免された。

間者の報告で薩邸糾合所屯集の浪士が或るときは三百五十人ぐらいおり、或るときは二百人ぐらいおる、常に同じでないが、総体では五百人内外だろう、常に居合わす数は百五十人から二百五十人見当であるということが、庄内藩に判っている。食糧の貯蔵は頗るある。草鞋の用意も充分にある。武器武具もある。馬匹は十六頭いる。そういうことがあらかた判っていた。

この日、庄内、上の山、鯖江、岩槻四藩の邸は、それぞれ、他の諸侯が兵を出して護衛した。

◇

この日、伝馬町の獄内で薩邸浪士が二人斬られて死んだ。森田吾市（三一歳）と町田栄司（三二歳）だ。二人とも岩船戦争から江戸へ引返し、薩邸へはいらぬうちに捕えられ、森田は吟味に対し「薩州だ」とのみで、生国も本名もいわなかった。町田はこれも吟味に対して、「江戸赤羽だ」とばかりいって、他のことはいわなかった。江戸赤羽とは、薩邸上屋敷の処在地をおおまかにいったのである。幕府側からいえばこれは血祭りだ。

◇

十二月二十四日の夜のこと、薩邸浪士の最高幹部の一人、権田直助の門人ですこしのうち薩邸にいたことのある井上肥後（頼圀）が、下谷源助横丁の小十人組頭室田与左衛門方に泊っていると、四ツごろ（夜十時頃）廻状が来た。与左衛門へ来たのでなく、別手組調役を勤めている総領の室田平兵衛へ来たもので、「戎服《じゅうふく》着用で鉄砲持参、直ちに詰所に集合せよ、行く先は詰所にて申聞ける」こういう文句である。井上は今までの行きがかりから考えて、これは正しく薩邸の浪士を討つのだと気がついた。師の権田直助は薩邸を出立、既に京都に着いている。残っているのは落合源一郎の水原二郎だ、水原にこのことを知らせなくてはならぬと、室田に怪しまれぬように機をみて出て、急いで赤羽橋まで来たら、既にこのときは交通遮断が行われ、捕縛しかねまじき権幕の幕兵が、何といっても通さない。薩邸へ赴くには、時機が、もう去っていた。

薩邸の外にいる益満休之助が、幕府がいよいよ薩邸へかかってくるぞと、知らせの者を出したが、これも交通遮断がきびしく遂に達しなかった。伊牟田尚平も薩邸内にいなかった。品川に碇泊している薩藩の汽船翔鳳丸へ、二の丸炎上のあった日から行って上陸せずにいる。

◇

十二月二十五日未明、赤羽橋に四藩の攻撃隊が勢揃いをした。庄内藩は伊賀屋敷に集った兵に、夜食を食べさせ、一睡させ、夜中に起床すぐに集合、「これから薩邸へ押寄せる」と、初めて行動の目的を明らかにした。庄内兵は躍りあがって喜んだ。さて出発となり、桜田門にくると、幕兵が堀端に整列していた。門には冑武者が詰めていた。桜田門から真っすぐ赤羽橋へ出た。赤羽橋へ着いたころ、夜がほのぼのと明け初めかけた。

上の山藩は麻布から来《きた》り、岩槻、鯖江の両藩とも丸の内方面から来《きた》った。主なるものは庄内藩だから戦闘配置は庄内藩から出た。上の山藩は薩州邸の南隣りなる徳島藩（蜂須賀阿波守茂韶《もちあき》）中屋敷、高松藩（松平讃岐守頼聡）中屋敷を根拠とし、「戦機を待ち、戦闘に移ってからは万事適宜にせよ。鯖江藩は上の山藩と協力せよ。岩槻藩は薩邸の南門を固めよ」言葉は違うが内容はこのとおりの部署配置が忽ち示された。

勢揃いを解くと四藩ともすぐ行動に移った。庄内藩の持場は、三田通り薩邸の西門を一方の終りとして北に延び、三田通りへ小山通りから出てきて交流する処にある。薩邸の物見から正門通りを東へかけて南に曲って用心門、それから薩摩屋敷の七曲りといわれた裏手一帯にかけてで、その端は岩槻藩の持場と結びついている。岩槻藩の隣接したところを鯖江藩が受持ち、その続きを上の山藩が受持ち、上の山藩の続きを庄内藩が三田通り薩邸西門で受け継ぐ、こういう陣形で、朝六ツ（午前六時）ごろ、完全な包囲線がつくられた。

四藩の将兵は全部、槍は鞘をはらい、小銃は実弾をこめ、大砲は位置を選定して装塡し、「談判手切れ、打ちかかれ」の使者の来《きた》るを今か今かと固唾を呑んだ。日が出て明々となり、空も澄んでいたが、寒い、雪かと思うばかり恐ろしく霜の降った朝である。

驚いたのは松本町、三田の町家である、あすは納めの天神の日だ愛宕《あたご》の年の市だ、といっていたのに、夜明けごろから妙に人通りがあると怪しんで起きてみると、戦争開始の直前の光景だ。開けかけた戸を再び閉めた。中には戸を叩かれ、水を汲んで出すことを命ぜられた家もある。そのうちに避難がはじまった。

◇

庄内藩の大将石原倉右衛門は、白糸縅《しろいとおどし》の鎧に兜をいただき、陣羽織を着け、手に采配を執り、馬に乗っていた。大将はそういう武装だが、部下は各隊ともそれぞれ違っていた。或るものは羽織袴で腹巻を着けている。或る者は市中巡邏のときと同じ服装でいる。新徴組、新整組のものは多く、稽古用の革胴を着け、籠手だけは本物を着けた。新整組の頭である俣野市郎右衛門は羽織袴で宗十郎頭巾という異風だった。俣野などにいわせると、石原の扮装《いでたち》は仰々し過ぎるという。石原などにいわせると、多寡を括《くく》ったる扮装のあれらは油断者だと俣野を批評したという。

薩邸では正門をはじめ全部の門を閉鎖した。正門は芝山内の五重塔と松本町の町家と桜川を挟んで相対した位置にあった。堂々たる黒塗り破風《はふ》づくり、銅葺屋根で島津の家紋を三ヵ所打ってある。面番所は型の如く左右にある。外に面したところは物見と長屋と用心門その他の門で、それ以外は厚さの頗るある土塀をめぐらしてある、その高さ七尺許り、屋敷の外の総体に約二尺の溝が設けられ、諸所に切り石が地中からその一端だけ出してある。

攻撃軍の主役たる石原倉右衛門が、一人の男をさしまねいた。日の出の色を満身に浴びて妙な日本人が石原に近づいた。その男は西洋服をつけ、革靴をぎゅうぎゅう踏み鳴らしていた。

江戸湾の海戦

談判決裂開戦

三田通りの往来にいる石原倉右衛門に麾《さしまね》かれたのは、安部藤蔵といって庄内出身の人で、伊豆韮山の江川太郎左衛門の塾にいて、一時、塾長みたいなことをしたこともあり、勝海舟の門下にいたこともあり、外国の事情に通じたその頃での新智識人である。それだけに安部藤蔵は、薩州藩上屋敷焼討という際に、わざと西洋服で、斬《ざん》切《ぎ》り髪に油を塗り、櫛の目を綺麗につけ、高帽子を片手に、革靴をぎゅうぎゅういわせ、約三百人の庄内藩兵中、ひとり異彩を放っていた。

安部藤蔵が石原倉右衛門の前へゆくと、下馬して馬の前に立っていた石原が、「談判を始めてくれ」といった。安部は心得て、藩邸の正門前に赴いた。黒塗りの厳めしい正門は二枚開きの大きな扉が、夥しく打ってある大きな鋲で飾られ荘厳に見える。前いったとおりここもぴッたり閉じてある。庄内藩のものが扉を叩き、大声で「開門開門」といっている。中からは返答がなく、ひッそり閑としている。庄内兵はいよいよ高い声で、「開門開門」とやっている。

安部は兵を静かにさせ、扉越しに、自分は正式な談判係であることを口頭でもいい、名札を扉の下の隙から門内へ入れ、「そこに居る薩州藩の者、その名札を篠崎彦十郎君に取次ぎなさい」と命じた。安部に限らず、ここへきょう押寄せた庄内藩の主脳部のものは、邸内の糾合方に屯集している浪士の主なる二、三の姓名と、薩藩士で、ここの屋敷にいるものの姓名を探知していた。

篠崎彦十郎の使者が、やがて正門の内側にきて、「安部藤蔵殿に篠崎がお目にかかります、只今、ご案内します」、そういって開いたのは正門の扉ではなく、右側面番所の脇にある通用門であった。安部は靴を鳴らしながら門内へはいった。それに続いて庄内の槍隊のものがはいろうとしたが、素早く通用門が閉じられ、一人もはいれなかった。

正門脇の通用門（北向き）からはいると、すぐ目の前に大きな建物があって、剛健な趣きを持たせた表玄関がそこにある。安部が玄関の前へゆくと、薩邸の留守居役篠崎彦十郎が出てきた。篠崎の脇に留守居添役関太郎がついていた。すぐに談判が始った。そのうしろで目附役児玉雄一郎が聞き耳を立てていた。

安部が談判係に選まれたのは、諸藩の間に顔を知られているということと、庄内訛りがなく、その頃の標準語で相当に雄弁である、そういうことのためであった。単身で玄関前に立った安部は「ご邸内に、江戸市中を劫掠《ごうりやく》し乱暴狼藉を極めたる浪人が潜伏している、その者共をお引渡し願いたい」と切り出した。篠崎は「浪人がいるかも知れぬが、果して仰有る如き乱暴を働いたものかどうか不明である」と受け流した。安部が「ではお引渡しを拒まれるのですか」と切りこむと、「浪人に有無を調べてからご返辞しましょう」と篠崎は抜けた。安部が追跡する如く、「庄内藩は御老中から、貴藩邸に潜伏する浪人を受取れと命をうけ、参ったのですから、是非に受取らねばなりません」こういうと篠崎は意外だという顔をして、「徳川家は半ヵ月前、大政奉還をなすった、随って慶喜公は前将軍と申上げ、現将軍でない。将軍職でなくなったのに御老中が発令なさるというのは間違いでしょう」と突ッこんだ。安部はそれを切り返して、「庄内藩は江戸の取締方を命ぜられている、取締を行うものが要求しているのである」といったが篠崎は、「幕府は既に命令を発する職責をもたない。人材揃いの御藩の方々が、天下の形勢をご存じないはずはない」と押返した。

談判は長びいた。篠崎の〝幕府解消説〟と、安部の〝幕府存在説〟と、氷炭相容れない立場の相違は、浪士引渡し問題を他所にして卍巴《まんじともえ》と論戦した。そのうちに安部がはッと心付いた。幕府の現存解消を論じている場合ではない、薩邸討払いをやる順序として一応の談判をする、それだけの意味の談判だ、何ぞ大局を論じて当面の事実から放れていることがあるものかと。そこで安部が、「この上は致方がありません、お気の毒ながら武力を以て押入り、浪士を受取りましょう」と踵を返し、通用門に向った。こういうとき西洋服をそのころ、身につけている安部でもいい方は違っていた。〝武力を以て〟といわず、〝此の方の存じ寄りの如く〟といったことと思う。篠崎はそのとき、「安部さんちょッとお待ちなさい」と呼びとめた、多分、第二段の談判に移ろうとしたのだろう。安部は振向きもせず通用門を出た、篠崎はそれを追って来た、「安部さん、暫く」と通用門から顔を出した。

談判の結果を待ちかねていた門外の庄内兵は、安部が通用門を出たときの顔つきで、談判不調と知った。それだけでなく安部は、「もういかん、討入りより他ない」といった。そういったときと篠崎が通用門から顔を出したときと、間一髪であった。庄内藩の逸《はや》り雄《お》のひとりが、咄嗟に槍をふるい篠崎彦十郎を突き殺した。篠崎は、四十二歳だった。

庄内の旧藩士の談話に、「新徴組のもので過激なものがあり、死を命ぜられていた。隊長がその者をひそかに生かしておき、この日、隊士に組み入れて連れて行った。その男が槍で第一に薩藩の重役を突き殺し、その功により罪を赦された」というのがある。

門外では「やッた」というどよめきが颯《さつ》と起った。門内では「篠崎氏が」という、電波の伝わるが如きものがぱッと起った。篠崎彦十郎の流血のその刹那から戦争に変った。庄内側にいわせると、どちらが先に射ち出したか判らぬ、双方同時だったろう、あのときはそういう状態だったと後にいっている。薩邸側の浪士からいえば、篠崎が突き殺された途端に、鯨波《とき》の声が門外に起り、攻撃が同時にはじめられたと、後にいっている。

このとき、午前七時であった。

薩邸の正門から、東は、将監橋《しょうげん》へ合する道路の手前、薩邸の東の地尻を廻って裏手七曲りの内二の曲りから七の曲りまでと、正門から西は、三田通り角の薩邸物見櫓から南に折れて薩邸の三田通用門まで、これが庄内の受持ちだが、初めから近々と寄せていたのでなく、遠巻きであったが、このとき、一斉に行動を起した。その一方、使番が、上の山藩、岩槻藩、鯖江藩に飛んだ。「談判手切れ、打ちかかれ」である。各藩とも行動に移った。

◇

談判が行われている間に、上の山藩は兵を薩邸の南隣りなる阿波徳島藩の中屋敷の内へ繰りこませた。鯖江藩もそれに倣って、三田聖坂下に控えていた藩兵の約三分の一を徳島藩中屋敷へ、約三分の二を隣接している高松藩邸へ繰りこませた。岩槻藩は薩邸後方の七軒町に待機していたが、薩邸裏手の七曲りの内、西の方角の一の曲りと二の曲りの間の七軒町通用門を中心にして取りついた。攻撃主力たる庄内藩はというと、左翼隊は将監橋方面に待機させてあった。右翼隊は三田通り久留米藩有馬邸（現・恩賜記念済生会）の前から、薩邸物見櫓から約六間手前を前線にして待機していた。主将石原倉右衛門は幕僚に相当するものと、護衛兵をつれて、右翼隊の一番前の方に控えていた。談判不調、篠崎の流血、安部藤蔵の報告に次いで、攻撃開始を命じ、藩兵は左右両隊とも予定のとおりの部署につこうとした。左翼隊は迅速に予定のごとく正門に向って取付き終ったが、右翼はそう行かない。談判が永引いている間に、薩邸浪士が物見の二階に据えたであろう大砲を射ち出すだろう、それでは幕府の軍事顧問であるフランス砲兵士官ブリューネが、最も不利なりと注意したものに該当するから、物見を焼いて、敵の大砲を失効させなくてはならない、そこで物見焼払いにかかった。

焼払いは庄内藩の大砲隊が命ぜられた。敵の大砲を失効させるのだから大砲隊の受持ちだという考えである。明治の日露戦役のとき、ロシアのカサック騎兵団の一支隊が、歩兵の任務について大敗北をとったことがある。庄内藩の大砲隊もそれに似寄りの結果でしかなかった。打込んだのは焼玉であるが薩張《さつぱ》り効果がない。「何をしとるか」と催促は急だが、そうして熱心に焼玉を打込んでいるが、全く役に立たない。これを見ていた庄内の隊長中村次郎兵衛が「そんなことでは埒が明かん、俺の方でやってやる」と、部下に何事か命じた。部下は四方に走った。

中村次郎兵衛は何ごとでも勝つことが好きも好き、極端に好きだった。この翌年の奥羽の戦役に、勇名を轟かした戦さ上手で、庄内藩の兵力が不足するだろうと予測して、博徒を召集し一個大隊ほどの一隊をつくり、手足のごとく巧みに使った人である。その次郎兵衛がこのとき下した命令は、「そこらの人家から、戸障子を持ってこい」であった。部下が民家の戸障子を持ってくる前に次郎兵衛は、「何をくそッ」と手兵を率いて物見に取付き、階下の窓の格子を叩ッこわして中へ踏込み、畳をあげ、障子を引ッ外して重ね放火した。そこへ部下が戸障子を持ちこんだので、焼草に、それをどンどン抛りこんだ。火は忽ち燃えひろがった。

附近の民家のものは屈強の男だけ残り、あとは避難していたので、三田通りの町家も、松本町の町家も、人の数はすくなくなっているが、煙があがったので喫驚《びっくり》した。しかし、どうすることも出来ない、眺めているよりほかはなかった。

開戦

薩邸内には相楽総三をはじめ水原二郎、科野《しなの》東一郎などの最高幹部以下二百人ぐらい居合わせた。この朝早く、幕府側が押寄せたことを知ったので、「出揃え」の合図があると、すぐ、浪士の全部が糾合所に集合した。朝飯をとった者はひとりもない。薩藩側の篠崎、児玉、関、その他数人がそこへ出席し、一応の打合せをしているうちに、正門前で庄内藩が開門開門と叫びはじめ、やがて安部藤蔵相手の談判となった。それまでに浪士はそれぞれ部署についたり、四方に偵察したり、防禦の準備をしたりした。

形勢を観ていた相楽が鉦《かね》を叩かせた、鉦の音は〝全隊集れ〟である。集合が終ると相楽は「只今は戦闘を主眼とすべきときでない、我が隊は身命を保って京都に引揚げ、引続いて御奉公いたすものである。応戦すべからず、脱出するためのみに戦闘せよ」と訓示し、「敵は東西南北の四方を囲んでいるが、三田通りに面したる当邸の通用門のみ、庄内兵が遠ざかっている。我々が退路をそこに求めて出ると観たのであろう。然ればわれわれが反撃に出でず、退き去るなるべし、という見込みなるべし、庄内藩のその策に応じ、三田通用門より打って一丸となって三田通りに出で、順路、南を指して引揚げ、浜川鮫洲辺に集合し、船を雇って沖に碇泊中の薩艦翔鳳丸に乗りつけ、江戸を後にすべし。引揚げ中追跡する敵ありとも応戦すべからず、何となれば我々は、これにて第一の役目を果したるなれば、京都にて薩藩の西郷吉之助殿の指揮を待ち、第二の役目に入るべきなればなり、万一、引揚げの途中、離散の已むを得ざる場合あらば、その人々は離散後と雖、身命を大切にし、相成るべくは京都に上りて合せられたし、京都の集合地は東寺《とうじ》なり、東寺に同志の姿みえずとも、同寺にて万事判るよう致しおく。京都に上るを得ざるものは、重々身命を大切に、適宜に潜伏し、我々が第二の役目に就き、関東方面に下ると聞きなば、直ちに来って合されたし、くれぐれも身命を大切にし、次の御奉公に天晴《あっぱ》れ役立てられたい」と指示し、勘定係をして、それぞれに金を分配させた、その額は、半年ぐらいの潜伏に充分なほどだった。

そのうちに、篠崎が最初の犠牲となり——関太郎だという説もある。『薩邸事件略記』は関だとしている——敵は攻撃に移り、物見に放火した。相楽は「長屋に火を放て」と命じた。長屋は正門を中にしてその左右にある、やがて、長屋が燃えはじめた。こうすれば表門方面の敵が、進入してくることを一時の間だけ牽制されると思った。果してそうだった。

◇

薩邸の隣りの徳島藩中屋敷にいる上の山藩兵は、庄内藩が談判に手間取っている間に、薩邸内の状況を視察しておこうと、邸内の火の見櫓に、指揮の実際に当っている金子六左衛門がのぼった。続いて堤作左衛門と、もう一人藩士がのぼった。

金子六左衛門の眼の下に薩邸の全貌がみえる。金子は堤作左衛門を顧み、見取り図をつくれと命じた。堤は矢立を出して急いで、かなり詳細な図面が出来るまでの間、金子は薩邸内を具《つぶ》さに観察した。浪士達は薩邸の広い中庭を、東西から北南へかけて縦断している土塀と、その蔭にある築山とを陣地にするつもりらしく、大砲を据えつけ砲弾をはこんでいる。指揮するもののひとりは、陣羽織をつけて、白鉢巻、三十二、三歳、鮮やかな武者振りである。浪士は四方に奔走し、中には草鞋の紐を締め直しながら何かいっている者もある。それらの動きを見て金子は浪士の数を二百と鑑定した、これは中《あた》っていた。

金子が見た陣羽織着用の指揮者とは水原二郎である。水原は三田通用門から総脱出の指揮に当った。水原の養子落谷直文が、『白雪物語』に、〝梅鉢の紋打ちたる毛熊鋲の陣笠目深にいただき、襟に縫いつけたる肩印には、思いそめし色をば変えじもみじ葉の身は木枯に散り果てぬとも、と書きつけたり、伯耆守正幸が鍛えたる二尺八寸の太刀振りかざし〟と、書いたのがそれである。

堤の見取り図が出来たので、金子等は櫓をくだり、見取り図を前に評議して策戦を一変した。金子が肉眼でみたところをそのままの見取り図で按ずると、浪士は表門に向わず、三田通用門に突出すること必定である、とすると、激戦を免がれない。庄内藩はそれと知って、三上の山藩の部署にここを与えたと察した、が、激戦が予想される場所を受持ったのは誉《ほまれ》であると金子は喜んで、部下の士気を鼓舞した。

上の山藩と連絡を保っている鯖江藩は、見取り図を写して、これ又激戦を予期し、士気の鼓舞に努めた。

岩槻藩が受持った七軒町の通用門、そこから浪士が突出すればそこも又激戦だ、しかし、岩槻藩は小人数である。その代り三の曲りから七の曲りまでに、庄内兵が薩邸の土塀に取りつき始めたから優勢であること勿論だ。

◇

攻撃側の庄内藩と上の山藩と、どちらが先に大砲を射ち出したか、これはこの後も永く判りかねるだろう、どっちが先だったということは重大ではない。庄内藩は大砲隊長中世古仲蔵が、「射てッ」と号令したのが第一発、上の山藩は大砲隊長松平八百太郎が、「射てッ」と命じたのが第一発。それからどンどン射ちつづけ、各藩兵とも小銃を射った。

どの藩の射った砲弾だったか、薩邸内の練武場に命中した、そこは、この間中から火薬貯蔵場になっていた、忽ち火薬が爆発し、その頃の人が聞いたことのない爆音が起った。このために火は四方に飛び、放火による火勢と一ッになって、盛んに燃えひろがった。

前にもいった如く浪士の中にはニセ者が混《まじ》っている。一時の食いつなぎとか、事故があって潜伏するためとか、そういう連中の大抵は、生命の危険を感じ、この数日中に逃げ失せた。それでも極く少数ながら逃げ遅れの者がいた。こうした連中は突撃して血路をひらく気は毛頭ない、そこで逃げ出した。そういう中の一人に、四十歳ぐらいの袴を着け、刀を帯びた男が、正門から出て群がる庄内兵の間を、両手合わせて拝みつつ、「どうぞ射たないで下さい」と泣き声で頼みながら歩いた。射たないで下さいといったのは、庄内兵が小銃を持っているからで、そうでなかったら「斬らないで下さい」というところだ。

先程、談判をやった安部藤蔵が、苦々しげにその男の顔を見ていたが、卑屈極まる態度に腹を立て、うしろ姿を睨みつけ、「そいつ射て」といって持っていた連発銃を構えるより先に、砲手が砲口をその恥知らずの男に向けて射った。砲弾はその男の左の頬に命中し、顔半分と頭とが飛び散った。霰弾射だろうか。

間もなくこれも表門から、二十歳ぐらいの浪士が二人、庄内兵の群がる中を平気で駈け抜け、三田通りに向った。眼の前を駈け抜けられてから、「そいつを遣れ」と二、三人叫ぶものがあった。彼の二人はそれでも平気で、忽ち三田通りへ出て、左に曲ろうとした。こうして脱出、品川方面へゆく心算だったらしい。庄内の新整組のものが追ッとり囲んだ。忽ちに斬りあいになったが二人と多勢だ、結末がすぐついた。この二人の首級は石原倉右衛門が陣中の型どおり首実検をやった。士としての扱いをしたのである。

表門の一帯はそのくらいの出来事があっただけ、火事は眼の前にあるがその一方で、上の山藩、鯖江藩が激戦しているのが、銃砲火の音と叫喚とで判った。主将石原の考えは、浪士を袋の鼠にして一人残らず殺すのでなく、追払うにあるから、いくら激戦でも援兵をそっちへ出さない。さればとて、同藩ではないので、〝強いて戦うに及ばず、逃ぐる敵は逃がせ〟と命ずることは差控えた。上の山藩の方では、武門の面目、敵を悉く滅ぼそうという決心で

かかっているから激戦、しかも、苦戦であるのに、一方は午前の日をあびて閑《のど》か
だ。閑なればこそ、鳶が何羽となく、今し方、砲弾で斃れた男の酸鼻なる死体に集った。安部藤蔵がそれを見て、いかに何でも悪食の鳶どもが憎くなり、連発銃で先ず一羽落した、驚いてその余の鳶は飛び立ったが、再び死体に集りかけたので、射って又一羽落した。暫くすると三たび鳶が舞い戻って来て、死体に集りかけたので、三羽目の鳶を射ち落した。それで懲りたとみえて、鳶はもうこなくなった。この死体とおなじ男かどうか判らないが、首のない武士態の死体があったが、その体には、刺青があったという見た人の話が伝わっている。

浪士脱出

三田通用門から脱出をもくろんだ浪士の数を、庄内側では（例えば俣野時中の『薩邸打払いの事実』の如き）表門の方へ、〝敵二、三十人が切って出たので上の山藩兵は余程の苦戦をした〟という風にいってあるが、上の山側では、（例えば旧藩士堤和保の『旧上山藩江戸鹿児島藩邸浪士討伐始末』の如き）〝浪士は槍、長巻、大太刀を武器に一百余人、我が隊に向い、又五、六十人の浪士が鯖江藩に向った〟といっている。これは二、三十人といったのは誤りで、百余人と五、六十人の二手というのが真に近い、それに上の山藩と鯖江藩が激戦した場所は前にいってある如く三田通り通用門で、庄内藩が向った場所の方に島津の黒門

（正門）があった。

辞世の和歌を着衣に縫いつけた水原二郎の指揮で、浪士側は薩邸の庭の築山に据えた大砲を射った。この大砲は相州荻野山中の大久保家の陣屋から奪って来た物である。砲手が熟練していないので効力がない。小銃の方は充分に射てるので、先ず小銃で射撃し機をみて突出、白兵戦で囲《かこみ》を破ろうという策戦で、浪士の殆ど全部が築山を中心に、徳島藩邸の上の山藩兵と、高松藩邸の鯖江藩兵に、小銃短銃をあびせかけた。その背中の方では、島津家の御殿と長屋とが激しく燃えている。

そのころ、幕府の奥詰銃隊とか、撒兵頭大平備中守とか、別手組とか、その他にも幕兵が、それとなく加勢に繰り出して来て、地形の関係でもあったか、上の山、鯖江の激戦している方角には姿をみせず、庄内と岩槻の両藩兵の方に現れていた。

浪士側は盛んに反撃を試みたが脱出の機会がない。上の山、鯖江は緊密に連絡して、浪士の殲滅《せんめつ》をはかり、猛烈に銃砲火をあびせかけている——と、浪士のうちから刀を振りつつ、火事の黒煙を衝き、銃砲火の中をくぐり、目的の通用門に向い、突出をはかる五人一組ののがあった。これは奥田元（信州上田脱藩）、山田兼三郎、川村藤太郎、丸尾雄蔵、植村仙七郎だ。この五人とも野州出流岩船で死ぬべき命を、今日まで持越してきたという気もちが烈しかった。その他にも、藤田新（宇都宮・大藤栄）、平井五郎（森田谷平）、尾崎忠兵衛（水戸・川崎常陸）、信沢武馬（駿河）、沢東（伊賀上野・清水定右衛門）なぞという、野州の戦場から生きて帰ってきた連中がある。こういう面々は最初の五人組に続き猛烈に闘った。こうした白兵戦法は相楽の案である、赤穂浪士の討入りは個々に闘うを避けさせ、三人が一組になって一人の敵にでも当ったので効力が非常にあった。個人個人の手柄でなく一体の手柄だ、こういうことを知って応用した。戦闘の都合で五人となったのもあるが、原則として三人一組であった。

野州生残り五人組のあとから、浪士が続々、槍刀を閃かして突出を企てた。上の山藩ではそれまで大砲と小銃とで戦っていたが、このとき、隊長毛利敬太郎が予備隊約五十人を率いて邀撃《ようげき》に出た、その一方で一団の浪士が、横から攻めて出る鯖江藩に突撃した。と、上の山名代の槍隊が繰出した、隊長は門奈惣右衛門、隊士は四十人、隊士は胴服に小袴で陣羽織を着し、鉢金入りの白鉢巻をしている。門奈隊長は采配をふって隊士を励ますうち、浪士のひとりが肉薄して突き出す槍を躱《かわ》し切れず、右の掌を貫かれた。隊士土田雄之介がそれとみるより、槍をふるってその浪士を突き伏せた。この浪士がだれだか、乱闘の中とて、敵味方のどちらにも判らぬままになっている。

上の山藩の金子六左衛門は、味方の苦戦にたまりかねて自ら乗り出して、浪士側が庭の銀杏の樹を楯に、煙と火の粉を浴びつつ闘っているところへ姿をみせた。その日、金子は黒糸《くろいと》縅《おどし》とみえる腹巻に白地に雲竜の陣羽織を着し、槍を茎短かにとった姿は、目ざましかったという。時に金子は年四十五。金子は薩藩の黒田嘉右衛門（清綱）と懇意だったと、これは黒田の談話筆記が遺《のこ》っている。懇意になった始りは、安井仲平の門人だった堀直次郎、橋口伝蔵、益満休之助と金子が知合いで、益満等に誘われて、黒田が、交際するにいたったのだという。その益満の関係深き薩邸浪士を金子が攻める、こういう変化におよんでいたのである。

峰尾小一郎は師の水原二郎を乱戦中に見失い、そこここと走《は》せめぐり探し求めている時しも銀杏の樹の向うに、白鉢巻の頭をふって味方を励ます一人の腹巻の銀の胸板が、ぴかりと光ったので眼を向けた。一見して敵の大将とわかるが否や、手にした短銃を向け、狙い撃ちの一発で腰のあたりを射った。金子六左衛門はその場に倒れた。

金子が負傷したときの状況が今いったように伝わっているが、その真相はそうでない。金子は十六歳の藩主松平（藤井）伊豆守信庸を徳島藩邸の内に案内し、銃丸除けに雨戸を閉めさせ、傍を離れずにいた。ところが、銃声が近くもあり余り激しいので、藩主に危険が迫りはせぬかと心配になり、縁側に出て雨戸を一枚あけ、体を斜めにして外を覗いた。それを塀にのぼっていた峰尾小一郎が見つけ、狙撃の一発を射ったのである。金子には天野正彦という藩士で、桃井春蔵《もものいしゅんぞう》門下の剣士が影の形に添う如く、この日はしていたが、雨戸を開けて覗いたところをやられたのだから、護衛の天野の力のとても及ぶところではなかった。

金子は重傷だった。この事がホンの一時ではあったが、上の山藩兵の士気を萎縮させた。それは束の間、今度は奮戦の度が無性に昂まり、火水になれと戦闘した。浪士の側もそれに屈せず反撃又反撃に出る、そのうち徳島藩邸の板塀を破り、又、通用門からも、三田通りへ突出した浪士の組がある。こうなると浪士側はあとから後からと三田通りへ飛び出した。みるみるうちに二、三十人、五十人、百人となった。往来の南の方には犬一匹いない。

三田通りの赤羽橋寄りに、庄内兵が整列していて、浪士の方を眺めているが討ちかかって来ない。余計な犠牲を出したくないという方針を変えずにいるのである。

浪士は南に向った、品川方面へ引揚げるのである。上の山の槍隊が血まみれの者も加わって、浪士追跡をはじめた。浪士達は隊形をつくらず、三々五々、引揚げてゆく。その中には自作らしい和歌を高唱するもあれば、いい声で詩を吟じるもある、時々振返って槍隊に、「ここまでお出で甘酒進上」といって、にッこり笑うもあった。

◇

在邸の薩藩人のうちで、降参したものは、男女上下併せて百六十二人、そのうちで戦死者として記録されている人々は次のとおりである。

篠崎　彦十郎（留守居役）
竹内　雅春（医師）
関　太郎（留守添役）
立花　直記（留守添役）
脇田　市郎（筆吏）
児玉　雄一郎（目附役）
柴山　良助（留守添役）
白石弥左衛門（翔鳳丸船長）
堤　亀太郎（中小姓）

堤　彦太郎（表小姓）
落合孫右衛門（中小姓）
孫右衛門　妻
西村　喜作（留守添役）
日野　友吉（中小姓）
天辰勇右衛門（中小姓）
勇右衛門　妻
半田　謙吉（表小姓）
黒田　松栄（医師）
斎藤　八郎（表小姓）
花崎　錦蔵（表小姓）
上田　宗次（表小姓）
伊丹　真悦（神官）
大熊　喜悦（神官）
中村　伝作（広敷当役）
久土目悦之進（表小姓）
富山　善三郎（広敷番）
富山　宗吉（広敷上番）

山本　伝五郎（中小姓）
友野　吉太郎（中小姓）
大崎　米次郎（中小姓）
岩崎　岩次郎（中小姓）
富永　玄安（医師）
千頭　湊（広敷番頭）
山下総右衛門（附士）
内藤　英八（附士）
大崎　荘八（附士）
中村覚右衛門（足軽）
手塚　惣之進（足軽）
大崎　猪之助（足軽）
野元　与太郎（兵卒）
谷川喜右衛門（兵卒）
岩元　新次郎（兵卒）
従卒　竜太郎
同　次郎八
同　勇　七

同　甚　八
同　鹿次郎
同次郎右衛門
同　安右衛門（計四九人）

このうちには児玉雄一郎の如く、篠崎、関に代って、談判を再び開かせんとして正門の外に出で、庄内兵が有無の問答なく引ッ捉え、幕吏に引渡し、幕吏は調べずに伝馬町の獄に送り、斬に処された者もあり、又、黒田松栄の如く、敵の銃丸に股をやられ、歩行が出来ず、傍らにいた水原二郎の袴の裾を摑み、「願わくば介錯してください、生きて恥を受けたくない」というので、水原はそこに姿がみえた松田正雄を呼んで、「介錯してやってくれ」といった。松田は引受け松栄の首を刎ねた、首は六尺ばかり高くあがった。戦闘の最中だが、これを見た浪人が幾人もあった。こういう最期の人もあったのである。水原二郎の手記に拠ると〝出《い》ずるの期を失い、縛に就きしもの伊東武彦等僅に数名のみ〟とある。これは浪士のことで薩藩の人のことでない。伊東武彦は河内市郎といった薩州出身浪士隊のひとりで、杉山三郎、柏武彦ともいい、後に伊東祐忠といった。伊東は幕臣山岡鉄太郎が奔走して助命し、引取っておいて後に薩州へ帰らせたという説がある。

『続藩翰譜後御事蹟』には〝降人に出ずる者四十二人、討取る所の首二級〟とある。

幕府の撤兵頭大平備中守は、この日、兵を率いて岩槻藩の持場である、七曲り通用門にいた。撤兵隊差図役長堀勇一郎（後に佐藤正興と改名、明治三十一年七月まで六年二ヵ月間小石川区長であり、又、明治三十九年五月まで一年九ヵ月間、再び小石川区長であり、市政に活躍した）は七軒町通用門で、薩州の南部弥八郎、肥後七左衛門を降伏させ、姓名不詳のもの一人を銃殺し首級を挙げたと、後に人に語っている。

幕末から明治へかけ日本在勤だった英国の外交官アーネスト・サトウは、日本文字で佐藤愛之助と姓名を自分で撰んだほどの日本と日本人とに理解と興味をもった人だ、この人の『回想の日本』に、「予は三田薩邸の柴山、南部と交友あり、政局に関する情報を受けた、両人は一八六七年十二月、幕府によって薩邸が焼討され捕虜となり、柴山は拳銃にて頭を射ちたりと聞く、予は良き人物なりし両人と冒険旅行をたびたびなしたり」と記し、翌年二月のところでは、「南部、柴山は磔刑と打首とによる死刑に処されたりと報告を聞けり、予はその復讐をやりたき衝動を感じたり」と、再び記している。柴山良助は薩邸で死し、南部は前記の通りである。

◇

浪士の戦死は武内光次郎（美濃）、奥田元（信州）と、山田兼三郎である。山田は前にいった内藤縫之助に情けをかけた有情の人だ。

奥田元は糾合方浪人隊では使番、その素性は詳かでない、例の「人名録」二ッとも〝信州上田藩〟とあるのみである。『上田市史』（昭和十五年版）は〝奥田元、上田藩士、焼討のとき流丸に中《あた》り死す〟という程度である。焼討の直後、現場へ行った井上頼圀の手記には、

〝隣りの徳島藩邸の中で、奥田元が死体となっていた、首は持って行かれたとみえて無かった、鉢巻が落ちていてそれに奥田元と書いてあったので判った〟という風にある。察するに上の山藩の陣地へ斬込んで戦死したものだろう。『上田市史』には〝井上元・上田藩士、焼討のとき上の山の兵に捕わる〟とある。「人名録」二ツともに、井上元というのがない。『志士人名録』『越奥戦争見聞録』（史談会編・明治四十年版）には〝奥田元、一書に井上とあり〟とある。

二十六日に薩邸焼跡へ行ってみたら、七、八人死んでいる中の一人は甲冑を着け小銃でやられたらしかった、死体六人は裸にされ、首は首、胴は胴となり、一匹の馬が首のところに鉄砲疵をうけていた、こう書いてある、又、高輪の方の薩邸にも一人、死体があったが、面態《めんてい》火に焦げてわからぬと、こうも書いてある。（松代藩士・片岡伊左衛門）にある、同藩士八木源八の手紙に拠ると、

監察山田兼三郎の死体は、〝薩邸の庭にあった、首がついていた。顳顬《こめかみ》に銃丸の貫創があった、それが致命傷〟と井上頼圀の手記にある。又、薩藩の医者で尻に銃創のあるものの黄八丈の着衣が火に焦げていた、首は見事に斬ってあって、死体の傍らにあったとあるのは、黒田松栄のことだ。〝この他に死者があるのだが死体はなかった〟と書いている。それは薩邸内のことで、邸外の死体を併せると十七人あった。（これらの追善墓碑が、芝三田四国町の旧薩邸のうしろに当る処に後に建てられ昭和二十五年三月、現存するを見た）

薩邸で捕縛された浪士は柴生健司（小倉脱藩）と川上司だけらしい。柴生健司は斎藤弥九郎の道場から浪士隊へ投じてきたもので、疥癬《ひぜん》瘡のひどいのに罹っていた。そのために捕縛

された。川上司は相州荻野山中の大久保陣屋を討ったとき、銃創をうけ、辛うじて薩邸へ帰った。鈴木佐吉（三三歳）もおなじように負傷して帰ったが、鈴木は焼討以前に死亡し、川上は命があった。しかし、生きてはいたが進退が不自由なので捕縛された。この他にも栗原要之助（伊勢崎）が深川に隠れて後に捕われ、原田金之助（衣服係）は浅草辺で捕縛され、鈴木伊之松、荒井仁蔵（秋田）、平野清司、田中金四郎、これらの人も江戸市内で捕われた。鈴木伊之松以下のなかには薩邸で捕われたものもあるか知れない。

◇

薩邸討払いの戦闘は午前七時ごろに始り、午前十時半ごろに終った。終ったといっても、一切がではない。薩邸の火は燃え抜けて拡がり、田町の方にも火が発し、江戸の街々ではその煙をみて、半鐘を叩き、町火消が繰り出したが、京橋、日本橋の火消は芝口で通行を禁じられ、神田、下谷から駈付けたものは愛宕下と飯倉で通行を停められ、山の手方面から来たものは麻布一の橋附近、芝聖坂、魚籃《ぎょらん》坂辺で遮断された。そのうち品川でも火を発した。こういう騒ぎのうちに芝浜の方面で、幕府海軍所の太鼓が激しく鳴り出した、非常呼集である。

天空が火災で黒く染められているその下で、庄内、上の山、鯖江、岩槻の四藩とも、留守役が幕府の大目附の許に行き、経過と結果を報告し、現場はそのままに、幕府から出張している軍監に引渡した形式で、それぞれの屋敷へ帰ったのが正午ごろ、昼飯は引揚げてから食った。

庄内藩の戦死は砲兵隊長中世古仲蔵だけ、そのころの大砲は幼稚でもあり、砲手も幼稚で、到底、砲手任せに出来ないので、隊長が照準をつけて号令をかける。このときも中世古が照準をつけ「射て」と号令して砲手が射ったが不発だったので、中世古が照準をつけ直すつもりで顔を砲身に近づけた。その途端に引縄を砲手がひいた、今度は不発でなかったから、中世古は即死、砲手と助手とで、傍にいた四人が重軽傷を負った。これ以外に死傷者なしである。

上の山藩は首級をあげること五、砲殺七、重軽傷を負わせた数は多くして不明、分捕りは小銃五、鞍を置きたる馬一、刀三、陣羽織二。それだけに激戦でもあり、犠牲が多かった。

〔戦　死〕成橋十内、鈴木角助、小川栄太郎、柏倉嘉伝次、早坂助市、渡辺藤五郎（以上・砲隊）、師岡藤三郎（槍隊）。

〔重傷死〕金子六左衛門（二十七日死）、滝口俊作（二十六日死）。

〔重　傷〕穴原五平次（槍隊）、高橋祐八（砲隊）。

〔軽　傷〕門奈惣右衛門、三輪彦兵衛、青木新太郎（槍隊）、五十嵐総之助、小松幸太郎、倉藤富弥（砲隊）。

合計十七人。

九人の戦死者は芝二本榎松光寺の墓地に葬ったが、大正十四年九月二十六日、市区改正で取払いのため、山形県上の山に改葬、金子六左衛門（清邦・得所）の記念碑は、昭和十七年七月、上の山月岡城趾の西南端に建てられた。

これは金子六左衛門戦死の後日譚であるが、峰尾小一郎はその翌年の春、信州追分の戦いに敗れ、岩村田で捕縛となり、明治三年三月赦されて東京に帰った後、何年経ってからだか、或る席上で上の山の旧藩士が、「金子さんを射ったものが今にも知れたら刺し違えて死ぬ」といった、居合わせた峰尾が、「金子さんとはその日これこれのいでたちでしたか」と聞くと、「そうだ」という答えだ。峰尾は嘘を吐かぬ性質だったから、「それなら私が撃った」といったので騒動になりかけた。人が仲へはいって辛うじて事なきを得た。それともう一ツ、おなじ事柄だが、意味の違う逸話が上の山側の間に残っている。それは峰尾が金子を撃ったと聞き、たびたび呼び出しをかけたが遂に出てこないので、そのままになってしまったというのである。峰尾では呼び出しがかかったら引ッ込んでいたとも思えない。

鯖江藩にも死傷があったはずだが詳らかでない。岩槻藩には死者はなかったはずである、これも又確かなことは今のところわかっていない。

幕軍のうちにも死傷者があった。〝別手組の石井貞太郎、長半蔵その他戦死。十二月二十五日、長半蔵は羽織に真鍮で家紋をつけていた、それに銃丸があたって留まったが戦死した。石井貞太郎は胸を射たれ、二十日許り後に死去した〟ということが、井上頼圀の手記にある。

◇

後の話になるが庄内の石原倉右衛門は鶴岡城が開城となる直前に、越後口で敵手に仆《たお》れたが、占領軍の参謀黒田了介（清隆）と、その背後にいた西郷吉之助（隆盛）のひそかなる同意によって、死せる石原を抗戦の責任者として、藩主以下の救解をはかり、仙台藩や桑名藩のように引責の割腹者を出さずに結末がつけられた。

俣野市郎右衛門も中村次郎兵衛も抗戦中よく戦闘した。

安部藤蔵は明治元年九月十六日、関川《せきがわ》［現・山形県鶴岡市の山地］で薩軍と闘って戦死した。安部は庄内四番隊の第一小隊長で、安部の隊と射ち合いをやったのは薩州の高鍋隊の鈴木来助隊である。安部の戦死は庄内側にも記録があるが、高鍋隊長武藤東四郎の『北征記』にもある。安部を斃《たお》した薩州の民兵隊の鈴木来助は詩をよくした。関川の戦いの前にあった鼠ケ関の戦後、次の詩をつくっているので人物の一端がわかる。

雲外半峰見㆓羽州㆒　懸軍使㆑覚㆓路程悠㆒
昨日戦場人未㆑返　慟哭山中求㆓髑髏㆒

◇

庄内藩などが引揚げた後は、当分そのままにしておき、幕兵の一隊は佐土原藩に向い、一隊は高輪の薩邸に、一隊は品川の薩邸に向った。二ツとも薩邸の方は人がひとりもいないので、そこへ押込んで行って打壊し、火を放った。これを間違えて、焼討のあった薩邸を高輪だと思うものが今もある。古いところでは塚原渋柿園の『五十年前』なども、高輪の薩邸といっている。

佐土原藩というのは島津淡路守忠寛が、そのときの当主で、上屋敷が芝三田小山にあった。居城は日向の那珂《なか》郡佐土原《さどわら》［現・宮崎県宮崎市］で高は二万七千余石、薩摩島津の支家である。ここへ向ったのは奥詰銃隊と、それに新徴組がついて行った。邸外をぐるりと包囲し、「薩州藩のもので来ている者が三十人いるはず、それを引渡していただきたい」と交渉した。三田小山からでは、三田の薩邸の砲声銃声が手にとる如く聞えるし、燃えている火も目と鼻の近さにみえるから、拒絶すればどうなるか判っていた。そこで、薩藩の人々が相談して、斬合うても仕方がない捉まってやろうではないか、と、一決して二十七人、ぞろぞろと出て捕縛された。これも前いった百六十二人の降参中に数えられている。但しこのとき一人だけ殺された。その人は口を極めて幕府を罵ったので、奥詰銃隊のものが赫《かっ》となって射殺した。この二十七人のうちに益満休之助がいたかどうか、想像は出来るが、証拠的なものが、今のところ見当らない。

薩摩火事

この焼討を一刷毛《ひとはけ》に書いた本は至って多い、その中で誤りを伝えるつもりでなく誤らしめらるるものが殆どだといっていいだろう。たとえば、『近世事情』（山田俊蔵・大角豊次郎・明治七年版）などもそうだ。〝事、大坂に報ず、内府乃《すなわ》ち曰《いわく》、嚮《さき》に朝議の変ずる薩藩の主として事を謀るなれば、浪士の関東を擾乱するも亦必ず薩人の之を嗾使《そうし》するならんと、遂に追捕の命を江戸に下す、是に於て徳川家の僚属、大兵を以て薩邸を囲むこと三匝《そう》、火を放って之を燔《や》き、尽《ことごと》く其徒を捕う〟とあるが、これなどもこの文章のとおり鵜呑みにしたのでは間違いになる。

薩邸を脱出した浪士を、当時目撃した人からの聞書に、〝その人達の話を聞きますと、横新町（註・三田・聖坂口）の提灯屋さんでは逃げ遅れて仕方がないので、どうせ見物するならと、二階へあがったところ、鉄砲玉が飛んできて即死が一名ありました。それにおなじ所の左官で伊三郎さんという家でも、逃げそこねてやっとの思いで、家内中揃って逃げだし、札の辻までまいると、浪人組の人々――いずれ薩摩の方でしょう、只今立派になっていられる方々でございましょうさ。その連中がいずれも血刀ひっさげ、悠々と詩を吟じ謡をうたって、酒井の組の人々（註・上の山藩の誤り）が追駈けるにも構わず、引揚げる途端だったのでございますから、伊三郎さんはじめ、みな顫《ふる》えて動けなくなったそうです。でございますから薩州の方の容子はよく分ったそうで、時どき往来のまん中に突ったち、おなかをひろげ切腹でもなさるかと思ったら、撃てるなら撃て、さあ撃てとからかっては、だんだん引揚げたんだそうでございます、そのたんびに新徴組から撃ち出す弾丸は、その方々にあたらず、却って伊三郎さんのお婆さんに中って、可哀そうに即死されたそうでございます〟（『幕末百話』篠田鉱造編）、それから又、品川の芸者桔梗家お丸の談話筆記に、〝薩州さんが自分のお屋敷に火をつけて逃げる時分には、みんな白装束で、なんとかいう人が、山鹿流とかいうんでしょう、太鼓を打って、白装束にうしろ鉢巻です、着物ばかりでなく、袴まで白で、槍をもっている人もあれば、抜身をさげている人も鉄砲をもっている人もありました〟(『江戸は過ぎる』河野桐谷編)とある。桔梗家お丸はそのころは十六歳、後に品川の老妓で、かなり有名だったので知っている人も多かろう。

◇

浪士は引揚げの途中、追跡を遮《さえぎ》るために、民家へ放火した。そのときの様子の談話で、なるほどそうだったろうと思える筆記が『幕末百話』にある。〝田町四丁目の下駄屋へその方々(註・浪士なり)はおはいりになった、下駄屋さんでは今しも一所懸命逃げ出そうという最中、だんだん戦さがこっちに近寄ったので、荷拵え中、どやどやとはいって来て、口々に、早く逃げろ大事の物は持ってゆけ手伝ってやるぞといいながら、天井に吊してある傘を払い落して、血刀でバラリバラリと切放し、山と積んで火をつけたから、火は油紙へ燃えついて焼け出しました。それから六丁目の空家からも燃え出しましたから、新徴組の方でも浪人を打捨《うっちゃ》って火事を消す方にとりかかり、それなりになりましたんだそうでございます〟

浪士の放火は田町で二ヵ所又は三ヵ所だった、この放火と、薩邸の火事と、その飛火とで、大火になった。薩邸の火は裏の七曲りの方角の西応寺町に燃えぬけ、もう一方は本芝一丁目二丁目へも延焼した。本芝の火は、川向うに飛火して金杉四丁目を焼いた。前にいった田町の放火は、一丁目二丁目と五丁目から八丁目の二ヵ所を焼き、助かったのは八ヵ丁のうち三丁目四丁目だけである、これらが全く鎮火したのは翌二十六日の朝六時だった。

浪士達は三田通りから札の辻、東禅寺前、八ツ山下、それから北品川にはいった。夜明けごろから起きて、血戦を経てここまで引揚げるまでに、水を飲んだだけで、食べものを口に入れたものがない、品川宿へはいるとめいめい物を買って、歩きながら食った。その中の一組が、土蔵相模へ飛びこんだ、土蔵相模は遊女屋である。

土蔵相模にはゆうべから幕臣数人が、危機を他事に、女と酒に迷い、宿遊《いつづけ》をやっていた。迎え酒やら朝飯やらのところへ浪士が飛びこんだので逃げてしまった。浪士達はこれはご馳走有難いと、酒も肴も朝飯も、忽ち平らげて行った。これは水原二郎その他十数人だ。

浪士のひとりが「追跡除けに一ツ、この辺へも火を放けよう」といい出した。ひとりがそれをとめて、「止してくれ親類がこの辺にいるのだから」といったので放火しなかった。その他にも矢張り放火しようという者を他の者が頼んで放火させなかった。深い仲の遊女が北品川にいたからだろうと噂がそのころ立った。品川は北と南に分れている。歩行新宿、本宿、南宿、この三ツを併せ品川三宿といった、それを一口にいえば品川宿である。

北品川に浪士が放火しなかったことは、桔梗家お丸の話にも残っている。〝そのとき貸座敷などでは酒樽の鏡をぬいて柄杓をつけておくと、それをみんなおさむらいが飲みます。それでその人たちが品川を焼払って行こうということになったそうですが、ここには知合いがあるからよせといって通り抜けて、鮫洲から船で逃げました〟という。だが、浪士は北品川には放火しなかったが南品川では放火した、その火事を〝薩摩火事〟と、後々ながく土地のものが呼んだ。

放火があったのは南品川宿の一丁目から四丁目までに二、三ヵ所。町のものが消そうとすると刀を閃かし、「消すと斬るぞ」と脅かしたので、傍観するより仕方がなかった。その間に燃え出し、とうとう、一、二、三、四の四ヵ丁、長徳寺門前丁、妙国寺門前丁、これだけが灰となった。そこらの家は前の年（慶応二年）の十二月二十七日の早朝、歩行新宿の湯屋から火が出て、南北品川にかけて長さ九町半ほど焼いた。後二日で、火災後満二年というとき、薩摩火事で再び罹災したのである。罹災後、宿のもの四十人連署の届書に、〝家内諸道具は申すに及ばず、残らず焼き失い、一命相助かり候のみにて立退き〟とその日の惨状を述べている。

海　戦

鮫洲で、相楽総三、水原二郎、科野《しなの》東一郎はじめ、幹部が漁船三隻を雇い入れ、それに浪士全部を乗せ、沖に碇泊している薩藩の武装汽船翔鳳丸（四六一噸《トン》）に向い漕ぎ出させた。

翔鳳丸は元治元年四月、薩藩が長崎で買入れたイギリス船ロチウス号の後身だ。

翔鳳丸は僚船平運丸（七五〇噸）と、去る二十二日に出帆のはずだったが、平運丸だけ予定通りその日に出帆させ、翔鳳丸は残って陸上の形勢に随って出帆の手筈でいた。翔鳳丸船長白石弥左衛門は形勢視察に、きのう上陸し、けさは三田の薩邸で幕府側の捕虜となった。が、そういうことは翔鳳丸に知れていない。

伊牟田尚平は江戸城二の丸に放火した直後から、翔鳳丸の乗組員に化け、澄ましていたが、この日の朝、三田の薩邸方面に砲声を聞きつけ、銃声がそれに続いて起り、やがて火災を見つけた。と、副船長伊地知八郎が決意して、出帆用意を命じ、引揚げてくる薩邸の人々浪士の人々を待ち受けた。そのうちに幕府の海軍所の方から太鼓の音らしいものを聞いた。それは多分人寄せだろう、つまり、〝上陸中のものは至急に艦船に乗れ〟だ。伊地知副船長と伊牟田等は戦闘準備を命じた。近くに二隻いる幕艦が火蓋を切るに違いないと覚ったのである。

浪士達の船はまだ見えなかった。

その日、江戸湾にいた幕府の軍艦二隻とは、砲艦の回天丸と一段砲装の三等艦の咸臨丸とである。咸臨丸は品川台場沖に碇泊し、故障修理のため汽罐を取りはずしたばかりであるから、開戦となっても進退不自由、辛うじて砲撃が出来るだけである。薩艦翔鳳丸は咸臨丸より約一丁の沖、回天丸は更に沖へ三、四丁のところにいた。

回天丸は四百馬力三本マストの木造で、幕府が長崎でアメリカ商人から買った進水後十五年目のもので砲十一門をもつ。明治二年五月十一日の函館海戦で、幕府の脱走方の海軍として闘い、損傷して浅洲に乗りあげ、乗組員が火を放って焼いたのが艦歴の終りである。

咸臨丸はオランダ政府が幕府に製艦して売ったもので、進水後十一年目、百馬力の木造スクーナア・コルヴェットで百馬力、砲十二門をもっていた。この船が駿州清水港へ難航して避難中、官軍の襲撃するところとなり、乗組員三十六名が殺され、死体が海に棄ててあったのを、清水の次郎長が葬ったという有名な話がある。晩年、北海道で使っていたが、忘れられたと同様に廃船になった。

◇

幕艦咸臨丸は進退不自由なので、砲口だけ翔鳳丸に向けた。回天丸は煙筒からどんどん煙を吐かせていた。だれにしたところで、開戦の直前であることが判る。

伊牟田は見張りを督励し、漕いでくる船はないかないかと、引揚げ連中を待ち入っている。そのうちに鮫洲方面から漁船が三ばい、こちらへ向ってくると報告を受けた、しかし、その船と翔鳳丸とでは距離が甚だある。

回天丸が碇をあげ始めた、と、見て、翔鳳丸も碇を抜きにかかった。三ばいの漁船はとみると一ぱいだけが漸く近づいて、あとの二はいはかなり遠い。伊牟田は先着の漁船のものを、あらゆる手段を尽して翔鳳丸に乗せた。その一行二十八人又は二十九人。あとの二隻はまだ遠い。乗船した一行の氏名は次のとおりである。

相楽　総三（小島四郎・後に信州下諏訪に刑死）

水原　二郎（落合直亮・後に神官国学者）

科野東一郎（斎藤謙助・後に開拓使等に歴任）

鯉淵　四郎（坂田三四郎・後官途に就く）
大原廉之助（金原忠蔵・竹内廉太郎・後に信州追分戦死）
西村　謹吾（菅沼八郎・山本鼎・下諏訪に刑死）
大樹　　匡（大木四郎・下諏訪に刑死）
金井清八郎（丸山梅夫・丸山久成・後に伊藤九右衛門・明治存命）
峰尾小一郎（藤井誠三郎・大正年間病死）
森田　谷平（木田谷平・大正年間存命）
斎藤源次郎（木曾野源治）
斎藤　武雄
戸田恭太郎（伊達徹之助・後に雲井竜雄事件にて獄死）
深山　柳助（百々五百三）
鈴木　隼人（礒田啓一郎）
川田　新助（川井次郎・谷合次郎・信州塩尻にて失踪）
岡田　養玄（垣沼玄江・後に信州小山に存命・医師）
沢　　　東（清水定右衛門・後に伊賀上野帰郷）
栗原　定吉（栂紋蔵）
小松　三郎（福岡幸衛・下諏訪に刑死）
植村仙七郎（三浦弥太郎）

阿部　長松
水村吉三郎（笹田宇十郎・諏訪にて失踪）
川村藤太郎（白神晋・後に東京にて獄死）
市川亀五郎（中村力太郎）
野村金次郎（三上半四郎）
仲戸儀太郎（矢口一郎）
宮林　亀蔵（翔鳳丸にて戦死）

このうち阿部長松を除き、尾崎忠兵衛（川崎常陸という）を加える説もあり、沢五六郎（稲葉五六郎・伊東了馬）を加える説がある。岡田信造（志筑藩出身）がいたという説と、あれはいなかったという説がある。いたとなると岡田養玄がいなかったとなる。

◇

幕府の回天丸の艦長を柴誠一という。咸臨丸の艦長は小林文四郎という。

この日、回天丸の柴艦長は上陸中で、浜御殿の海軍所の二階で薩艦をやれという命令を受け、海軍所用の艀舟《はしけ》で回天丸へ向った。柴誠一は「翔鳳丸に談判して降伏させる考えである、もし、肯かざれば已むを得ず、撃沈する」といっていた。

押送り舟が台場を過ぎ咸臨丸に近くなったとき、翔鳳丸は錨を抜いて前進をはじめ、回天丸も抜錨を終り後進をはじめた。柴はこれを見て、回天丸のやり方を「いかんいかん」と叫んだが、回天丸は沖にある、柴の考えを通じることが出来ない、そのうちに回天丸が砲撃をはじめた。第一発は照準が高きに過ぎ、翔鳳丸のマストを越え御殿山下の海中に落ちた、続いて第二発を射ったが、といっても、敏速に大砲発射がゆく頃ではなかった。第二発は照準が余り低きに過ぎ、柴の乗っている艀舟に近いところへ落ち、一丈余り海水を飛びあがらせた。

これに肝をつぶした舟夫が、茫然自失、漕ぐのをやめたので柴が、「漕がぬと斬るぞ」と威嚇した。これが効を奏し、艀舟が取り敢えず咸臨丸に着いた。

咸臨丸の艦長小林文四郎は、柴を迎えて、軍艦奉行木村兵庫頭等から、薩艦をやれと命令が出たことを確かめ、それではと翔鳳丸を砲撃した。但し一発だけで、あとは甈《いざ》り軍艦のかなしさ、射つに撃てなかった。翔鳳丸が大森沖へ出たので、回天丸が、その先に廻って制圧を試みていた、そういう状態でいたのでは、味方撃ちをやる惧《おそ》れがあるのだ。

柴は咸臨丸から再び押送り舟に移った。回天丸に追いつき、自身で指揮を執らねば、袋の鼠が逃げてしまうと観てとったのであるが、四百馬力の回天丸と押送り舟、殊に海戦中である、どうにも追いつけない。柴はそれでも追いつけと舟夫に命じ、肯かばこそである。

回天丸はとみると、盛んに砲撃しているが一発も中らない、柴はますます憤って、「愚物め、ぼんくらめ、そんなことでは逃げられるぞ」と叱咤した。しかし、回天丸に聞えればこそ。

午後五時ごろ横須賀沖で、西へ急ぐ翔鳳丸のお先へ漸く廻れた回天丸が、ここぞとばかり砲撃した、今度の何発かが命中した、といっても、致命的ではない。

翔鳳丸はそのとき、正確ではないが感じでは二十数発の砲弾を受けた。マストは折れ、汽罐は故障し、船体に穴があいて浸水した。このままでは沈没の他はない、絶体絶命に陥った。

伊牟田尚平は最初から大いに切り廻していたが、相楽総三にこのとき、「このままでは人もろともに魚腹をこやす、本船を敵艦にブッつけるから、先方へ飛び乗ってくれ」といった。相楽は快諾して一行二十余名を集合させ、「敵艦へ斬りこむから、覚悟しろ」といい渡した。一行は忽ち仕度をした。

伊牟田は翔鳳丸を回天丸に向け、あわや衝突という凄まじい行動をとらせた。回天丸の副艦長近藤熊吉はじめ士官以下が色を変じた時しも、翔鳳丸が反撃の第一弾を送った。アメリカン・ボート四門で、四発送ったうち二発が命中した。しかし、幕府はこのとき回天丸に損傷がなかったことにしている。そのころ、日がとッぷり暮れたので、これ幸いと翔鳳丸は、回天丸から遠ざかった。たッた一発ずつ射っただけで大砲が四門とも壊れたのだ。真ッくら闇の海上で、双方とも互いに判らぬままになった。

翔鳳丸は伊豆の下田方面に、損傷だらけの船体で、根かぎり急いだ。回天丸の方はどこを探しても敵艦がわからぬので、引返す途中、闇の海上から、「俺は柴誠一だ、停船しろ」という声が聞えた。柴は品川沖から横須賀沖までとうとう追っかけて来ていたのである。

柴は近藤副艦長以下を、大地に叩きつける如く叱った。「袋の鼠同然のものを取り逃がすとは何ごとだ」というのである。柴は追撃を命じた。回天丸は再び翔鳳丸を探し歩いた。

翌二十六日、伊豆下田港にはいった回天丸は、その辺を調査し捜索した、翔鳳丸の行衛がさっぱり判らない。断念してその夜は下田に碇泊、翌日十二月二十七日の夕方、品川沖へ帰った。

翔鳳丸は二十五日の夜半、ひどい跛航海《びっこ》をやりつつ、伊豆の子浦《こうら》へはいった。子浦港は三方を山に囲まれ対岸を妻良《めら》といい、小さいながら名港で、下田から西へ陸行四里のところにある。そこで応急処理をした。

この子浦は魚の集散地で、老侠納めの鶴吉がいた。鶴吉は魚問屋の主人で、一方では博徒の親分で、清水の次郎長、大場の久八などと、今も名を知られている連中の一枚上にいた。生涯ただ一度の縄張り争いをしたことなく、喧嘩もしたことがない。縄張り争いや喧嘩の和解手打ちさせることのみやったから、伝奇的には華々しさがない、それだけに一代の行跡は、華々しいものより遥かに高い。今までの世俗はこういった人物に対し興味をもたなかった。随って有名になっていない。この鶴吉が難に赴いて義を行う、侠客の実をこのとき挙げた。そのころ子浦で、鶴吉の援護なくしては何びとも何一つ出来ない、ましてや、下田に一昼夜碇泊して、近傍の浦々を偵察した回天丸と下田役人の眼を全く晦《くらま》し得たのは、鶴吉の勢力と徳の及ぶところでなくては出来ない。『薩邸事件略記』にも、単に〝此の夜下田港に泊し損所を修繕す〟とのみ書いて、子浦とも妻良ともいっていないのは、迷惑の及ぶことを考えたためだろう。明治二十六年九月、落合直亮（水原二郎）が史談会での話にも、「日暮に至り伊豆下田に着し、一泊、破損を修繕」としかいっていないが、落合が作った翔鳳丸難航図面には子浦と明記してある。

浪士の宮林亀蔵は、翔鳳丸へ乗れたひとりだが、横須賀沖の薄暮の戦闘で、砲弾の破片に両足をやられ、重傷を負い戦死を遂げた。この他に浪士の死傷はない。船員には負傷があった。

ただ一人の戦死者だった宮林亀蔵は、士官部屋のはいり口で、小銃を杖のごとくにして起っていた。敵艦が近づいたら射つ気だった、そこへ、舷側に中った砲弾が、宮林のもっていた小銃を砕き、片足をフッ飛ばし、片足の半分を砕いた。いろいろ手当をしたが遂に死んだ。死体は相模の沖で、全員弔礼のもとに、水葬にした。

二十六日未明、子浦を出た翔鳳丸は――これも夜中に出たと浪士側はいっている――驚くべき難航をやった。

◇

翔鳳丸に乗りつけ得なかった方の二はいの漁船の浪士は、何とかして乗船せんものと、羽田沖まで、厭がる漁夫を叱りつ励ましつ漕ぎ廻った。海戦となったので翔鳳丸は浪士の収容をやる隙がない。回天丸の方でも翔鳳丸を目ざしているだけで手一杯である。咸臨丸でも出動していたら、或はこの二隻の浪士百余名が悉く生擒されたか、斬り死にか、自殺かだったろう。

浪士達は羽田沖で、これは到底われわれの乗船は思いも寄らずと断念し、船を羽田に漕ぎ寄せさせ、一同、上陸して評議を開いた。その結果は、難関を突破して京都にのぼるという者と、一先ず訣袂《けつべい》して思いおもいに他日の集合を待つというものと、大体この二派になった。京都へ赴くものは三々五々で行くこととし、袂を分つものも三々五々ということになった。

これからこの人々の上に、惨憺たる事件が起り、犠牲続出となった。

上陸組の生死

討払いの翌日

江戸の歳の市は深川八幡が十二月十五日、十七、十八の両日は浅草観音、二十、二十一の両日が神田明神、二十五日が芝愛宕。この愛宕の歳の市があり、天神さまの縁日という日の朝が、薩邸の焼討だった。

この日の山の手方面の様子は、塚原渋柿園の『五十年前』が目にみる如く伝えている。私の家は、幕府の家来で、そのころ市ケ谷合羽坂上――今の仲の町――に住んでいた。この年私は二十歳。父は講武所の槍術世話心得取締から徒目附に転じて、この時は他所へ出張していた、で、母はその旅中の無事を祈るというので、赤坂の豊川稲荷へ日参していたが、この日は確か不快か何かで私が代参をいいつけられて、朝飯を終った丁度辰《いつつ》刻《どき》ごろ（今の八時）、合羽坂の宅を出ようとすると、半鐘が鳴る、火事だ。どこだと聞くと芝だという、なに通例の火事だと思って、摂津守坂（註・津の守坂）から荒木横町、四谷の大通りまでぶらぶら行くと、消火夫《しごとし》などが駈けて行く、やがて堀端へ出ると、成程、煙がみえる、大火事だ、それでも戦争などとは思いも寄らず、紀の国坂から右の豊川の社（今は往来の北側だがその頃は南側）へ参詣して帰りかけたが、世間の様子がどうも変だ。そのころ赤坂には火消屋敷があって、その与力の浅井というのへ、私の叔母がかたづいている。そこへ寄って聞いて見ようと、叔母さん火事はと上り端から声をかけると、叔母は奥から目を丸くして来て、おやお前かえ、どうおしの？　火事じゃない、戦さだよ、薩摩様の焼討だよ、叔父さんなどは最うとうに出ておしまいのという。叔母の口吻では、私のここらにぶらぶらしているのを怪しんだもののようだが、なにその叔父の出張も討手ではない、火消与力だから消防のためなのだ、が、戦さというので私も驚いた。勿論その前から薩長といえば幕府の敵、しかもこの賊も薩藩であるなぞのことは（註・〃この賊も〃といったのは江戸を荒した浪人の賊の意味）、だれいうとなき風説には聞いている。さていよいよ開戦かと、且つ驚き且つ勇んだ。とにかくその勝敗ということが気にかかる、怖いもの見たしというもので、ここを飛び出して溜池の端から虎の門外、愛宕下通りの藪加藤（註・芝区桜川町〔現・港区虎ノ門〕）の門前までゆくと、さすがにこの辺は人気も騒ぎたって、人の眼もきょろきょろしている、荷物を片づけ、土蔵の目塗りなどまでしている家もある、山の手から出た消防夫などは火がかりも出来ぬので、梯子や纏をそこらに立てて蔦口を組みあわして屯集している。するとそこにいた一人が、若様どちらへと声を掛けた。みるとそれは毎日私の家へ商いにくる魚屋だから、「火事場へ行く」、「いやそれはおあぶない、御成門（増上寺）あたりにゃ大勢詰めていて人は通しません、今見てきましたが、あなたのような人がひとり捉まった、およしなさい、けんのんだ」と仕切りにとめる。「だが戦争は」、「なに、戦さ、そりゃけさの辰刻《いつつどき》ごろです、もうありません。薩摩が負けて酒井様などの方が勝ったのです、今はその逃げた者の詮議です」委細がわかった。成るほど詮議で、往来が厳めしいのか、それではつまらぬ、それはとにかく、先ず勝ったとあれば嬉しい、と悦んで引返したが、そのときに又驚いたのは、以前の道を四谷へくると、いや太平至極なもの。ここらはそんな戦さどころではない、年の暮の騒ぎ、大横町には市がある、富山（有名な呉服店）には客が一ぱい、紙鳶はあがる、鯨弓《うなり》は聞える、羽子はつく、獅子舞の太鼓の音はする、絵双紙屋には人がたかって、役者の似顔絵を馬鹿な面して眺めている。目と鼻の間の芝——火事はまだどんどん燃えている——その燃えている芝で戦さがあって、所謂兵燹《へいせん》で人家が今焼かれているのである、それをただ一跨ぎの四谷で、長崎の葬いを江戸で聞くというような調子で、往来は絡繹《らくえき》、人はみな近づく春のいとなみに余念なしという景色をみて、私はそののん気さ加減に少からず呆れた。

◇

薩邸焼討の情報が、江戸の諸侯の屋敷から、国許へ報告された。これはどこの藩でもやったし、やらねばならぬ大事件の突発だった。そういう折柄の例を、越前福井藩にとってみる。

福井藩士の南部彦助は、慶応三年十二月上旬、藩命で江戸へ呼ばれ、横浜在留の白人から金を借り出せと命ぜられ、その交渉にあたっていたが、不調に終ったのがその十八日で、帰国の命令が出ないので、常盤橋内の上屋敷に滞在しているうち、薩邸の焼討があった。兵燹がまだ鎮まりきらぬ二十六日の朝、藩の重役が彦助に情報をわたし、早速に帰国すべしと命じた。予め用意していた彦助はすぐさま出発、道中早駈けで慶応四年の元旦を途中で迎え、正月三日福井着、江戸の状況を報告した。福井から江戸への往路も早駈けで七日間かかったが、注進の帰途は八日間を要した。『南部広矛伝』（彦助を明治になってから広矛に改む）に「高輪の薩藩蔵屋敷の燃えている傍を通り抜け」とだけある。それもだが、本芝、金杉、田町、それから南品川の大火の中を抜けるのと、道中の詮議や騒動やで、一日余計にかかったのである。

京都にそのときいた諸侯のうち、最も早くこのことを知ったものは伊予宇和島の前藩主伊達伊予守宗城だった。宗城の『御手留日記』大晦日の件りに、「二十五日卯刻より薩と酒井左衛門と戦争、サツ之屋敷焼《やく》。田町より出火、未火鎮。大砲取合（註・砲戦のこと）、怪我人夥敷《おびただしく》。城門固め（註・江戸城のこと）。薩主府外逃仕《にげじ》度《たく》、大混雑なり」。その後報もある、「江戸、過《すぐ》る二十五日の話いたし候処、誰も不知、其内越之《えつの》八郎（註・三岡八郎のこと、後の由利公正）、熊本藩津田山三郎より為レ見《みせられ》候由にて、段々委曲書付持来り候」というのである。大晦日というと、南部彦助が早駈け道中の真最中である。『御手留日記』にある福井藩士三岡八郎が、江戸の戦争を知っていた事情を裏書するものは、福井藩の中根雪江の『丁卯日記』大晦日の件りにある。「肥後藩参与津田山三郎、下院へ出勤、申談之次第は、去る二十五日、江戸表薩邸出火有レ之処、其節庄内之人数、旧幕府の命を受け、薩人と砲戦有レ之由風聞書、過刻東報有て（註・東報は江戸よりの報ということ）到来候由」、これにも続報がある。「大目附滝川播磨守殿其外、江戸表より兵隊と共に汽船にて着坂有レ之、東地（註・江戸のこと）薩藩之悪説、且二十五日薩邸攻撃の始末等、詳敷《くわしく》演舌《えんぜつ》有レ之《これあり》」というのである。滝川播磨守（具挙《ともたか》）はそのとき大目附で、勘定奉公並小野内膳正を同行した。率いてきた歩兵は二百人、船は順動丸だったろうと思う。前にも述べたが、薩邸討つべしと、強硬意見を主張して譲らぬものの代表者は、小栗上野介で、小栗の薩長撃滅を目的とする主戦論に、滝川播磨守は共鳴していた。

　そのころ江戸から京都へ往復するのに、大坂京都間だけ陸行して、後は海路によっても八日間かかると、朝比奈閑水の「手記」にある。朝比奈はそのとき外国奉行並に町奉行を兼任していた甲斐守昌広である。滝川播磨守の大坂着は十二月二十八日で、滝川の乗っていた順動丸は二十五日品川沖を出帆していた、それでは知っていたはずである。

　次手《ついで》ながら『朝比奈閑水手記』（『徳川慶喜公伝』巻七）を略記して、薩邸焼討の経過の裏を述べて置く。薩邸襲撃を強硬に迫った小栗上野介は、二、三の有司を除き過激論を代表したもので、町奉行駒井相模守（信興）、朝比奈甲斐守は絶対の反対論者で、論三昼夜に及んだ結果、十二月二十四日の正午過ぎ、老中は浪士討伐を見合せ、京都に人をやり形勢を観察の上、事を決すると大体のところ決まりかかると、浪士討伐論者が沸騰し、老中はあだかも酔えるが如く、討伐決行とも見合せとも決しかねた。この間に、過激論者が、庄内藩の執政松平新十郎（註・新十郎ではない権十郎である）を煽動し、討伐の許可なくば庄内藩にては市中警備を辞退するといわせ、遂に老中をして討伐の許可をさせた。大体、こういう風なことが書いてある。但し、市中大火となって、老中から「市中の延焼早く防ぎ方はなきや」といって来たが、町奉行の両人は、「三昼夜の建言お用いなく、かかる暴挙の御振舞、私共に於て知るところに非ず」と答え、老中の命を奉じなかったと記してある。この『閑水手記』に翔鳳丸を幕艦咸臨丸が追撃し、紀州沖で撃沈したとある。似てはいるが違っている。

これもこの機会に書いておく。上方にいる老中の板倉伊賀守勝静は薩邸焼討に反対で、十二月二十五日より前に、江戸に火災があったとき、その機に乗じ、薩邸討つべしといきまく庄内藩その他を、人あって宥《なだ》め中止させたと聞き、「上方も江戸も、ひたすら静まりいて、薩藩に乗ずる機会を与えてはならぬ」といった。十五代将軍慶喜の意もそれだった。勝海舟の意見も又それだ。これらと、西郷吉之助が相楽総三等をして、薩邸焼討に導かせた事実とを対照すると、西郷さんはテのある人だったという説が首肯《うなず》けるし、幕府が自分のところの多数に引ずり倒されたことが察せられる。

◇

北品川宿の浄土真宗大谷派の正徳寺（日夜山善水院）の僧で、平松理準といって、そのとき年七十二、法燈を次代に譲り、南品川の隠宅に閑居していた。美濃の国安八《あんぱち》郡小野村［現・岐阜県大垣市］の専勝寺に生れた詩人で歌人である。歌の方では南園といった。

薩邸浪人が品川に放火したことは前に述べた、その〝薩摩火事〟で、平松南園の隠宅が焼け、十五歳から始めたという夥しい『日記』が灰となった。『雑録』二百七十余冊、それも灰となった。詩歌の稿本三百余巻、これも灰になった。最も惜しむべきは勤王の同志知己と往復した書翰がすべて灰となったことである。

〝薩摩火事〟で蔵書をも灰にしてしまった南園は、『康熙字典《こうきじてん》』だけは欲しいが金がない、そこで、おなじ品川の有名な万松山東海禅寺の圭窓和尚を訪ね、金を二両貸せといった。和尚は快諾、早速、二両出したので、南園がその場で証文を書いた。証文は次のような七言絶句だった。

借二字典価金於圭公一賦二迷蔵詩一代レ券
二月江東去討レ梅　両処梅荘共爛開
借問桜花何日好　用レ意再遊為レ約回

この南園が〝薩摩火事〟で、詩稿も記録も、悉く灰としたのに拘《かかわ》らず、芝三田の薩邸焼討の跡へ行き、丹念に見て廻っているうち、鬱勃たる感慨禁《とど》めがたく、次の詩を賦した。

庄内侯将㆓二三諸侯㆒砲撃放火、延焼及㆓市街㆒
暴火開㆑端皇国災　利兵堅甲作㆓灰塵㆒
枯荄紅染英雄血　何日春風吹㆑緑回

〝紅ニ染ム英雄ノ血〟といい、〝利兵堅甲灰塵ト為ル〟といったのも、幕府側をいったのでないこと勿論だ。さればこそ〝何ノ日カ春風緑ヲ吹イテ回ル〟と結んだのである。この詩が幕吏の耳に伝わり、捕えられたが、多い歌の門人の中に幕吏に顔の利くものがあり、それらの奔走で江戸構えで済んだ。江戸構えにはなったが、幕府の瓦解で、何のこともない江戸構えで終った。

勤王僧平松南園のことは世にさっぱり伝わっていないので、ここに小伝と逸話の二、三を記しておく。

南園は京都にのぼり、高倉の学寮に学ぶうち、頼山陽《らいさんよう》、中島棕隠《なかじまそういん》、篠崎小竹《しのざきしょうちく》などに詩作を学び、藤井竹外、梁川星巌《やながわせいがん》、小原鉄心《おはらてっしん》などを知己にもった。二十八歳、江戸に来り、牛込の伝久寺に草鞋をぬぎ、浅草別院の或る寺で所化《しょけ》をしているうち、感ずるところあって上野の東叡山に入り、慧澄《えちょう》律師に師事して天台を学び、佐藤一斎、亀田鵬斎の門に聴き、詩は好きでもあり才もあったので、大窪詩仏、菊池五山、釈梅痴などに学んで、宋詩の妙を会得しようとした。天下の詩僧たらんと志したのである。

品川正徳寺の法燈をついでからのこと、彼は勤王の熱情を内に蔵し、遂に挺身その実践に乗り出したのが、アメリカのペリー提督が相州浦賀にやって来たときからで、六十歳と六十六歳の二度、宗務に託して上京し、四方の有志と交わり、江戸方面の密使の役を引受けた。そのころの江戸の僧は、佐幕一点張りで、僅かに得た同志は、成田恒斎（薩州・医師）、八本橋里（長州藩士）、津田梅雨（播州・医師）、天台僧大夢（後に還俗して岐蘇良三郎という）、天台僧黙仙（姓は大橋・後に還俗し地方官となる）、江戸城本丸の御坊主某、これだけだった。このうち本丸の御坊主は、幕府の動静を探知するのに、最もいい位置にいるので、秘密を嗅ぎ出して南園等に知らせる、南園等は詩の会と称し南園の隠宅に集り、雁皮紙《がんぴし》に細字で情報を書き、それをシンにして細引縄をつくり、時候の有りふれた物を荷作りして、その細引縄で括《から》げ、京都の同志のところへ、単なる贈答品とみせかけて発送した。これをずっと続けているうち、或る夜、例によって同志が集り、密報を細引縄に仕込んでいるところへ土地の岡ッ引が、突然、踏込んだ。

岡ッ引は踏込んではきたものの、アテが外れたというのは、南園が使っていた女の奉公人に不都合があったので暇を出した、するとこの女が、逆怨みをして岡ッ引に、「正徳寺の隠居は妙な人を集め奥の間でこそこそ何かやって、わたし達に何をやっているか判らせまいとしている」と話した。岡ッ引はその話を賭博をやっているのだと解釈して、根掘り葉掘りして女の口から、「ばくちに違いない」といわせて、そうだろうと得意になり、そこで踏ンごみ、脅かしつけて、いくらかの金にする心算であったのが、さて踏込んでみると、医者と僧侶と武士とが、紙に難かしい文字を書いていたので、「何をしているんですか」と聞くより他なかった。「詩をつくっている」という返辞に岡ッ引は二の句がつげず、「そうですか、では、余り大きな声で話さないでください、お休みなさい」と、狐鼠狐鼠《こそこそ》去った。これでこのときは済んだものの、幕吏に知られれば首がない。

頼三樹三郎［山陽の子］が江戸へきたとき、南園がそッと我が家へ泊らせた、この事から危く京都への密報が露顕しかけ、難を逃れるため目黒祐天寺の僧のところへ隠れた。祐天寺の僧が歌の門人なので、同寺の縁の下に隠匿ってもらうこと二ヵ月、その間に人あって、幕府側に奔走し、不問に附されることとなり品川へ帰った。

南園の勤王事蹟を知っていた最後の人は、文学博士細川潤次郎男爵だった。細川は南園表彰を周旋しようとしたが、「身は方丈にあり」といって固く辞し、履歴の提出を断った。そのうちに細川も世を去り、南園の勤王事蹟を目撃したものが一人もなくなり、それなりになって今日に及んでいる。

南園は歌学を香川景樹に聞いたのが五十過ぎてからだという。「和歌はありの儘を咏め、歌書を学んでから咏むには及ばぬ、咏みつつ学べ、即ち八百屋と同様だ、売りつつ仕入れる。日本人の言葉は自ら和歌となっている。〝門前に豆腐屋の声聞ゆなり、おさん出て呼べ行きすぎぬ間に〟これだ」と、常に門人達にいった。

南園は京の大田垣蓮月尼《おおたがきれんげつに》と友人だった。六十歳で勤王実践のため上京したときの初夏、蓮月尼を訪れたが不在だった。そこで門に、〝けふも又若葉に門をまもらせて、山ほととぎす君や尋ぬる〟と書いて去った。その後、蓮月尼から、〝ほととぎすあさり顔して死出の山、こころみがてら越えてみしはも〟と一首を送ってきた。やがて秋になると蓮月尼から、〝山里の月見にきませ都びと、門の畑芋煮てまつらなむ〟といって来た。

南園は蓮月尼を訪れた。話がはずみ、夕方の四時ごろから夜の八時ごろになったので、帰ろうとすると、蓮月尼が、〝今宵さは木の葉の衾《ふすま》苔莚《こけむしろ》、敷《しき》しのべてもこころみよ君〟と歌を示したので、その夜の宿を庵に借りた。

蓮月尼は浄土宗信者で、仏前にむかい勤行《ごんぎょう》をはじめた、南園はそのうしろに坐り、助音《じょいん》して念仏を修した、そのあとで御内仏をみせてもらったところ、それは宇治の茶摘人形で、仏像ではなかった。「どういう訳ですかのう」と尋ねると、蓮月尼の答えは、「わたくしは孤独のもの故、跡つぐ者もなし、弥陀仏を安置し奉り、死後、粗末ありては勿体なし、これにても慈尊を観ずるに足る」といった。

蓮月尼が世を去ったと聞いて南園は、悼歌を咏んだ。〝彼の岸の蓮《はちす》の上に住みかふる、月の光のをしくやはあらぬ〟と。

南園は明治十四年十一月十日、世を去った、時に年八十六。

◇

薩邸の焼跡はそのままになっていたので、貧乏人も貧乏人でないものも、続々出掛けて行き、焼残りの土蔵をブチ壊し、長屋を引掻き廻し、有りとあらゆる物を盗み去った。焼跡の焼釘まで盗み去られた後の十二月二十九日になって、幕府は作事奉行に、板囲いを急ぎ仕切れと命じ、同時に三田の薩邸跡は、松平阿波守（徳島藩）、高輪の薩邸跡は有馬中務大輔

（久留米藩）、三田小山の佐土原藩邸跡は松平伊予守（丹後宮津）に管理を命じた。

それより先、幕府は〝召捕、降参〟の人々を町奉行に渡そうとしたが、町奉行駒井相模守、朝比奈甲斐守が応じないので、伝奏屋敷へそれらを押込め、鳥井丹波守（下野壬生藩）をして警衛させ、その翌二十六日、薩邸浪士の潜伏するものを召捕れと命令を発した。それとともに、品川宿、内藤新宿、板橋宿、千住宿、岩淵宿へ関所と見張所を急拵えに設け、江戸城はもとより、上野山内をも固め、新し橋、喰違い、水道橋、昌平橋、和泉橋、下谷新し橋を締切り、柳橋も締切るという厳重な警戒をした。

渋柿園の『五十年前』は市中の景況を、〝いつもに変らず、餅搗き、松飾、紙鳶、羽子、厄払い、借金取りの声のうちに、三年（慶応）は暮れて、めでたい正月がのどかに来た〟と書いている。

焼討余談の一ツ。

その頃、芝居道の策師河原崎権之助が、新しく芝居小屋を許可される手配をつけ、いよいよという日が薩邸焼討の当日で、『手前味噌』（三代目中村仲蔵）に、「御番所へ行き（註・権之助等が）、お腰掛にて待っているところへ、生首を三ツ四ツ青竹へ括り荷《にな》いくるや、手負いのもの、生捕りなど追々来り、一同見て驚きいるうち、御番所も引け、追って呼び出すとのことにて、そのまま沙汰止みとなりたり、この時、河原崎に運なく気の毒なりし」とある。御番所は町奉行所のこと、数寄屋橋の南町奉行所だったろう。

焼討余談のこれも一ツ。

美しい女形の三世沢村田之助が、横浜のアメリカの医師ヘボンに、脚の切開手術をうけた日が、薩邸焼討の日だったと、現存の市川筵女《えんじょ》が語ったという。『明治演劇史』（伊原敏郎博士）にヘボンの田之助手術の第一回は九月十五日だとある。手術の第一回は右脚の指だけを断ち、その後の手術で右脚は膝の上から断ち、左脚は膝の下から断ったということだから、筵女の話のごとく、ヘボンが両足の切断をやった日が薩邸焼討の日だったかも知れない。

田之助といえば、翌年の慶応四年の正月は、芝居の興行がなかった、これは薩邸焼討があったためである。

将軍と入水者

焼討のあった翌日、麻布《あざぶ》竜土《りゅうど》町にあった伊予宇和島十五万石の藩主伊達遠江守宗徳の上屋敷へ、一人の浪士がやって来た。見たところ年は二十ぐらい、ひどく疲れていて血色が甚だよくない。正門にある面番所を叩いて門番人に、「ご当家の重職の方にお目にかかりたい」という、その顔つきといい、語気といい、殺気を帯びていて、取次を断りでもしたら、刀をすぐ引ッこ抜きそうな気配がある。

そのときの宇和島藩邸には、藩主は居らず夫人も既に国許へ引揚げ、江戸定府の主なる人々も引揚げ、至って無人で、監察の檜垣弥三郎その他数人がいるのみだった。檜垣は幕末の宇和島藩の名臣吉見長左衛門の甥である。取次のものの話を聞いて、「よろしい、どんな奴か会ってやる」と、若い浪士を門内へ入れて会った。

若い浪士は、「自分は考えるところあって、有志のものと、三田の薩州邸へはいっていて、昨日の事に立ち至ったものです」といった。檜垣は驚く気色もなく、「それで、どうなすった」と、聞くと浪人は、「品川沖の薩艦へ乗りこむため沖へ出ましたが、幕府の軍艦の間に海戦となって、われわれの艀舟は遂に乗り遅れ、羽田へ一同が上陸して、一先ず分散し、今後の機会を待つことになり、昨日から自分ひとりとなり、幕吏側の眼をのがれ逃れて只今これまで参りました。願わくば両三日の間お隠匿《かくま》いくだされまいか、お願いします」といった。檜垣はすぐさま、「承知しました、武士は相見互いです、拙者の一命に換えても必ずお隠匿いするからご安心なさい」と快諾した。この若い浪人は、そのとき本名を打明けた、大和十津川郷の風屋の出身で、前田正人、二十歳。後の前田隆礼《たかのり》陸軍中将である。

前田正人は文久三年、十六歳のとき京都に出て、禁闕《きんけつ》守衛の任に就いて、その年八月、恰度《ちょうど》、帰郷しているとき中山忠光を盟主に戴きたる天誅組が、大和五条の代官鈴木源内等を血祭りにあげ、八月二十一日、天の川辻に本陣を布き、十津川郷士を召募した。郷士は野崎主計をはじめ、八月二十五日までに来り投じたるもの総数九百六十人、その中に子供子供した前田正人があった。天誅組が大和の国高取藩（二万五千石・植村駿河守家保）の違約を憤り、攻撃したが勝てなかった。そのうちに京都から、「中山侍従などと申し候人、差下され候儀一切これなく」と十津川へ沙汰あるに至った。これは筑前の平野次郎（国臣）が、その始めに学習院の命で、天誅組挙兵を差止めにきたとき、松本謙三郎（奎堂・三州刈谷）が、「義を執りて賊名を避けず」と答えて応じなかった。その賊名を被むるときがきたのである。相楽総三等の最期が又それに似たところがある。

十津川郷士中に賊名を厭うものが尠くなかった、遂に郷士の主なる野崎主計が脱退して、責を一身に負って自殺した。それによって郷士の脱退続出し、天誅組一千余人といわれたのが、僅々百余人に減じた。天誅組残りの人々の、悲壮な最期が諸所に起ったのは、これから後、間もなくである。

前田正人は高取藩攻撃をはじめ、実戦を経験した。が、郷党の殆どが天誅組を脱して帰郷したので、九月二十五日の未明、おなじく脱退して、風屋の父前田利一の許に帰った。翌年の元治元年の二月から十一月まで、伊勢の津に行き、剣客清水勝太郎の門人となって剣道を励んで帰郷し、二十歳の四月、江戸に出てイギリス式調練を学ぶうち、その十一月、三田の薩邸の相楽総三の浪士隊に投じた。こういう経歴をもっていた。

竜土町の宇和島藩邸に、数日、隠匿われていた前田正人は、檜垣弥三郎その他の好意で、修験者に化け、必要なだけの雑とした智識を急仕込みに仕込み、東海道筋を京都へのぼり着いたのが、翌年の二月だった。

そのころ相楽総三もその他の同志も、京都又はその近くにいた。しかし、正人の人生行路は全く違った。入洛して間もなき三月、伏見練兵所の嚮導《きょうどう》を命ぜられてはいった。これが陸軍軍人として赫々《かっかく》たる武勲をたてて、生涯を終える端緒となった。

正人はその年六月、半隊長として北越戦争に向い、越後新屋の戦いで右の股に銃創をうけ、戦いつづけて十二月伏見に凱旋した。明治二年二十二歳で中尉職務、豊後日田の暴徒鎮定に向い、明治五年は年二十五で、陸軍中尉に任ぜられ大尉職務、そののち陸軍大尉に任ぜられ、江藤新平の佐賀の乱の討伐、台湾征討、西南の役の戦闘を経て、明治二十八年の日清の役には歩兵第八聯隊長で渡支、台湾の賊徒征討を終えて凱旋、明治三十七、八年の役には、陸軍少将で前田隆礼といい、第二十二旅団長で出征、乃木軍にあって旅順攻囲戦に従った。

この役で幾つとなき逸話がある。その一ツに、東鶏冠山《とうけいかんざん》を奪取せんとして、衆議の反対を斥け、十五珊《サンチ》砲を砲塁にひきあげ、敵に砲火を浴びせて沈黙させ、〝臼砲《きゅうほう》を敵に接触せしめて砲撃するは無謀なり〟という説を一変させたことがある。旅順開城となるや、旅順を見学するものが多かった。前田少将のみ独り笑って、「旅順を攻めて取るために俺達は闘った、我がものになってしまったら見るには及ばん」といって遂に見なかった。有名な乃木希典将軍の北進猛行軍に、前田少将の旅団もあった。零下十五度から三十度に及ぶ気候で、馬乗のものもたびたび徒歩して暖を求めたが、行路百三十里、「将官は馬からおりるものじゃないよ」といって、ただの一度も徒歩しなかった。奉天《ほうてん》の大会戦では三月三日から七日までの瘤山と石山に拠る強力な敵と闘い、旅団の将校は隊長と副官だけ、あとは残らず死傷したという大苦戦にあたり、兵に伍して士気を鼓舞していたが、石山占領にあたり、頭に貫通銃創を被り、経過が良くなりかけたのだが、明治三十八年三月二十六日、戦線から後送された五竜口で歿した、時に年五十八。死後、陸軍中将に任ぜられ、その子の前田勇が男爵を授けられた。

前田中将は馬の絵が得意であった、日清の役後、三国の干渉があったとき、慷慨悲歌が世を覆うた。そのとき、次の一詩を賦した。

満洲原野必争地　休レ嘆如今奏効空
若有二露兵一窺二此土一　再鞭二汗馬一入二遼東一

果して十年後に、日露戦役が起り、将軍は汗馬に鞭うち再び遼東にはいった。

酒の好きな前田将軍だったが、戦闘開始の前からぴたりと禁酒するのが例だった。「酒は平時のものだよ、酒をのんで戦さしたら兵隊を多く殺すからな、俺は飲《や》らんよ」と。

明治二十五年ごろか、歩兵第一聯隊長で大阪にいた大佐のとき、市中で、檜垣弥三郎に邂《かい》逅《こう》し、伴って帰り、慶応三年の十二月二十六日から数日の間、隠匿われた当時の感謝やら回顧談に花を咲かせた。そのときの檜垣はどうやら薄倖らしかったので、何事でも引受けるからと申出でたが、さすがに武士気質の檜垣だ、話を他にそらして、金を貢《みつご》う、何なりと奔走しようという申出でに応じなかった。その後、たびたび手紙を出したが返書もこず、手紙も戻らず、そのうちに日清戦争となって出征し、凱旋後又手紙を出したがこれもそれなり鳧《けり》だったという。

◇

薩邸浪士のひとりに殿木《とのき》春次郎という十九歳のものがあった。父は日本橋榑正町《くれまさちょう》の医者で殿木竜伯といい、その前は阿波徳島の蜂須賀家の藩医だった。弟の殿木竜仲を推薦して後任に就かせ、自分は町医者となった。この竜伯に政太郎、春次郎、三郎と三人の男子があった。長男政太郎は出でて前田家を嗣ぎ、三男三郎は、横浜市の百貨店野沢屋の社長となった。次男春次郎は剣をだれに学んだのか目録に達していた。学問は弟の三郎が信夫《しのぶ》恕軒《じよけん》、平田某の門に学んだという、ただそれだけからの臆測だが、春次郎も又その平田に学んだのではないかしら、そうして平田とは平田篤胤の後の銕胤、延胤《のぶたね》のうちではないかと、想像を走《は》せる以外、知るべきものが全くない。弟は兄春次郎が世を去ったとき僅かに六歳だったのと、父竜伯はじめその当時を知っているものや、伝聞しているものが、悉く世を去った今では何とも判りようがない。

殿木春次郎は焼討のその朝、三田通用門の内側で、上の山藩の門奈惣右衛門が率いる槍隊と闘い、咽喉に槍疵をうけたが、斬り抜けて、三田通りへ出た。同志とともに引揚げて行く途中で、疵に晒木綿を巻いただけで、頗る元気に鮫洲まで行き、漁船の一ツに乗ったが、翔鳳丸に漕ぎつけられず、上陸した羽田でおもい思いに分散となるや、独り変装して江戸へ潜入し、夜更けに父の家へ戻った。

春次郎の母はその数年前に死亡し、二度目の母がきてから弟三郎が生れ六歳になっていた。二度目の母は河東節《かとうぶし》九世の宗家十寸見《ますみ》可慶（伊藤金次郎・三世山彦秀次郎）の娘で、名を千代といい、河東節の唄も三絃も名手だった。河東節十一世の宗家で名人山彦秀翁には妹にあたる。この人が率先して春次郎を隠匿った。が、榑正町では人目につくので、深川御船蔵附近に住む三井の大番頭脇田久三郎に隠匿ってもらわんとし、その一方で、父竜伯は何とかして春次郎を救わんと、弟の竜仲に頼み、蜂須賀家に嘆願した。宇和島藩の檜垣弥三郎と違って、蜂須賀家に生憎と檜垣みたいな人がいない、何と嘆願しても肯いてくれなかった。春次郎はそれを覚り、累《かかりあ》いがやがて父や義理の母に及ぶを悲しみ、そッと家を抜け出し、永代橋まで行き入水した、水練に長じているので死に切れず、已むなく這いあがったのが河岸で、気がついてみるとその近くに伯母夫婦の家がある。よろめく足で御船蔵近くの脇田久三郎方へ辿り着いた、深夜のことである。久三郎夫婦は驚きながらも快く隠匿った。

幕吏の探索が激しいので、久三郎夫婦は春次郎を縁の下に寝起きさせ、食事は夜中に人知れずはこび、大小便もそのとき受取って始末するようにした。そのうちに元旦となり十日正月となった。幸いに春次郎のことはだれも知らなかった。とはいうものの、咽喉の疵が化膿して悪臭が甚だしくなっていた。それを紛らす手段に、久三郎夫婦は困った。

春次郎はこのままここにいては、幕吏に捕われるだろう、そうなったら伯母夫婦は罪科に処されるだろう、それでは済まぬと考え、遂に意を決し、夜中にそッと抜け出し、再び永代橋から入水した。前には元気だったからだが、今度は疵の悪化で衰えているので、大川の底の藻屑と消えた。時に慶応四年正月十三日である。

弟の三郎が長じてから、父竜伯は毎年正月十三日の夜、春次郎をおもい出して泣いていった。「世に薄倖といって春次郎の如きは少いだろう、今二ヵ月、辛抱していたら、明治の聖代の御光りに浴せたものを」と。三郎は父のこの言葉を深く記憶した。

三郎は青年時代を政治運動に投じ、政治小説『室之梅』の著がある。『大日本帝国憲法註釈』『民刑訴訟必携』『市制町村制註釈』『政海之波瀾』などの著もある。その後、実業界に転じ、久しく名古屋にあり、晩年は前いったとおり横浜野沢屋百貨店の社長であった。この人がその後の久しい間、明治維新に関する本をいろいろ探して調べたが、殿木春次郎の名を見出さなかったので、亡父の述懐は、何か事実に錯誤があるのだろう、そう思う他なくなった。ところが、雑誌『文藝春秋』(昭和十年新年号)に筆者の一文がのったその中に、殿木春次郎が薩邸を出て翔鳳丸に乗れず、羽田に上陸したことがあった。三郎はそれを見て驚喜し、亡父のいえることは真実なりと、ここに、六十八年目の昭和十一年一月十二日、〝明治維新志士碑〟を高輪泉岳寺の三門の南側に建てた。除幕式の日を春次郎入水の前の日に選んだのである。当時、六歳の童子だった弟が、白髪の翁となって亡兄の顕彰をやり、流涕して挨拶を述べた光景は、劇的だった。

前田正人の陸軍中将前田隆礼と、殿木春次郎とをくらべると、人生の多岐が伺われる、行路の変化の奇しきに驚かされる。

突破成功者

羽田上陸の浪士で、氏名がわかっているものは、次のごとき僅かな数である。但し繰返していつもいう如く、誤脱を免がれず、又、姓名に誤字が多少あるだろうし、変名仮名が錯雑しているものがないと云えない。何分にも〝薩邸浪士隊とその後身〟については、纏ったものが、七十四年乃至七十三年の今日までにただの一冊もないのだから、「第一草稿」として本編をつくること、容易ならぬものがある。この点、諒とせられたい。

薩邸脱出羽田上陸浪士氏名
梅沢徳之助（武州川越在の修験者）
島林敬一郎（野州足利脱藩・鈴木敬哉・本名を長沼良之輔と称せり）
久保田健吉
大新田　新
長井　斎
竹沢源次郎
八木要之助
小島馬次郎
瀬山倉之助
殿木春次郎（江戸日本橋榑正町医師殿木竜伯次男）
神田　湊（甲府・早乙女力・浅井才二）
中村恒次郎（小栗篤三郎門人という・千葉門下の剣客）
戸宮　一郎（常州土浦・水戸浪士）

渡辺　主馬（駿州田中・後に近藤俊助）
福島　均平（武州黒須）
菊　池　　斎（秋田・後に竹貫三郎）
金輪　五郎（羽州阿仁銀山町・志渡長次郎）
上田　修理（武州・長尾真太郎・辰年ノ春悪事アリ斬罪）
岩屋鬼三郎（秋田・後に世古蔵人）
横山　明平（武州川越辺・立山奇平ともいう）
横見　良三（武州松山・早田良助・三芳良三という）
加藤　隼人（甲府・後に牛田静之助）
山田　謙三（紀州）
大谷　総司（下総佐津間・渋谷謹三郎）
丸尾　雄蔵（武州忍・後に丸尾清）
佐々木豊吉（備後福山脱藩）
藤　田　　新（野州宇都宮・後に大藤栄）
望月　多仲（上州館林脱藩・後に高山健彦）
尾崎忠兵衛（江戸・後に川崎常陸）
安田丈八郎（美濃大垣・後に今大路藤八郎）
常城藤三郎（後に山口金太郎）

北村　佐七（濃州関ケ原・赤松六郎又は三郎という）
宇佐美庄三郎（後に金田源一郎・宇佐美庄五郎）
信沢　武馬（駿州田中藩・後に信沢清記・信沢清紀）
飯田　栄蔵（後に飯田官次郎）
大　増　司（後に真柴備）
辻　啓次郎（讃州高松藩医の子）
松田　正雄（上州・長井義助）
小川　香魚（武州飯能・小川勝次郎・梅咲香という）
原　三　郎（武州川越在・桜国輔という）
伊丹桂二郎（江戸旗本の子・河辺兵庫と称す）
石川　伴七
坂本嘉三郎
藤田　一郎（紀州）
岡田　養玄（後に垣沼玄江・岡田信造の誤か）
結城　四郎（出羽最上・最上司・村山誠吾）
内海　静美（武州川越・内海茂十郎）
岩波廉之助（信州諏訪）
計　四十八名

前に書いた前田隆礼中将の前身たる前田正人が、この中に変名ではいっているか、或は漏れているか、知れない。

◇

武州多摩郡平井の出身で森田谷平の名が、前に掲げた翔鳳丸乗船組のうちにある――それは『赤報記』にも落合直亮の手記にもあることなのだが――ところが、当の本人は乗船しなかったと生存中に直話したものが、相楽総三の孫の筆記で、保存されてある。森田は木田谷平ともいい、仙石谷平とも称し、野州出流岩船の戦争では平井五郎といったことは前に書いた。野州で死刑になった人名録に平井五郎の名があるが、脱して江戸の薩邸へ帰ってきたこと、これも前に書いた。平井五郎の森田谷平は、よくよく間違われる人である。その平井の話というのは、大正年間、老いて落魄し、相楽の孫に振舞われた酒を喜び、元気よく語ったもので、大要は次のごときものである。

「私はみんなと別れ、ひとりになって京都をめざした。昼のうちは成るべく歩かぬことにし、夜こッそりと歩いて、小田原まで行き、茶店があったので、そこの奥座敷へはいり、酒を飲んで睡ってしまった。ひと寝入りすると、二、三人の話声が耳について、目がさめた。何を話すかと聞く耳へ、同志の最期の話が入ったのでぎょッとした。その話というのが、この間御分家の御陣屋で狼藉をはたらいた奴の同類が、きのう三人取押えられて御処刑になったそうだという話だ。小田原で御分家の御陣屋といえば、相州荻野山中の大久保氏の陣屋焼討のことにきまっているので、申すまでもなく処刑にあった三人とは、薩邸にいた同志で、羽田上陸組に違いない。そういう話を聞くと、背筋のところが、すうッと冷たくなり、いくら睡ろうとしても、今度はもう睡れなくなった、そこでこれではいかぬと気がつき、小田原藩の捕り方の奴等に踏込まれた時は、斬れるだけ斬って自殺だ、こう決心がつくと気持が平らになってきたので、寝た振りをしたまま、刀を引きつけ斬合いの用意を肚で決めている、その一方で、これからどうしてこの小田原を通り抜けてやろうかと、仕切りに思案をしてみた。午後になったので目がさめた振りをして、勘定をはらい、外へ出たが、油断はならない、といって人目につくのはこの場合大禁物だから、平気を扮って歩いた。幸いに何者にも怪しまれず、箱根へかかり、それからは毎日のように、ぎょッとするようなことに会ったが、とうとう何事も起らず、翌年の正月中旬、やっと京都へ着き、東寺へ行って聞くと、相楽さん達は赤報隊を組織し、相楽さんが隊長で美濃路を下ったと聞き、早速、後を追いかけ、柏原駅で追いつき、入隊した」

相楽総三の隊が、濃州柏原へ宿陣したのは慶応四年正月十七日であるから、足掛け二十九日目に合した訳である。

京都へ最も早く無事に着いて、相楽の許へきたものは金輪五郎（志渡長次郎）である。金輪は羽田から東海道を巧みに潜伏し、正月五日、京都に入り東寺へ行ったのが、恰度、相楽が隊を率いて東寺の近くに宿陣したときだったので、すぐ合流した。その次は、正月八日に江州の松尾山に宿陣の相楽のところへ、夜に入ってから羽田上陸組の早乙女力（浅井才二・

後の神田湊）と安田丈八郎（後の今大路藤八郎）がやって来た、それから翔鳳丸乗組の水村吉三郎（後の笹田宇十郎）も来た。水村はずうッと相楽等と一緒だったが、病気に罹ったので、京都の薩摩屋敷に預けてあったのが、治るか治らぬかに、相楽を追駈けてきたのである。水村は病気でなく、相州の大久保家陣屋を夜討したときの負傷悪化のため、預けたのだともいう。

第三次の合流者は一月十八日、東山道今須の宿で、宇佐美庄五郎（後の金田源一郎）、大増司（後に真柴備）が、道中何ごともなく京都へ着き、京都から追いかけてきて一緒になった。第四次は一月二十日、赤坂の宿で、渡辺主馬（後の近藤俊助）、藤田新（後の大藤栄）、小島祐之助（この小島は小島馬次郎か別人か、或はいう江戸の人神山小次郎）が到着した。第五次はその日のうちで、菊池斎（後の竹貫三郎）、望月長蔵（多仲・後の高山健彦）、北村佐七（後に赤松六郎）が、これも三人連れで到着した。他にもう一人、京都の薩邸にいた薩藩士竹内健介が来り投じた。第六次は一月二十八日大久手の宿で、大谷総司（後の渋谷総司）、丸尾雄蔵（後の丸尾清）、横山明平が三人づれで追いついて合流した。この他にもあるだろうが、何処で合流したか判然しない。

江戸の伊丹桂二郎（十七歳・後に河辺兵庫）は、讃州高松藩の辻啓次郎（十七歳）と、福山脱藩の佐々木豊吉と三人で、伊勢まで来たが、分れわかれとなり、佐々木は水戸へ行き、辻は高松へ帰った、伊丹だけ相楽のところへ来た。

◇

前にいった平井五郎の森田谷平が、「三人死刑になった」と噂に聞いたその三人には、『赤報記』では「三名、小田原藩の手にて弥勒寺という処にて斬らる、後に小田原竹ケ鼻の大乗寺の住僧、その首を埋葬して墓碑を建つ、その姓を早川氏、栗林氏、坂本氏という、その名不詳、戸宮一郎も同寺に預り仮葬す」とある。これは栗林芳五郎、早川均、坂本嘉三郎で、坂本だけが『落合手記』人名簿にあり、栗林、早川の両人はない。浪士の一人で石川伴七が小田原で死んでいるから、早川、栗林のどちらかが石川なのかも知れない。

江戸の薩邸焼討のとき、鮫洲へ行かずに四散したものが多い。その中で、判明しているものは、次の人々だけである。

山川　竹造（武州飯能・元新徴組）
堅野多一郎（上州中ノ条？）
三松多聞太
長山源十郎（上州）
宇都宮三郎（野州宇都宮・水戸に行く）
佐藤栄十郎（常州出浦）
小島恒太郎（木島恒太郎か・武州黒須）
梅沢徳之助（羽田上陸・帰国せし由）

この中の山川竹造は新徴組にいるとき、小頭桜井万之助と争い斬られたという経歴があった。去って後のことは、不明。

生擒・銃刑・自殺

小田原藩士の側から観た羽田上陸組の追跡と殺傷の様子は、『戊辰国難記』(旧小田原藩士関重麿)と、『神原富文談話筆記』とにある。関は関一鷸《いちろう》といって、文政七年の晩春、常陸国磯浜村祝町《いわいまち》［現・茨城県東茨城郡大洗町］で、父の敵の成滝万助を討った小田原藩の浅田鉄蔵、門次郎兄弟の妹が祖母で、浪士を追跡したときの隊長だ。神原富文は旧の名を何といったか知らない。関一鷸隊の隊士だった。

神原はその年十二月、同僚四人とともに、江戸勤番を命ぜられ江戸の藩邸へ着いてみると、状況の険悪に驚いた。日が暮れると街に人通りが絶え、商家は早く戸を固く閉ざして商いをするものなく、辻斬りは毎晩のことで、出火はひと晩に四たび五たびに及ぶという有様で、薩邸の浪士が諸侯や富豪の邸宅へ押入り、屋敷を毀《こぼ》ち金を奪うという噂が、乱れ飛んでいた。小田原藩邸では荻野山中の分家を焼討されているので、薩邸浪士が押入ってきたとき、如何すべきかと相談があった。神原の進言が容れられ、玄関に五斤砲を据えつけ、やって来たら砲撃し、あとは刺し殺し斬り伏せることに手筈を定めた。が、薩邸浪士は江戸では諸侯を襲わなかった。押入ったのは前にもいったが、幕府に資金を融通したり、武器を売ったりする家に限られていたので、小田原藩のこの武備は、実際の用に立たずに済んだ。

　神原は十二月二十五日帰国すべしと命があったので、その日の早朝、芝の上屋敷を出た。昔のいい方ですると増上寺海手《うみて》、現《いま》でいうと芝橋浜松町に上屋敷があったのだから、三田方面のことは午前四時出立であった故もあって知らなかった。かなり歩いてから江戸の方で大砲の音を聞いたという、薩邸の砲声か、回天丸などの砲声か、定かでない。とにかく、後で、あの砲声が薩邸討払いだったかと知った訳だ。江戸小田原間を一日のうちに強行した神原は、疲れてグッスリ睡っていると、その夜中に非常呼集だ。駈けつけると、若手の藩士が三十人ばかり選抜された。神原もその選抜の中にあった。命令は「薩邸の賊が十日市場方面に向いつつある、直ちに行きて討滅すべし」というのである。隊長は関一鶴である。関は荻野山中の陣屋討ちのとき、討伐に出動した人である。

　そのとき、小田原藩側にはいった情報では、薩邸の浪士どもは、大師河原方面から川崎宿に一隊のものが来て、先触れを発して、「薩邸の在江戸の士二百人、このたび、召に応じて上京す」といって、東海道をのぼると思わせておいて、大山街道へはいり、馬入《ばにゅう》川を渡って相州大住郡子《こ》易《やす》村［現・神奈川県伊勢原市］にはいったというのである。それからは間道伝いで、京へのぼるものと推定された。

　小田原藩の国老岩瀬大江進、渡辺了叟等は、城門を閉じさせ、江戸口見附に兵を派して固めさせ、関一鶴を召し、どういう策があるかと聞いた、関は「彼等は二百名と号していますが、数十人に過ぎますまい、私が半隊の士を率いて参りましょう」と答えた。そこですぐさま出発を命ぜられた。この一隊の士分は十六人、あとは足軽歩卒で合計三十人ばかりだった。

　このころは情報が正確でなく、荻野山中藩を焼討した連中が引続いて、相州を荒していて、その者どもがやってくると解釈するものが少くなかった。

　関は半隊を率いて酒匂橋で点呼をつけ、合言葉を決め、出発して、国府津《こうづ》村「現・神奈川県小田原市」にはいると、その前に出ていた斥候が帰ってきたのに会った。斥候は「薩州人二百上京とは偽りで数十人です。彼等は子易村に休憩し、夜明けに曾屋《そや》村に向い、矢倉沢越えをする様子です」と告げた。

　そこで関は、曾屋村「現・神奈川県秦野市」に急行した。斥候を出して村の様子を探ると、浪士は堀村にいると判った。小田原あたりの唄に〝二人で逃げても遠くはゆかぬ、十日市場が関の山〟曾屋というより十日市場といった方が、そのころ通りがよかった。堀村というのは十日市場の西にある。

　堀村にはいってみると、農家に負傷した二人の浪士がいるだけだった。一人は戸宮一郎、もう一人は姓名が判っていない。関が「同類のものはどうした」と尋ねると、戸宮一郎は「同志は小田原を避けて間道を先に行き、われら両人は負傷のため、ここに至って進退全く不自由となり、残念ながらとどまったのである。よろしく御藩の法によって処分されたい」といった。

関は堀村の村役人に、戸宮他一名を小田原へ送らせておき、村びと達にいろいろ様子を聞きあつめさせると、浪士は第六天越えの険を冒し、山北方面に向ったと判ったので、すぐ追跡にかかった。もうそのころは十二月二十七日の日が高くなっていた。ここらでもう追跡を打切って引返そうという説が出たが、神原等が肯かず、追跡をつづけることになったのである。

山北村へ関の一隊がはいったのが正午を廻っていた、聞けば浪士は神縄村で中食をして、川村という処にある［現・神奈川県足柄上郡山北町］関所を避けて北を迂廻し、駿州竹の下村へ向ったと判ったので、又もや追跡を急いだ。

竹の下辺に着いたのが夜の九時ごろ、闇夜のこととて何がいるやら薩張り判らない、そのうちに先頭のものが攻撃をはじめた。この攻撃について、関の手記には、「二吏、駿東郡竹ノ下村にてその後群に追及す、賊徒狼狽、拳銃を放ち散乱して逃走す、然れども暗夜咫尺《しせき》を弁ぜず、若干の分捕を得て追止を令し、民家を借りて、兼行長駆の労を慰す」とある。神原の談話では「竹ノ下辺に着いたのはその夜九時ごろで、そこらで聞いてみると、確かに賊徒が潜んでいる模様だったが、夜陰のこととて、何処に潜伏しているか判明せず、無暗に発砲しながら進んだところ賊徒は御殿場の方へ逃げてしまった」とある。浪士が拳銃を放ったという説と無暗に発砲して進んだという説と、二ツになる訳だ。

関の一隊は二十六日の夜中から、不眠不休で追跡したのだから、へとへとになっている。幸い小田原から林盛安、小山某の率いる農兵が応援にやって来たのに会ったので、それにあとを任せ、農家で睡りをとった。夜が明けて二十八日の朝、関は隊を率いて御殿場に行き、神原は農馬に跨って、林、小山の農兵隊が、どんな成行きをつけたか見届けに行った。領分境で農兵隊に追いついて、林、小山に様子を聞くと、「賊徒は吉原方面に落ちて行きました」とのことであった。尚、この農兵隊は「三人の浪士を捕え、領分境の山林の中で銃殺した、その三人が、早川均、栗林芳五郎、坂本嘉三郎と名乗った」、こういうことも聞いた。銃殺はその日の朝だというから十二月二十八日で、場所は、三国峠に近い相州甲州の境だという。

神原はそれから御殿場へ出て、関隊長に報告し、関はその日、小田原へ隊を率いて帰った。これで小田原藩の薩邸浪士追跡は終りになった。しかし、小田原には堀村で捉えられた戸宮一郎他一名がいる。戸宮は前にもいったが、本名を国芳房吉という。元治元年の筑波山の義挙に加わり、戦敗の後、江戸に遁入《とんにゅう》して旗本松平太郎の用人となり、それから薩邸へ投じた人で常州府中（石岡）の出身である。十二月二十七日の昼捉えられ、翌年正月元旦に負傷のために死んだ。墓は小田原大乗寺にある。栗林、早川、坂本、三士の墓も同寺にある。戸宮一郎とともに捉えられた人の結末は詳らかでない。或はこれが石川伴七かも知れない。

◇

伊豆韮山の江川太郎左衛門の部下で、三島方面をそのとき担任していた岡田貞信は、命によって部下十数人と、農兵を率いて、東海道筋に出張っていると、十二月二十六日、原と吉原の間で、早駕籠に乗っている三人が薩邸浪士らしいので、引ッ包んで召捕った。名を問うと薩藩士脇田一郎、秋月長門守家来、水筑弦太郎、鈴木来助と答えた。秋月の家来は嘘で水戸藩士だろうという説もあった。岡田がこの三人を三島駅へつれてくると、小田原藩大久保家の箱根関所の小川某（父を小川太右衛門という）が、数人の部下をつれてやって来て「このたびお召捕の三人は関所番人の申すことを肯かず、無断で通った者ゆえお引渡し願いたい、お引渡しを得ないと、拙者等の落度となるのみならず、主人大久保加賀守の落度とも相成こと故、是非お引渡しを願いたい」と懇願するので、「ではお渡しする」と岡田がいうを聞いて小川は大いに喜び、「この上のお願いは、本日は夜に迫りたれば、明日の昼間貴下の御配下の者にて箱根峠までお曳きたて願いたし。薩藩士来襲の惧れございれば左様に願いたい」というので、その晩は三人を旅籠に入れ、ひと晩中篝火を焚いて警戒し、翌二十七日、箱根駅で大久保家へ引渡した。大久保家はその三人を江戸へ護送したと岡田は耳にした。こういうことが『岡田貞信談話筆記』にある。おそらくこの三人は、薩邸浪士ではあるまい。

◇

前に平井五郎の森田谷平の小田原突破談を書いたが、神田湊（浅井才二）も安田丈八郎と一緒に小田原突破をやった。神田、安田の二人は、羽田から大森へ出て、十二月二十五日の晩は藤沢泊り、二十六日の夜は小田原へ泊った。ところが、小田原藩は薩州の浪人大山に落延び来ったというので、一番手、二番手、と二手が繰出したのを旅宿の二階からみた二人は、何とも彼ともいいようなき厭な気持だったと、後に神田がいっている。さて二人は、露顕すれば命はないもの、捉えられて殺さるるより、刺違えて死なんと相談し、そのときが今か今かと固唾をのんで待ったが、何のことなく夜が明けたので、二十七日の朝七ツ（午前四時）出立し、その夜は箱根山中に夜を明かし、二十八日、東海道吉原で上田修理に会った。上田は大山方面から裾野方面へはいり、小田原藩兵に追われ逃げて来たのだという。そここに上田と別れた二人は、坂の下駅で無一文となり、飲まず食わずで大津の宿まで来たのが夜で、尾張藩兵に咎められ、薩藩へ引渡され、宿駕籠をもらって正月七日入洛、薩州醍醐屋敷に三泊してから、相楽に追いつき合隊した。

◇

羽田上陸組のなかに、桜国輔、小川香魚、松田正雄の三人のうち、桜国輔は輜重長、小川香魚は輜重方監察、松田正雄は使番だった。この三人の交《まじわ》りは非常に深かった。年長は桜国輔で二十五歳、年少は松田正雄で十八歳、小川香魚はその中ほどの二十三歳だった。この三人は、桜国輔の実家が武州川越在の紺屋《こうや》村［現・埼玉県坂戸市］で原の大尽といわれた豪農なので、そこへ潜伏して再挙のときを待つこととし、羽田を出て府中へ行き［現・東京都府中市］府中から川越の先の紺屋村さして、野火止《のびどめ》、大和田の先なる北永井村まで来た。北永井村は現《いま》の埼玉県入間郡藤久保村北永井［現・入間郡三芳町］で、川越街道からちょッとはいった処に、永井の新平、新八という兄弟の博徒の親分で剣道がすぐれているという評判の男がいた。桜国輔の父がこの新平、新八に目をかけてやったことがあるので、今までは何事であれ、原の大尽とあがめ、用があれば何でも弁じていた。そういう訳だったので、桜国輔は知らぬ農家へ泊めてもらうより新平、新八兄弟の家へ泊れば、義を尚《たっと》ぶはずの博徒の親分だからと、安心して訪ねて、泊めてくれと頼んだ。新平、新八は喜んで迎えた。

疲れている三人だから、ぐッすり寝込んでいるその間に、新平と新八との間に、話が妙になった。隠匿ったのが発覚して、俺達が馬鹿をみるのではないか、そんなことだったら一層《いっそ》のこと、川越様へ訴えようではないか、という相談である。この話はなかなか決しなかったが、とうとう川越藩へ訴えることにきまり、子分に旨を含めて訴えにやった。

これを桜国輔、小川香魚、松田正雄が、その翌日になって覚った。三人とも血の気が多いので、変節の不徳漢斬ってしまえとなった。新平、新八は一時のがれて外へ出たが、忽ち子分どもを集め、深いことを判断できない村人まで狩出し、総勢五十人ばかりで、立去る三人を追いかけた。三人はそれに目をかけるなと、急ぎに急いで岸村まで来た。岸村は、川越市の南に接している現《いま》の仙波岸村である［川越市に合併］。

岸村で三人は、川越藩（松平周防守康英）が繰り出した討人にぶつかった。うしろからは永井の新平、新八がやってくる、挟みうちだ。三人はもうこれまでのことと、乱闘をはじめたが、間もなく銃創を三人とも受けた。

松田正雄は闘いつつ泥の深い田に落ち、負傷があるので体の自由が利かない。刀は手許から遠いところへ飛んだので取れず、自殺したいのだが、自ら頭を砕こうにも近くには石一ツない。それをみて桜国輔が、泥田の中へ飛びこんで来て、「刀を貸そうか」といった。松田は喜んで「貸してくれ」といった。松田は脇差を手にすると、「両君ひと足先に行く」と挨拶し、丈の低い竹が茂っている小高いところで、斬りあっている小川香魚に、別れの視線を向け、咽喉を掻っ切って死んだ。

桜国輔は小川香魚の方へ急ぎ、共々、敵中を抜けて一先ずそこを去り、「生恥を掻きたくない、自殺だ」と、追ってくる川越藩兵と新平、新八等を尻目にかけ、一ツところで自殺した。

川越藩士はこの三人の死体を、士として葬れと、僧侶に命じ、その場所へ——小笹の茂っている小高いところだという——葬らせた。

◇

桜国輔は、十三歳のとき江戸へ出て、日《ひ》尾《お》荊山《けいざん》の門人となって七ヵ年、故郷の川越在紺屋村へ一度帰り、翌年再び江戸へ出て、塩谷宕陰《しおのやとういん》の門にはいった。その風采を伝えるただ一ツの側面的な談話がある。それは前身が芳町芸者米八で、中ごろ政治家の光妙寺三郎夫人となり、晩年は千《ち》歳《とせ》米坡《べいは》といった女優の談話で、「薩州屋敷の焼討の時でしたね、三田の四国町に薩摩のお屋敷があったんですね、近所の者は皆逃げて空屋ばかしでした、私の家では畳をどけて御飯を炊いて振舞いを出した。——その前の晩まで薩州の方がお酒を飲みになぞ来ていましたがね、黒羽二重の五紋所の下へ緋縮緬の筒袖へ綿をどッさり入れて着ていましたが、筒袖の脈所を紐で締めてるんですがね、その紐を解くとぞろりと二分金が出て、これを芸者や何かにやるんですよ、頭は切りさげでしたよ、その中に、佐倉さんて好い男がいましたッけ――生首を竹へ突ッかけた奴など持って来たりなんぞするッて事もありましたが、怖いとも思わずにお飯《まんま》を炊いて食わせましたよ」（『唾玉集』伊原青々園編）というのである。薩邸を三田四国町といっているが、これは談者の誤憶だ。黒羽二重五ツ紋の筒袖の下へ緋縮緬を着ていたというのは、目にみる如き風俗で、そういう服装の人がいたに違いない。〝佐倉さんて好い男〟がといっているのは桜国輔のことである。紅葉山人が晩年の米坡に「秋雨にとくや米坡の白髪染」という句を与えたとこれも『唾玉集』にある。その米坡が若いときに好い男とみた桜国輔が、川越在で斬死をしたことを知ったとしたら、供養ぐらいやりに出掛けて、ちょッと佳い話のタネになっただろうが、明治三十何年のころは、薩邸浪士関係のことは悪くこそいえ、良くいうものなぞなかったから、米坡のごとき広い交際の女でも、知る機会がなかった筈である。

松田正雄は上州北甘楽《きたかんら》郡小幡村［現・群馬県甘楽郡甘楽町］の出身で、小幡二万石の松平玄蕃頭忠恕の江戸屋敷に、叔父の木村嘉太夫がいたので、十三歳のとき江戸へ出て、叔父に剣道を学び、塩谷宕陰に学をうけた。桜国輔とは宕陰の塾で同門であった。

小川香魚は武州入間郡飯能町久下分《くげぶん》［現・埼玉県飯能市］の小川粲助《さんすけ》の子で、小川勝次郎が本名である。父の粲助は農家の人だが、秩父出身の学者で江戸で教授所をひらいた日尾荊山の門人だ。荊山は「漢土の学をまなぶのみで、国学を修めざるものは、日本人にして日本人に非ず」と喝破した人である。この思想は父粲助を通じて勝次郎に及んでいた。粲助は書を巻菱湖《まきりょうこ》に学んで堂に入り、門人が多かった。こういう父をもつ小川勝次郎は、早くから郷党の碩学根岸友山の門に入り、おなじ郡の毛呂村の医師で国学者の権田直助にも就き、権田の諸国歴遊に供をしたこともある。武技にも長じ殊に槍術は得手だった。権田の関係で井上頼圀とも親しかった。桜国輔の原三郎に思想を注ぎこんだものは、この小川勝次郎である。それから長井義助の松田正雄にも、権田から出た平田学が勝次郎を通じてはいった。

この三人は明治二十四年十一月、靖国神社に合祀され、大正元年十一月、贈従五位の光栄に浴した。

小川香魚の碑は飯能町天覧山の中腹に建っている、その傍に香魚の父小川松陰（粲助）の碑も建っている。

赤報隊の進軍

元旦の砲撃

十二月二十六日の未明、伊豆の子浦を出た翔鳳丸は、南伊豆をうしろにして進み、駿河湾を遥か北にして遠江灘にさしかかった。天候、このころから急変し、ひどい暴風雨となり、四百六十一噸の翔鳳丸は、さんざんに翻弄され、今度は転覆するか、今度は沈没するかと、危険にぶつかること数知れず、船長のない船だったが、副船長伊地知八郎と、準士官土屋伝次郎が指揮をとり、一人として絶望せず、一人として死を怖れず、二十六日の午後から二十八日の朝まで悪戦苦闘した。相楽総三以下の浪士は、陸では猛士だが海上では弱卒だった。悉く船の底にぶッ倒れ、半死半生の態でいた。伊牟田尚平はさすがに、全日本を、海航陸行で飛び歩いただけに、船員を激励しつづけた。

この難航の日誌が翔鳳丸にあったかも知れないが、後に自焚《じふん》したとき灰になったか、波に持ってゆかれたか、無い。僅かにあるのは水原二郎（落合直亮）の「難航図録」一葉のみ、それによると、二十六日暴風雨に遭ったのは伊豆と遠江の海上で、駿河湾を真北にしたところから、東南へ吹き流された。翔鳳丸は速力七ノット、横波に脆い船なので、伊地知八郎以下、その弱点を庇って風浪を凌ぐのに手一杯だから、ぐいぐい流され、八丈島沖を更に又東南へ吹き流された。翌二十七日になって、苦心惨憺して針路を元の位置にとり、辛くも再び駿河沖に引返し、遠州灘にかかると、又もや暴風に翻弄され、ぐるぐる一ツ処を旋廻し、二十七日の夜が過ぎ、二十八日の朝になって、風がやっと凪《な》いだ。大体、こうである。

翔鳳丸は損傷を伊豆の子浦で、土屋伝次郎が主任で仮修理をして出帆したのだから、暴風雨中にひどく横波で叩かれたのではひと溜りもない。

船中にひとりの若い薩人がいた。後の日本海軍の燦爛《さんらん》たる大立物、伊東祐亨元帥である。伊東元帥の勲功は沢山ある。明治の日清戦役にあたり、黄海の大海戦で、イギリス仕込みの清国の名将丁汝昌《ていじよしよう》の艦隊を粉砕し、絶対の勝利を確把したことは知らぬものはない筈である。敵将丁汝昌が劉皇島に毒を仰いで自決したのに対し、伊東元帥がとった日本精神の現れは、千古の美談である、これも知らぬものはない。その伊東元帥の談とおぼしきものに、当時、回天丸の砲撃を食った翔鳳丸の損傷は十六ヵ所あったと遺っている。

さて、翔鳳丸は二十八日の朝天候が平静に戻ったので、跛航海ではあるが、遠州灘を乗切り、三河の突端に沿うが如く進んで、志摩の沖から伊勢の沖にかかった頃は、二十九日の朝であった。その夜、紀州熊野浦の、九鬼港へはいった。

九鬼は三重県北牟婁郡《きたむろ》で、そのころ繁昌していた三木に接している。正月を迎える仕度を整え、にこにこ顔でいたところへ、ぼろぼろになった翔鳳丸が、一本の旗もかかげず入港したので、土地のものはこれが江戸から来た薩州の藩船とは気がつかなかったが、船員の中には、難航中髻を切って神仏に捧げてさんばらになった者もいるので、相当びっくりした。

土屋伝次郎が先頭で船の修理にかかった。兵庫へ向って出帆できるのは、いつのことか判らない。土屋は日本人で汽船の船長免状を受けた三番目だといわれている人だ。

その晩、相楽総三、水原二郎以下の浪士と、伊牟田尚平等の薩州側は、他のものが畳の上に坐って、ゆるゆる食事を執り、手足をのばし休息している間に、首脳者会議をひらき、陸行して京都へ先発する者を決めた。

翌三十日は夜明けから雪になった。ゆうべ、陸行先発と決した浪士側の水原二郎、坂田三四郎と薩人側の伊牟田尚平、この三人が京都へ向って出発した。三人の姿が見えなくなってからの朝の十時頃、雪がやんだ。

この三人は伊勢の阿曾《あそ》の宿で慶応四年の元旦を迎え、天ケ瀬を経て山を越え西に向い波瀬《はぜ》へ出て、大和にはいり、鷲家、それから宇太に泊り、翌三日は桜井、丹波市、柿本、帯解《おびとけ》を経て奈良に泊り、それから木津、玉水、長池、宇治、伏見。正月四日、京都へはいった。その前日に鳥羽の戦い伏見の戦いがあった。

◇

これより先に、局外のものながら正月二日、江戸から京都の薩摩屋敷へ、昼夜兼行で報告に駈けつけた者がある。江戸角力の横綱陣幕久五郎《じんまくきゅうごろう》である。陣幕は出雲の国意宇《おう》郡下意東《しもいとう》村［現・島根県松江市］の農家石倉伊右衛門の三男で、文政十二年五月の生れ、この駈けつけのときは三十九歳だった。地方の力士の門人となって技と体を鍛錬した陣幕は、江戸へ出て黒緘《くろおどし》という力士名で登場し、忽ち人気を一身にあつめ、不知火光右衛門《しらぬいみつえもん》との一番をはじめ、そのころの好角家を熱狂させる角技《すもう》をとった。

陣幕はかねがね、薩州、阿波、松江の三藩主を徳とし、その名を名士に書いてもらい、床の間にかかげ謝恩を誓っていた。中でも島津久光の恩に深く感じ、慶応元年、十二代目横綱を張るとき、肩書に出生地の雲州と書かせず薩州と書かせた。抱え力士であったからには違いないが、ただそれだけで、薩州と書かせたのではないだろう。

江戸の薩邸が焼討されたと知った陣幕は、状況を探って東海道川崎の宿に走り、名主添田七郎右衛門（後に添田知通）に京都へ報告に出発したいと相談をかけた。添田は「それは危険だ、道中の変も予想される、発見されたら首がない」と意見したが、陣幕は死を決しているのでなかなか応じない。その決意に添田が心を動かされ、「それでは」と一通の手紙を認《したた》めて渡した。陣幕はそれを持って東海道をのぼり、京都の薩摩屋敷へ無事に着き、与倉直右衛門（後の与倉守人）に会い、焼討の状況その他を報告した。

◇

翔鳳丸は元旦の未明に、九鬼の浦を出で兵庫にむかった、曲りなりに修理がまず竣《な》ったのである。正月二日午後四時ごろ、兵庫港へはいってみると、港内に薩藩の春日丸（一〇一五噸）と平運丸（七五〇噸）とがいた。見ると平運丸の艫《とも》に砲撃損傷がある。相楽総三等は翔鳳丸の上からそれを観て、海戦のあった直後であることを覚った。眼を転じて、港内の旧幕海軍はと数えてみると五隻いた、いずれも戦闘準備をしたものばかりである。

旧幕海軍で兵庫にそのとき仮泊中のものは、開陽丸（二八一七噸・クルップ砲二十六門・オランダ進水）、蟠竜丸（砲四門・排水量三七〇噸・馬力一二八・イギリス進水）、翔鶴丸（三五〇噸・アメリカ進水）、順動丸（四〇五噸・イギリス進水）、富士山丸（砲十二門・排水量一〇〇〇噸・馬力一八〇・アメリカ進水）、これらの五隻である。開陽丸には榎本和泉守（釜次郎武揚・後の榎本武揚子爵）が、司令で乗っている。

旧幕艦開陽丸の士官香山道太郎の筆記というのに、〝慶応三卯年十二月晦日午後三時ごろ、加太方向より二艘の蒸汽船、兵庫港へ来進すこれ薩州の軍艦春日丸及飛脚船平運丸なり〟とある。これから元旦の騒動が始った。

そのとき、兵庫には旧幕の兵庫奉行柴田日向守がいた。又、市街に旧幕の歩兵一個大隊が屯集していた。旧幕歩兵隊は薩州藩といえば敵だと考えているので、港にはいった二隻が、薩藩の蒸汽船と知るといきり立った。味方の海軍がやらなければ、われわれが乗りこんで行って、乗組のものを皆殺しにし、船を分捕れと立ち騒いだ。陸の歩兵がそういっているくらいだから、旧幕海軍側はもッと激しくいきり立ち、五隻の船将の意見は、薩藩の二隻を直ちに撃沈してしまえというに一致した。が、司令の榎本和泉はそれを肯かない、榎本は薩藩の春日丸を撃沈するか分捕るか、そのいずれかにする決心であるが、港の中での開戦がいけないというのである。今すぐに砲門をひらいたのでは、市中に着弾する惧れが充分ある、市中の被害と一緒に、居留の白人に被害があるかも知れず、港内でも、諸外国の船が十何隻かいる、それらに着弾したら飛んでもない問題が起ってくる、それではいかんから、薩藩の二隻が港外に出るを待って撃沈してしまうべきだ、こういう意見である。榎本がこういう意見を抱くまでには、部下の新宮勇と高山岩太郎をして、港内の測量をさせた。その結論として、港内の開戦を避けようとなったのである。明治三十七年の仁川沖の海戦は、瓜生外吉将軍が港内にいる敵の軍艦に、沖に出でよ決戦せんと信号し、出ずるを待って正々堂々と闘い、大勝を得た。瓜生将軍のこのやり方がそのころでは考えつかなかったのである。

開陽丸は薩藩の主力たる春日丸に備えた、そのころの術語でいう〝信号本艦〟、つまり旗艦だ。各艦とも舷側に敵弾防禦法を施し、大砲に弾丸をこめ、戦闘準備を整え、その一方、敵の港外脱走を妨ぐる用意をして、元旦を迎えた。

戦機を孕んだまま迎えた元旦が、不気味さをつづけて午後となった。四時ごろ、突然、薩藩の平運丸が港外に出た。それを開陽丸、蟠竜丸が錨を抜いて追いかけて和田岬の辺で、蟠竜丸が空砲一発を平運丸におくった、いうまでもない、〝停船せよ〟である。平運丸は何をぬかすかといった風でどンどン駛《はし》っている。蟠竜丸はそれではと今度は実弾一発を放った。十二斤加農砲で着発弾だった。これが平運丸に中《あた》って損傷した。旧幕側は船将部屋の中央で破裂したといっている。薩藩側では艫に命中し長い航海に差支えが起ったといっている。平運丸は兵庫港に引返した。蟠竜丸も引返した。

そこで榎本和泉守は、開陽丸をして薩藩の春日丸に備えしめ、僚艦蟠竜丸と翔鶴丸を〝脇備え〟とし、順動丸を〝臨機応援〟とし、富士山丸を〝遊撃〟とし、平運丸の監視には蟠竜丸が近く投錨して当った。

かくて、元旦の日が暮れた。暮るるを待っていた春日丸の船長は折柄、陸上にいる薩藩の新納《にいろ》刑部《ぎょうぶ》と五代才助（後の五代友厚）のところへ、赤塚源六をやって「開陽丸の榎本に一ツ談判したいのだがどういう風にこの場合はして行くべきか」と聞き合わさせた。五代才助は兵庫居留の白人に知合いがすくなくない、その中に、モンブランといって親交のある薩藩と関係の深い自称フランス貴族があった。五代はそこへ行って、こういう場合の方法を尋ねた。モンブランは「白旗をたてて行け、それが軍使の標識である、相手がオランダ帰朝の榎本だから、それでよろしかろう」と答えた。それではというので、そのとおりやってみることになった。但しこのとき赤塚はまだ京都にいたから、モンブランの処へ行ったのは実は別人だ。

モンブランは、文久年間に我が国へきて、幕府の嘱託で働いたが、余り永からずして帰国した。日本に興味を深くもつ彼は、幕府の欧洲派遣使節の池田筑後守（長発《ながおき》）の一行と、その後の柴田日向守（剛中）の一行に、ワタリをつけ、日本の仕事を得ようとしたが不調に終った。そのあとへ、薩藩がひそかに欧洲へ出した留学生が行った、その一行を率いるものは、新納刑部と五代才助で、この全員、変名をつかった。その大体は次のごとし。

石垣鋭之助（薩藩家老新納刑部）
開　泉蔵（五代才助後の五代友厚）
泉　千蔵（後の寺島宗則伯爵）
沢井　鉄馬（後の森有礼子爵）
永井五百助（後の吉田清成子爵）
上次良太郎（後の帝国博物館長町田久成）

この他に十余名あった。この一行がフランスへはいったとき、モンブランは新納、五代と親しくなり、慶応二年再び来朝し、薩藩といよいよ深くなった。こういう関係があるので、五代が尋ねに行ったのであり、モンブランは薩藩の軍事改正の顧問職だったから答えたのである。

◇

正月二日の午前、薩藩の赤塚源六が軍使で——これも別人だが幕軍側は赤塚だといっている——白旗をたてて、最も錨地の近い蟠竜丸に、小舟を漕ぎ寄せた。蟠竜丸では船長根津勢吉が応接した。旗艦開陽丸からは榎本和泉守の命で沢太郎左衛門が蟠竜丸に行き、赤塚対沢の談判がひらかれた。

赤塚源六は、「昨日我が蒸汽船は貴艦の無法なる砲撃により、内一発で大損害を蒙った、右は如何なる意趣にてかくの如き暴挙をなされたか、返答を承りたい」とやった。沢はそれに答えて、「貴君も海軍の御方ゆえご承知なるべし、海軍の公法に拠って我が艦は、停船せよとの合図に空砲を放ちたるに、何等の応答もなく依然として航進せらるるにより、実弾を放ちたるもので暗討の類と異なり、万国公法に拠る正々堂々の態度である」と反駁した。赤塚は質問を発した。「当港に碇泊する諸藩の軍船を、貴下等は戦争のため碇泊するものと観られるか、決して左様ではあるまい。殊に、我が船は天朝附属である、貴下等がいう京都御指図の船であること、よもや知らずとは申されないだろう。貴下等の船は何か、徳川家の軍船ならずや、然るに、突然、徳川家の軍船が天朝附属の我が船に破裂弾を射ちて大損害を与えるとは、そもそも何事であるか。貴下等は天朝附属の軍船を敵と見做すものであるか、この点、ご確答を承りたい」。この質問に、沢太郎左衛門は確答を避けていった。「当節を戦時と見做すか、平時と見做すか、並に、薩州家の船を敵と見做すか見做さぬか、この二点についてのお答えを拙者は致さぬ、ご承知ありたくば我等の本船開陽丸にきたられ、我が海軍司令長より聞かれよ」。赤塚源六は天朝附属の船と強調していったが、沢太郎左衛門はそれを聞かざりし如く、薩州家の船とのみ云った。赤塚は大いに喜びて、「それぞ望むところである、直ちにご案内くだされたい」といった。

沢は乗ってきた小舟で先行し、赤塚は乗ってきた春日丸の小舟で続き共に開陽丸に向い、やがて、開陽丸の甲板で、赤塚対榎本和泉守の談判が始った。これは赤塚でなく和田彦兵衛と有川英助だともいう。

　赤塚は、「昨夕蟠竜丸よりわが船に突然の砲撃で甚だしき損害を受けた、その件につき、只今沢殿に質問いたせしところ、戦時なれば一発は空砲、その後は実弾を放つ、これ万国共通の公法に則《のっと》りたる旨、申されたが、只今を戦時なりとご確答めさるや否や、戦時と見做さるる所以は何ぞや、と重ねての質問に対し、その辺のことは司令長に尋ねられたしと申さるるにより参上いたした、貴下に於ては、戦時なりとのお心得にてお扱いありたるに相違なきか、承りたい」と糺《ただ》した。榎本和泉守は徐《おもむ》ろに答えた、「旧臘《きゅうろう》、江戸詰の貴藩士多人数、不都合の儀これあり、糺問のため、三田御屋敷へ、弊藩のもの罷り越したる節、何等の応答なく、突然、発砲に及び、理不尽のお扱いにつき、終《つい》に戦争と相成り、貴藩の人数敗北遁走し、品川沖に投錨中の貴藩蒸汽船に乗込み、出航せんとする節、弊藩の軍艦より攻撃し互いに砲火を交わせし旨、報知あって承知いたせり、かかる上は更めて主人より命はなくとも我等にとりて貴藩は敵なること申すまでもなし、我等は海軍軍人なれば、軍人の本分を恪守《かくしゅ》して行動いたすものなり、随って、以後、貴藩の船は、一艘たりともこの兵庫港より出《いだ》し申すまじく、その旨、篤とお心得あって御附属の船にご通達これあるがよろしかろう、この段、確《し》かとお答え申上ぐ」。榎本は天朝附属船という問題を巧みに突ッ放し、単に、徳川家対島津家の敵対行動だと断言し、挑戦の意志を明らかにした。談判はこれで終り、赤塚は春日丸に帰った。

　この赤塚源六（真成）はこの後、北海道の海戦に功あり、薩摩人は春日丸のことを源六丸と通称した。明治三年十一月二十五日、春日丸が国家へ献艦となった後も艦長を続け、海軍中佐に任ぜられ、名を太郎と改めた。翌四年九月大佐に進み、その十一月病のため非役となり、フランスに留学中、病んで死去した。明治六年六月十一日で、年四十歳だった。

薩藩の春日丸、平運丸が蒸汽をどンどン焚き、戦闘準備が着々行われているのが、旧幕側の開陽丸、蟠竜丸、翔鶴丸、順動丸、富士山丸から手にとる如くみえる。榎本は既に定めてあるとおりの陣立てで、薩藩の二隻を封鎖し、使者を大坂城に送って報告させた。そのころ、大坂城は旧幕軍の京都発向で混雑していた。鳥羽の衝突戦、伏見の合戦はこの翌日のことである。

兵庫の港内に殺気が漲《みなぎ》っているその日――正月二日の午後四時ごろ、前にいったとおり、紀州熊野浦から翔鳳丸が入港したのである。旧幕側からいえば、敵は、翔鳳丸という一勢力を得たことになるが、薩藩側からいえば、翔鳳丸では一勢力どころか、却って足手まといである。翔鳳丸の備砲は相模の海の戦いで、一発射っただけで、四門とも壊れてしまっている、いざ開戦となっても無力だ。

紀州沖の海戦

翔鳳丸の相楽総三は、使番の戸田恭太郎（伊達徹之助）を、薩艦春日丸にやって状況を聞かせた。戸田の復命で、元旦から二日の今までに、この港で起ったことの一切が判った。相楽は浪士を集合させ、判明した事情を告げ、「われわれの死処はこの兵庫港かも知れぬからその覚悟でおれ、但し、天朝への御奉公のため、かかる処で死を好むべきでないので、飽くまで京都へのぼるべく、百方手段を講じている、しかし、そこまで行かぬうちに開戦となったら、一死報国、全員討死いたすべし」と演舌し、決心を促した。

陸上の旧幕の歩兵一個大隊は、入港した翔鳳丸に、江戸の薩邸浪士が乗っていると聞き知り、襲撃すべしと動き始めた。隊長等が押えているが形勢は刻々に尖った、こういうことを陸上の五代才助から春日丸に知らしてきた。春日丸からも翔鳳丸に人を派し、「油断相成り難き形勢」と知らせてきた。事によると、港の内で、旧幕歩兵隊と薩邸浪士の斬合いが起るのが今夜——正月二日の晩ではなかろうかと想像された。

そのとき、兵庫港に碇泊中の芸州広島藩浅野家の軍艦から春日丸に使者が来て、「戦争に相成らば芸州の軍艦は必ず応援いたす」といってきた。やがて又、芸州藩から、「今夜の暗きに乗じ敵襲の模様あり」と注意してきたので、春日丸、平運丸、翔鳳丸、いずれも徹宵して警戒にあたった。

榎本和泉守は薩藩の艦船を明三日撃滅すべしと決定し、暗夜を幸い、信号燈を五隻とも掲げた。これで薩藩の三隻のものを終夜睡らせずにおこうという計画で、今夜のうちに襲撃するかの如く見せかけ、敵の神経を疲労させる手段である。

正月三日の午前四時ごろ、薩藩の海陸双方の斡旋で、相楽総三等は、大坂行の商人船にこっそり乗換え、薩藩の竹内健介他一名が付添い西の宮へ向った。

相楽等が商人船に去った後で、夜明け前の暗きに乗じ、春日丸、平運丸、翔鳳丸の三隻が、兵庫港を脱出した、それと気がついて旧幕側は錨を抜き追いかけた。

脱出した薩藩三隻のうち、平運丸は淡路の瀬戸方面に行き、春日丸と翔鳳丸とは苫ケ島《とまがしま》の方面に向った。こうすれば敵が力を二分するからである。春日丸は翔鳳丸に曳綱をつけ曳航した。春日丸の速力は十六ノット、翔鳳丸は七ノット、敵の主力の開陽丸は十二ノットである。翔鳳丸を自力で航行させたのでは忽ち追いつかれる。曳航してやったら、万に一ツ、敵を避けられるかも知れない。それで曳航したのである。

榎本和泉守の乗っている開陽丸は、苫ケ島方面に向ったという二隻の薩藩船を追い、淡路島の沖へかかったとき、遥かなる南の方、由良方面の水平線上に二本の煤煙を認めた。正しくこれぞ敵の二隻ならんと、全速力で追って行き、淡路洲本沖の井島の脇で接近した。見ると春日丸は翔鳳丸を曳航している――旧幕側はこのとき翔鳳丸を平運丸と誤り、文書にもそう書いたので、後に至るもそのまま誤り、『日本近世造船史』も誤りのままである。『薩藩海軍史』（東郷吉太郎将軍）によって初めて訂正された。

春日丸の方では午前八、九時ごろと覚しき頃、苫ケ島方面に一抹の煙を発見した、敵ではないかと見つめているうち、追い追い近づいたので、開陽丸であることが確かになった、そこで、曳綱を切って翔鳳丸を絶縁先航させ、戦いを一手に引受けた。

それまで春日丸はマストに日の丸の旗をかかげていた、それをおろし、丸に十の轡《くつわ》の紋の島津家の旗をかかげた。

◇

春日丸にはそのとき後の元帥が三人まで乗っていた。二人は三等士官で一人は便乗者の薩州浪士だった。士官の二人とは井上良馨《いのうえよしか》元帥（そのときは井上直八）と東郷平八郎元帥、薩州浪士とは伊東祐亨元帥である。『聖将東郷元帥との問答』（海軍大佐原道太）に拠ると、黒田喜右衛門（黒田清隆の弟）、谷本良助、隈崎左七郎、伊地知休八（弘一大佐）も乗っていた。黒田喜右衛門は明治五年イギリス留学の選に漏れ、割腹して死んだという。

◇

開陽丸は春日丸に空砲を一発送って停船を命じた。そんなことに春日丸は応じない。そこで開陽丸は実弾を放った。春日丸はそれを待っていた如く応戦し、二、三度、双方とも回転し砲火を交えた、初めの砲撃は二千八百メートルの距離だった。後には千二百メートルほどに接近して戦った。開陽丸は艦のマストの桁を砕かれ、春日丸は三十斤加農砲の一弾に外車輪の上部を砕かれたが砲撃をやめなかった。そのうちに敵が、右舷十三門の砲を左舷十三門の砲に代えんとして旋回するのに乗じて、砲撃を中止し、全速力で加太の方向に去ろうとした。開陽丸はそれを追跡にかかった。十二ノットの開陽丸は、十六ノットの春日丸に突ッ放され、到底及び難くなった。

開陽丸は春日丸を断念し、平運丸（榎本以下、翔鳳丸だと思っていない）を撃沈せんと探し歩くうち、井島の脇で自焚しているのを発見し、船首の紋章その他を証拠に収め、残存の生きた鼠一匹をも記念にとらえて、北に針路をとって兵庫港へ帰った。

平運丸と春日丸とは、ついに事なく鹿児島に帰航した。

◇

春日丸の艦長は赤塚源六で、副艦長は伊東次右衛門（祐磨・伊東祐亨元帥の兄・海軍中将・子爵）だったというのが正しい。この二人とも陸のもので、銃砲隊の指揮は出来るが、海と船のことは出来なかった、という説もあるが、赤塚は慶応二年五月から海軍所勤務となり、秋には船奉行見習になり、慶応三年には京都守衛の薩藩海兵の半隊長から遊撃隊長になっていたのが、慶応四年元旦、伊東とともに春日丸赴任の藩命を受けたものである、ズブの素人ではないが練達の海将かどうか、赤塚の練達はこれから後のことだろう。そこで実際の司令は、備後《びんご》御調《みつぎ》郡向島西村〔現・広島県尾道市〕の医者林宗清の子の謙三といって時に年二十七。林は長崎でイギリス軍艦アゴス号に寄乗し、ラオンドという艦長その他の指導をうけ、海軍学の実習をやった人で、鹿児島の藩校開成所で英学を教えていた越後の巻退蔵《まきたいぞう》（後の前島密《まえじまひそか》男爵）の紹介で鹿児島へ行き、薩藩の準藩士となっていた。林の手記した『犬尿略記』という自伝に拠ると、正月二日、京都で、赤塚は艦長、伊東は副艦長を命ぜられ、その他にも薩藩士が乗組みを命ぜられた、その中に西郷慎吾（後の西郷従道侯爵）があった。林はもともと春日丸乗組員なので、新任の者五人と、即日、淀川を船で下った。西郷は後から追いつく筈だったが、遂に間に合わなかった。

林と赤塚、伊東その他とは、三日、大坂の薩邸に入り、留守居役木場伝内から幕軍が京都へ繰出した状況を聞き、覚悟を決して、幕軍の固めている宇治川の関門にかかった、番士は怪しみもせず通したので、その夜、兵庫着、すぐに春日丸へゆくと、五代才助が艦内に頑張っていて、林等の顔をみると安心して陸へ去った。

新任の伊東副艦長は、翔鳳丸に弟の伊東四郎（後の伊東祐亨元帥）がいるのを知って、春日丸へ乗移らせた。伊東四郎は江戸で、相楽の浪士隊と行動を一ツにしていた。焼討の当日は三田小山の佐土原藩の屋敷にいてそこを脱走して、翔鳳丸へ乗りこんだのだから、難航も味わったし、紀州九鬼でたらふく食いものにも有りついた、そうして今度は、春日丸に移ったから、海の砲戦では、日本最初の江戸湾の海戦と、日本第二の紀淡沖の海戦と、この第一第二を経験した。但し、焼討の日、佐土原の邸に果していたのか三田の薩邸にいたのか。後年、伊東元帥は佐土原の邸にいたかの如く話したという、が、そうではなく、三田の薩邸にいたのではないかしら――。

鹿児島の白道人の『南国秘話』には、伊東四郎は七人乃至九人の仲間と、江戸城から幕府の軍用金を奪った、そのため竹内健蔵とアメリカへ渡航させられたと、老人の談話として書いている。伊藤痴遊の『元帥東郷平八郎』の中の薩邸焼討の件《くだ》りで、これを材料に使っているが、御金蔵破りのことは確実性がすこし乏しいが、伊東がアメリカへ渡ったのは確かで、

『高橋是清自伝』に慶応三年七月二十五日、名を和喜次といった十四歳の高橋是清が乗ったコロラードという外輪船で、横浜を出てからおなじ三等室に、伊東四郎と固葉英次郎が芸州の中尾某といたという。伊東は大柄な男で乗船のとき大髻《おおたぶさ》の髷こそ切ったが、縮緬浴衣を着て、毎日大酒を呷っていた。八月十八日桑港《サンフランシスコ》へ着き、伊東は金ボタンの羅紗服を着て上陸、どうした訳か迎えに出ていた薩州の谷本と、一緒にきた固葉と三人で、その船で引返した。後で聞くと伊東、固葉は三田の薩邸に入り、焼討のとき伊東は助かったが固葉は討死したと高橋はいっている。固葉が竹内の実名かどうかを知らない。

伊東祐亨元帥は越後長岡の鵜殿春風（団次郎）の門人で、〝航海と造船、殖産と興業、立国の要義はこれである〟という教育をうけた。日清戦役の後、長岡の悠久山に鵜殿の碑を建て、それに門人伊東祐亨と刻させたのが現存している。

春日丸、翔鳳丸が兵庫港内から脱出することが出来たのは、大坂方面に火の手があがったので、旧幕府の軍艦のものが驚いて、天保山沖の方へ動いた、その機会に、脱出したのである。大坂の火は薩摩屋敷で火を放って引揚げたそれであった。

林は初陣の海戦であった、それを林がこう書いている。〝彼、一十四門備えの大艦にして、五門備えの一小艦を撃沈し得ざりしものは、その速力の遅速に依りしものと信ず、此日、春日の速力は十七乃至十八浬《ノット》にして進退意の如く常に利益の位地を占めたり、当日無風、海上平坦、黒煙海面に漲り砲声天に震う〟と。

戦後、春日丸は急航して鹿児島湾に投錨したのが六日である。この戦いで開陽丸は二十六門の大砲全部で射ったが一発の弾痕だけだ。春日丸は大小三十八発射ち、三弾が開陽丸にあたったが微撃に過ぎなかった。『犬尿略記』にはこういうことも又書いてある。〃翔鳳は交戦中、阿波海岸に自礁し火を放ちしは遺憾なり、艦長怯懦《きようだ》の所業として恥じて自殺せり〃と。伊地知八郎が帰国後、島津久光に謁し、妻子とも団欒《だんらん》し、その夜中に庭で割腹した、それだ。

但し『聖将東郷元帥との問答』には、春日丸乗組の新任者一行は十二月三十日京都発、淀藩の守備地を案外にも無事通過し、三十一日淀川を下りて大坂着となっているから、元旦に春日丸に乗ったのだと思われる。『犬尿略記』と日どりが相違しているが、林謙三の一行五人と、後の東郷元帥の組とは別々だったのだろうと思う。

◇

春日丸は旧臘、朝命によって三条実美《さんじようさねとみ》等五卿を博多から乗せて上る航海中、暗礁に触れて船底に損傷が出来た。応急修理のままでいたところ海戦中に再び損じたのを、再び応急の手当だけにして、更めて兵庫へ向ったが、旧幕艦は伏見その他の陸戦で敗れたので、関東に去って隻影もないので鹿児島へ引返した。このことを『犬尿略記』は、〃余は今回の実戦にて幕府海軍の与《くみ》し易きを知り、摂津の敵艦を攻撃せんと志し、再び孤艦を以て之に向う、正月十七日摂海に進入せしも、一も其影を見ず〃と書いている。そうして春日丸の損傷について、〃是に於て本艦は長崎に帰航し、英人に委託し、清国上海造船所に於て完全に修理せしむることとし、乗員は長崎に宿営して、其竣工を待つ〃と書いてある。

この林謙三とは後の陸軍中佐林清康である、その又後は海軍に転じ、海軍主計総監となり海軍中将となった安保《あぼ》清康《きよやす》男爵のことである。

◇

小笠原長生《おがさわらながなり》子爵の『思ひ出を語る』にこの海戦のことが東郷平八郎元帥を語る中に出ている。その大要を引いておく。

戦闘に臨んでの艦内の配置を、斯《こ》う定めた。三等士官谷本良助は一番司令官と称し右舷四十斤旋条砲を掌《つかさど》るべし。同隈崎佐七郎は二番司令官と称し左舷銅製十二斤砲を掌るべし。同黒田喜右衛門は単に司令官と称し艦首十二斤アームストロング砲を掌るべし。同東郷平八郎は三番司令官と称し左舷四十斤旋条砲を掌るべし。同隈元源之亟は四番司令官と称し、右舷四十斤砲を掌るべし。二等士官伊地知休八、同井上直八は単に司令官と称し交代して中央百斤旋条砲を掌るべし。

春日の艦橋上には、先任士官林謙三が伊地知当直士官と共にいたので望遠鏡を取ってその巨艦を見ると紛う方なき榎本司令官の旗艦開陽であった。

この時疾《はや》く井上士官は、握れる百斤砲の牽《けん》を引くと斉《ひと》しく、巨弾怒り飛んで、開陽の辺に一簇《いっそう》の水柱が立った。

春日の備砲は六門に過ぎないが、開陽は大小二十六門を有し、砲力春日を凌駕している。蚤を潰した程の血も見なかったという芽出たさで、出たものは汗ばかりだったそうな。話題がこれに及ぶと東郷元帥はいつも塩っぱい顔をして「不思議にあたらんじゃった」といわれるよ。

◇

翔鳳丸は武力はないし、速力は遅いし、伊豆子浦での仮修繕、紀州九鬼の仮修繕、二度修繕をしたものの不充分だ。せめて兵庫で本修繕がやれていたらばだが、このままでは自力で鹿児島までの航海が出来ない。必ずや沈没するだろう、それが一ツ。もう一ツは敵は優勢なので、遅かれ早かれ砲弾の餌食となるだろう、それやこれやで自焚を決行した。江戸高輪大円寺にあった島津家の位牌、江戸の薩邸にあった貴重品などが積みこんであった、これも灰となり海底の藻屑となった。

伊地知八郎以下五十余人の乗組員は淡路へ一先ず上陸し、船を雇って伊予の宇和島へ着いたのが正月十四日の早朝だった、そうすると、相当の日を費した訳で、その間、困難がすくなからずあったと想像できる。

宇和島藩は伊達宗城が京都で働いている勤王藩だ。薩藩の翔鳳丸乗組員を城下の豪商、長滝、増原の両家に分宿させた。その晩五ツ半ごろ（夜九時頃）、宇和島藩の火薬貯蔵庫が爆発した。火薬は三百貫あった、棚の上の物はどこの家でも殆ど転がり落ちた。ところがこのとき、宇和島人に誤解があった。それは、五十余人全部が薩藩海軍のものだとは信じない、江戸で暴れ廻った命知らずの乱暴浪人、そういう感じが強かったので、火薬の爆発のすぐあとで、さては江戸から来た薩邸浪人が放火したなと、想像を逞しくしたものがかなりあった。

宇和島藩士は爆発に驚き、おッとり刀で、かねて定められてある持場持場に駈けつけたが、間もなく事情がわかって、薩州人には全く関係のないことが証拠立てられた。それはこうだった。火薬庫係の足軽某が曲者で、大坂の商人某に惑わされ、火薬を盗み出してそッと売っていた、その一件がどうやら露顕しそうになったので、犯罪を抹殺する気で、白痴に近い人足一名を騙し、そいつに放火させ、自分だけ助かる気で、かなりの距離の処にいたのだが、爆発は、放火犯の人足を粉々にしただけでなく、主犯の足軽某をも粉砕した。

こういう騒ぎがあって二、三日の後、五十余名の薩人は、船便で鹿児島へ帰った。

大西郷の言葉

正月三日の寅の刻ごろ（午前四時頃）、兵庫を商人船で出た相楽総三、科野東一郎等の一行二十余人は、薩藩の竹内健介他一名と西の宮に着いて上陸したのが卯の刻（午前六時頃）、その夜は強行軍で昆陽《こや》の宿《しゅく》までのした。西の宮から昆陽へは五里ばかりである。昆陽の宿の本陣を川端吉右衛門という。そこで朝飯をつくらせ、出立して、瀬川、郡山、芥川と六里ばかり進み、それから又二里行って山崎へかかった。

これが、正月四日の夜のことで、一行の疲労は甚だしかった。

山崎にある関門は、伊勢の安濃津《あのつ》藩藤堂家が、三年前の二月から警固を命ぜられている。そこへ相楽の一行がやって来た、しかも夜である。藤堂家の隊長が怪しんで厳しく通行を禁じ訊問ということになった。藤堂の隊長は柳田猪之助だったか、三田村丈介だったか、その他の者だったか分明しない。咎められたので相楽等がいきり立ち、事面倒になりかけたとき、折よくも長州藩の三井左馬介が隊長で近くに屯集していた。相楽は三井と知合いなので、やがて三井が現れ、藤堂側に諒解を求め、それから農家を宿舎に斡旋し、食料だ寝具だと、さまざまの心尽しに、相楽等は非常に喜び、睡りについたのが午前二時ごろだった。

翌正月五日、相楽の一行は山崎を早朝に出立し、京都にはいった。鳥羽伏見の戦いから淀附近の戦いのあった日で、征討大将軍仁和寺宮《にんなじのみや》（小松宮彰仁親王殿下）が、弾丸飛び散る戦場へお出になったのもこの日だし、藤堂家の家老藤堂采女が朝諭を拝し、英断一番、積極的に旧幕軍反撃に起つ間近の日であった。

相楽の一行はそういう日に京都にはいり、薩藩の本陣となっている東寺に先ず行き、西郷吉之助を訪ねた。これより先に、陸行組の水原二郎、坂田三四郎と伊牟田尚平が、大西郷に江戸の状況は報告済みの筈だ、が、相楽はこの年十月、壮行の宴をひらいてはなむけしてもらって以来の面会でもあり、浪士隊のものの、これから後のことに就き、指揮をしてもらわねばならぬので、会わねばならない。

薩藩の周旋で宿舎についたその晩、江戸で別れた浪士中、第一番の到着者、金輪五郎が現れ相楽を喜ばせた。

◇

大西郷が江戸の薩邸焼討を聞いて、どのくらい喜んだかは、〝西郷吉之助は三田邸焼討の報を聞き、秘計の成就せるを喜び、之を谷守部《たにもりべ》（谷干城《たてき》）に語りて曰く、戦端開けたり、速に乾君（板垣退助）に報ぜよ〟とこれは『隈山詒謀録《わいざんいぼうろく》』（『谷干城遺稿』上巻）にあり、『徳川慶喜公伝』もそれを引いて述べている。隈山は谷干城の号である。そういう大西郷であるから、相楽の功を大なりとして「甚だ好都合に行って喜びに耐えない、こちらも続いて官軍の大勝利であるから旧幕府が名実ともに瓦解するのは間近い、これというのも諸兄が江戸に於て、応援してくれた結果に他ならぬ」と懇《ねんご》ろに礼をいい、つづいて浪士の面々の身の上につき、「諸君がこれから大いにやるべき処がある、是非そこへ行き、もう一度奮発していただきたい、行く先は江州坂本で、事情はこうだ」と語ったのは綾小路俊実《あやのこうじとしざね》、滋野井公寿《しげのいきんひさ》、この二人の公卿が京都を脱走し、江州で、東征軍の先鋒隊を結成することになっている、それに加わって働いてくれと、山科能登ノ介（後の侍医山科元行）その他の名を教えた。山科は朝廷の典薬寮の医者で、山科家十六代という由緒のある青年医師である。

相楽はその前に綾小路俊実と知合いだという。慶応三年の夏、聖護院村の寺の路地の奥の小さな家に仮り住居している綾小路を訪ねてきた阿波徳島の藩士で某というのが、その後もちょいちょい来て、国事に関する話をして帰った。その徳島藩士の顔をよく知っている者に、綾小路家の食客兼小侍《こざむらい》の吉仲直吉といって、江州栗太《くりた》郡大宝《たいほう》村［現・滋賀県栗東《りっとう》市］の吉仲利左衛門の子がある。少年時代に紀州和歌山へ行っていたが、吉村寅太郎、安積《あさか》五郎などと知合い、国事について開眼され、京都へ出て仁和寺宮様の家人猪飼小源太などの世話になり、幕府側の動静を探る役を勤めているうち、江州堅田で捕縛され牢へ入れられ、五ヵ月目に別段不審なしと放免され、その後、慶応三年七月二日、京都二条新町西入ル口入業近江屋の世話で綾小路家へ住込んだ、こういう経歴の吉仲直吉が、綾小路家を出たのが同年八月ごろ、それから江州水口藩二万五千石加藤能登守明実の馬丁になり、その年十一月（と吉仲直吉は記憶している、十月の誤りだろうが）京都へ出て綾小路家へご機嫌伺いにゆき、一晩泊って翌日、高台寺の門前までくると、前いった徳島藩士某に会った。この某というのが相楽総三だったと、吉仲直吉の談話が残っている、が吉仲の記憶違いかも知れない、一説として書いておく。

大西郷の話を聞いて相楽は大いに喜び、隊士にそれを話すと、いずれも雀躍《こおど》りして喜んだ。その晩、相楽とその一行は東寺附近で泊り、翌正月六日、二本松にある薩藩の京都屋敷へ行き、そこで準備やら打合せをして、その夜半に屋敷を出て、坂本に向った。

◇

山科能登ノ介が同志と、かねがね、相談を重ねて決めたことは、関東地方で、この際、武力行為をやらぬことにはいけまい、関西地方では鷲尾隆聚《わしのおたかつむ》が紀州高野山に立籠って兵を挙げる、それと呼応するものとして、是非とも、関東で軍事的に動かぬと、手薄な京都地方が心配である、こういう考えから山科能登ノ介その他が、綾小路俊実と打合せ、曼殊院ノ宮の家人山本太宰その他が滋野井公寿を説き、西郷の同意を得たので、正月六日京都脱走、翌七日江州坂本に集合、松尾山妙寿院に赴き、同所で先鋒隊結成という予定が立った。ところが、この人々の間で、小銃と弾薬とを手に入れることが出来ないので、同志の篠原泰之進、鈴木三樹三郎が薩藩の西郷吉之助、大久保一蔵に打明け、援助を求めたところ、然らばというので、小銃百梃、それに相当した弾薬と金百両を寄贈しようということになった。

そこで山科能登ノ介等は、綾小路俊実の供をして正月六日の夜、山端《やまばな》の平八茶屋に先ず集った、このときから山科は東伊佐男と変名した。そこへ相楽総三、科野東一郎などの浪士隊が、薩邸から百梃の小銃と弾薬を受取って合流し、江戸以来の相楽総三とその一隊、鈴木三樹三郎、山科能登ノ介などの京都派、この二ツが一ツになった。

綾小路俊実が京都脱走の日、庭田大納言（重胤）に贈った一書が、熊谷康次郎弁護士（神戸市）によって保管されていた。その全文次の如く、一死報国の決意が明らかに観取され、どうかすると〝担がれて出た公卿〟とされがちなのが、そうでない、俊実にこの烈々たる意志があった証拠の一ツにこれはなる。

中興之御機会、臣子安眠之時ニ非ズ、於二俊実一モ勤　王之微忠　聊《いささか》相尽申度、今夕脱走仕候、固《もとよ》リ籠居之身分を不憚段、太《はなはだもつて》　以恐懼之至ニ候得共、非常之御時節ニ差当リ、粉骨砕身不仕候テハ、従前無上之天恩ニ奉レ報候事難ク、実《じつに》　不得已之《やむをえざるの》微衷《びちゅう》、深御諒察成給度《なしたまいたく》、此段宜《よろしく》御執奏奉願上候也。

正月七日　　　　　　　　　　　　　　　　　　　　俊　実

庭田大納言殿

俊実は七日の朝、坂本にはいっているから、右の書が七日付で今夕脱走となっているが、これは万全を期したやり方で、引戻しに来ても最早いなかった。そういうためにワザとそう書いたものと解される。いやそうではない、七日の夜、京都脱走、八日早朝坂本着だったという説もある。

山越しに坂本へ一行が着いたのが正月七日（或は八日）の朝、間もなく滋野井公寿が、山本太宰、江州水口藩士油川《ゆかわ》錬三郎等に衛られ、坂本に着いた。相楽とその一隊は、日吉神社の神官で勤王家の樹下《じゆげ》石見守（茂国）方で両卿に謁し、自分等に是非とも先鋒を勤めさせていただきたいと申出で、承諾を得、又、一人につき金一両ずつ賜わった。

ここに集合した人々のうち、判然しているのは、次の如し。

鈴木三樹三郎（忠良・元新撰組・常陸志筑脱藩士）

篠原泰之進（秦林親・元新撰組・久留米脱藩士）

新井陸之助（俊蔵一葉・元新撰組・武州・或はいう磐城脱藩士）

阿部　十郎（隆明・元新撰組・羽州）

加納　鵰雄（通広・元新撰組・武州）

江田小太郎（利秀・元新撰組）
佐原　太郎（元新撰組・慶応四年九月・京都下寺町に暗殺さる）
山科能登ノ介（元行・典薬寮医生）
西本　祐準（水口藩医・奥羽戦争に戦死）
油川錬三郎（信近・江州水口藩士・二十余人伴い来る）
速　水　湊（水口藩士）
小野　勝蔵（同　　）
箕田宇八郎（同　　）
同　金蔵（宇八郎の子）
同　彦次郎（同　　）
宮川　次郎（明治元年病死）
吉仲　直吉（江州栗太郡大宝村）
児島　一郎（同蒲生郡八幡の剣士・町道場を開いていた）
多　田　某（対州藩士・六、七人引連れて投ず）
藤田　忠吉
武田寅之助（筑後柳川藩士）
和田　八郎（同　　）
荒木丑太郎（江州神崎郡八日市）

馬淵友太郎（駿道・同）
福原四郎右衛門（維孝・江州）
橋村　五郎（濃州不破郡岩手村・旧名捨五郎）
多賀　啓蔵（江州）
荒木　尚一
山本　太宰（曼殊院家人）
森　城介
竹井　大学
川喜多真彦（真一郎）
魚崎左司馬
巣内　式部（伊予大洲・松井民三郎信喜・式部を四鬼武とも書けり）
西川　亙
毛利　志摩
千葉　進
馬杉　正親
岡田　太郎
玉名　次郎
菊池　次郎

この中に、川村房次郎と、馬淵友太郎（駿道）の弟馬淵虎吉も加わったかとも思える。馬淵兄弟の父は五代目馬淵駿斎といって、門下生から三条家の丹羽政雄を出している。丹羽は尾張鯰江《なまずえ》の出身で福田甫といい、一人の疾を治するよりは万人の疾を治すと京都に出て三条家の丹羽豊前守（正庸）の嗣となり、元治元年の夏、三十一歳で京都六角の獄に殺害された人で、友太郎は父駿斎の意をうけてこの丹羽政雄をたよって勤皇実践をやったという経歴がある。

◇

この内、鈴木三樹三郎、篠原泰之進、新井陸之助、阿部十郎、加納鵰雄、佐原太郎は近藤勇の新撰組にいたが、議が合わず脱退した伊東甲子太郎《いとうかしたろう》と行動を共にしたもので、鈴木は伊東の実弟である。新撰組が伊東甲子太郎を暗殺したので、死体を油小路の往来へ取りに行った鈴木、篠原、加納と、富山弥兵衛、服部武雄、毛内有之介、藤堂平助の七人が、新撰組の伏勢に襲われ、毛内、服部、藤堂は斬死し、他の四人は薩邸にのがれて救われた、こういう経歴をもつ鈴木、加納、篠原と、それらの縁故で、阿部十郎、佐原太郎が参加した。これらの人々のうち、佐原太郎、阿部十郎と、それから内海次郎（忠利）とは、近藤勇を付狙い、前の年（慶応三年）十二月十八日、墨染で、近藤を討たんとして小銃で傷つけただけで討ち漏らした。それには以上の三人と鈴木三樹三郎、篠原泰之進、加納鵰雄と、それに富永弥兵衛が助力した。

この新撰組脱退の士のうち、加納鵰雄は、近藤勇が総州流山〔現・千葉県流山市〕で、薩州の有馬藤太といって、大西郷に可愛がられていた人に生捕られ、大久保大和と名乗って押切っているのを、板橋の官軍本営で声をかけ、自白させた人である。加納は明治になってから加納通広といった。

それから水口藩関係が割合に多いのは、同藩中執政の中村栗園が背後にいて、油川、箕田、速水などを援助したからである。

◇

その日のうちに、西坂下から三艘の船に分乗し、相楽が先頭を承って、綾小路、滋野井の両卿を中に、琵琶湖を乗切り、守山《もりやま》に行ってその日は泊り、翌八日の午前四時に守山出立、両卿は馬乗、その他のものは騎乗もあり徒歩もありで牟佐《むさ》の宿《しゅく》へ行き、愛知川《えち》の宿へ出て、そこから間道へはいって、愛知川在の松ノ尾村に到着した。松ノ尾には曼殊院の末寺で妙寿院金剛輪寺がある。山本太宰は曼殊院宮の家人なので、その手で、予め交渉が届いていたので、両卿を迎える準備が学頭妙寿院に出来ているし、将兵の宿泊する設備も出来ていた。

翌日、編成を整え、次の如く職分を明らかにして布告した。

〔軍裁〕鈴木三樹三郎、油川錬三郎、相楽総三。〔軍監〕科野東一郎、篠原泰之進。〔君側〕山科能登ノ介、荒木尚一、山本太宰、川喜多真彦、巣内式部、森城介。〔小荷駄奉行〕山本太宰。〔小荷駄方〕森城介、箕田宇八郎。〔仕令〕竹井大学、西川亙。

この編成が甚だまずいとて、相楽等は不満だった。戦闘の場合これでは進退駈引が出来ず、早くいえば、両卿の周囲だけに、人間が鈴なりの観がある。が、不満を色に出さず、相楽は両卿の許しを得て、〝両朝臣の御用〟という肩書で、金輪五郎をつれて京都へ向った。

この頃、旧幕軍の惨敗が決定し、暗雲が大坂城に引ッかぶさっていた。

相楽総三は京都で、太政官に、次の如き建白書一通、歎願書一通を奉った。

建白書

誠恐誠惶謹言

艸莽《そうもう》卑賤ノ身ヲ以テ建言仕リ候ハ甚ダ恐入ル次第ニ候得共、此度、綾小路殿滋野井殿両卿ノ御勢ニ加リ先登仕リ候ニ付、愚存ノ義、万死ヲ犯建白仕リ候、当時賊勢既ニ浪花ヲ去リ候趣意ハ必ズ関東割拠ノ所存ニテ唯今ノ処ニテハ賊ノ余燼《よじん》コレ無キ様ニ候得共、関東ハ固《もと》ヨリ彼ノ巣窟ニ候間、弥《いよい》ヨ東下仕リ候ハバ是則チ虎ヲ山ニ放チ候患《わずら》ヒト存奉リ候、東海道ハ小田原ノ城ニ拠リ兵ヲ函嶺《かんれい》［箱根］ニ出シ、中仙道ハ高崎ニ拠リ、兵ヲ臼嶺（註・碓氷峠）ニ出シ、要地ヲ塞ギ防禦致サレ候テハ甚ダ踏破リ難ク実ニ斧ヲ用ユル悔イコレ有ル可ク候間、賊ノ不意ニ出デ、双葉ノ内ニ速カニ御征伐在ラセラレ度存奉リ候、加之、今、黠夷《かつい》ノ輩（註・イギリス等ヲ指ス）我ガ隙ヲ覬覦《きゆ》致シ居リ候義故、此鷸《いつ》蚌《ぼう》ノ弊ニ乗ズ可キ［漁夫の利を得る］モ計リ難ク是又一大事ノ義ニテ、兎角急ニ御東征在ラセラレ度ク存奉リ候、最モ右御東征ノ義ニ付定テ御廟算ノ数々コレ有ル可ク候得共、当時ノ処、是マデ幕府ニ於テ関東筋ハ甚ダ暴斂《ぼうれん》ヲ極メ民心皆奸吏ノ肉ヲ啖《くら》ハント存ジ居リ候義故、幕領ノ分ハ暫時ノ間賦税ヲ軽ク致シ候ハバ天威ノ有難サニ帰嚮《ききよう》シ奉リ、例令《たとい》、賊ニ金湯ノ固メコレ有リ候トモ、倒戈《とうか》ノ者、賊ノ蕭墻《しょうしょう》ニ起リ、必ズ以テ御東征ノ御一助ニモ相成ル可クト存奉リ候、恐ナガラ右ノ条々ハ卑賤ノ者ノ建言仕リ候マデモコレ無ク定メテ
廟議モコレ有ル義ト存奉リ候得共、滋野井綾小路両卿ノ思召ニ於テモ此義深ク御心痛遊バサレ候義故、憚ラズ申上候

歎 願 書

方今御東征ノ義ニ付、滋野井侍従殿、綾小路侍従殿江州松尾山正明寺マデ御出張成サレ候処、御人数追々馳セ加リ一方ノ御助ケニモ相成ル可ク思召候ヨリ其段御届申上ゲ、官軍ノ御印、且ツ御東征先鋒ノ義、御願ヒニ相成リ候処、官軍ノ義ハ
勅許ニ相成リ候得共、御印且ツ先鉾《せんぽう》ノ義命ゼラレズ候、官軍ノ義ニ候ハバ是非ソノ御印コレ無ク候テハ、全軍ノ折リ合ヒ等ニモ相懸リ且ツ、賊ヲ討伐仕リ候ニモ都《すべ》テノ義ニ付不都合ノ次第ニ候間、此情実逐一御憐察下シ置カレ、歎願両様、急速、
勅命ヲ蒙《こうむ》リ度ク存奉リ候、歎願ノ筋、相叶ヒ候得バ、今賊ノ巣穴ヲ結バザル内ニ先鋒仕リ、速ニ寸功ヲ奏シ奉リ候以上。

この建白と歎願とに依り、太政官の坊城大納言から、相楽に勅定書をくだし置かれた。相楽の光栄これに過ぎたるはなし、ひれ伏して御受け申上げた。その写しが伝わっている。次の如し。

滋野井侍従
綾小路前侍従
其手ニ属シ候草莽士従前勤
王之志不浅趣殊ニ関東民情弁知之聞モ有之候間　旁《かたがた》以尽力可仕三道官軍打入之節ハ
御印之品
朝廷ヨリ可下賜候間其節ハ東下億兆士民
王化ニ服候様嚮導先鋒可仕夫迄之処蓄兵力儲粮食機会到来ヲ相待尤過日被仰付候通リ東
海道鎮撫使之随指揮候様可申候
御沙汰之事
　正　月
但今度不図干戈ニ至候儀ニ付テハ万民塗炭之苦モ不少依之是迄幕領之分総テ当分租税半
減被　仰付候昨年未納之分モ可為同様来巳年以後之処ハ御取調之上御沙汰可被為在候義
ニ候間右之旨分明ニ可申付事

◇

相楽は正月九日に上京し同十五日松ノ尾山へ帰陣した。その不在中に武器武具の不足を補うため、山科能登ノ介が阿部十郎、佐原太郎をつれ、江州彦根城（井伊家）に行き、家老川辺主水に面接、小銃三百梃と弾薬、大砲二、三門の貸与を申込んだ。彦根藩では、折あしく武器奉行が不在だからと云う理由で時刻をのばし酒肴を出した。夜になっても返辞がなく、催促すると、取調べ中だから時刻がまだかかります故、今夜は一泊していただきたいと云うので泊った。翌朝になって、大砲三門、ミニヘル銃五十梃、いずれも弾薬共献じますという返事を得た。山科等は松ノ尾山へ帰った。大砲小銃はその後、彦根城の留守居役大久保藤助と藩士小林儀左衛門が約束どおり松ノ尾山へはこんで来た。『大原（綾小路）重実手記』では大久保でも小林でもなく、隊長三浦半蔵になっている。

彦根藩は追っかけて、ミニヘル銃二十梃と弾薬とを贈って来た、その他の方面からも火器の贈与があった。

そうした一方で、稲垣若狭守（山上に陣屋あり距離四里）、最上駿河守（大森に陣屋あり距離一里）、遠藤但馬守（三上に陣屋あり距離八里という）この三陣屋に向って、相楽派の大原廉之助等六人組と、京都派の篠原泰之進等六人組と、二手に分れて談判に赴いた、その結果、山上陣屋から両名、大森陣屋からも両名、三上陣屋の遠藤家からは平野八右衛門等八名が来って投じた。この他、ここに来るまでに参加したものが多く、かれこれ三百名ほどになった。

そこで編成を更新した、今度は戦闘隊形がすぐとれる仕組みで、次の如くなった。

〔一番隊〕　隊長相楽総三・隊士は科野東一郎その他の江戸以来の相楽派の者のみ。大砲方は戸田恭太郎、神田湊。

〔二番隊〕　隊長鈴木三樹三郎、大砲方毛利志摩、菊池次郎。

〔三番隊〕　隊長油川錬三郎、大砲方馬杉正親、玉名次郎。
〔君側頭取・参謀〕　山科能登ノ介。
〔記録方兼参謀〕　川喜多真彦。
〔小荷駄方〕　魚崎左司馬。
〔仕　令〕　千葉進、岡田太郎。
この新編成のとき、隊名を赤報隊とした。

◇

正月十一日のことである。相楽派の大原廉之助と京都派の西本祐準とが、十五名で、愛知川の宿に近く出て、往来の者を監視していると、一個小隊ばかりのものが、小銃弾薬をもって通ったので、抑止して調べてみると、旧幕の若年寄永井玄蕃頭（尚志）の家来で、京都の許可を得て帰国する途中だという。尚、調べた上で、小銃三十五梃を献じさせて通行させた。ところが、その翌日、五百人ばかりの旧幕側の敗兵が、大坂から路を大和にとり、江州の一部を通過し、東に向うらしきを知った大原廉之助が、八幡の宿近くでこれを撃滅せんと、使いを松ノ尾の陣に走らせた。この報告で、武田文三（油川錬三郎）と相楽派の科野東一郎が、兵百名を率いて駈足行進をはじめた。その一方で、大原廉之助が敗兵五百をものともせず、何や彼と、しきりに引ッ張って時刻を延ばしていた。

この敗兵の隊長は小原兵部《おはらひょうぶ》（忠迪《ただみち》）といって、美濃大垣藩戸田家の執政にて、大垣の名臣小原鉄心（二兵衛・忠寛）の養子、後の小原適男《ただし》爵である。

小原鉄心・兵部父子は、京都にのぼっていた、徳川家が信頼して大垣藩兵で大坂市中の取締をやれと命じた。徳川慶喜が京都から大坂城へ行ってからのことである。そこで小原兵部は五百人を率いて大坂に赴いているうち、江戸の薩邸焼討が動機となり、徳川家は君側の姦を除くという建前で、軍を率いて入洛を企て、鳥羽の衝突、伏見の戦いとなった。小原兵部は命ぜられてその先駆を勤めた、戦いに敗れたが兵部は、飽くまで戦うつもりで頑張った。

父の小原鉄心は京都で参与に挙げられていた。それでなくても大義を弁えている、子をして錦旗に弓ひかせたくない、既に主家戸田は朝敵の汚名を被っている、何とかして兵部を戦争から脱却させたいと、千々に心を砕いたが、戦いの最中で方法がない。ところが、鉄心の手許に荒川宗五郎といって力士がいた。これに戦場を横断して兵部にこの手紙を渡せと命じた、荒川は大きに喜び、大きな軀に、派手な一本刀を横たえ、戦争と全く関係のない角力《すもう》とりという態度で、屍体の山、血の河、新戦場を見事に横断し、兵部の陣所を探しあて、鉄心の手紙を渡した。その手紙には、〝徳川家に違背相成らぬ、錦旗に対しての発砲は尚更相成らぬ、この上は、死を以て直諫せよ（徳川慶喜にである）、一刻も早く御英断あって、連騎ぐらいで、輦下《れんか》に馳けつけ、御自奏あるよう、死を賭して致せ〟という意味が認めてある。

この手紙を受取って小原兵部は悩んだ。その揚句、漸くに決心し、敗兵を集結させて大垣へ帰る、その途中、赤報隊の大原廉之助に引ッかかったのである。

大原廉之助は芳野金陵の門人で、剣道は千葉周作の子の道三郎《みちさぶろう》に学んで頗る達していた。

が相手は鉄心に仕込まれた小原兵部である、さすがに談判にかけてはひらきがあった。兵部は「弊藩は誤って徳川家に従軍しましたが、仁和寺宮様が征討大将軍とおなり遊ばされ、御親征あらせらるると知って、その非なりしを深く覚り、既に、帰順謝罪表を朝廷に奉り、拙者が残兵を集めて国許に引取り、一同、謹慎罪を待つ決心です」といって、父鉄心が手紙の中に同封して寄越した戸田家の歎願書の写しをみせた。兵部の表面は至って慇懃《いんぎん》だが、赤報隊なるものがどういう性質のものか、合点ゆかずという表情もみせた。

大原廉之助は何といっても、手兵は二十人足らずで相手は約五百人、どうにも成らないので、談判を長引かせるだけ長引かせ、松ノ尾山の本陣から援兵の着く時刻をはかったが、遂に引きとめ切れなくなり、一先ず通行を許した。兵部は静かに兵を率いて去ったが、大原等の見張りの眼が届かぬところへ来ると、全員駈足でどんどん去った。これが援兵がくるのを覚った兵部が、赤報隊と衝突して、再び朝敵の罪を重ねては、戸田家主従の大難を招くし、赤報隊なるものがいい加減のものだったとしても、討合って味方に無益の死傷を出したくない、と、考えたからである。

やがて、科野東一郎、武田文三が、約百名を率いて、大原廉之助の監視所に着いた。それッとばかり、大垣の敗兵追跡をやったが、去って遠く、とうとう及ばなかった。

小原兵部はそれからどうなったかというと、美濃の垂井の宿まで帰ったところ、藩から出張していて、一切の武器を取りあげ、大垣へ連れて帰ったのが夜で、寺院数ヵ所で謹慎させた。この日小原鉄心は主君戸田采女正（氏共）を奉じて京都へ引返し、朝敵の汚名を雪ぐべく努力し、戸田家はやがて征東軍に従軍、戦功をたてた。

こうした、いろいろの出来事があって、横波と縦波とがブツかり合っているような日がつづいた。

最初の犠牲者

滋野井侍従公寿と綾小路俊実とは、性格のちがいもあり認識のちがいもあって、ぴったりしないものがある。松ノ尾村の金剛輪寺へきてから滋野井侍従は、夜など泣いていて眠らぬことがある、自殺するのではないか、そういった風さえみえた。綾小路侍従がいろいろ励ますが、効果がないので、東伊佐男の山科能登ノ介が、滋野井を多賀神社参拝につれ出し、社殿で懇ろに時勢を説き、発奮を促したが、矢張り効果がなかった。それではというので、滋野井に山本太宰、川喜多真彦、小笠原大和、安藤石見介（小林雪遊斎）、綿引富蔵、佐々木可竹、赤木小太郎、玉川熊彦、この八人を主なるものとし、幾何《いくばく》かの兵を護衛に残し、綾小路侍従とその弟の大原克四郎麿（重克）を中心に松ノ尾山を打立った。先陣は相楽総三、二陣は鈴木三樹三郎で、この陣中に綾小路兄弟と東伊佐男その他の君側のものがいた。三陣は武田文三の油川錬三郎である。打立ったのは正月十五日、その夜は高宮泊り。十六日は番場泊り。十七日は柏原泊り。十八日は関ケ原泊り、十九日、岩手《いわで》にむかった。

岩手は現《いま》の岐阜県不破郡岩手村［現・垂井町］で、そのころは竹中丹後守重固の陣屋があった。竹中は正月三日の鳥羽伏見戦争では、徳川家の本軍別軍二ツの総指揮者で、若年寄並で陸軍奉行だから、不逞の元凶とみられている。そこへ官軍先鋒の赤報隊が乗りこんで行くのだから、騒動がなくして済むとは思えない。しかし、綾小路侍従の隊が岩手へはいってみると、予想と違っていた。それは丹後守の家老児玉周左衛門が苦心して、丹後守の老父竹中図書を同処の香華院へ謹慎させ、家人家士の妄動を抑えた、そのために、一滴の血すら見ずに済んだ、児玉周左衛門はそれだけでなく、有志を募って赤報隊に加入させた。その数は二十余人だとも十二人だともいう。判明しているのは左の十四人だけである。

北村与六郎（竹中丹後守家来・碓氷戦死）
児玉七五三蔵（北村の従者・同戦死）
西野又太郎（濃州岩手）
小谷　増蔵（同　関ケ原・奥羽戦争にて負傷）
中川　源八（同　関ケ原・同戦死）
不破　長蔵（同　関ケ原）
露木　牧太（同　関ケ原）
水野　定吉（同　岩手・戦死）
高木半左衛門（同　岩手・負傷）
清水　勝弥（同　岩手）

長沢武八郎（同　岩手・負傷）
桐山　沢治（同　府中）
藤沢弥左衛門（同　岩手）
高橋治左衛門（同　岩手）

この中で北村与六郎は慶応二年六月、陸軍奉行にして藩主なる竹中丹後守の命を受け、同僚の柵橋新次郎と共に、周防岩国藩吉川家に使いしたことがある。これは幕府の長州再度目の攻撃のときで、北村等の談判は周防玖珂《すおうくが》郡新湊［現・山口県岩国市］で行われ、吉川家と手切れの談判となった。こういう使者に立つほどの人が主家のため身を棄てて赤報隊に入り、後に脱走する者があったに拘らず、北村等数名は、最後まで赤報隊に踏止まり、鴻業達成の一翼に働いて戦死し、却って帯びるに賊の汚名を以てするに至った。

その一方で赤報隊は諸所に出張して、会津、桑名その他、徳川家従軍の藩兵が、落ちてゆくのを訊問し、輜重を没収し、一方では糧米などを窮民にあたえなどした。

桑名藩主松平越中守定敬は、慶喜に従って去る十二日江戸に入り、深川霊岸寺に蟄居謹慎しているので、藩士の間に、主戦非戦の両論が火花をちらしてはいるものの、桑名城は総攻撃をかけないでも、官軍の手に入ることが明らかになっていた。そこで、赤報隊は東海道を進むを喜ばず、信州へ先ず入り、甲州を鎮め、東征軍の江戸討入りに協力すべしと決した。相楽総三はその先鋒隊を志願して承諾を得たので、正月二十二日岩手を出発、つづいて鈴木三樹三郎の二番隊が出立の筈だった。が、この方は遂に出立しなかった。

ここで相楽隊と綾小路のいる隊と、二ツになったのが、後、永久に合する時がこなかった。

◇

綾小路侍従の隊は正月二十二日岩手を発って、垂井の宿に泊り、二十三日は加納に泊り、加納藩永井家に大砲を献じさせた。

ここで悪い噂が伝わってきた、それは江州松ノ尾村に滞在中の赤報隊士と称する強盗が、附近数里の間の豪家を襲い、金を強奪したというのである。京都ではその噂を信じているらしいので、参謀の山科能登ノ介はじめ仰天し、取り敢えず阿部十郎を上京させ、事実無根の浮説であることを陳弁させた。しかし、これは何の効力もなかった。そういう浮説は、目的があって創られたらしい、それではいくら弁明したところで効力が出てくるはずがない、そのことは後に書く。

◇

それにしても棄てて置かれぬことなので、次の如き布達を出した。正月二十九日にはこの布達が江州辺の村々に殆ど漏れなく届いた、例えば江州坂田郡醒井《さめがい》［現・滋賀県米原市］では、二十九日に受取ったと同時に、管下の五ヵ村に達している、というようにである。

此度滋野井殿綾小路殿御人数御下向被成候挙動ニ乗ジ、宿々村々無賃ニ而人足ヲ申付、或ハ手当無之泊リ等イタシ候モノ有之趣、以之外之事ニ候、右者偽リ者ニ付、右様ノモノ宿々村々竹槍等用意イタシ置、突殺候様急度可致候、決而遠慮無之事ニ候、若差扣《ひかえ》其儘致シ置候ハバ、其宿其村役人共不調法ニ候間、他日急度御沙汰有之事ニ候以上。

辰正月

官軍一番隊

相楽総三

相楽は無賃労役させ物品の価を払わぬものは、「以テノ外ノ事」で「偽リ者ニ付」宿々村々で「竹槍等用意イタシ置キ突殺シ」ていい、「急度可致候」とまでいっている。急度はキットで、必ずである、更に「決シテ遠慮無之事ニ候」と強調している。

又一ツ、悪い風聞が伝わった、それは赤報隊なるものは朝命に違《たが》い、進軍の道筋を妄《みだ》りに変更しているということである。それは根のないことではない、赤報隊は東海道鎮撫使の指揮をうけよとあったが、そのとおりにはやっていない。しかし、これは弁明の途がある。正月二十五日、鵜沼に泊ったとき、京都系統の隊は信州入りを断念、東海道へ出ることになり、先発の相楽隊に「引返せ」と使いを出したが、相楽は、「今、急に進軍して、一方は甲府を一方は碓氷峠を扼《やく》さないでは官軍の不利となります。譬《たと》え、後に軍令に反したといわれても、実利の要地を押えないでどう致しますか、相楽は名聞も栄達も考えていません、徳川氏が信州甲州の嶮を扼し、錦旗に抗したら日本がどうなりますか、今は区々たる一身のことを考慮するときではありません」といって引返しに応じなかった。相楽とその一党は、このときから悲劇の花道へ向って進んだ。

綾小路侍従は、鈴木三樹三郎の二番隊、武田文三の三番隊を随え、鵜沼から引返して木曾川をわたって小牧へ出て、二十七日名古屋へはいった。尾張大納言家のはからいで、本願寺の別荘を宿舎にあてた。

翌二十八日、武田文三、鈴木三樹三郎を随えて、名古屋へのぼった綾小路に、尾張大納言慶勝が、「東海道筋には賊兵が殆どいない。木曾路を行かるるなら、当家の領地であるから、賊一兵と雖《いえども》勝手な振舞いは断じてさせませんから御安心あって進まれるがよろしいと存じます」こういった意味のことをいったと、山科能登ノ介の遺談にある。するとそのときまでこの一隊は信州入り断念を口にしなかったものと思える。このとき大納言が、綾小路に金の麾《はた》を贈った。

◇

大原宰相重徳の家人北川大膳が、名古屋へ来て、綾小路、滋野井両卿とも、至急、帰洛せよと命を伝えてきた。そこで、綾小路の名で先発の相楽隊に、「帰洛せよ」と使者を出しておいて、京都引返しの準備にかかった。すると、尾張家で、それならば当家の船をおつかいなさいというので、主なる者数人がつき、兵は熱田にとどめて、二十九日の早朝名古屋を出立、午前十一時ごろ桑名へ着いた。

桑名藩の世子万之助（定教）以下は、寺院にはいって蟄居し、命令を待ち、城は二十八日に明渡しずみとなった、その明けの日に、綾小路等が着いたのである。

着いてみると、肥後熊本の藩兵がいて、上陸してはいけないと云った、ただいけないではなく殺気を帯びてさえいる。「それはどういう訳だ、われわれは綾小路卿の御供をしているのだ」と抗議したが、「橋本卿、柳原卿の御沙汰があるまでは何といっても上陸させぬ」と頑張った。訳がすこしも判らないが、致方がないので待っていると、やがて、重役一名だけ上陸せよと云ってきた。山科能登ノ介が上陸した。

山科に面接したものは、大和十津川出身の前川鏡之進で、「きのう大変なことがありました、あなた方も上陸すると、首を斬ることになっているから、早速、どこへでも逃げるがよろしい」と教えた。「大変とは何ごとですか」と聞くと、前川が声をひそめ、「あなた方、赤報隊のものがきのう四日市で殺されました」といった。山科は驚愕して、「何という者が殺されたのですか」と聞くと前川が、「滋野井侍従と称するものを擁して、旗をたてて進んでゆく、それらの中の主なものが殺されたのです」と、殺された人々の姓名を幾人かいった。疑いもなくそれは松ノ尾山金剛輪寺から進軍してきたのを捉まえて殺したのである。山科は歎息して、「滋野井卿がおいでだったろうが、真の滋野井卿であるのになあ」といった。前川は又声をひそめ、「本物でも構わん、附属のものの中で頭立ったものは斬れということになっています。さあ早く逃げてください」と促した。

◇

伊勢の長島藩増山対馬守の重役が東海道鎮撫総督に、〝赤報隊の山本太宰、小笠原大和が、弊藩に出兵を促して参りましたが、弊藩は弱小で、兵を出す力がありませんから辞退しますと、それでは軍資を出せと促し、遂に金三千両を出しました〟と訴えた。この種のことが赤報隊潰滅の原因の一ツとなった。但し『実歴史伝』（海江田信義）にはこのとき赤報隊を滋野井、綾小路に従える兵を八、九百人とし、〝中にも彦根の兵凡そ三百人は来りて軍門に帰従し、其他は皆逃げて四方に散ぜり〟といっている、そうでない、違っている。

◇

赤報隊、最初の犠牲者は、次の八人である。

山本　太宰（曼殊院宮家人）
綿引　富蔵（徳隣）
小林雪遊斎（安藤石見介）
赤木小太郎（赤城小平太なりという）
川喜多真彦（川北真一郎）
佐々木可竹
玉川　熊彦
小笠原大和

この人々の一行は、滋野井侍従を中心に、綾小路侍従の隊に合せんと江州を出て、伊勢に入り、正月二十八日、桑名城下の南なる安永村の青雲寺に宿泊した（安永村は現《いま》の三重県桑名に併合さる）。流血の惨がそれから程なく惹き起された。

伊勢亀山藩主の石川宗十郎成之はそのとき京都にあったが、藩は官軍側に起っているので、諸所に兵を派し、敗残の敵に備えた。そうした一隊を率いる進藤百助が、亀山から出張して桑名の城下外れにいると、安永の青雲寺に偽物の公卿と強盗どもが泊ったと聞き知った。岩倉具視から出たのだろうと思われる〝赤報隊は偽官軍、公卿を擁しているが、それは偽物、見当り次第に討て〟、この命令を恪守《かくしゅ》する進藤百助だ。それ来たと隊士を率い、青雲寺を包囲し、討入って、滋野井侍従以下十数人を生捕って四日市へ引ッたてた。無論、そのときは滋野井を偽物と信じたのだから、どこまでも偽物で扱い、嘘でも公卿だから処置を差控え、数人の生捕りとともに大垣の東征軍本営に引渡し、それから京都へ送った。昭和の初めごろまで亀山地方では、そのときの公卿は偽で、付人は強盗だといっていた。多分、今でもそうだろう。

捕えられるとき手痛く闘ったのは、赤木小太郎だけで、その他は、格闘又は斬合いが得手でない人ばかりだった。赤木は塚本打右衛門という亀山藩士に組伏せられて捕われた。藩士の志方小弥太は腿に銃創をうけて死んだ、だれが射撃したのか判らない。その他に死傷はなかった。

亀山藩の隊長進藤百助は、生捕ったものの中に、川喜多真彦がいたので仰天した。川喜多真彦は国学に精しく、号を櫪園といい京都の人、庄村貞甫と『文苑名家紀年大成』を編《あ》んだ。進藤百助はその門人なのだ。進藤はそれからすぐ、助命運動にかかった。が、藩の力ではどうにも成らない筋合いだ、遂に何とも致方がなく、四日市を貫流している三滝川（御嶽川）の河原へ曳き出し、川喜多真彦、赤木小太郎、綿引富蔵、この三人の首を刎ね、捨葬《すてとむら》いに附した。その他の人は、青雲寺を逃げ出したところを近所界隈のものが、棒や竹槍で追い廻してブチ殺した。中には安永村のすぐうしろの町屋川へ逃げこんだ人がある、それに石礫《いしつぶて》の雨をふらせ、とうとうそれも殺した。

町家の者の手にかかって横死した人は、肌につけていた金はもとより、目星《めぼ》しい所持品を悉く奪われた。明治年間、その辺では殺された人々を指して、強盗だと悪罵するものが多かった。しかし、殺しておいて金品を奪った奴は、何と名づけていいのだろうか。

四日市に住む或る貧乏人が、浪士の死体の衣類を剝いで銭に換えたいと悪心を起し、夜中に埋葬してある処を発《あば》いてみると、金五十両余り肌につけていた。それを盗んで帰ったが、何としても気が咎めてならないので、四日市の北町にある建福寺の和尚に事情をうち明け、一夜、再び行って死体を掘り出し、建福寺の墓地へはこび、ひそかに埋葬し、小さいながら石碑を建て、供養を怠らなかったという挿話がある。この死者は綿引富蔵徳隣《のりちか》である。川喜多は岩倉具視がいう〝旧盟の士〟だ、明治になってから岩倉は祭粢料《さいしりょう》を川喜多の遺族を探して贈っている。

江州牛飼村出身［現・滋賀県甲賀市］の城多図書《きだずしょ》（董《ただし》）の『昨夢記』に、水戸藩士小室某、余と本圀寺に於て相知る所なり、後、綾小路侍従の事に従うて途に斬らるとある。八人中のだれが小室か、それとも別か不明である。因《ちなみ》に城多は、油川錬三郎、速水湊、西本祐準、それに山科能登ノ介、赤報隊に加わらなかったが水口藩の中村確堂、豊田美稲《とよだよしね》その他、坂本の神官樹下石見守、紀州高野山の鷲尾隆聚の挙兵に参画した鯉沼伊織（香川敬三）、三宮耕庵（義胤）、伊東甲子太郎、川瀬太宰などと、深く往来した志士である。

◇

四日市の犠牲について次の如き異説がある。

五ツ木瓜《ぼけ》の藩旗を押立てた新精隊という、肥前大村藩二万七千余石、大村丹後守純熈《おおむらたんごのかみすみひろ》の士、渡辺清左衛門（後の渡辺清男爵）が率いる一隊が、備前、佐土原、彦根三藩の兵と共に、東征軍先鋒として、正月十八日（慶応四年）、江州大津を発した。その二十一日、伊勢の四日市に着いた。二十三日、陣を小向村に移し、滞陣中の二十五日、総督府から一つの命令を受けた、それは、「浮浪の徒、川喜多真一郎、玉川熊彦、大野旗之助、山本太宰、小笠原大和などいう者が、滋野井侍従を擁して京都を脱走し、関東追討に口を藉《か》り、近江美濃を横行し、諸侯を欺き、庶民を恐喝し、金穀を劫掠《ごうりゃく》し、今や四日市に入らんとしている、宜くその通行を止めよ」と、いうのである。これに拠って、大村藩兵の隊長渡辺清左衛門は、その翌二十六日、行動を起した。

安永村の一寺院にある滋野井に従う浪士等は、その数約三十、故《ことさら》に血を塗った槍薙刀をむき出しとし、寺の庭の樹にたて掛け、又は武装した浪士数人を徘徊させなどして、白痴脅《こけおど》しを試みていた。渡辺清左衛門は兵十数人をつれて、安永村の寺院に行き、兵を外に残し、

独り滋野井に謁をもとめた。このとき応待に出たものは抜刀をひっさげた数名の浪士だっ

た。やがて、清左衛門は奥の一室に案内された。そこの正面の上座に滋野井がいた、見る

と、鎧の上に直衣《のうし》をまとい、烏帽子をいただいていた、直衣は破れていた。滋野井の左右に

は、陣羽織を着け、刀を帯した浪士数名がいた。

清左衛門は、「戦いの命令は一途に出ずるを要します、各自が擅《ほしいまま》にすべきではありませ

ん、我が総督（橋本、柳原の両卿をいう）に協力、大勝を期すべきであります。篤とお考え

願います」といった。滋野井は暫く黙りこんでいたが、「それでは、どうすればよいか」と

尋ねた。そこで「腹心のもの二、三を、総督府にお遣わしがよろしいと存じます」という

と、滋野井がそれに同意したので、清左衛門は帰った。

その後で山本太宰、小笠原大和他一名が、本営へ出頭すると、待設けていて捕縛した。そ

の一方では大村藩の和田藤之助が兵を率いて安永村に行き、川喜多真一郎、玉川熊彦を町屋

川の畔へ誘《おび》き出して捕縛し、本営へ引渡した。本営はそれを因州藩に渡し、山本、小笠原他

一名は四日市で斬罪、雷同者と見做した二十数名は追放、滋野井は帰洛させた。これで滋野

井に従っていた方の赤報隊は、その片影だになくなった。

こういう事が『台山公事蹟』（山路愛山・久保和三郎）にもある、『渡辺清左衛門談話』を

地名だけ修正したものである。同書には大村藩の『東征日誌』の抜萃《ばっすい》が出ている。が、今

いったものを要約したものだ。さてそこで、山本等の受難が事実このとおりだったとする

と、亀山藩の進藤百助のことが嘘のごとくなる。が、進藤百助隊には赤木小太郎と格闘して

捕縛した者があり、銃創をうけて死んだものもあるから、嘘とは云えない。さればとて、渡辺清左衛門は虚妄を語る人物ではない、多分、これは、大村側と亀山側と二つを一つに併せたものが真相なのであろうが、どう一つに考えていいかは、更に材料が出てこないと、判断の下しようがない。

但し、渡辺説では、斬に処されたのは、山本、小笠原他一名の三人と解せられ、『東征日誌』では、川喜多、玉川、山本、小笠原の四人を斬に処したと解せられる。

一月二十六日、小向村滞陣。渡辺清左衛門、滋野井侍従と安永村の寺院に会見す。和田藤之助、浮浪の徒川喜多真一郎、玉川熊彦二人を捕縛す。浮浪の徒山本太宰、小笠原大和を本営に召喚し、夜四日市河原に斬る。(『東征日誌』)

小林雪遊斎、佐々木可竹、赤木小太郎、三人の名がないが、本営で捕えられた氏名不詳のものを、その中の誰か一人だとしても、まだ二人落ちている。又、大野旗之助は清左衛門談話にある「他一名」のことか、これも知ることが出来ない。

◇

どこで加わったか不明の田村左弥太が愛知川《えちがわ》で捕えられ、西大路藩市橋下総守長義に預けられ、二月九日、蒲生郡の馬淵縄手［現・滋賀県近江八幡市］を刑場に、同藩士坂田秀が断首した。その罪状というのは「陽ニ勤王ヲ唱ヘ実ハ名ヲ偽リ不法ノ所業有之」というだけだから、川喜多真彦、山本太宰等とおなじ運命の薄倖だったのだろう。

◇

山科能登ノ介は船に引返し、武田文三その他と相談し、再び上陸していろいろ交渉し、東海道征討総督橋本少将実梁《さねやな》、副総督柳原侍従前光に、綾小路を遂に合わせた。会ってしまえば話は滑らかで、至急、帰洛なさるべしとなり一人の犠牲者もこの方は出さずに済み、二月一日、四日市泊り、二日は坂の下。三日は水口に泊った。水口藩の中村栗園、井崎湊その他が綾小路以下の労を慰めた。四日は大津。五日は朝命で綾小路と二、三のものだけで京都に入り、鈴木、武田等の率いる兵は六日に入京し、因幡薬師に屯し、命により寺町の妙満寺に移ると間もなく、鈴木三樹三郎、新井陸之助、篠原泰之進が御親兵取締所に喚ばれ、出頭すると忽ち拘禁され、大津の元石原の獄に入れられた。何のためだかさッぱり判らない、が、約一週間で嫌疑がはれたといって放免された。

拘置され投獄されたのは鈴木、新井、篠原の新撰組脱退組のみでなく、阿部十郎、児島一郎、西本祐準、武田文三、荒木丑太郎、馬淵友太郎、宮川次郎、涑水湊その他も同様だった。荒木丑太郎には『御用留』という手記があるが、この一件の間だけ空白になって現存しているという。馬淵友太郎の弟虎吉は同志とともに、獄舎に放火して兄友太郎その他を救い出そうとした。が、事殆ど漏れんとしたとき、一同が放免されたので、獄舎放火はやらずに済んだ。

妙満寺にいた隊は、徴兵七番隊として採用されることになり、山科能登ノ介は東伊佐男の変名を棄て、朝廷の医家に戻り、荒木尚一も家に去り、綾小路は綾小路家からその前に離別されていたので、実家に復して大原重実を名乗り、海軍先鋒総督の任に就いた。
大原重実の子重朝と、滋野井公寿と、両家ともに、伯爵を後に授けられた。

◇

京都で解隊した方の赤報隊は、徴兵七番隊に採用されることになったが、その中には、いい加減な者がいくらもいた。約百五十人の中からかなりハネて編成ができあがり、阿部十郎、宮川次郎、児島一郎が半隊長になり、監察は西本祐準、油井錬三郎の武田文三、多賀啓蔵で、この面々は奥羽に転戦した。宮川次郎が病死した。その後任は速水湊だった。吉仲直吉も後に半隊長になった。

徴兵七番隊は三小隊から成り、五月十八日京都発の甲州鎮撫総督四条少将隆謌《たかうた》に随行し、六月一日遠州白須賀で甲州平穏に帰すとあって東京へ向い、東京で四条少将は奥州平潟口の総督に任ぜられ、品川から万里丸で磐城小名浜に上陸したのが二十二日の朝、それから八月七日の大坪の戦闘を初陣に、九日は相馬領日尻口の戦闘、十一日は菅谷口の戦闘と、前後三たび戦って九月六日仙台入り、三十日に仙台引払い、十一月十四日東京凱旋と、こういう戦歴をもっている。

余談だがこの四条少将の率いる七番隊と行を共にした四条少将直属の小宮山勝蔵は、前にもいったが黒駒の勝蔵という、清水の次郎長の伝記作者が口を極めて罵倒する甲州の侠客で、相楽総三等の計画した甲州占拠策の同志武藤藤太の父振鷺堂外記の教育を受けたもの、随って世間に伝わっている次郎長対勝蔵の元治元年駿府一件なるものは、ひどい誤謬である。そのことは別に書いた物がある。

さて徴兵七番隊は筑波、相馬、伊予、芸州の各藩兵と合同して戦ったもので、戦死七名を出し、負傷者は馬淵虎吉その他十七名を出した。七名の戦死者中に西本祐準がある。八月九日の日尻口関門の戦いで戦死した。西本自筆の『夢の記』が江州水口出身の故甲賀三郎に伝わり、その遺族が現蔵している筈である。

獄舎を釈放となってからハネられた者に別として、ハネられたのではないが、すぐ帰郷したものもあった。その一人が馬淵友太郎で、医を学んで六代目の馬淵駿斎となり、大正十三年、東京府麻布笄《こうがい》町で歿した、年七十五歳。これと似た道をとった人が他にもあっただろう。

◇

さてここで、振返ってみねばならぬ人物がある、一人は江戸の焼討以前に京都へのぼった苅田積穂の権田直助（玄常）、もう一人は水原二郎の落合源一郎（直亮）である。

志士殺戮の前

東山毒殺

信州諏訪の飯島村［現・長野県諏訪市］は、上諏訪から諏訪神社へ行く途中にある、湖水の入りこんだ処である。

飯島村の苗字帯刀の家で、岩波万右衛門（美篶《みすず》）の家に、年二十三、四の武士の泊り客があった。紹介者は諏訪の高島藩（諏訪因幡守忠誠）の士で、飯田守人（武郷《たけさと》）である。飯田は通称を彦助といい、後に改めて守人といった。父小十郎が早く世を去ったので、母ていと叔父に育てられた。四歳のとき『四書』を読んだという。平田学のちゃきちゃきで、二十六歳からかかって、四十四年目に脱稿した『日本書紀通釈』は不朽の書である。近ごろ、孫の飯田季雄の補遺と併せて刊行されている。明治維新の後は神道家となり、帝国大学、皇典講究所、国学院、慶応義塾に講学し、明治三十三年八月二十六日、年七十四で物故した。

客は小島四郎将満《まさみつ》である。村上四郎藤原ノ武振《たけふる》と変名していた文久の初めのこと――文久元年から同二年の間――である。相楽総三の村上四郎には連れがあった、上州の志士桑原梧楼（後の金井之恭）である。相楽と桑原が南信濃へはいったのは、伊那、諏訪方面から同志を得たいためだった。それは上州の新田満次郎を擁して討幕の義兵を挙げるためだ。ここで村上、桑原に合流したものに、武州・甲州に跨《また》る小仏峠を越えて来た落合源一郎がある。

相楽はこのときの挙兵計画が水泡に帰し、江戸の父の屋敷へ帰ったとき、「奥羽をめぐり歩き、おもに久保田（秋田市）におりました」といった。これは方便で、奥羽よりも上州野州がおもで、同志を招きに信州までも出ていた。相楽と信州との関係は、これによって、後来、深くなった。

◇

飯島村の北沢佐右衛門方に、年二十七、八の泊り客があった、高島藩の学校長善館教授の東山、石城《いしがき》一作（与三郎と前にはいう）である。東山と相楽との交《まじわ》りはこのときにはじまった。

或る日、相楽が一首の和歌を東山に示した、万葉調の次の如きものである。

武蔵野にしきむ醜草苅りはらひ
さわぐ狐を早く射とらな

東山は大いに感激した。東山は寡黙のときがあるかと思うと、喋《しやべ》り捲くるときもある。脱線もするし軌道にも乗る、という人だった。

東山は飯島村で生れ、父を北沢孫右衛門といった。孫右衛門が飯田へ出て商人になったので、東山の少年時代は、飯島と飯田とで過した。『日本書紀通釈』の著者は四歳で『四書』を読んだ、東山は八歳のとき、〝咲いた桜になぜ駒つなぐ、駒が勇めば花が散る〟という唄を、次の如く訳して人をあッといわせた。

爛漫桜花発　何為《なんすれぞ》繋㆓駿馬㆒
駿駒如《もし》驚動《スレバ》　点々落花鬢

東山は学問の手ほどきを伊那の筑井又右衛門に受け、京にのぼって宇津木医伯なぞに学び、帰国して江戸へ出て日尾荊山に学んで帰り、子弟に教授をはじめたのが十八歳のときである。時に、高島藩の石城宗右衛門という長善館の先生が歿し、嗣子がない。宗右衛門の未亡人が東山に眼をつけ、懇ろに乞うて娘の婿になってもらった。そこで北沢与三郎でなく、石城与三郎となり、長善館の句読師となり二十五俵の俸をうけた。その後、再び江戸へ出て若山壮吉に学んで帰り、長善館の教授となった、相楽に会ったのはこの前後だろう。

高島藩も又そのころの諸藩とおなじように、勤王佐幕の二派にわかれていた。勤王派は飯田守人武郷、石城与三郎、立木与平（定保）、小沢正弘、千野房孝、大山鷗侶（玄純）などで、神仏両道の有志、農商の有志と心を併せていたが、藩論は勤王派を圧倒して、佐幕派の勢力が大いに振った。そういう折柄、東山は『杞憂贅論』一篇を藩主に奉ったが顧みられなかった。ひとり、東山だけでなく、今いった立木与平は千野、小沢などとともに藩主に上書し、佐幕派に対抗した。が、藩は佐幕派が執政である、忽ち立木与平は閉門蟄居を命ぜられて、屋敷を没収された。こんな状態になったので東山は甚だ楽しまず、病と称して長善館の講学を中止し、養子尚友に石城家を譲って家を出てしまった。

東山の生家を北沢という、その先は、上州新田氏の支族南朝の武人、里見伊賀守義成から出て、義成六世の孫の七郎時方が諏訪に居着いて姓を北沢と称えた。その子孫が伊那の飯島に移り、そのためにその辺に北沢姓が今でもあるのである。東山はそういう祖先をもっているので、復姓して、里見一作義臣と改めた。

常陸筑波の挙兵破れ、那珂湊方面の挙兵も又破れて、田丸稲之右衛門、山国兵部、武田耕雲斎の兵が、諸所に戦って中仙道を信州佐久に入り、和田峠にかからんとしたる元治元年十一月二十日、松本藩（松平丹波守光則）、高島藩（諏訪因幡守忠誠）、この二藩が和田峠に出兵した。高島藩出兵の中に、勤王家立木与平定保がある。立木は閉門蟄居中だったが討手を命ぜられた。しかし、勤王の有志の集団を討つに忍びず、といって主命黙止《もだし》がたく心に苦しみつつ、鎧の腹帯に次の和歌を認め、討死と決して出陣した。

思ひきや夷を伐たでけふとなり
夷伐つべき人伐たんとは

十一月二十日、晴天の午後二時ごろから夕刻までの和田峠樋橋《とよはし》附近の合戦は、松本藩の戦死十一名、高島藩は六名、水戸浪士側の死体は十三残っていた。浪士側は目的の如く和田峠を踰《こ》えることが出来た。

樋橋附近の戦いで戦死した浪士側に、今弁慶といわれ、赤坊主又は紫坊主といわれた人の評判が高い。それを耳にした東山は、ひとり和田峠に急行し、深沢山のひくそという戦跡で、弁慶の死体を探した。死体は取り片づけずその場にそのままあった。東山は今弁慶の死体の肉を切り取り、持って帰って味噌漬にし、炙《あぶ》って食った。勤王の士今弁慶の肉を食いたれば、我が勤王の志いよいよ固しという意味だった。

今弁慶とは常陸久慈の不動院全海という僧で、腕力あり胆力あり豪快な人だったという。その戦死は〝銃砲うちかけ暫時打合いの合戦なり、ここに浪士方に紫坊主ともいえり又赤坊主とも唱えたる由、緋の陣羽織を着して赤の仕度して大なること凄まじき入道、馬にうち乗りひくその山の中段を乗り廻し、下知するその形勢、往昔弁慶の如しとぞ、然るに諏訪方より鉄砲の玉飛び来り此の坊主の腰を打抜きければ、何かは以て耐《たま》るべき、一声あっというて馬より真逆様に落ちたり、此の坊主の衣類に経文一面に入れありしとぞ〟（『懐留』下諏訪の商家増沢久態）、こんな風に伝わって、評判が余ほど立ったのである。因《ちなみ》に、樋橋の上数町、旧道の左側（高島戸沢、ひくそ山の麓）に、浪人塚というのが建てられてある、明治二年九月の建立で、十三名の戦死者のうち横内巳之助、岡本久次郎、不動院全海、鈴木常之助、鈴木金蔵、大久保茂兵衛だけが氏名判然、他の七名はだれとも判然しない。

東山が人肉を食ったことが飯田守人の耳にはいると、以ての外と守人は怒って、東山と絶交した。〝その志は潔しといえども、その行いは禽獣にひとしい〟というのである。東山は大いに悔いたが守人は許さなかった。

その後、東山は京へのぼった。人肉一件の不名誉を恢復するためにも、京へのぼって、ひと働きと決心したのである。京都にいる間に相楽総三と会して鷲尾隆聚の挙兵を待ったが、一時、それはお流れになった。そのうちに相楽が、益満休之助、伊牟田尚平の斡旋で大西郷に会い、江戸へ下って討幕促進の行動を実行することになった、東山が信州へ帰ったあとのことだ。

◇

相楽等が薩邸に屯集する前に、土佐藩で、江戸を攪乱する計画があって、その元締は、土州藩士乾退助（後の板垣退助伯爵）、副官的なことをやったものがおなじ藩の片岡健吉（後の自由党の名士）、小笠原謙吉（明治元年七月三日、会津若松城外の激戦に、土州藩迅衝隊大隊長で戦死）。この計画がいろいろの事情で薩藩へ肩代りとなった、だから、初めのとおりで行っていれば薩邸焼討が土州邸焼討になっていたかも知れず、或は政治的解決が別に施され、鳥羽伏見の戦いを導引する結果が出なかったかも知れない。

信州の飯田守人は、相楽、落合、権田の檄に応じ、自分は薩邸へ投じ難い事情があったので、東山をして投じさせた。そのころ、守人と東山の交りが元どおりになっていたのである。東山は江戸へ出るとき、「我、前罪を償わん」といい、次の一詩を賦した。

男児決レ志豈徒然　欲下挽二皇威一掃中賊氛上
唾レ手乗レ時方此際　縦横踏破八州雲

前に目黒の祐天寺で、三田の薩邸の浪士小島直次郎、松田正雄、中山信之丞、石垣一作、この四人が幕吏に襲われ、中山信之丞は自殺し、松田正雄は虎口を脱し、小島直次郎は傷ついたがその場を逃れ故郷に帰って死に、石垣一作は傷ついて捕われたと書いた。その石垣一作が東山である。養家であった石城の城《がき》を垣に代えて変名に使ったのだ。本来は里見東山又は里見義臣なのだが、石城東山の方が通りがいい。

捕縛された石垣一作の東山は、伝馬町の牢屋敷へブチこまれて、手酷しい調べをうけたが、何もいわなかった。この事を知った薩邸の浪士達は、牢屋敷に火を放って東山を救わんと計画した、その実行をみないうちに毒殺された。長野県下諏訪湯田町にある碑は、〝慶応三年丁卯秋九月十有四日、石城一作義臣招魂碣、素志未遂死于江戸歳三十有四〟とある。碑の表の文字は土方久元伯、裏面にある小伝は筑波山挙兵の生残りの一人で飯島にちかい飯田出身で友人の薄井竜之の撰文である。東山の死を九月十四日だとすることに疑いをもつ、それに関しては前に、小島直次郎の辞世の件りで既にいってある。

東山が牢内で毒殺されたと知らせを受けた飯田守人は、岩波万右衛門をして東山の志を嗣《つ》がせた。薩邸浪士の「人名録」に、〝諏訪ノ人、岩波廉之助、羽田上陸、信の下スワより脱〟とある、これが万右衛門、後の美篶である。

万右衛門の岩波廉之助は薩邸焼討のとき、闘って腹に負傷し、血みどろのまま、同志とともに品川を経て鮫洲に到り、漁船に乗って沖の翔鳳丸へ向ったが、乗移れなかった一人で、他の人々とおなじく羽田へ上陸、思いおもいに解散と決したので、一先ず故郷へとただ一人、伊那へむかった。傷はひととおり手当をしたので血は殆どとまっているが、生々しい疵だけに怪しまれやすい、そこで疵の上に泥を塗り、乞食を扮って旅をつづけた。途中、疵が化膿して日一日と悪化し、生命に及ぶ重態になって、夜、飯田守人の宅へ転げこんだ。飯田はすぐに隠匿い、勤王の同志で藩医の大山鷗侶が外科なので、これ幸いと治療を頼んだ。随分ひどくなっていたが、大山の丹精で命を取りとめ、治癒にむかっているころ、藩の佐幕派がこれを摘発したので問題化した。そこで万右衛門を他に託し、飯田、大山、一人ともに脱藩し、京都にのぼって働いた。

飯田はその後、京にとどまって岩倉具視のもとに働き、大山は翌年の二月、高島藩へ帰参、間もなく、赤報隊の大犠牲、相楽総三等の死刑が東山道総督の命令で行われたのに憤激し、一書を遺して何処へか去り、そのまま終った処が判らずにいる。

岩波美篤は明治初年、落合源一郎、権田直助が、岩倉具視の密命で関東探偵に下ったとき助力した、『東下日記』（落合源一郎・権田直助）に万右衛門という名がたびたび出ているのがそれだ。晩年はキリスト教を深く信じ、その伝道に従い、東京で歿した。

落合と権田

落合源一郎直亮は文政十年の生れ、武州多摩郡駒木野の累代関守の家、落合俊雄の子で、母をたきといった。駒木野は小仏峠の東口のことで、現《いま》は南多摩郡浅川町［現・東京都八王子市］のうちに、駒木野という字《あざ》を遺すのみである。

落合は幕末に、三度、挙兵に関係して三ツとも不成功に終った。妙といえば妙な廻りあわせである。その第一は、大和十津川の天誅組である。時事を慨した落合は『明道論』（文久二年執筆）を著わし、游学の名に隠れて京へのぼり、『寺院封事』（文久三年執筆）をつくり、学習院に提出した。寺院を学校に、僧侶を教師に活用すべし、こういう論旨だった。このころ清河八郎等と深く交わった、そのうち藤本鉄石と識った。或る日、藤本から討幕促進のため兵を挙げる計画中だと打明けられ、それでは関東にも志をおなじくする者が尠《すくな》からずいるから、これから下って勧説し、相共に上京すると約束し、関東に立ちかえり、同志を説いているうちに、藤本鉄石等は中山忠光をいただいて、挙兵してしまったので、間にあわなかった。第二は、元治元年、筑波の挙兵に呼応すべく、桑原梧楼等の上州人に、相楽総三等と参画した、これは不発に終った。次は薩邸へはいってから、金輪五郎などと上州へ行き、竹内啓の挙兵に呼応すべき計画が失敗した。これで三ツだ。

落合は前にいった二篇の論文のあとで、『正名断』（元治元年執筆）、『本末論』（慶応元年執筆）、『国体原論』（慶応二年執筆）の三篇を書いている。

薩邸へ落合がはいるために、故郷の駒木野を出たのは慶応三年十月十日で、家出の形式をとった、これは落合家に後難をかからせまいためだった。その前年までは祖母が八十を越えていて、落合の身の危険を仕切りに憂えるので、思い切ったことが出来ずにいた。ところが、その年、死去したので、今は憚るところなしと、薩邸へ投じたのである。門人五人が従って行った。

落合が薩邸へはいってからの事は、今まで述べた諸所に出ているから更めて書かない、紀州九鬼で相楽等と別れ、京都で大西郷に会うまでも、既にそのあらましは書いた、尚、若干の補足をしておく。

紀州九鬼を十二月三十日の朝、発足した落合と坂田三四郎と伊牟田尚平の三人は、駕籠で昼夜兼行した。その途中の或る土地で——落合の記憶からその土地の名が去ってしまったが——深夜のことだったので人足の継立《つぎたて》が出来ない、時刻は経つが一向に人足が出てこない、継立所のものも口先だけで実は深切でない、朝まで引ッぱっておく気らしい。すると、伊牟田が継立所の頭だった男を捉まえ、いきなりぽかりと殴っておいてから叱りつけ、「この上にも手間どると、これこのとおりこの家を打ちこわすぞ」と、障子をばりばり摑みこわした。これに驚いて人足が急に狩りあつめられたので、やがて発足することが出来た。こんな風の意気で先を急ぎ、大和の三輪《みわ》へかかったのが夜中だった。三人とも駕籠から出て宮居の方を遥拝し、又も先を急いだ。

伏見に近い長池の宿《しゆく》まで、どうやら無事にきたが、長池の継立所は、「只今、大坂から押し寄せて来た公方様の大軍が伏見におります、京へはいろうとしているのですが、何処で戦さになるか判りませんので、お気の毒さまながら、とても、継立どころではございません」という。さては戦争か、それではと三人は、長池の宿から徒歩になり、先ず食事を充分にとって宇治に向った。

宇治へはいって聞くと、宇治橋は藤堂家の兵だというのが固めているという。藤堂はそのころ旧幕側だと思っていたので、食いとめられては面倒だから、宇治川の川下へ行き、通りがかりの男を出し抜けに捉まえ、「気の毒だが急用で川を渡らねばならん、船を何とか見つけて渡してくれ」と頼んだ。その男は土地の者とみえ、容易《たやす》く引きうけ、やがて舟をもってきた、その舟で対岸にわたったものの道路のないところだった。「これでは困る、道のある処まで案内しろ、手当は遣わす」その男は承知して暫くの間は道案内に立ったが、「あれに杉の木がありましょう、あれを目ざしてお行きになると道へ出ます」、といって逃げてしまった。教えられた杉の木まで来てみると、伏見かと思う辺りで大砲の音がした、さては始ったなと思っていると、程なく火の手が五、六ヵ所にみえた。既に夜に入っていた。

火の手をあかりに代用して、夜道を辿っていると、前の方に人声足音が起った、透《すか》して見ると一隊の兵がやってくる。敵らしいので避けてうしろへ下がろうとすると、後からも一隊の兵がやって来た、そのままでは挟まれてしまうので、横に躱《かわ》すより他に方法がないので横に逸《そ》れた、そうなってみると、今までのように、火の手をあかりに代用することが出来ない、真暗闇の中を警戒しつつ歩いているうち、三人とも、突然、水の中に落ちた、池らしい。三人とも岸へ這いあがり、濡れたままで歩く暫くのうちに、袖口や背筋のところが凍った。戦争の物音や火の手が聞えたり見えたりしたかと思うと、聞えなくなり見えなくなったりした。後に落合がこのときのことを語り、「あれは、伏見、藤の森、稲荷山、あすこら辺の東裏を辿り歩いたものだと思う」といっている。

やッとこさで京へはいった三人は、大仏前、東山を経て、伊牟田が懇意の祇園の茶屋へ着いてほッとした。三人とも着ている物のどこもかしこも凍って、カチカチ触れ合うたびに音がした。戦争が近くにあるので、祇園界隈はみんな起きていた。三人は着物を貸してくれたので着代え、飯を食い、かれこれしているうちに夜がしらみ初めた、すると、いろいろ伝わって来た噂の中に三人を驚かす、重大なことがあった、「幕軍が敗北を免がれる苦し紛れに、フランスの軍隊を雇い入れて戦闘させたので、官軍忽ち大敗北」というのである。三人ともはッとした。さあ大変だ、この上は一死報国あるのみと、三人連れ立ち祇園を出た。無論、戦場へ駈けつけるのである。

五条橋を渡り、竹田街道へ向って行くと、薩軍の者で伊牟田の知っている人が通った。伊牟田が、早速、呼びとめて戦況を聞くと噂とは大違いで、旧幕軍はさすがにフランス軍隊を雇って闘わせなどしておらず、戦争は此方の大勝利と判明した。それを聞いて落合も坂田三四郎も、勿論、伊牟田も、拍子抜けはしたが、嬉しさに涙がこぼれた。

安心した三人は太閤屋敷の薩邸へ行った、伊牟田の案内である。そこで大西郷に会った。その時を落合は後になって、「慶応四年正月四日の午前十時頃だ」といった。

大西郷はそのとき、「今日の伏見戦争は向う二、三ヵ月も先のことと思うていたところ、君等が江戸で尽力してくれたので、旧臘二十五日の焼討が起り、それがため、今日の戦争となり、愉快な時がいよいよ来た。これからはわが輩が引受け君等に御苦労は掛けぬから、どうか、成行きを見ておってくれ。ゆッくり話をしたいが、只今は多忙で寸暇をも得ぬ、これよりゆッくり、休まるるように」と云った。

◇

五条少納言為栄《ためしげ》の屋敷に権田直助が来ていることを、落合は知っていたので、その日の午後、訪ねて行った。五条為栄は参内中、権田はいた。

権田は江戸の薩邸にいるとき、「これ以上に事を進めるには武力が足りぬ、人数と武器をもッと送ってもらわぬといけぬ」という意見をもち、増援の要求に上京したのである。権田の着京は十二月二十日ごろだった。

薩邸の岩下方正に権田が、交渉をはじめたが思うように行かぬ。「此方の力を割いて江戸へ人数を出す訳にはゆくまいが、一つ相談はしてみる」といった程度で、一向、埒があかない、そのうち十二月三十日となった。その日も権田は岩下を訪ね、催促をしようとすると岩下が、「討幕のいとぐちが開けた、貴君等の丹精が然らしめたのである、深謝するに言葉がない」と、低声でいって、去る二十五日江戸の薩邸が焼討されたと告げ、「我が藩の間諜にて、在江戸のものから密報があった」と重ねていった。それから権田は大西郷に会った。大西郷は「旧幕のものが近く必ず動きます、大業の成る端緒いよいよ開けます」と喜び、相楽、権田、落合、その他、浪士連中の功を褒め、深く礼をいった。こういうことを権田が話すと、落合は焼討当時の状況、同志の生死その他、難航のこと、京都入りのこと、大西郷との会見などを語り、時の経つのを二人とも忘れた。

そのとき、落合がものした次の和歌が一首、伝わっている。

浪の上炎の中をのがれ来て

都の春に逢ひにけるかな

五条為栄はその晩、御所から退出せず、翌五日錦の御旗奉行を仰付けられ東寺の本陣に出張した。権田はその日早朝、伺いの使いを東寺の五条為栄に出した。ゆうべ泊った落合のことも申添えた。折返しての返事に、「東寺に出で来《きた》れ」とあった。そこで、権田、落合は、東寺の五条為栄の陣に駈けつけた。これで、苅田積穂でも水原二郎でもなく、権田直助と落合源一郎の本名に復《かえ》り、征討大将軍仁和寺宮様の御旗奉行五条為栄附属の士ということになった。ただこれだけの踏み出しの差が、相楽総三等とは、全く異なった道を進めた。

五条為栄が四条侍従隆謌と、四国中国の鎮撫使になったので、落合も権田も随行し、播州姫路まで行った、もうその先は、鎮撫使がゆかずともよくなったので、姫路城で、讃州高松藩の小夫《おぶ》兵庫、小河又右衛門という、佐幕派の引責者の首実検があり、その席に列したことなどあって、大坂へ引返した。

落合は大坂引返しと聞き、そのころの言葉でいう関東討入りに行けるものと思いこんだ、ところが、関東へ行かず、京都へ引揚げると聞いて失望し、遂に五条家を辞した。これから落合は、関東討入りに加わらんといろいろ奔走したが、その機を得ずにいるうち、岩倉具視の密命を受けた。

源一郎の弟に落合一平直澄がある。明治元年に兄の源一郎は四十三歳、弟の一平は三十歳だった。官軍の参謀河田佐久馬（後の河田景與《かげとも》子爵）の許にあって、下野に戦った。国学者で、皇典講究所の職員、神道では大教正、明治二十四年一月六日歿した、年五十二。『古事記後伝』、『日本古代文字考』その他、多くの著がある。

◇

源一郎、一平の弟に落合五十馬直言《なおこと》がある、明治元年に二十二歳だった。落合兄弟中、第一の熱情家で、短い生涯ながらも最も波瀾に富んでいる。十五、六歳のとき幕臣に雇われ、京へのぼった。或る日、上役のうち意地の悪い男が、僅かのことから五十馬を罵った、その日に限ったことでなく、これは毎度なので、かねがね腹に据えかねていたところ、きょうは髪を引ッ摑み顔をぴしゃりと叩いた。五十馬は怒って、「無礼千万」と脇差を抜き、相手の脇腹をただ一刀に刺して殺し、衆人稠坐《ちゅうざ》の中の無礼に応えた。人あって奔走し、処罰無しでこの事はすんだ。こういう気象の激しい性質でいながら、色の白い美男で、動作だけは気象そのまま頗る敏活だった。

明治維新が成って後、政府は困難又困難にぶつかり通しだった。回天の大業成って、明治の聖代にはいったが、聖代という言葉の裡には、数多の不撓不屈を経ればこそということがある。

明治四年の夏、古賀十郎（柳河旧藩士）、小河真文（久留米旧藩士）、富田源吾（熊本旧藩

士）、初岡敬二（秋田旧藩士）、中村恕助（秋田）、その他が、公卿の外山光輔、愛宕通旭を擁し、第二維新を謀り、丸山作楽《まるやまさくら》（島原旧藩士）その他がそれに関し、事、発覚して、悉く捕えられ、その年の暮、それぞれ、重軽の刑に行われたその中に直言があった。

直言は国学者の堀秀成に学んだ――秀成の妻は落合兄弟の姉だったが、破鏡の歎をみた――〝堀の五科目〟といい、語学、音義、文格、古典、有職、これを学ばせ、なかなかやかましいものだった。

第二維新事件で東京で捕縛されたものが四十九名、その中の一名が直言である。京大坂では百五十名捕縛され、豊後日向などで五十名、長崎その他で数十名、全部で三百人だったという。審理の末、外山光輔、愛宕通旭は割腹を命ぜられ、古賀十郎などの主謀者とみられた人は斬罪、その他は終身禁獄から七年禁獄、二年禁獄などに処され、軽く済んだものもある。落合直言は終身禁獄を申渡された。

武州多摩郡士族俊雄倅
落合　直言

右の者儀古賀十郎等ニ同意、不容易企ニ及ビ候始末、不届ニ付、庶人ニ下シ、終身禁獄。

直言はおなじ終身獄組、次の六名と一緒に鹿児島藩御預となった。

小和野広人（大和）　中島竜之助（越前）
堀内誠之進（土佐）　高田　修（京都）
中村　恕助（秋田）　矢田穏清斎（京都）

この鹿児島預けの裏には大西郷の情けがこもっていた。さればこそ鹿児島では市中放し飼いといった風の取扱いで、罪名こそ負っているが、起居はまことに自由、直言のごとき、月給をもらって中教院という神道の学校の教授を勤めた。おなじころ、熊本預けとなった人々は、熊本の新旧牢屋に入れられ、六ヵ年間、外出などとは夢にも及ばぬ取扱いだったのと比べ、その違いの大なるのに驚く。

◇

堀秀成の門人で藤岡小八郎という人があった。源一郎、一平の落合兄弟と交《まじわ》りがあったので、会ったことはなかったが直言のことも知り、手紙の取りやりぐらいはあった。この藤岡は江戸の浅草の侠客近江屋源兵衛に育てられ、近江屋が没落したので商家の小僧を振出しに、惨苦を経験して後に幕府騎兵隊の隊士となった。上京の命をうけ、将軍家茂の護衛兵となった。家茂が薨《こう》じてからは将軍慶喜に仕えていた。伏見の戦争のときは伝騎でなかなか派手に動いた。藤岡が堀秀成の門にはいり、〝堀の五科目〟を卒《お》えたのは伏見敗戦後のことである。神道の学者で、伊勢皇大神宮の神職。九州各地をめぐり、神道興隆に働いていた藤岡が、鹿児島に着いた、明治九年四月十四日のことである。このころは藤岡好古といっていた。

その日、落合直言が藤岡を旅宿に訪れてきた。直言が捕縛され、終身禁獄を申渡されたと知っていただけに藤岡は直言の不意の訪問に驚いた。直言は「鹿児島預けとは名目だけで実は自由の身と異なるところがない、殊に西郷さんの旨を含んで県令の大山綱良（格之助）さんが非常に好意を寄せてくれている」と語り、それから「身は自由だが、罪を朝廷に得ていることが心苦しい、願わくば、足下の尽力で、赦免の恩に浴し、上京の出来る身になりたい」と切《しき》りに頼んだ。藤岡は「出来る限り尽力する」と引受けた。

ところが、藤岡がまだ九州にいる間に、風雲ただならず、西南の役が起った。大西郷の恩を深く感じていた終身禁獄囚は、相談の上、次の五名が、今ぞ、命を以て恩に報ずべしと、薩軍に投じた。

落合　直言（三二・国学者・武州多摩郡駒木野）
中村　恕助（三四・羽州秋田旧藩士）
堀内誠之進（三六・郷士・土州高岡郡仁井田）
小和野広人（五一・元僧侶・大和宇智郡野原村）
中島竜之助（三八・越前丸岡旧藩士）

五人は明治十年三月四日、大山綱良から弾薬諸共小銃一梃ずつ、羅紗服一着、肌付の金百二十円ずつを受取った。刀がないので困っていると、鹿児島の奥宗一という人が贈ってくれた。

直言は神道中教院の子弟を率いて一個小隊を編成し、振武隊大隊長中島健彦に属し、肥後、日向に戦い、小隊の殆どが戦死し、僅か十五、六名となった青少年とともに、保田窪の激戦で全員残らず戦死した。中村恕助も直言とおなじ枕に戦死した。その年四月二十日のことである。直言の同志の一人、堀内誠之進は桐野利秋の命で、変装して四国に渡り、高知に林有造を訪ねて使命を果し、戦場へ引返して闘い、終《つい》に官軍に降った。小和野広人は、大西郷が陣歿したので、肥前の天草に一度はのがれたが自首し、江州の獄舎に五年繋がれて特赦で出獄、神道教導職に就き京都で病死し、中島竜之助は遊撃隊の監軍で戦い、敗軍の後、降伏した。

終身禁獄囚のおなじ身だった、高田修（三五歳）、矢田穏清斎（六九歳）が、薩軍に投じなかった事情は知らない。この他にも禁獄囚で、仲端雲斎、妹尾三郎平の二人があったが、この方の事情も知らない。

直言は故郷の家を出るとき、自画自賛を遺書の代りにした。画は菰の上に生首と柄杓と水桶で、それに〝落合直言の首〟と題した。この事は『藤岡好古伝』にもある。『西南紀伝』（黒竜会編）にもある。特に『西南紀伝』は、〝その画力蒼勁《そうけい》、鬼気人に逼《せま》るが如し〟といっている。

直言は画がうまかった。同志の中村恕助が鹿児島禁獄中、秋田にある父中村又左衛門に送った手紙に、〝同輩落合に絵図をかかせ指上《さしあ》げたく〟といっている。又、直言が宝船を描き権田直助が、〝四方八方ゆ棹梶ほさすよする、船の貢ぞ国の栄なる〟と題したこともある。

直言の人物に就ては、中村恕助の最期をその父に知らせた鹿児島の奥宗一の手紙の一節に、こういう文句がある。〝予、素《もと》以勤王之志深し、故に落合が如き義士と談話し、大望を起し、事成らんと欲する際、その義結之中に一員の姦人あって〟と、直言を高しとしている。又、大山綱良が初めて禁獄囚の代表を呼んだとき、出頭したものは直言と恕助とである。これらに拠って、朧気《おぼろげ》ながら直言の人物の一半は推し測ることが出来る。

◇

落合源一郎の門人多き中に後の愚庵和尚がある。愚庵は磐城平藩の甘田平遊の子で久五郎といった。明治戊辰の平城の落城戦争のとき、父母と妹とが行衛不明になった。永い間、探し求めて諸国を遍歴し、遂に邂逅できず、出家して鉄眼といった。哀傷の事実は、『血写経』一巻に詳らかである。愚庵が甘田久五郎といったころの明治四年、十八歳、東京にのぼり、駿河台のニコライ神学校にはいったがその教旨に服しかね、間もなく飛び出し、明治五年、十九歳、国学を落合直亮（源一郎）に就て学び、禅を山岡鉄太郎に問うた。その翌六年、落合が政治面から叩き落され、復活の途を神道に得て、陸前の志波彦《しわひこ》神社の宮司に赴任したとき、甘田も随って行き権禰宜《ごんねぎ》を勤めた。と、間もなく、先輩から用事を命ぜられて帰京した。こういう関係があった。甘田はその後、久の字を除いて甘田五郎といい、清水の次郎長の養子となって山本五郎と称え、次郎長の許に出つ入りつする多くのものから、行衛不明の両親と妹のたよりを、或は得られるかも知れぬと思ったが、矢張り得るところがなかったので、哀傷の極、遁世した。次郎長の養子時代に書いたものが『東海游侠伝』で次郎長最初の伝記でもあり、次郎長を有名にする原因ともなった。

もう一ツこれも落合の傍系のことだが、『薩邸事件略記』に落合は、〝原田七郎、同志ヲ募リ兵ヲ豊後ニ挙ゲ、日田陣屋ニ屠《ほふ》ラントシテ失敗シ、七郎縛ニ就キ、大坂ニ護送セラル、船中、幕吏七郎ヲ汽罐ノ傍ニ繫ギ、焼キ殺スト云フ、七郎ハ小倉藩士原田重枝（本居門人、

『かへしの風』の作者）ノ弟ナリ。長ク関東ニアリ、直亮等同志ナリ〃と、書いてある。この原田七郎（重種）は関東で、相楽とも識りあい、落合や後の金井之恭とも識りあいで、前にいった新田満次郎を擁して義兵を挙ぐるに呼応するという計画を持ち、九州へ引返し挙兵を計った人で、原田の同志は漢学者の奥並継、下村御鍬、南省吾、国学者の佐田内記兵衛、高橋清臣、柳田清雄、神道学者の時枝重明、石坂重代、重松義胤等で、木子岳に兵を挙げんとして失敗した。そこで原田は高橋清臣と二人で、京へのぼり、花山院左中将家理を説いて頭首にいただけば、招募に応ずる有志が多かろうと考え、豊後から海路をとって大坂まで来たところ、同船していた武士の密告で、幕吏に襲われ、格闘の末、縛された。両人とも大坂町奉行所で拷問にかけられること十五日間、次に、豊後日田に護送された。日田は幕府の代官が居るところである。護送半ばの伊予沖で原田も高橋も死んだ。初めから殺すつもりで蒸汽船の汽罐の傍へ繋ぎ、つまり蒸し殺して死体を海へ棄てたといい、死体は日田代官所へ持って行き棄置きにしたといい、船中で惨殺して海へ投げこんだともいう。この事件の後をうけて、幕末壮挙の一ツ〝御許山《おもとさん》の義兵〃という悲壮極まりなき維新達成のための人柱事件が起った。原田七郎は時に年六十一、高橋清臣は五十八歳だった。

世間の多くは早合点で、明治維新は青年によって成れりという言葉を鵜呑みにしている嫌いが尠くない。薩邸事件にみても、六十歳の権田直助、四十三歳の落合源一郎と三十歳の相楽総三が最高幹部だった。又、原田七郎といい高橋清臣といい老人だった。人生諸般のこと、年齢のごときはそもそも末、人にある、人である、心ある人による。

権田直助（玄常）は武州入間郡毛呂《もろ》［現・埼玉県入間郡毛呂山町］の医師、権田直教（嘉七郎）の子で、文化六年十二月十七日に生れた。権田家は代々医師だった。父直教が歿したとき、直助は八歳だったので、さしも続いた権田家の医業が絶えた。直助は漸く長じると、幕府の医家野間宮広春院に医を学び、二十五歳のとき、医業の門を、父の歿後十数年で、受け嗣いだ。

直助は親友の安藤直道という医家の勧めで、江戸にのぼって平田篤胤の門にはいった。これで、直助は医師としては古医道を研究し、志士としては日本の国体を研究し、遂に、慨世の志を三十一文字に託するようになった。

くすり師の神習ふ身のかひなくも
　国の病ひを見つつ過ぎてき

母が寿を終ると、矢の弦をはなれた如く京にのぼった。その前にも京へのぼってはいるが、そのときは医術研究だった。今度の上京は違う。直助は「人の病いは国の病いにくらべると小さい。わしは小さい方を後廻しにして、大きい病いの治療にかかるのだ」、と、いう人物に達していた。

京都では公卿の錦小路頼徳、五条為栄と親しかった。殊に五条とは帥弟の関係のごとくであったので、慶応三年十二月、江戸の薩摩屋敷から京へのぼったときも、草鞋をぬいだのは五条の屋敷だった。

直助は五十六歳の元治元年に京から故郷へ帰った。慶応三年の冬五十九歳で、莿田積穂の変名でかねての同志落合源一郎と僅かな前後で、三田の薩邸に投じた。それから後のことは既にいった。

直助は小兵で、顔色が赤かった。眼鼻だちが割合いにちいさいので童顔だった。それでいて頭髪は四十ぐらいから白くなり、薩邸入りのころは見事な銀髪で、却って美しかった。自分で戯れに白髪童子と号した。

門下の中に、直助が興立した皇朝医道（古医道）の三出色というのがある。井上正香、斎藤多須久、井上肥後である。井上肥後が後の井上頼圀文学博士である。国学の方では阪正臣をはじめ門人が多い。門人中の変り種ともいうべきは、足利三代の木像を切って梟首にかけた浪士のうち、青柳建之助、長沢文敬、それに薩邸事件の後に、川越在で斬り死にを遂げた小川香魚も門人であった。

直助は落合と五条為栄について姫路まで行き、引返して、大坂から京都に戻ると、落合が五条家を去ったが、直助は五条為栄に付いていた。

直助のこれから先は、落合とおなじく、相楽と全く別の道をとった。

下諏訪入り

相楽総三は滋野井、綾小路の両卿が、京へ召しかえされたので、頭首を失ったが、そんなことでは、屈しなかった。東山道を進んで信州にはいり、知合いの多い南信州で有志を招き、信州十藩を説いて徳川氏から離れさせ、碓氷峠を扼し、さらに進んで中仙道をくだり、江戸を側面から衝き、徳川慶喜といえども、捕虜とするという計画をもっていた。だから、この一隊の士気は甚だ振《ふる》った。それに太政官からくだされた御書付は、滋野井、綾小路にくだされたものでなく、相楽等にくだされた、特に草莽《そうもう》の士とあるのが、何よりその事実を御示しくだされた、と、確信しきった。

二月六日、下諏訪へ向って進軍中の赤報隊に、京都から帰ってきた金輪五郎が、早駕籠を飛ばせ追いついた。金輪は伊牟田尚平の手紙を持っていた。〝朝廷に於かせられては大軍議をなされ、それにつき滋野井、綾小路の両卿をお召しかえしになった。その事でいろいろ疑惑も起ったので、桑名から昼夜兼行で京へのぼり、伺ったところ案外の好都合で、両卿は会津攻めの総督を仰付けられるとのこと、この手紙着次第、昼夜兼行で、帰洛し、両卿に附属せらるべく、御僻論御無用《ごへきろんごむよう》、何にても人の忠告お用い然るべし、実に千里一歩の場合ゆえ、くれぐれも申上げる〟という意味である。〝御僻論御無用〟といったのは、一月二十五日、綾小路俊実が鶴沼の宿に泊ったとき、〝赤報隊は速《すみやか》に桑名に到り総督の本営に会すべし〟と、命令が届いたので、綾小路は先鋒の相楽を鶴沼へ呼んで、「桑名にある東海道総督の許に行け」といった。相楽は信ずるところあって応ぜず、「悪名を着るとも、旧幕府の主力を苅るべく自分達は行動する」といった。そこへ桑名の本営にいた伊牟田尚平が駈けつけ、「相楽君それはいけない、本営へ行くべし」と、切《しき》りに勧告したが相楽は応じなかった。それで〃御僻論御無用〃といい、又、〃何にても人の忠告御用い可レ然〃といったのである。しかし、桑名へこのとき相楽が行っていたらどうなっていたか、おなじ赤報隊の山本太宰等のように死刑に行われたか、鈴木三樹三郎、油川錬三郎等のように、京都へ行ってから投獄され、赦されて奥羽の戦争に出陣したか、多分、尠くとも相楽だけは死刑を免がれなかったろう、ということは、この浪士隊の中で一番の人物は何といっても相楽だし、相楽は租税半減免除の許可を太政官から前に得ている。ところが、太政官としては、租税を減免したのでは財政に欠陥が出てくる、で、相楽に与えた租税減免についての一切を取消さねばならないが、既に相楽は通過した村々で、租税のことを発表し、民心を旧幕府から引きはなすのに努力していた。そうなると、赤報隊に何かあればそれを捉えて高等政策の犠牲に相楽をあげる、こういう政治的手段しか、岩倉具視とその幕僚とにはなかった。して見ると伊牟田が、桑名へ引返してくれれば好都合だと観たのは誤りである。〃実以て千里一歩の場合〃といった、これだけが中《あた》っていた。

◇

岩倉具視の子具定、八千丸を正副とした東山道鎮撫総督（やがて先鋒総督兼鎮撫使と改めらる）の軍は、去る正月二十一日京都を出発、その日江州大津に着いたが、軍資金がないので三日間余儀なく滞在した。かくの如きは東山道軍のみでなく、東征大将軍有栖川宮《ありすがわのみや》の軍ですら、京都を二月十五日出発し、三月十八日まで大坂で空しく滞在、漸く民間その他からの借用金を得て、乗船発航したくらいである。東山道軍には京都三井家の番頭堀江清六が従軍していた。この堀江が京都へ引返し、三井の調達した金三千両をもって、二十四日守山で軍の幹部に渡した。しかし、この三千両も美濃大垣まででなくなり、又も十日間の大垣足踏みとなった。このときも三井その他の金で出立とはなったが、こういう有様だったので、沿道から金穀を募ろうとしたが、相楽のやった半減免の布達が効いたり或は影響して出来なかった。これが相楽等の悲劇の因のうち最も大きいものとなった。

相楽は伊牟田の忠告を多とした。しかし、桑名へは行かず、信州さして急いだ。

赤報隊の法令は厳しいもので、〝勤王の志を立てたからは、同志は皆、兄弟であるから礼儀を守り深切を尽せ〟というのを初めとし、田畑を荒し、売品を掠め、婦女を苦しめることを厳禁し、浮説を信ずるな、酔狂、暴論、遊女屋通い、博奕を厳禁す等、軍紀の粛正に強く注意を払った。

信州下諏訪へ相楽の隊がはいったのはその月の六日の夜であった。相楽の下諏訪入りの光景を、岩波太左衛門といって、本陣亀屋の主人が語ったものが遺っている。「その頃わたしはまだ子供だった。二月の初めだと思う。官軍先鋒嚮導隊と書いた白羽二重の大きな旗を真先にたてて、総人数三百人ぐらいでしょうか、大砲六門、小銃隊五、六十人、大将は黒い馬に跨《また》がり、緋の陣羽織、手に鉄扇をもっていた。何でも大柄な人だったと思っている。その他に五、六人、隊長とみえて馬乗。そのあとから駄馬が何頭か来た。荷物は随分多かった。わたしの家（亀屋・本陣）へは相楽総三以下六十人ほどが泊り、脇本陣の丸屋、桔梗屋へ六十人ぐらいずつ泊り、その他は別の宿屋へ泊った。そのころここの領主の因幡守（諏訪家）は、どっちつかず日和見の折柄だったので、今にも戦争になるのではないかと、町中の騒ぎ心配というものは大変だった」と。

下諏訪入りの光景で些《いささ》か異なるものは、『松廼《まつの》落葉《おちば》』（下諏訪・宮坂正勝手記・『相楽総三関係史料』）だ。それに拠ると、旗は長さ七尺ほど、幅は二幅、白絹に墨で〝官軍先鋒〟と上に書き、その下の処から二ツに割れてあった――つまり〝嚮導隊〟と書いてないということになる――相楽は馬乗で、左右に二人抜身の槍で警衛し、率いる卒は七十人ばかり、めいめい、陣羽織を着し、小銃をもっていた。又、車のついた大砲六門と長持が三棹、それには一番隊と印があった。その他に弾薬が四荷、荷馬が三駄だったという。前の岩波談話とでは人数がひどく違う。後のは銃砲隊だけのことだろうか。

岩波太左衛門談話の次はこうである。「附近の領主などから武器兵糧の寄贈があって、本陣のわたしの家の門前に山と積まれた。間もなく大きな制札が門前にたてられた。その扣《ひか》えが保存してある」と、古い帳面を披いて相楽の孫に見せたのが次の如きもので、それは赤報隊が、他でも掲げた文札とおなじものだ。

高札

一、今度王政復古ニ相成、御政事向、都《すべ》テ於二御所一被レ遊二御扱一ニ付テハ
朝命ニ不レ服者等御追討トシテ、官軍御差向ニ相成候ニ付、百姓町人共ニ安堵致、各職業可レ励候事

一、官軍御差向之儀ニ付、其混雑ニ紛レ、官軍ト偽リ、暴威ヲ以テ、百姓町人共ニ為二難儀一候者有レ之哉モ難レ計候間、右等ノ者ハ取押置、本陣ヘ可二訴出一事

一、徳川慶喜儀
朝敵為官位被二召上一、且従来御預之土地不レ残御召上ニ相成、以後ハ
天朝御領ト相成候、尤是迄慶喜ノ不仁ニ依リ、百姓共ノ難儀不レ少儀ト被二思召一、当年半減之年貢被レ下候間
天朝ノ御仁徳ヲ厚ク相心得可レ申、且諸藩之領地タリトモ困窮ノ村方ノ者ハ、中立次第天朝ヨリ御救可二相成一候事

官軍　赤報隊執事

これにある租税減免が問題なのである。

岩波談話はまだ続く、「着いて二日ばかり経つと大将の姿が見えなくなった。それだのに、居るように食事など必ず出したものだ。その頃は険しいことが多く、附近で見廻りの武士が怪しいものを捕えたり斬殺したりした。それらは相楽を刺そうとする佐幕派の間諜だから捉まえられたり斬られたりしたのだ。妙なことは、相楽総三さんは一人だのに、隊のうちに相楽総三だという人が三人ばかり居た。だから、本当の相楽と陰武者の相楽とちょッと区別がつきかねた、陰武者の一人は金輪五郎という人で、一、二年前にも当地へきて、相楽と名乗っていたように憶えている」。

金輪五郎が一、二年前にきたというのは、本物の相楽が上州挙兵のことで来ていた。それ

が間違って憶えられたのだろう。何処か似通ったところが、二人の間にあったとみえる。
赤報隊の幹部は次の如し。以前の変名を又新たに変えた者もある。括弧《かっこ》のうちが旧名又は本名である。

総　裁　相楽　総三
大監察　科野東一郎（斎藤　謙助）
監　察　竹貫　三郎（菊池　斎）
同　木村　庄蔵（岡田　信造）
同　金原　忠蔵（竹内廉太郎）
監察使番　西村　謹吾（菅沼　八郎）
同　伊達徹之助（戸田恭太郎）
同　丸山　梅夫（金井清八郎）
同　大木　四郎（大樹　匡）
同　小松　三郎（福岡　幸衛）
使　番　金田源一郎（宇佐美庄五郎）
同　高山　健彦（望月　長三）
同　渋谷　総司（大谷　総司）
同　浅井　才二（神田　湊）
役不明　桜井常五郎

同　　　　神道　三郎（三浦　秀波）

この他に育英隊とか何とか、小隊毎に名があって、隊長が選まれてあったのに違いない。しかし、はッきりしない。

赤報隊は二月六日の亥の刻ごろ（夜十時ごろ）、一部分が下諏訪へはいり、翌七日残りの隊がはいった。そうではないかと思える節がある。それはとにかく、二月八日、東海道総督の橋本実梁から相楽に呼出しがあった。相楽はその翌九日、金輪五郎をつれて出発し、十九日に大垣の本営へ出頭した。下諏訪を九日に出て大垣着が十九日というのは日取りが妙である。相楽はいきなり京都へ行き、岩倉とか薩藩とかへ、それぞれ釈明などをした。或はしようとした。それから大垣へ行ったのではないかと思える。相楽が大垣から下諏訪へ帰り着いたのは二十三日、その留守中、大小幾多の騒動が起った。中で最も大きいのは、北信州の追分軽井沢へかけての戦争だ。

◇

これより先、東山道鎮撫総督は、次の如き布告を江州その他、赤報隊の通過した後々に発した。

近日滋野井殿、綾小路殿家来抔《など》ト唱へ、市在ニ徘徊イタシ米金押借リ、人馬賃銭不払者モ不少候趣、全ク無頼賊徒ノ所業ニテ決而許容不相成候、向後右様之者於有之者捕へ置、早速本陣ヱ可訴出候、若シ手向等致シ候モノハ討取候トモ不苦段、被仰出候事。

但シ此後岩倉殿家来抔ト偽リ、右等之所業ニ及候モノ可有之哉モ難計、聊ノ用捨ナク同様之取計可致旨、御沙汰ニ候事

戊辰正月

東山道鎮撫総督

執　事

東山道諸国

宿々村々役人中

◇

相楽が旅の途中にある時、東山道総督府の名で、触れ頭の松代藩をして、更に又、次の如き布告が、諸藩に回章された。

回　章

高松殿京師御脱走ニテ人数召連レ、東国へ御下向之趣、右ハ決《けつし》テ　勅命ヲ以テ御差向ニ相成候義ニテハ無レ之、全ク無頼ノ奸徒、幼稚之公達ヲ欺キ奪出シ奉リ候義ト察シ候、右無頼ノ者共、当総督様ノ先鋒ト偽リ、通行ノ道々、金穀ヲ貪リ、其他如何様ノ狼藉可レ有レ之哉モ難レ計候ニ付、諸藩イヅレモ此旨篤ト相心得右等ノ徒ニ欺レ不レ申様可レ仕候、尤右公達ニ於テハ卒忽之義無レ之様可レ仕候得共、人数ノ義ハ夫々取押へ置キ、総督御下向之上、御所置相伺ヒ候様可レ仕旨御沙汰候事

附、先達テ綾小路殿御手ニ属シ居候人数、綾小路殿既ニ御帰京ニ相成候後モ、右ノ者共無頼ノ徒ヲ相ヒ語《かたら》ヒ、官軍ノ名ヲ偽リ、嚮導隊抔ト唱ヘ、虚喝ヲ以テ農商ヲ劫《おびやか》シ、追々東下致候趣ニ相聞エ候、右等モ高松殿人数同様之義ニ候間、夫々取押ヘ置キ可レ申旨、被二仰出一候事

二月十日　　総督府執事

宛名は堀左衛門尉（飯田一万石）、内藤若狭守（高遠三万三千石）、諏訪因幡守（高島三万石）、松平丹波守（松本六万石）、松平伊賀守（上田五万三千石）、真田信濃守（松代十万石）、堀内蔵頭（須坂一万七千石）、牧野遠江守（小諸一万五千石）、内藤志摩守（岩村田一万五千石）、こういうことが、下諏訪にいる赤報隊の幹部に知れた。京都へ行っていた竹貫三郎が、宙を飛ぶごとくして、下諏訪へ知らせに駈けつけたのが十三日のことである。幹部は愕然とした。〝それぞれ捕縛して、総督の下向を待て〟というのだ。〝偽官軍だ〟というのだ。〝農商を劫して金穀を貪った〟というのだ。しかし、偽官軍などでない。赤報隊は太政官の書付を持っている。金穀を貪ったというが貪った形跡は一向ない。赤報隊の器材食料旅費は自分まかないで、東海道総督も東山道総督も一銭も出していない。それのみか太政官は相楽に〝嚮導先鋒仕ル可ク、ソレマデノ処、兵力ヲ蓄ヘ、粮食ヲ儲ケ、機会ノ到来ヲ相待テ〟と、御書付を給わっている。そうすると、必要だけの金穀の徴発は許されている、と、思う筈だった。

『赤報隊往復文書』といって、相楽の孫が所蔵しているものと、高島藩の千野家にあったものを集めたものに、当時、赤報隊で献納を受け、又は献納させたものの文書がある。これでみると、大体、貪ったか貪らなかったかの見当がつく。

小銃、胴乱、弾薬付き、二十梃。鋳型二。三叉《みつまた》一——松平能登守。
米二百俵（内白米百俵玄米百俵）但し現品でなく預り証——小諸藩牧野遠江守。
米百俵（現米）——松平栄之助。
白布二百反、米二百俵（一俵三斗六升入り）——岩村田藩内藤志摩守。
籾（二百俵）、金五百両——小諸藩牧野遠江守。
米二十俵（一俵三斗六升入り）——内藤箭之助。
金八十五両三分——水野春四郎。
金五百両、小銃十梃——遠山益之助

このうち内藤志摩守が献納を申出た米二百俵は、総督下向まで預け、預り証を入れさせ、内藤箭之助の米二十俵もそれと同様にし、小諸藩の米百俵だけは入用の節に受取るという預り証を入れさせ、又、水野春四郎の現金献納は、もともと穀であるべきを品払底のため現金にしたということを、西村謹吾、大木四郎の連署で、総督府執事宛に届書が付けてある。これらで見ると、存外赤報隊は潔癖であったと思える。

しかし、部下のうちに、小悪党がいなかったとは云えない。それに関して岩波太左衛門談話にこういうのがある。

「隊の末輩にはひどい奴がいて、五里ばかり離れた或る豪家へ押込み、嚮導隊の者だから軍用金を出せと強盗をやった。これが知れると、附近の無頼漢がその真似をして強盗をやった。それが為に赤報隊の名が悪い方に響いた」

◇

強盗の出現だけでなく、何処から派遣されたか、密偵がはいり込んだと噂が立つ、流言蜚語《りゅうげんひご》が乱れ飛ぶ、そういう中で、赤報隊は下諏訪からは和田峠の向うの、所謂、信州の佐久《さく》平《だいら》、その方面へ隊士を出した。それは御影《みかげ》代官所［現・長野県小諸市］へ代官松木直一郎が、江戸から来ていたが、正月十日帰ったそのあとへ、新徴組の者だというのが来て、集っている税金を引渡せと来た。元締《もとじめ》の綿引庄之進が巧みにこれを断《ことわ》った。それらは新徴組の者でなく別手組のもので、やって来た人数は二十人だとも三十人だともいう。そのあとへ、今度は勘定奉行の家来だというのが主従四人でやって来て、代官所で保管している金を引渡せといった。今度は二度目なので村民が竹槍や脇差を持ち出し、四人とも生捕りにした。こんな事件もあるし、岩村田藩、上田藩、小諸藩はじめ、幕府代官所、旗本の知行地など、油断のならぬ向きが多く、殊に上田、小諸などは、そのころの赤報隊の言葉でいう、〝不勤王藩〟だ。それに碓氷峠を一時も早く押え、江戸と北越の諸藩との連絡を断ち、佐幕派の機先を制しなくてはならない。そういう必要で、斥候をたびたび出し、形勢を探った。

御影陣屋の事件を赤報隊が聞いたのは、下諏訪へはいる前だった。すぐに、佐久出身の桜井常五郎、佐久の事情に通じている神道三郎を嚮導とし、金原忠蔵、西村謹吾、大木四郎、竹内健介の六人が出発したのが二月五日、翌々七日に下諏訪から、丸山梅夫、丸尾清が、遊撃隊大砲隊を率い、応援に出発した。その面々は次の如し。

〔指図役〕丸山梅夫、丸尾清。〔指図役付〕清水定右衛門（沢東）、松岡造酒允、山口金太郎（常城藤太郎）。〔遊撃隊〕西野又太郎、佐々木次郎、西尾鎌次郎、木戸孫六、糸魚川源次郎、小松繁、三村清十郎、斎藤源次郎。〔大砲隊〕市川金太郎、竹川吉五郎、小谷大五郎、岡村弥兵衛、片岡慶三郎、三井八十三郎、佐藤竹之助。

越えて十一日、下諏訪に引返していた金原忠蔵が、人数を率いて佐久へ出張した。この人員と氏名は判らない。かくして、じりじり、北信濃に、人の眼につかぬ暗い雲が濃くなって行った。

前いった赤報隊を、偽官軍といい切った総督府の回章が、どんな作用を起さぬものでもない、と、心配になった赤報隊では、相楽はいないが西村謹吾が、早駕籠で下諏訪を出発した。十五日のことである。これは佐久へ出張した面々が、軽井沢辺まで先頭が行っている。それを和田峠から此方へ引返させ、不慮の衝突を避けんとしたのであった。が、既に遅い。遂に戦争が発するに至った。

西村謹吾が出発したその日の夕方、はらはらとそそぐ雪花を浴びて、権田直助と落合源一郎が、下諏訪の本陣亀屋へ、旅姿で現れた。

信州追分の戦争

変事続出

権田直助と落合源一郎とが亀屋の赤報隊本部——官軍先鋒嚮導隊とこの頃はいっていた——を突然、訪れたのは、岩倉具視の密命をうけ、関東方面の探索にきた、その途中のことで、二月十日（慶応四年）、京都を出て五日目の二月十五日、下諏訪へきたのである。岩倉が出した密偵はそれより先に、もう一組ある。それは武州賀美郡元安保《もとあぼ》村「現・埼玉県児玉郡神川町」の塩川広平で、この方は正月八日の夜京都を出た。江戸にはいってからは反間《はんかん》苦肉の計で、旧幕臣の間に非戦主義者をつくり、旧幕軍の武力を弱めるのが目的で、権田、落合とは使命が異なっている。塩川はこれを手記して後に残した。『関東謀攻日記』という。

塩川は後に登場してくるから、もう少し書いておく。塩川の江戸下りは岩倉の発案でなく、塩川の発案だった。鳥羽伏見の戦いを観た塩川は、幸いに官軍が勝ったが、旧幕の有《も》っている武力をそう軽くみては間違う。そこで関東謀攻策なるものを岩倉に献策したところ、それは是非やれ非常に適切だと、同意とともに激励された。その間に立って周旋したものは、岩倉側近の北島千太郎（後の北島秀朝・東京府大参事・千葉県令）、原保太郎で、殊に北島が尽力した。それから一ヵ月後に、権田、落合が岩倉から関東探索に行ってくれと命ぜられたもので、これには三州刈谷の藩士で、今は岩倉側近の一人である伊藤謙吉が周旋した。そのころ伊藤謙吉は阪木下枝《しずえ》といっていた。『伊那尊王思想史』（市村咸人）では榊下枝となっている。『関東謀攻日記』（塩川広平）には坂木静枝とある。その頃の人の常でいろいろに書いたこともあるだろうが、阪木下枝が正しい。この人は中山忠光を盟主とする天誅組生残りの一人であった。

◇

余談に亙るが、明治三年になってからのこと。正月六日、岩倉具視は恩賜の日比谷の邸へ、旧盟の士で、生残っている人全部を招待した。復古の鴻図《こうと》成就し、聖代の光に浴した、その記念会であったのである。この日、岩倉自ら筆をとって一篇の記事をつくり、集った人々は詩を賦し歌を咏じ、回顧の感をめいめいが叙《の》べた。記念品は刀匠固山《こやま》宗次が作の短刀一口《ひとふり》ずつで、二十余人が贈られた。贈られた人々の中には、相楽総三と赤報隊に関係あるものが幾人もいる。香川敬三、北島秀朝、原保太郎などが殊にそうだ。阪木下枝も短刀を贈られた中の一人だ。又、樹下茂国とか、城多董とか、大橋黙仙とかいう人も、矢張り短刀を贈られた。樹下石見守茂国は江州坂本の日枝神社の神官で、相楽が綾小路、滋野井に謁したのが、その社務所だ。城多董は『昨夢記』の筆者で、友人の水戸藩士小室某が赤報隊にはいり、斬られたといったのはこの人、即ち当年の城多図書だ。大橋黙仙は勤王僧南園の同志であることは、品川薩摩火事の件りでいった。

岩倉招待のその日、世を去っている十余人の遺族に祭粢料が贈られた。坂本竜馬とか中岡慎太郎とかいった人々の中に川喜多真彦の名がある。川喜多は滋野井公寿に付いていて、伊勢で賊名を着せられ斬殺されている。直接ではないが、斬らせた原因が岩倉から出ているという説がある。

◇

岩倉と権田、落合の間に立ち、尽力した阪木下枝は尾張の愛知郡中島村〔現・愛知県一宮市〕の学者で、伊藤両村の門人だ。両村は老人だったが熱烈な勤王家で〝やまともる君にも塵のかかる代に、いつまで老の身を惜むべき〟と後進を激発させ、〝君見ズヤ、魯西亜ノ狡《こう》黠《かつ》ナル、隣交ヲ誘フ、乃チ米夷ノ暴ニ党スルニ非ザル無カランヤ、方《まさ》ニ是レ、生霊身ヲ致スノ秋、何ゾ啻《ただ》ニ諸士ト列侯ノミナランヤ〟と、懦《だ》夫《ふ》も奮い起てと叫んだ人である。

両村門下の最高の人は、十五歳から両村に仕込まれて大を為した天誅組の松本奎堂だ。年三十にして戦亡した奎堂が、〝君のため命死にきと世の人に、語りつぎてよ峰の松風〟の辞世をのこしたことは有名だ。この奎堂と一緒に、天誅組で働いた三州刈谷の脱藩士が二人ある。伊藤謙吉と宍戸弥四郎（昌明）である。宍戸は戦死し、伊藤は血路をひらいて奔り、先ず美濃の中津川に潜み、それから信州伊那の伴野《ともの》へ行き、有名な女流勤王家松尾多勢子《まつおたせこ》に隠匿ってもらい、その次は武州入間郡に奔って、毛呂《もろ》本郷の権田直助のところに医生の塾がある、医者の卵と見せかけてそこに滞在し、機をみて上京、岩倉に近づいた。こういう因縁があるので、権田と落合とを岩倉に推挙したのである。

権田が関東探索を引きうけたと聞き、友人知己はそれは命知らずだといって諌めた。何といっても落合と権田とは、去年の冬、江戸の薩摩屋敷の浪士の頭領であったのだから、旧幕臣の眼についたら確かに斬られる。殊に権田老人ときては軀が人並より小さく、眼立つ銀髪があるのだから誤魔化しようがない。江戸へはいって三日と命が保《も》つまいというのだが、権田は笑っているだけで肯かばこそ、落合とともに出発した。勿論、一命はないと決めて発ったのである。

二人は信州須坂の堀内蔵頭の藩士と称し、東山道をとって南信州へはいった。落合は小仏峠東口の関所役人の家に生れたのだから、およそ旅については何でも詳しかった。道中で危《あぶな》いこともあった。が、先ず無事に下諏訪へはいると、何ごとも棄てておき、いきなり赤報隊の本陣を訪れた。二人は相楽総三に是が非でもいわねばならぬことがある。だが、相楽はそのとき、美濃大垣の総督府へ行っていて不在だった。それではと何もいわず外に出た二人は、顔見合せて太息をついた。

それから二人は高島へ行った。そうして岩波美篶（万右衛門）を訪ねた。万右衛門は薩邸焼討のときの負傷が治り、すッかり元気になっていた。

◇

その翌日の二月十六日は、きのうと違い、からりと美しく晴れた日だった。

赤報隊の本部へはいった情報に、高島藩が赤報隊討入りを決行するというのがある。高島藩なら遣りそうだ。それ戦闘の準備をしろ、多寡の知れた小藩、粉砕しろと殺気立ち、高山健彦が二、三人連れて先ず斥候に出た。ところが、高島藩には何の計画もなかった。それが確実になったので戦闘準備を解いた――が、妙なことには、その日、下諏訪近辺の村々では、今にも戦争がはじまるものと思い避難準備や恐怖やで、どこへ行っても人はみんなぶらしていた。それは何故かというと、何処から出た回章か明らかでないが、〃赤報隊は賊徒につき、今明日中にお召捕りになるから家内取片付け、何時たりとも避難ができるようにしておけ〃こういう達しがあった。さればこそ、何ごとも手つかずにいたのである。

◇

きのうの快晴が嘘のように、翌十七日は朝から雪になり、やがて積った。その雪の中を旅仕度の権田、落合と、これも旅仕度の岩波万右衛門が、赤報隊の本陣へ来て、相楽を訪ねた。「まだ帰着しませぬ」と聞くと、落合も権田も当惑して顔見合せていたが、それではと両人が、「相楽君に直接いうつもりで再び来たのだが、不在とは実に残念である。自分等二人は、大切な用があって、待合せている訳にゆかぬから、諸君にお話をして発つ」と居合せた隊士の主立つ人々に向い、「当隊の評判が京都では甚だしく悪い、われわれは相楽君も、諸君もよく知っているから、悪評を信じないが、それにしても実に悪い噂ばかりを聞く。よって、諸君は、方々へ出ている隊士があるそうだが、それを引揚げさせ、全部をここに纏め、謹慎の意を深く表して、総督府の御着を待つのが最上の方法だ、そうでないと如何なる結果になるか判らぬ」と懇々と説いた。二人とも、岩倉が幕僚のいうことを聞いて、赤報隊にどういう風に手を下すか、幾分の見当がこのときついていたので、元の同志の運命を案じ、保身の策を授けたのである。赤報隊の幹部は大先輩の説だから、謹んで聴き、なるほどと合点した。

それではと本陣亀屋を出た権田・落合と岩波万右衛門とは、和田峠に向った。この三人、初めは甲州から江戸へ行くつもりだったが、甲府には高松左兵衛権佐《ごんのすけ》実村を擁した一隊がいて、ごたごたしている。その先の方では近藤勇《いさみ》が兵を率いて頑張っていて、その方面の通行はとても駄目とわかったので、和田峠から佐久へ出て、追分、沓掛、軽井沢、碓氷越えをして上州へはいり、それから江戸へという風に予定を変えた。その予定どおりこの三人は、後のことになるがその月二十三日の夜、びしょびしょ雨が降って冷たい巣鴨へ着いた。その道中が半ばの頃、赤報隊に変事が幾つも続いて起った。その一ツは丸山梅夫が生捕られたことである。

雪中の召捕

権田、落合が二度目にきて立去った二月十七日雪の日のこと、赤報隊の幹部が会議をひらき「権田先生、落合先生の仰有るとおり、碓氷方面へ出ている分遣隊を引揚げさせよう」ということになって、引揚げ命令を伝えに行く役が丸山梅夫。丸山は二、三のものを連れ、ひどい雪になった中を、早速、和田峠をさして出発した。

丸山梅夫は時に三十歳。前名を金井清八郎といい、野州の出流岩船の挙兵のとき、竹内啓の隊にいた。本名は丸山徳五郎（久成）といい、信州上田の房山《ぼうやま》村の大庄屋丸山忠右衛門の子である。姉を奈類子《なるこ》といって学問の力は弟よりずッと上にあった。奈類子の夫は上田城下の海野町で酒造と呉服太物、上を商標とする豪商上野屋の主人、とだけでは尋常だが変名を科野東一郎といい、実名は斎藤謙助。医師だと称して、薩邸糾合所で浪士隊の大監察をやり、焼討を突破して翔鳳丸に乗組み、それから又、赤報隊に参加したのだが、その半ばに京都へ行ったッきりで隊へ戻らなかった。斎藤謙助は天保元年に生れ、幼名を房之助といい、文憚るところあって春三郎と改め、家督を嗣いでからは世襲の名である曾右衛門を名乗り、文久元年五月弟元次郎に家督を譲って後は斎藤謙助が本名で斎藤養斎と称し、斎藤春雄ともいい、京都にとどまってからは斎藤貞之丞といった。上田にいる妻奈類子は夫が京都にとどまったのを喜び、弟の丸山梅夫に、「お前も京都にとどまるべきだ」といい、「相楽さんは事を誤る憂いがあるのではないか」といったことすらある。女性として洞察力が非常にあったらしい。そのためか、丸山梅夫は相楽に面を犯してその強ッ気を諫めたことが何度かあるという。

雪中、下諏訪を出た丸山梅夫は和田峠に向った。下諏訪から峠の向うの和田宿まで五里半九丁、その先は長久保、芦田、望月、塩名田、岩村田、小田井、それから追分宿、追分からは一方が沓掛、軽井沢から碓氷峠、その反対の方は北国街道とこうなる。丸山梅夫が雪で真白になって、和田宿へむかって行く、笠取峠近辺の坂路に、その前から待伏せていた数名が、丸山を見ると、「神妙に致せ」というより早く組みついた。雪の道中だけに不意をうたれたら駄目だ。揉みあったが忽ち組伏せられ、縛りあげられた。丸山は大いに怒り、「何者だ、名乗れ」と叱れば、相手は冷たく、「房山村の百姓徳五郎、神妙にしろ」と叱りつけた。官軍先鋒の一員に扱わず、農民徳五郎としての扱いである。この捕り物の指揮者は、上田藩士の正木才三郎である。

丸山はそれから上田へ護送され、牢屋小路の獄舎に投げこまれた。捕縛したのは総督府の命令だと上田藩では称えたが、特別にそういう命令を受けたのではなく、前にいった二月十日付の総督府の回章に、〝偽官軍だから取押えて置き処分については伺い出ろ〟とある。それを楯にとっての捕り物である。その他にもう一ツの原因は、丸山が上田領のもので、逃亡中のものだというところにあった。

丸山が上田領内から逃亡した原因は、何か、いまだ鮮明でない。逃亡したのは慶応元年のことで、それは藩庁から吟味筋があるからと呼出しがあったので姿を隠したのだとだけ判っている。丸山は漢学を藩儒加藤維藩に学び、国学を成沢寛経（金兵衛・後に九郎右衛門）に学んだ。成沢は本居系の人で、上田城下の原町の豪商の主人で、斎藤謙助の伯母の夫であるから、丸山にも縁者である。ここの家の番頭だった小川忠太郎（後に小川進）も赤報隊に加わって、そのとき下諏訪にいた。「赤報隊総人名簿」に小山忠太郎となっているのがそれである。

丸山は国学をやったので、日本の国体について開眼された。その後、平田鉃胤に学ぶに至って、勤王の赤心が、激しく湧き立った。そういうことが言葉に現れたので上田藩士に憎まれたのだろうと思える。上田藩五万三千石は藤井松平と称える徳川親藩で、藩主松平伊賀守忠礼は、薩邸焼討に直接攻撃にあたった上の山藩主松平伊豆守信庸とは親類筋であるのみか、先月十六日、我等は〝徳川氏の一支流〟であるから、〝上下一致〟、五万三千石の家中すべてが〝徳川氏と存亡を共に致し〟、と藩士一同に重役から申聞けがあった藩だった。相楽等のいう〝不勤王藩〟の一ツだったのだから、「百姓町人の分際で大公儀を悪《あし》ざまにいう痴《し》れ者《もの》め」と、丸山を憎むに至ったはずだ。

上田の牢に放っておかれた丸山は、明治と改元になる少し前の八月二十日、突然、呼び出されて、〝日数も経ったことだから格別を以て放免する〟と、城使という役にいた岩間半弥の名で申渡された。その代りなのだろう。請書を出させられた、請書というのは、官軍と偽った相楽の仲間でありましたという意味を強調したものだった。それで釈放かというと、そうでない。上田藩としての吟味が残っているという意味で相変らず入牢させられていた。が、丸山の処置を寛大にしたのは上田藩でなく、総督府なので、上田藩が思ったとおりの処刑が加えられない。そこで九月にはいってから遂に釈放したが、釈放の後間もないその月の十六日、丸山が城下の鍛治町にある本陽寺へ行くと、藩士数名が出し抜けに飛びかかって袋叩きにした。そのとき頭を傷つけられたのが、陽気の変り目毎に痛み、生涯の間苦しんだ。藩士のこうした暴行に二ツの説がある。一ツは討幕をはかったという憎悪、一ツは丸山の逃亡に関係して何か訳があった。その意趣ばらしだというのである。殺さぬように手酷しくという遣り方が、出牢後、間もなくやられたところでみると、袋叩き事件は、勤王の志士であったために遭難したものとみてよいだろう。

丸山の釈放について裏があった。というのは、丸山の義兄の斎藤謙助、そのころは岩倉具視の息がかかっていただろう斎藤貞之丞が直垂《ひたたれ》烏帽子で上田藩主松平忠礼に会い、丸山梅夫釈放を談じ、それが終ってから末座に下がり、旧領地の民として挨拶した。忠礼はそのとき、「海野の上野屋だったか」といった。このことは丸山梅夫の直話を聞いたものが斎藤家にある。

◇

丸山には後日譚があるから、ここで書いておく。明治二年七月十二日付で丸山は、伊那県小監察を命ぜられた。伊那県とは長野県の前身ともいうべきものである。これは落合直亮が伊那県大参事で赴任してきて、旧同志を抜擢したのである。妙な廻り合せなことは、丸山の上役の知参事という役に正木才三郎が就任していた。正木は丸山を雪中で捕縛した旧上田藩士である。

この正木が贋造《がんぞう》二分金の処置について、専断があったということから疑獄が起り、累は及んで落合を政治方面から失脚脱落させた。正木はもとより免職、丸山も明治四年六月十三日付で謹慎を命ぜられ、次《つい》で免職になった。

丸山は上田へ帰り、原町の伊藤九右衛門の家を嗣ぎ、伊藤九右衛門を襲名し、通称を〝鼠《ねず》九《く》〟という商家の主人となり、町政に尽し、銀行家になり、町の名誉職にもなった。

ずッと前の方に出ている〝栃木陣屋〟の件りで、西山謙之助（尚義）のところでちょッと書いたが、西山が親におくった訣袂《けつべい》の手紙は、精神と文章とともに優れている。それをそのまま、木版にして明治二年三月、『西山尚義遺書』が上梓された。これは丸山が自費刊行したのである。栃木市の錦着山公園に建っている西山謙之助の碑も丸山が独力でやったのである。相楽等の魁塚が下諏訪に出来たときも丸山は働いた。

明治三十五年八月三日、死去した。年六十四。

遺族の説では丸山梅夫といわず桜夫といったのではないか、誤って梅夫とされてしまったのだろうと思われるという。位牌に桜翁の二字があるからだという。

ここで筆を引返させ、丸山梅夫が雪中で捕縛されたとおなじ日の二月十七日の夜半から、

碓氷峠占拠

二月十七日より十日前の七日の五ツ刻（夜八時）、上田の城下が妙に緊張していた。官軍の先鋒が今着くという、そのためである。

町の通行が一時停められ、人は往来の両側に片寄り、官軍の行列に恭しく礼をした。行列の先払いは町手代小頭、そのあとから早駕籠が五梃、揃ってくる。先頭の駕籠は大木四郎で、錦の陣羽織黒紋付の筒袖、緞子の袴、切下げ髪、白鉢巻で大刀を抱いている。その次は西村謹吾で、陣羽織、筒袖、袴、物はおなじだが柄も大木のとは違っている。竹内健介、桜井常五郎、神道三郎、この三人も前の二人とおなじように、陣羽織、筒袖、袴だが、中で一番派手なのは桜井常五郎で、猩々緋《しょうじょうひ》の陣羽織に白ッぽい色の紋付、袴が朱のはいった織物、刀は黒鞘の太く長いもの、髪は結ばず紫の綾絹で鉢巻をしている。年は三十。苦味走った顔だけに紫の鉢巻の上から少しばかり毛がほつれているところなど、なかなか人目を惹いた。

両問屋《りょうとんや》町年寄などが裃《かみしも》を着けて出迎えている。それに「御苦労」と言葉をかけて、大木、西村、竹内、桜井、神道の五人は、案内されて宮下兵右衛門方にはいった。その晩のうちに上田藩の町奉行が敬意を表しに来たかと思うと、中之条陣屋の元締（代官の次席）で河野曾十郎が、恰度《ちょうど》、上田にまいっていましたからと挨拶にきた。続いて飯山藩本多家の士が、これも来ておりましたからと敬意を表しにきた。

上田藩から晩飯に料理を贈ってきた。どんな献立だか判りかねるが、高島藩が桜井常五郎に贈った料理の献立（二月二日）は次のごときものだ、上田藩のはこれより良かったことだろう。

飯

皿（鰻七串）　汁（きくらげ摘入《つみれ》）　小皿（奈良漬）　平（玉子半ぺん、長芋、椎茸）

中酒　吸物（うとめ、青味、鶏身収《みとり》、岩茸）　鉢肴（赤魚身収、海苔、青味、つく芋、三日麩）

◇

五人は官軍先鋒嚮導隊一番組と名乗り、来合せている中之条陣屋の河野曾十郎に、布告文を渡し、同文の写しを、御影陣屋、中野陣屋にも触れよと命じた。その布告文には〝徳川慶喜は官位を召上げられ、領地も召上げとなったから、今後は天朝の御領民たるを以て、厚き御仁政で、今年の年貢は半納とし、去年の納残りは一粒一銭でも徳川に渡しては朝敵同然である。もし、慶喜の命であるといって金穀を取立てんとする者があったら、討取るか、又は搦《から》めとって差出せば恩賞を与える〟という意味が書いてある、署名は〝嚮導隊執事〟となっていた。

明くる日の二月八日、上田藩の用人藤井求馬《くま》ノ助《すけ》が、熨斗目《のしめ》麻裃の礼装で、五人のところへ藩を代表して挨拶に来た。その日の夕方近く、五人は駕籠で出発した。行く先は中之条陣屋［現・長野県埴科《はにしな》郡坂城《さかき》町《まち》］である。案内は元締の河野曽十郎、警固は中之条から呼ばれて来ていた役人六名。上田では迎えたゆうべより盛んに見送った。

中之条陣屋へ着いた五人は、陣屋の者一同に勤王の誓約をさせ、一泊して翌朝、二手に別れ、西村謹吾、竹内健介は松代藩真田家へ勤王の誓約をさせに行き、大木四郎、桜井常五郎、神道三郎の三人は引返して小諸藩牧野家に向った。これも勤王の誓約書を取りに行ったのである。松代の旧藩士長谷川深美《ふかみ》の伝記『長谷川昭道伝』（飯島忠夫）では、「浪士相楽総蔵等、客年十二月二十五日、幕兵の為めに江戸の薩州邸より逐われて京都に逃れしが、更に公家の少年高松実村を擁し、官軍の先鋒と称して、出でて東山道を徇《したが》え」としてある、高松実村と相楽等とは関係がまるで違う。おなじ旧藩士真田志摩（桜山）が宮内大臣だった伊藤博文によった『一誠斎行実』（真田貫通）という一冊は、一誠斎、真田信濃守幸貫の行実を編んだもので、明治二十年七月に成ったこの一著作によって、真田家は、同二十四年四月、特旨を以て子爵から伯爵に陞叙《しょうじょ》された。そういう本には、「是より先、浪士等鹿児島藩の江戸邸に寓す、二十五日旧幕府庄内上ノ山（並に出羽）等の諸藩に令して収捕せしむ、邸吏之を拒む、遂に火を放ち挟撃して佐土原藩に及ぶ、此の際天下の形勢容易ならざるを以て、諸藩往々、徳川氏の為に兵を発し大坂を守衛す、我藩独、兵を動かさず」と述べている。同藩で同時で同方向に働いた人であっても、真田桜山自身の執筆は明治二十年という、赤報隊の悪声盛んなときでありながら、些の悪声も含まれず、それに反し明治四十五年五月に非売本で刊行された、『長谷川昭道伝』に悪声を行文のうちに感じる。同書は更に進んで赤報隊を偽官軍と断じ「所謂官軍の先鋒なるものに至りては、昭道固《もと》より之を信ぜざるなり、既にして二月九日に及び、偽官兵の使節（軍監西村謹吾）も亦至る」だったので、「使節に面し、断然として之を却《しりぞ》け、若し抗弁せば直に軍卒をして之を捕縛せしめんとするの勢を示す、使節蒼皇《そうこう》として遁《のが》る、昭道追うて鼠駅（松代の南方七里）に至り、竊《ひそか》に金を与えて去らしむ」「東山道大総督府より偽官兵に欺かるる勿れとの通告至る。一藩皆昭道の活眼に服す」こうあるが、偽官兵でないこと明白なのだから、これは当分の間の活眼でしかなかった。相楽総三等の御贈位は昭和三年十一月十日、『昭道伝』成る明治四十五年ごろでは、盛んに偽官軍といわれたのだから、よくよく達識でないと迂濶と数が多いと真実だとする誤りを犯す、とこういうのは、同書が昭和十年十月増訂再版されているからだ。ここに引いたのは昭和本からだ。昭道は佐久間象山を黜《しりぞ》けた人であるが、尊皇の大義に働いた。死後、贈正五位を辱《かたじけの》うしている。

◇

彼の五人が上田城下を発ったあとへ丸山梅夫と丸尾清とが遊撃隊大砲を率いてはいった。隊といっても人数は少い、一隊十一人ずつ併せて二十二人である。宿を旅籠の松屋にとった。翌八日、この二ツの隊は列を組まず軽井沢へ向い、軽井沢宿の佐藤織衛方に泊った。泊ったこの人々は多忙を極めた、小諸へ幾人かの兵をつれて行くもの、松代へ行くもの、下諏訪への報告、附近の調査、出つ入りつが激しい中で、一番の眼目は、碓氷峠から坂本、横川、もッと進んで安中《あんなか》藩三万石板倉主計頭勝殷《いたくらかずえのかみかつまさ》の家中の動静、これを探った上で、碓氷峠の嶮をこの手で押えようというのである。

そのうちに金原忠蔵が兵を率いて来て一緒になった。

◇

中之条から引返した大木四郎、桜井常五郎、神道三郎が、小諸藩一万五千石牧野遠江守康済の重役に会い、「貴藩は態度をどうお決めか、勤王ですか、それとも佐幕ですか、明らかに承《うけたまわ》ろう」と談判した。佐幕といえた訳のものではないから、「勤王で」といった。すると、「その実効を拝見しましょう」と出られ、「暫時お待ち願います」と引きさがり、重臣評定となった。

小諸藩の職制は家老三人用人四人である。このときの家老は加藤六郎兵衛（成徳）と牧野八郎右衛門で、加藤は江戸、牧野は国、この他に庶政のたばねに参与するのは国で三人、江戸で一人の用人だった。しかし、このときは殆ど藩の中心が国に移っていたので、嚮導隊の赤報隊に金穀を献納すべきか拒むべきかは、加藤、牧野の意見が中心で決するのであった。ところがこの両人は政敵で、反目がつづいて来た後だけに、説が二ツに割れる結果となった。加藤は、「金穀を献納したら、物いわずして前将軍討伐に参加しなくてはならない、ここのところは何彼といって延期し、総督府御到着まで、とッくり考えるべきだ」という。牧野はその反対で、「この際の道は一ツのみ、帰順奉命、この外にない、先ごろの御沙汰書に、戦功によって此末に至り、徳川家について歎願の儀もあらば、其筋によっては御許容これ有るべきと仰せられているではないか。前将軍御討伐というが如きことは実際にはないと思う。先鋒隊に金穀を献納するは無用の如くだが、是はこれで、他日の用意である」と主張した。双方の議論が熱したが、結果は金穀献納と決まった。

　そこで小諸藩は米二百俵と軍資金五百両の献納を申出でた。さすがに金も現金、米も現物、今すぐに献納というのである。米は、二百俵のうち百俵は白米で、百俵は玄米である。

　大木、神道、桜井は、献納のうち金は受納する、米は必要のときまで預かっておけと命じ、代官須藤右門太が米の係だったので預り証を書かせた。その宛名が、〝岩倉内府卿軍監衆中〟となっていたので、岩倉総督は内府ではないこんな書違いは不都合だと、次に掲げたように書類に添附書をつけて残しておいた。こういう堅いところは赤報隊幹部のもつ特色だった。

　　　覚

一、米弐百俵、但百俵白米百俵玄米

右者奉二献上一候、兵粮米御入用之節迄、慥《たしかに》奉レ預所相違無二御座一候、依レ之、御預書差上申候以上

牧野遠江守家来

代官　須藤右門太㊞

慶応四戊辰年二月十日

　岩倉内府卿軍監衆中

右之通、不都合なる名当有レ之候故、為《させ》二書替一可レ申所、急速発足致候故、其儘持参致候間、右之二通而奉レ捧候間、不レ悪思召為《され》レ遊度、伏而奉仰候以上

二　月

西村　謹吾

大木　四郎

　総督御府執事中

東山道鎮撫総督府へ差出すべしと、大木等が、小諸藩に渡した書付は次の如きものである。

当城主牧野遠江守より　勤王実効トシテ金五百両米二百俵奉二献上一候、尤当城ノ事ハ当時ニ意義無レ外之様ニ相見候間、即右之内金ノ儀ハ軍用トシテ私共受納仕、穀ハ兵糧トシテ残置候、右之段申上度、如是候以上

官軍先鋒隊軍監

神道　三郎

大木　四郎

桜井常五郎

東山道鎮撫総督府執事

◇

碓氷峠の熊野権現の神官はその頃、信州の分が十八人、上州の分が十人、その中で名高いのは、阪西佐渡（高嶺《たかね》）、水沢筑前（清隆）、曾根出羽（忠植《ただたね》）、その他にもあったことだろう。

二月十四日の八ツ半頃（午後三時）赤い陣羽織を着て、大刀を佩《は》いた神道三郎が、年番の神職を訪ねてきた。見れば一昨日来て阪西高嶺方に泊り、「四ヵ年以前、友人水野丹波と共にきて、お世話になったる三浦秀波《ほなみ》です、このたび、落合村に丹波を訪ねましたが、官軍先鋒隊へまいったとやらで不在、会わずに残念でした」といい、やがて話は、王政復古、錦旗東下、官軍の進軍、諸藩の態度などと、話はそれからそれと拡がり、和歌の応酬などもあって夜を更かし、翌十三日、つまりきのう坂本へまいるといって、辞し去った、その三浦秀波が、きのうに変る武装で、姓名も神道三郎となって現れたので、社人達はあッと驚いた。これは奇を弄んだのでなく、神道の探索のテだったのである。伝わっている二月十二日の応酬の和歌に、次のごときがある。

三浦　秀波

桜花かざしにとりて官軍《みいくさ》の
御先仕へん時は来にけり

返歌　　　　　　　　　　　　阪西　高嶺

梓弓日月の御旗おし立てて
　進む心に引きも返さじ

碓氷の神職は神道三郎を歓迎し、あす、到着する将兵の宿割に応じ、その日のうちに準備をしてしまった。神道のことは後に書くが、国学者で、神道に詳しい人だった。

◇

翌日は二月十五日だ。赤報隊の分遣隊主力が軽井沢の方からのぼって来て、既に出来ている宿割のとおり分宿した。人数は約七十人、小銃二十梃、槍六本、馬を三頭曳いてきた。その編成は次のとおりである。

〔官軍先鋒嚮導隊本部〕大木四郎、西村謹吾、竹内健介、外組下十余人
〔大砲組〕金原忠蔵、北村与六郎、外組下十余人
〔監軍隊〕荒木直、小時三七郎、熊谷和吉、外組下十余人
〔探偵検査掛〕神道三郎、組下、土屋勝三郎、野瀬万吉
〔応接掛〕中山仲（造酒ノ助）、小林六郎（六兵衛）
〔小荷駄司令金穀出納役〕川崎常陸、下士二人、中間二人
〔遊撃隊〕桜井常五郎、組下十四人（信州附属扱い）
〔小銃組清水隊〕清水定右衛門、組下五人

〔小銃組大藤隊〕大藤栄、組下五人
〔小銃組今大路隊〕今大路藤八郎、組下五人

◇

碓氷峠に屯集はしたが、碓氷の嶮を赤報隊が扼したということにはまだならない。そこで上州の各藩にむかい勤王誓約を説く一方で、安中藩が持っている横川の関所を、官軍に引渡せという談判を開く、その下調べにかかった。横川の関所を取らなくては碓氷峠を扼したことにならないのである。

隊中に中山仲という人の名がある、峠の下の坂本宿の人で、学和漢に通じ、腕力も胆力もあり、筑波山の挙兵に参加したが病いを得て帰った、そういう経歴をもっていた。上州寄りの一切のことがこの人がいるので明らかだった。

◇

碓氷峠に官軍がはいったと聞くと、上州の各藩はその速いのにびッくりした。そういう中で第一番に、小幡藩二万石松平摂津守忠恕は、家臣の小島弥市、浅井徹三を遣わし、勤王誓約書を提出した、〝二百年来、徳川氏に従っていたのは、心服していたのでなく、力が足りないからである。官軍の東下は喜びに耐えない、粉骨砕身勤王の実効を立てる〟という意味が書いてあった。続いて吉井藩一万石松平鉄丸は黒沢省吾、黒沢新吾を遣わして誓約し、七《なの》

日市《かいち》藩一万余石前田《まえだ》丹後守利谿《たんごのかみとしあきら》も用人任坂某を遣わして誓約させた。最も近い安中藩板倉家は関所問題があるので、誓約書を出さすところまで行っていなかった。

ここに高崎藩八万二千石松平右京亮輝照は深井某を遣わした。高崎藩には深井虎之助という用人がいるが、その人だとは断言できない。さて深井は来てみて官軍が至って小勢で、武器も揃っていないのを知ったからか、何のこのぐらいの手合ではと思ったのではないか、そこへもって来て、応接座敷のあるところへ行く気で、玄関へかかり、上へあがった途端に隊士から、「両刀をお渡しなさい」と喰《くら》って、むッとした。武士に丸腰になれというのかと腹を立てたが、隊士の指ざす外に掲示が出ていて、次の如く示していた。

一、当地ハ官軍陣中ニ付、京地同様、降参諸士ノ飛道具携帯ヲ禁ズ。

一、降参ノ使者ハ玄関以内両刀ヲ帯スル事ヲ禁ズ。

一、応接願出ノ向ハ何レモ礼服着用ノ事。

川崎常陸の手で掲示された、碓氷の新関の法三則だった。

深井某は無念ながら丸腰で応接座敷にはいった。応接には中山仲が出た。深井の云うことがどっち付かずと云ったようなところがみえたので、中山仲が、「御藩には勤王の精神なく、隣藩の動向をみて、趨勢に随わんとする卑劣がある、この上は藩主自ら来れ、然らずんば、汝の藩に限り当隊に於ては取計《とりはから》わず」と、激しく叱りつけた。中山の意気込みと弁舌に圧倒され、深井は顔色蒼白となり、陳謝して、漸く中山の顔が和《やわら》いだが、「軍資金の献納額は多額にすべし」と釘を刺され、這《ほ》う這《ほ》うの態で去った。

赤報隊一番組は峠町にある東西二ツの口に、昼夜とも武装の兵を配置し、夜は篝火を焚いて警戒した。考えてみるまでもなくこの隊は、本隊遠く離れて進出しているので、所謂孤立無援で、どの藩一ツでも攻撃してくれば皆滅される惧れがある、しかし、そんなことをだれも考えてもみない、つまり、度胸で碓氷峠を押え、関八州を睨みつけたのである。

◇

そういうときに、水野中務、中島数馬、萩原主計、鯉登求馬、中島右京、こういう五人が、関東神職取締所の役人と名乗って、坂本の方面から来て、赤報隊の固めている見張所へかかった。眼につくのは一行の水野中務という美少年で、だれが見ても尋常でなかった。

熊野権現の社人はこの五人を大切にし、取りわけ水野中務を尊敬した、これは行中の中島数馬が思うところあって、水野中務とは仮りの名、実は白川神祇伯資訓《しらかわじんぎはくすけのり》の公子なる千代丸である事実を漏らした。白川家は京都の神祇伯世襲の家で、そのころまでは破格の特例をもっていた、後の白川子爵の家である。この事が知れたので、一番組では川崎常陸が御機嫌伺いに出て、問わるるままに実際の状況を話した。川崎はもとより普通の御機嫌伺いでなく、「この碓氷の嶮に拠る、我が軍の盟首となって、御大業にお力をお添えあっては如何ですか」と、そこまで踏込んだ。座にいた中島数馬がときどき口を挟むのが千代丸の決心を促したとみえ、川崎が引きさがってから、主従五人で評議を凝らし、更めて一番組の幹部が喚ばれ、頭首となって尽忠の誠を致すと、千代丸の決心が明らかにされた。そこで、即時に、白川千代丸を源ノ千代丸と改め、一番組から直属の兵を選抜し、それに神祇隊と命名した。隊長には桜井常五郎がなった。

藩兵農兵集結

小諸藩牧野家では二月十日付の総督府の回章が、松代藩真田家から来たのをみて、牧野八郎右衛門のやり方に不満をもっていた政敵加藤六郎兵衛は、重臣の牧野隼之進を説き、用人に吹きこみ、家中の目星しいものに吹きこみ、充分なる工作をやってから、〝金穀献納は失敗なり〟と攻撃を始めた。総督府が〝相楽等は偽官軍である〟といったから、牧野は何とも反駁が出来ず、〝取押えて処分だけは伺い出ろ〟とまであっては議論の余地がない。しかし、牧野八郎右衛門は下諏訪で相楽に会っているだけに、食わせものだと思うに思えないものがあるが如何ともならない。藩の輿論はそれに頓着なく、嚮導隊討つべしと発展した。そこへ、御影陣屋の元締綿貫庄之進が働きかけて来て、遂に小諸藩、御影陣屋の聯合が出来あがった。それだけでなく、岩村田藩を誘い、上田藩を誘い、竜岡藩を誘い、安中藩を誘うことにし、それぞれに密使を送った。岩村田藩だけが承諾とみていい返辞を寄越した。ひと口にいうと〝その準備にこれからかかる〟というのである。上田、竜岡の両藩と安中藩は答えてこないが、同意することは明らかだときめてかかった。

討伐を十七日の深夜と決定した小諸藩は、当日、百人出兵し、御影陣屋は農兵二百人を出すことに相談が出来た、併せて三百人である。相手の一番組の人数はその四分の一ぐらいの寡兵だ。

攻撃隊の大将が決められた。主将は物頭の村井藤右衛門、副将は高栗省吾、大橋某。集結の地点は三ツ谷村［現・長野県北佐久郡御代田町《みよたまち》］、援助の各藩の兵の到着を待って、合議の上でやれという命令だ。何処までも各藩の兵がその日来るものと思っている。御影陣屋の綿貫庄之進は、中之条陣屋と中野陣屋に、当日の加勢を申込んだ、この方も返辞がなかった。

◇

険悪の雲が出ていると此方は知らない赤報隊一番組は、横川の関の引渡し談判にかかっていた。その最初のかかりは、安中藩の和田紋右衛門、久保庭谷五郎が小諸藩と打合せのため峠をのぼってきた。これ幸いと、金原忠蔵が隙《すか》さず談判をひらいた。金原は忽ち両人を説破し、横川の関所を引渡させることにして引返させた。

横川の関は安中藩の受持ちで、場所は現《いま》の群馬県碓氷郡臼井町横川［現・安中市］の西の方で、安中からいえば、安中、松井田。松井田から坂本までが二里半、坂本から軽井沢へ向け踏み出すと関所がある。道は中仙道往還に沿い、前は川、うしろは森、対岸は鼻曲山の絶壁、東門と西門とこの二ツの距離が五十間あって、その両側に柵が厳めしく設けられてあった。

関の番所は間口六間、奥行四間の平家で、前に長柄、突棒、棒、もじり、指叉《さすまた》、寄棒などを並べて武威を示し、鉄砲、弓などが番所の中に並べてある。その他には関守の住家と同心番人の小屋とで五棟ほどある。役人は番頭二人、平番三人、同心五人、中間《ちゅうげん》四人、その他に地《じ》同心五人、箱番四人、およそこの程度の人員が勤務していた。雑役夫のようなものや、附属のものがその他にいた。

◇

小諸藩のだれの策かわからないが、碓氷峠に主力を集めている一番組を、二ツか三ツに分れさせるために風説を作った、〝中之条陣屋が不穏だ〟というのである。御影陣屋がといえば攻撃準備中の尻が割れる、そこで何ごともしていない中之条陣屋を利用した。このテに引ッかかった一番組は、金原忠蔵が大砲組十一人を率い、鎮撫のため、峠を下り、追分宿の大黒屋新太郎方へ泊ったのが二月十七日の夜だ、あす朝早く、中之条へ乗りこむつもりでいる。

小諸藩の望みの如く、これで一番組の勢力が二分された。金原忠蔵隊を討ってしまえば、残りのものが必ず峠を下ってくる、それを諸所で邀《むか》え討つ、そのときも又成るべく分散させて討つ、そういう方略だ。ところが、小諸と御影にとってもッと旨いことになった。それは前にいった碓氷峠を放棄し下諏訪に引揚げるという、本部の方針がそうさせた。

丸山梅夫は前にいったとおり、上田藩の手に捕えられたが、丸山より先に西村謹吾が、下諏訪から碓氷峠へ行っていた。西村は碓氷峠の本部付三幹部のひとりで「誤解を蒙っているわが隊だから、この際は、下諏訪で謹慎するのが一番いい」こう思ったので雪路を突破し、のぼり下りの足許の悪いのを踏み越え、碓氷の同志のところへ帰り着いたのが十七日の午後だった。

ところが、碓氷下山に反対なものがある、その一番強硬なのが桜井常五郎で、ここから西村との間に感情のひらきが出来た。

反対はあったが、引払いに決したので、その日のうちに下山した。十五、十六と二晩いて十七日引払い、碓氷占拠は足掛け三日間に過ぎなかった。峠町界隈で一番組は評判がよかった、それというのが買物の支払いが正確で綺麗だし、人づかいがよい、女に手を出さない、それらのためだろう。今はその当時を実際に知っていたものが死んでしまったが、そういう人の存在中、語るところはそうだった。

◇

下山の折柄、隊にいなかった人がある、竹内健介と神道三郎は用があって外出していた。丸尾清と北村与六郎、この両人は横川の関を受取りに行っていた。それに北村の従者で美濃から付いてきた者が二人、いつでも影の形に添うごとく北村から放れずにいた。さょうも従《つ》いて行った。そこで丸尾、北村を迎えに、十七歳の美少年で旗本の子である松井藤七郎（服

泊った。

ツは源ノ千代丸を守護して下山した。夜更けの軽井沢宿へはいって佐藤織衛他一軒を起して

大木、西村、川崎、清水、大藤、今大路と、桜井常五郎、中山仲等と二隊に分れ、その一

義）が行った。竹内、神道のためには神職に伝言を頼んでおいて下山した。

と、その夜明けに、宿の者がひどく騒いでいるので、全員が眼をさました、何だと聞くと、追分に戦争があるという。追分ならば金原忠蔵隊がゆうべ泊っている、相手はわからないが、此方は確かに金原隊だ、それッというので、飯を急《せ》きたて、食事の終ったものから先に、隊を組んで出発した。えらい雪の朝だった。

◇

小諸藩の方ではゆうべ非常召集をやり、牧野八郎右衛門、笠原此右衛門の名で、〝先ごろの官軍と称する者は偽者で、彼等は徒党を企て、領民を騙らい、連判状をつくり、諸所に暴行し、軽井沢沓掛追分の三宿にて女に戯れ酒にひたり、農商を劫《おびや》かし人民を苦しめ、碓氷峠にては旅人を悩ます、かくの如き奴をこのままにしておいては何を仕出かすか判らず、庶民難渋の趣きにつき、我が藩は断然これを撃破するに決定した〟と訓示し、主将副将の姓名を発表し、加勢は御影陣屋の二百人、その他、岩村田藩も来る、上田藩も竜岡藩もくる、安中藩も加勢を出すと、士気を鼓舞し、即夜三ツ谷に集結させた。御影陣屋の人数は綿貫庄之進が大将で、予定の時刻に到着した。岩村田はまだかまだかと待ちかねているところへ使者が

帰って、「仕度中だと申しているが、此方の戦争が済むまで仕度中なのではないか、どうもそんな様子だ」と報告した。それではアテにならない、上田も竜岡もたよりがない、よし然らば、小諸、御影だけで先ず以てやれ、鳥合の偽官軍、何程のことがあるものかと、先陣は大橋某が率いる士農合併の百人が三ツ谷を出て追分に向った。追分での本陣は初めから油屋と決めてあった。

小諸の主将と二人の副将は、後陣というので残り、御影の綿貫も又後陣に残った。

戦死続出

〃浅間根越しの三宿〃とむかしはいった追分、沓掛、軽井沢の三ツのうち、一番繁昌していたのは追分だ［現・長野県北佐久郡軽井沢町］。近在のものは〃追分ズク無し〃と悪口をいった、ズク無しとは辛抱がない克己も精励もないという意味だ、そんな悪口をいわれるのは、僅か五百余戸の宿で、人口の三分の二が女だといわれる、そういうところに原因があった。一丁目から五丁目へかけ、白粉《おしろい》臭い旅籠屋が、油屋だ、大黒屋だ、永楽屋、小林屋、井桁屋、若野屋、正木屋、その他、三十余りあったという。無論、ここにも平旅籠《ひらはたご》といって、女のいない家もあったのだが、振わなかった。

世間によくある例で、しかも、良くない例が、この脂粉《しふん》の間にもあった。追分第一でもあり三宿第一でもあるといわれた油屋は、小さんという名を代々つづけさせて一種の看板女にし、抱えの飯盛女は——水戸領の洗濯女とおなじで、実は遊女だ、七十人いた。その次に大きいのが大黒屋で、ここも抱え女が五十人いた。五十人の女を抱えていたらそのころでいう〝百人家内〟で、大きいものだった。この油屋と大黒屋とは仲が良くない、何かにつけて反撥し合った。嚮導隊についても又そうで、大黒屋へ、最初、隊士が草鞋をぬいだのは、大黒屋金丸新太郎（守一）、恕平父子が宿屋でこそあれ、新太郎は漢詩人の淵斎、倅の恕平は平田学の門人、大義の何たるを勿論知っているから官軍びいきになり、主人新太郎などは、「勤王の御奉公仕り度く存じ奉り候」と願書を出し、熱心に何彼と尽力した。隊士志願のものや、隊に関係をもちたいもの、単に交際がしたいというもの、それらが大黒屋新太郎を頼む、頼まれないでも引受けて周旋する、こういった風の向う面《づら》に立ったものが油屋だ。だから、追分は御影陣屋支配地だが小諸藩のために働いた。そうした油屋だから、小諸藩が行動を起す前から、いつどんなことがあると知っていた。殊に油屋の二番息子で勇次郎というのが間諜の役を引きうけて働いた。

小諸藩は抱えの伊賀者を放って一番組の動静を探り、行動を起すころは、かなり詳しく相手の様子を知っていた。

◇

十七日の夜更け、正しくは二月十八日未明、九ツ半頃（午前一時）大橋某に率いられて小諸藩兵と御影農兵とで百人、折柄の雪をかぶって、大黒屋新太郎方の表と裏とを囲んだ。表に厚く、裏の方は至って手薄だった。

外の様子に不審を起した大黒屋のものが、覗いて喫驚した。それからそれと家内中に知れ渡り、客も家のものも悉く起きた。金原忠蔵は早くこれを知り、隊士に服装を整えさせ、家のものと客には、「外へ出るな、外を覗くな、飛道具でやられるぞ。表と裏の入り口に近い処にもいるな、外から流れ弾丸がはいってきても成るべく届かぬ処におれ」と、家屋の中での避難を教え、隊士には、「敵は何者か判断がつかぬが、信州の不勤王藩の暴挙であること疑いない。偵察したところでは、敵は百人内外で鉄砲十梃を持っている。諸君は一人ずつ行動せず、自分が命令したとおり駈引すること。不幸にして重傷を負った場合は、相楽総裁の日頃の訓戒をまもり、立派な最期を遂げること。しかし、こんなことぐらい何のそのだ。昨年十二月の三田の焼討に比べれば、事、小なりだ」と、初陣の人には適当な注意を与え、経験のある人に先頭を命じ、鳴りを鎮め、脱出の機会を待った。脱出して碓氷の隊と合流する心算だ。

外では大橋副将が指揮して、三段構えの攻撃隊形をとらせた。第一列は小銃隊、これは御影の綿貫が狩出した農兵が主である。第二列が竹槍、手槍などを持った槍隊、これも農兵が多い。第三列は藩の兵ばかりの謂わば抜刀隊である。大橋はこの隊形をとる前に、藩農兵にむかって言い聞かせた。「先ず鉄砲を打ちこむ、これに驚いて敵は逃げ出す、それを鉄砲で射ち殺し、逃げ遅れた奴は槍で突刺し刀で斬る」と。

大橋は先ず鉄砲を大黒屋の表口から何発か打ちこませた。ところが、家の中はひッそり閑として、ただ、弾丸に中って砕ける器物の音がしただけだ。大橋は、〝さては敵は裏から逃げると覚えた、裏は手薄だ〟こう気がついて若干の兵を裏へ移動させるために、第一列から放れた。

家の中では金原忠蔵が、敵の様子に注目していたが、機会は今ぞと、表口から一斉に素早く出て、殿《しんが》りは金原忠蔵が自分でやった。攻撃隊の第一列は前いったとおり農民だ。鼻の先に金原等が飛び出した。その人数は正確でないが金原を入れて十二人、それにこの地方の同志が来て泊っていた。西尾鉄太郎、関口猶伴、志賀村の神津半右衛門（包重）、その他にもあった筈だ。それらが、一ツになって雪の夜の往来へ、抜刀で凜々しい出立ちのものを中心に、あッという間に出て駈けて行く、それを往来の向う側で見ていた農兵達は、発砲することに気がつかず、ただ見送っていると、大橋が飛んで来て、「射て射て」と抜刀を振り廻した。それで初めて、はッと農兵達が銃口を金原忠蔵隊に向けた。そのとき、距離は四十間ほどになっていた。発砲したが銃手が慌てているので、一発も中らなかった。大橋は焦慮《あせ》って、「射て射て」と怒号する。又射ったが、矢張り中らない。雪がまた降りはじめた。

槍隊、刀隊の中から幾人かが駈け出し、何かのために遅れ足になっていたものを突こう斬ろうとした。すると金原等が猛然と引返してきたので逃げた。

◇

金原忠蔵は味方を励まし、引揚げを急いだ。

人家を出放れた街道筋で、振返って見ると、敵の姿こそ定かでないが追跡していることは確かだった。訓練のない農兵だから黙っていない。めいめい何かしら叫ぶ喚《わめ》く。「来たな」とそれで金原は知った。「散れ、一ツに集るな。散って歩け」その方が命中率が減ると金原は知っていた。もう八ツか八ツ半だろう（午前二時—三時）、雪が激しくなり、風が出た。

追撃側が発砲をはじめた。弾丸の洗礼をうけたことのない者は、危険と危険でないとに拘らず、驚きや怖れを声に出す。雪の深夜だ。その声が敵の目標になるのだから、「口をきくでない」金原はたびたび制した。

敵は駈足をやっては止まって射つ、槍隊と刀隊がわッわッと威嚇の声を送っている。そのうちに敵の照準がだンだン確かになった。新たなる同志の一人西尾鉄太郎が真先に命中弾をくって斃れた。それが始りで戦死戦傷がつづいた。負傷は小林六郎その他、戦死は最初に信州飯田出身の熊谷和吉が胸に貫通銃創をうけ、倒れて、雪を掻き廻している。金原忠蔵はそれより先を歩いていたが、熊谷の姿がみえないと気がつき、引返してみると今や断末魔だった。耳に口をつけ、「熊谷、何か云っておくことはないか」と訊いたが、熊谷は眼をつりあげて白くしただけだった。

それから先を又急ぐうち、これも新たなる同志の一人、関口猶伴が斃れた。

戦いは続いた。

◇

薩州人の竹内健介はこのとき、この一隊中にあり、藩兵農兵の射撃に斃れたということが、『官軍先鋒嚮導隊』（七回子・油井熊蔵）にある。七回子は長野県南佐久郡小海《こうみ》村［現・小海町］の人だ。

竹内の異説に、伊東四郎とともに竹内はアメリカへやられ、彼の地でアメリカ人と喧嘩して入獄し、アメリカを嫌って帰朝し、鹿児島城下街の大龍小学校の初代教員となったが、不平不満が昂じて自ら罷め、後に巡査となったがその先を知る者がないというのがある。これは教員時代の同僚家村勘太郎と川村中哉の談である。但し健介でなく健蔵となっている。家村は後になって竹内が、伊東等と江戸城の金蔵を襲ったのだと聞いた、とあるが不確かなので、こういう説があるというに止めておく、もしこれが事実で竹内健介のことだとなると、竹内の帰朝は明治七年頃となるのだが――。

金原忠蔵の死

そのうちに肝腎の金原忠蔵が射たれて重傷を負った。気がついた人々が引返して扶《たす》け起し、少し行ったが金原は「この一件の報告を下諏訪の本部にしろ、だれが行くか」と、苦痛を忍びつつ言う下から、「行きます」と前に出たのは隊士の市川金太郎である。市川はどこをどう巧みに通ったものか、十九日午後二時ごろ、下諏訪の赤報隊へ着き報告したので、渋谷総司がすぐさま早駕籠で出先の相楽のところへ飛んだ。相楽が存外に早く、この思いがけない戦闘を知っていたのは、そのためである。

重傷の金原を扶け、引揚げをつづけているうち、味方は散りぢりばらばらになって、残ったのは金原の他には四人だけ、その四人が金原を担いで一団となって歩いた。足のはこびは遅々としている。

雪は降りしきっている。銃声はもう聞えない。追撃隊の叫喚の声もしなくなった。さらさらと乾いた雪の摺れ合う音のみ高かった。追分から沓掛へは一里三丁ある。沓掛から軽井沢へは一里五丁、併せて二里八丁だ。まだその沓掛へも達していない。四人は途中で、金原を民家の納屋へ担ぎこんで、創に血止めの布を巻き代え、一息入れた。みんな黙っている。そのころ、小諸と御影の合併兵はどうしていたかというと、「ここまでやれば先陣の役は済んだ。これからのことは後陣がやる」そういう気になって追撃を中止し、追分宿へ引返した。「大黒屋の奴原は怪しからん」と幾人かが押掛けた。家の中はからッぽだった。「逃げおった」と物を少し壊して引きあげた。さて、大橋副将はじめ一同は、勝戦さのつもりで意気軒昂だ。本陣としてある油屋へ集り、酒肴を出させ、祝宴というほどでもないが、かなり賑やかに飲んだ。もうそろそろ、主将の村井藤右衛門と客将の綿貫庄之進が、二百人つれてくるだろう来るだろうと待ったが、一向やってこない。

その一方では、大木、西村、川崎等が、軽井沢を出て一里六丁の沓掛を出るころ、朝になった、とはいうものの雪の朝だ。それに、戦争に突入するときだから、尋常な朝の色には見えない。おなじ隊の桜井常五郎、中山仲等は、源ノ千代丸を守護して進んだ。この両隊は別々で、どちらが先行したのか判然しない。後の事情から推して桜井、中山の方が後だったろう。

◇

大木、西村等の隊も、桜井、中山の隊も、小林六郎が真青な顔でやって来たのに会った。別々にである。小林の体にかかっている雪が血で赤くなっていた。小林は「二、三百人の農兵が不意に襲撃、戦争になった、彼奴等は御上意と叫んでうちかかり、自分は刀で二本、槍で一本、一度期にやられた。味方に戦死傷がある」。この報告を二回目にした終りに、力が竭《つ》きたか気がゆるんだか、へたへたと坐ってしまった。小林は桜井常五郎の妻の従弟で年二十五、農家のものだが、多少の教育があった。小荷駄方が小林の介抱の役に廻った。小荷駄司令は川崎常陸で、この手についているものは多く新参だった。

◇

大木四郎、西村謹吾等は、清水定右衛門隊、大藤栄隊、今大路藤八郎隊と、手短く協議し、追分に急行軍をやった。雪が風に狂って行く先がよく見えない。斥候を出してその後から急いだ。

斥候のひとりが引返してきて、「金原氏が死に瀕しています」と報告して再び引返し去った。大木、西村にとって、金原は畏敬すべき人物だったし、薩摩屋敷以来の同志だから、驚いて駈け出した。行ってみると道端に、雪に真白くなって金原隊の隊士がひとり立っていた。「こちらです」というので、その後について農家の納屋へはいってみると、そこに金原忠蔵が、土気色の顔に微笑を絞り出し、同志を迎えていた。

金原忠蔵は、「重傷で生命を保つことが到底できない。願わくば大木四郎君の介錯を乞いたい。残念なのは王政復古の大業の結果を、この眼でみることなくして死することである。しかしながら、自分が今日まで、死生の間を幾たびか出入したことは、すべて私事でなかった。すべて日本国をおもう赤心からだった。三十一年の生涯、短しと雖も、無為にして老いたるに優る。そのことは実に会心の至りである」といい、それまで握っていた刀を、彼の四人の隊士に示し、「諸君のうち、これを自分の生家へ、届けてくれる人があれば幸甚である。自分の最期の状をその節、家人に告げられたい。この儀偏《ひと》えに頼み入る」といった。四人は異口同音に、「確かに引受けました」と金原の耳許でいった。

「それでは大木君、ご苦労ながら、介錯を頼みます」と金原がいうので、大木は眼を真赤にしていたが、「承知した、それでは」とうしろへ廻って介錯した。金原は三十一歳だった。明治九年一月八日付で時の千葉県令柴原和に、金原の遺子義之助名義で、竹内家から差出した文書には二十九歳となり、渡楫雄の『竹内廉太郎及哲次郎伝』では三十歳となっている。

首級は四人の隊士が、金原の着衣の袖を裂いて包んだ。

大木、西村等は彼の四人に、「金原君の首級を葬れ」といいおいて、納屋を出て、隊を率いて追分に前進した。いよいよ雪はひどくなり、二、三間先がみえなくなった。

金原のことは前にも書いたが、本名は竹内廉太郎といい、下総葛飾郡小金町の旧家、笹屋竹内の子で、弟を哲次郎といった。哲次郎は筑波の挙兵に加わり、下総の大船津で佐幕の兵と農兵とに包囲され、一度は突破したが、青沼で再び包囲され、小舟で水上へ出たがそれも包囲され、万策ここに尽きたと、舟の中で割腹し、水に飛びこんだ。年二十四だった。死装束は烏帽子直衣だったという。明治になってから、その死体が沿岸の心ある人によって埋葬されてあったのが判って、改葬された。明治二十九年五月、靖国神社に合祀され、大正七年十一月、贈従五位の光栄に浴した。

兄の廉太郎が哲次郎の援助者であることが、代官笹井半十郎の知るところとなり、捕縛されて、牢に入れられた、が、証拠がない。その一方で、実家から手蔓を求める運動もしただろう。久しい入牢の後に放免された。その後、相楽等の檄に応じ、薩邸にはいって以来のことは、その時どきのところで書いた。前にいった如く明治九年一月の提出文書は廉太郎、元治元年卯月十五日獄中で書いた手紙も廉太郎としてある。しかし、明治三十二年五月、竹内義之助が千葉県知事に出した文書は廉之助と変っている。綾小路俊実の子大原重朝の奥印のある『竹内廉之助伝』なるものと千葉県東葛飾郡小金町〔現・松戸市〕東漸寺境内にある碑も廉之助である。だが、廉太郎が正しいと思われる。

竹内兄弟の師であった芳野金陵、その長男で明治の名士、芳野世経が、金原忠蔵について語った談話に、筑波挙兵の立原朴次郎その他、お玉ケ池の千葉の道場の真田範之助なぞと親交があったといい、「渋沢栄一君もそのころ懇意で、志を同じくしたということを（渋沢子爵から）後に承った」といっている。

◇

源ノ千代丸は沓掛古宿《ふるじゆく》の西の端にある勘兵衛（姓は荻原）方の近くで、峠からここまで護衛してくれた人々と訣れるとき、桜井等は、「われわれの微力ではこれから先のご警衛ができません、まことに無念の至り、且つは赤面の至りです」と詫び、千代丸は、「自分はどういう場合にも安全でいられるが、その方達を安全ならしめることが出来ない、口惜しく思う」といった。隊士は雪中に跪《ひざまず》いて、「それではお名残り惜しく存じますがお別れ申上げます」と、最後の挨拶をし、従士の中島数馬、萩原主計、鯉登求馬、中島右京と別れの言葉を交わし、隊士の方は雪を衝いて追分の方へ、駈足同然になって去った。千代丸主従の方は、難渋しているから休ませてくれと、勘兵衛に頼み、家の中へ入れてもらった。

勘兵衛はひと目で、千代丸を尋常な人ではないと思い、根が剛胆な男だけに、すぐ決心がついて、「及ばずながらお世話申上げます」と、家中惣がかりでいろいろ深切にし、二階の物置に千代丸を隠匿った。

◇

追分の油屋で酒を飲んでいた藩兵農兵が、大分いい機嫌になったところへ、沓掛方面の物見に出しておいた兵が、喫驚敗亡の態で駈けこんできて、「敵が迫った」と知らせた。敵と聞いて惣立ちになった、立った者は先を争って外へ出た、闘うためではなく逃げるためだった。大橋副将と藩士の幾人かが、「返せ、逃げるな」と叱っても、皆いうことを聞かない、逸散に逃げた。大橋も幾人かの藩士も、致方がないので逃げる味方の後を追った。

三ツ谷に屯《たむろ》している主将村井藤右衛門は、岩村田藩が遂にやってこないので、出発を命じたのが、大黒屋襲撃があってから時刻が大分たってからだった。小諸の兵が出発したので、御影の綿貫庄之進も農兵を率いて出発した。約一里ばかり行くと、前方に何かあるらしい、敵でなくしてそれは味方が追分から逃げてきたのだった。逃げるものの口は真実をいわない、〝敵が大挙して押寄せ味方大敗北〟そういう風に取れたので、御影の農兵が真先に逃げた、忽ちのうちに総体が逃げた、主将の村井も逃げた、副将の高栗も人に揉まれて逃げる群に巻きこまれた。

◇

大木四郎、西村謹吾等は追分の東口に漸く着いた。先ず空に向けた数発の鉄砲を放って敵を試みた。そのころ敵は逃げた後で、ただの一人もいない。尖兵に先行させて、前、中、後と、三ツに分れて宿へはいった。大黒屋に本部を置き、物見を出し、いつでも応戦の態勢をとり、その一方で、実情の調査をした。敵は小諸藩と御影陣屋で、油屋が本部であり、油屋の倅が間諜の役をしたということが判ったので、隊士の中には激昂して、「油屋に火をかけろ、油だからよく燃えるぞ」といったものがある。このことが忽ちのうちに宿中に拡がった。それでなくとも混雑のひどい最中だし、この宿で、もう一度戦争があると思う人が多い、というときだけに、「宿を焼払うそうだ」という訛《か》伝《でん》が、居残っている宿のものを狼狽させた。

宿役人はさすがに踏止まっていて、何とかして宿を焼払うだけは思い止まってもらいたいと思うばかりで、そういう談判に長じた人がいない。これは泉洞寺の和尚に限ると、汗だらけになって寺へ行ってみると、和尚は病気で寝込んでいた。さあ困った。弱り返っていると、その役を買って出た一人の旅客があった。宿《しゅく》の土屋市左衛門方にこの数日滞在していて、ゆうべから難を泉洞寺に避けていた挙山という、坊主頭の俳諧師である。

それから間もなく、挙山宗匠は和尚の袈裟法衣を纏い、数珠をつまぐりつつ、大黒屋へやって来た、そのうしろには宿役人が心配顔に付添っていた。

桜井常五郎捕わる

首を埋む

俳諧師挙山が雄弁をふるうまでもなく、赤報隊のものは、追分宿に火を放つ気などないから、談判は宿役人や挙山が意気込んだほど難渋なものではなく、西村、大木等は、「追分宿のものは我が隊に対して、乱暴する気か、しない気か」と念を押すだけだ。「決して致しません」という返辞だけで、「よろしい、放火などせぬから安心しろ」と帰らせた。

挙山という人は、油井七回子の説では、直江山城守兼続の末流で、後に造化庵金石といい、明治年間、三森幹雄と明倫社を起したとある。幹雄は春秋庵十一世の宗匠で、明治七年に明倫講社という俳句団体をつくり、明治十三年の末に『俳諧明倫雑誌』を創刊した。挙山は、その社中だった。

◇

大木、西村等の隊は、追分宿に敵を待つことは要らぬ、それよりは、一時も早く下諏訪へ引揚げ、本陣のものの考えどおり、謹慎する気でいるので、一応は敵を待ったが、一向やってくる様子がないので、然らばと、降りしきる雪を冒して出発した。その後、余程たってから、小諸、御影の藩農両兵が総勢約三百人、敵影なしと知って繰りこんできた。恰度そのころ、宿のうちに失火が起り、十二戸焼けた。この火災を中山仲が放火したためだとされた、中山はそのとき追分宿にいなかったのであるのにだ。

女の方が男の数より多いといわれたこの宿に、女が悉く姿を隠し、男も多くは避難したあとの様子が、一変した処へ乗りこんだ藩兵農兵は、盛んな勢いで三ッに分れ、一手は大木、西村等を追撃しに行き、一手は沓掛方面へ残党狩りに出た。残る一手は追分宿に居据わった。出て行った二手のうち、大木、西村等を追いかけた組はゆっくり進んだ、追いつかないように追いかけたのである。沓掛方面へ向った大将は綿貫庄之進で、高三万石の御影陣屋支配地は八十三ヵ村、その中に追分も沓掛も軽井沢もはいっている。碓氷の峠町も矢張りそうだ。

綿貫の隊は名は農兵だが、日ごろ陣屋で使っている目明しの手下とか、博徒とかいったものがかなりはいっているので、相当に柄が悪い。これが沓掛古宿から追分へちょッと寄った処で、桜井常五郎、中山仲などの一隊、約三十人と遭遇した。風に狂う雪を背に受け、桜井、中山が攻勢に出ると、戦わずに逃げた。ところが、気合だけで一戦を交えず勝った桜井隊に、大きな亀裂がはいった、それは、生れてはじめて敵に出会った〝信州新附属〟のものが、雪を幸い、ちらりほらり、姿をだんだん消したことである。人数が尠くなると、気が弱くなるのが、こういうときの常で、今の今まで死を怖れなかったものまでが、先ず落伍を扮い、その次は駈け出して姿を消した。

それにもう一ッ情けないことには、隊長の桜井常五郎が歩けなくなった。桜井は痔が悪かった、それが急にひどくなったので又士気を失わせ、残っていたものが又候《またぞろ》逃げ、残ったのは僅かに桜井の実兄で桜井弥八郎、春日村の佐藤勘左衛門、茂左衛門、平八、元助と、比田井《ひだい》村の武田長吉の六人となった。

余り桜井が苦しむので、とある農家へ連れこんだ。家でなくして、軒下か、納屋だったろう。桜井はすこし痛みが軽くなると、六人に向って、「こうなったら致方がない、みんな逃げて、一身の安全をはかってくれ、この常五郎のことは心配してくれなくてよろしい」といい出した。六人は不承知で「生死をともにすると約束したのだから、そのとおりにする」といって肯かない。そこで常五郎が説いた、「それは有難いことをいってくれた、実に有難い、しかし、徒らに死を急ぐことが、天朝への御奉公ではない、命を成るべく永らえ、何度でも国家のために働く、それでなくてはいけない。だから常五郎はかかる場合に発病して苦しんでいるが、さればといって自殺など決してしない、命を保つ方法が既に考えてある、それは常五郎に出来て諸君に出来ない、だから、諸君は、ここを逃げなくてはいけない。途中、怪しまれたら、所用あって碓氷へ行き、その帰りに戦争にあったので、道を変えたといえば、「云い訳が立つではないか」と繰返して説いたので、それではと六人が、心を残して立去った。それを笑って見送った常五郎は、時を暫くたたせてから、独りそこを出た。

その前後に綿貫が、逃げた農兵を纏めて引返し、そこの前を通ったのだが、雪がひどく降っていたので、それとも知らず素通りした。綿貫はそれだけでなく、古宿の勘兵衛方の前も素通りして軽井沢へ向った。碓氷の峠町まで行くつもりだ。

◇

横川で関所を受取ろうとしていた丸尾清、北村与六郎等は、何の彼のと引っ張っている相手の様子に不審を抱き、それでは一先ず引揚げ、更めて、あす、手酷しく掛合って、関を受取ろうと横川に出て、その晩は坂本宿に泊った。そこへ松井藤七郎が来て、本部引払い、下諏訪へ引揚げを伝えた。丸尾、北村等は愕然とした。その夜の明くるを待って出発し、峠町へ向って行くと、ゆうべのうちに先廻りをされたとみえ、安中藩の山本唯之進の率いる一隊が四方に潜んでいて、前後を遮断し生捕りにかかった。

丸尾清、北村与六郎、松井藤七郎、それに北村の従者一人、が戦死した、その場所は北村、丸尾は坂本宿の北はずれ阿弥陀堂の近くであった。松井その他の戦死の場所は判らない。

『赤報隊』人名録には単に、〝上毛横川戦死〟とだけで場所が明記されていない。北村の従者の一名は児玉七五三蔵《しめぞう》というのではないかと思う。もう一人あった北村の従者は安中藩に生捕られた。丸尾は薩邸浪士だったが北村は違う、前にいった鳥羽伏見の幕軍の竹中丹後守の与力で、幾分でも主人丹後守が有利であるように、主人の父竹中図書に何の咎めもないように、一命を赤報隊に捧げてきた人である。松井はこれも前に出ているが、幕臣の子であるというだけ、その他のことは判らない。

◇

安中の旧藩士海保芳澄（又六郎）の談話と記録によって、安中町長だった星野勝作が、館林の旧藩士塩谷良翰（甲介）に調査録を送ったことが、『回顧録』（塩谷良翰）にある。〝二年にして姓名異り五年にして地名誤る、十年にして忘る〟というが、誤ることの常なるをこの調査録にもみることが出来る。しかし、これはこれで当時の安中藩士がかくの如くに考えていたという一方の資料であるのみならず、事情の歪曲と訛伝とがどの程度になって相手方を信じさせていたかの標準になるから、次に掲げる。

〔大正六年十二月十三日調査〕相楽総三信州和田峠ニ陣営ヲ構ヘ（註・下諏訪ナリ後ニ樋橋）丸尾清、北村与六郎ヲ副将トシ、良民ヨリ金穀ヲ徴発ス。桜井常五郎、碓氷峠ニ番所ヲ置キ（註・桜井ハ主将ニ非ズ）附近ノ民家ヨリ金穀ヲ掠奪ス。偽官軍ト判明シ、上信関係ノ各藩、兵ヲ派ス、彼等コレヲ覚リ、丸尾、北村等ハ駕籠デ峠ヲ下リ来ラントスルヤ、坂本宿北端阿弥陀堂附近ニテ、安中兵ニ狙撃サレ丸尾ハ胸ヲウタレテ死シ、北村ハ抜刀シテ駕籠ヲ出デ、安中ノ足軽石沢団助ナルモノノ肩ヲ斬ル、剛気ノ石沢ハ北村ノ右小手ヲ切リ下ゲテ置キテ気絶セリ。相楽ハソノ後、諏訪ニ遁レテ殺サレ（註・誤聞ナルコト云フマデモナシ）金原忠蔵ハ追分大黒屋ノ広間デ討レ（註・コレモ誤リ）、大木ハ外出先ニテ討タル（註・コレモ誤リナリ）、桜井ハ関所ヲ通過セシモ坂本駅ニテ捕縛（註・方角が反対ナリ）斬ニ処セラル。附和雷同ノ雑兵共ハ鬢罪《びんざい》トテ片鬢（註・片眉毛ノ誤リカ）剃落シ峠ニテ追放ス。（註・下諏訪処刑ヲ誤聞セシナランカ）

◇

おなじ十九日の朝のうちのこと。碓氷の社人、曾根出羽の門前で、何かやっているものがある、出羽がそッと覗いてみると、顔を知っている嚮導隊の四人が、門の脇の雪を掘っている、何をするのかと思っていると、袖に包んだ首級らしいものを埋めた。追分戦争のあったことを既に知っていただけに、これだけのことをみて、嚮導隊が敗れたと察した。首級はここに二晩三日とどまっていた人々の中のだれかのだろう、こう思って黙って見ていた。四人は振返りながら坂本さして行った。

後日譚だが、曾根出羽は、もう大丈夫と思えるときまで待ち、そッと掘り出して見たら、それが金原忠蔵の首級だったので、非常に哀惜し、ひそかに地を相して埋葬した、その場所を〝金原林〟又は〝金原藪《きんばらやぶ》〟と今もいっている。金原忠蔵の姓をとって曾根出羽が名づけたのだろう。場所は熊野権現の社人所有の茶屋がある、その目の下に藪とも林ともつかぬ処で、上州、信州の境目、そこだ。曾根出羽は信州の地に坐して上州の地に穴を掘り、首級を埋めた。綿貫の手のものが嗅ぎつけても、力の及ばぬ、支配違いの地下に葬ったのだ。

◇

彼の四人は八坂長坂を下り、ばらむき平、まごめ坂、座頭殺し、はんね石、松の木坂と経て、坂本宿へはいると安中の山本唯之進が待っていて、不意に組み伏せられ縛りあげられ、安中へ引ッ立てられ牢へ入れられた。

安中藩の取調べを受けたこの四人は、何の包むところもなく、有りのままをいった。急に安中藩の態度が変り、待遇が非常によくなり、やがて間もなく、めいめいに旅費を与え、思うままに立去らせた。ここまでは判っているが、その先、この四人がどうなったか判らない。途中、命を失ったのか、遂に下総小金の笹屋竹内家へ、金原忠蔵の最期の様子を知らせたものなく、遺物の刀も届かなかった。

熊谷和吉その他と、丸尾清、北村与六郎、松井藤七郎、その他と、追分、碓氷峠の戦死者が世間から忘れられて七十四年、賊名の冤雪がれず、今日になっているが、竹内廉之助だけは、千葉県東葛飾郡小金町の東漸寺境内に、大正二年四月三日、記念の碑が建った。篆額《てんがく》は旧友なる渋沢栄一子爵、撰文と書はこれも旧友の芳野世経、除幕の日、綾小路俊実の子の大原重朝伯爵が参列した。因に、金原忠蔵が薩邸浪士の時代に名乗った大原廉之助というのは、綾小路が特に実家の姓の大原を与えたのだという説がある。それは違う、綾小路に遠慮して大原廉之助の方で金原忠蔵に改めたのである、金原とは故郷の小金ケ原からとったのである。

◇

昭和十八年の六月から約五十年の昔、曾根出羽方に或る日ひとりの紳士が来て、出羽と何やら語っていたが、前にいった上信国境にある金原の首塚に詣で、その頃としては多額の金五円を祭典費に納めて去った、数日後その紳士は美しき夫人を伴って再び来り、金原の首塚に詣で、東京製の菓子一折を出羽に贈って去った。当時五、六歳だった出羽の娘がこの話をしたときは老媼《ろうおう》になっていた。この紳士がだれだか不明、住年の神道三郎か、丸山梅夫か、それとも金原忠蔵隊四人のうちの生残りか。首塚はそのまま、金原藪と称えるのみで、所以《ゆえん》を知るものもなく、過ぎたが、本書の第一版刊行と同日の昭和十八年五月十五日、軽井沢の土屋源一郎町長がそれと心づき、これを金原の孫なる竹内義太郎（医師）、竹内親義（千葉県小金町）に知らせた。

金原忠蔵の竹内廉之助には義之助という子があった。長じて父の汚名を雪がんと、生涯そのことに従ったが、思うに任せず、死に臨んで義太郎、親義の二子に遺言し、お前達の叔父竹内哲次郎は光栄に浴して忝けなし、然れどもお前等の祖父竹内廉之助は賊名に死し、死体の所在すら知れず、父は忘るるときなくその事に従いしが、志遂に達し得ず、お前達は幸いに若し、父の遺志を継ぎ祖父の冤を雪げといい終って瞑目した。これより義太郎兄弟の二代にわたる雪冤が始ったが、得るところなくして年月古《ふ》り、兄義太郎は南華大陸に渡って蘇州に医業を開き、多くの月日を経た、やがて東京に帰って浅草馬道に開業中、前にいえる土屋町長の首塚発見の知らせをうけた。越えて九月六日、慶応四年以来初めて血族による慰霊祭が首塚に行われた。子義之助、孫義太郎兄弟、二代に跨れる雪冤はその一部分をかくして果したが、義太郎はチャンドラ・ボース氏の印度軍に投ぜんとし、その実現の間際に及んで、その年の十一月二十六日病死した。

長岡藩異変

追分戦争に絡む出来事が一ツある。越後長岡藩七万四千余石牧野駿河守忠訓は、小諸藩牧野家の本家だ。長岡の牧野駿河守は正月の鳥羽伏見から続いて幕軍大敗北の後、艱難苦労して江戸へやッと入ったのが二月下旬、これには有名な河井《かわい》継之助《つぐのすけ》が随っていた。それより十数日前、江戸の藩邸にいた牧野夫人はじめ家族が国許へ引揚げた。三国《みくに》越えは雪で難路だ、ではというので、碓氷を越えて長岡へ帰るつもりで、信濃路へはいり、親族だから小諸城へはいった。ところが、〝官軍先鋒嚮導隊が数百人の浮浪の徒をあつめ、岩村田陣屋から兵器弾薬を奪いとり、松代、上田、松本の諸藩を威迫し、米金を借り、碓氷峠その他に関門をかまえ、旅客を脅かし、その威大いに振うといえども、官軍先鋒の名に諸侯は逡巡して勢いを避け、これに抗さず、道路閉塞し、人心恟々《きょうきょう》としていて、小諸を出発することが（駿河守家族が）出来ない〟ということにぶッかった。これは『訂正戊辰北越戦争記』（長岡・野口団一郎、明治二十六年刊）にあるものの大意である。いうまでもないが赤報隊の敵側の記述である。

駿河守の家族に従って来た藩士の中に、渋木成三郎といって、この後の北越戦争に戦死した人が、急ぎ江戸へ引返し、屈強の士を至急派遣せられたいと乞うた。長岡藩邸では大いに驚いた、すると山本帯刀《やまもとたてわき》が奮い起ち、自ら隊長となり、すぐさま腕におぼえの十六士を選抜し、昼夜兼行で、坂本宿まで馳せつけたのが二月十八日、山本帯刀は十六士にむかい、「この峠に浮浪の徒が関を設けていると聞く、明朝、議論を以て臨み無事通過を期すると雖も、干戈《かんか》を交うるに及ぶやも知れぬ、万一、左様になっても、われらの任務を忘れてはならぬ、任務は小諸城に到着し、守衛し奉るにある、故に予が寸断さるる場合ありても一顧もくれず小諸に急げ、一人たりとも多く小諸へ急げ、決して敵を斃すことを望むな、決して闘って勝つことを欲するな」と戒め、夜明けを待って雪中、関門に至れば、一人の姿もない、熊野権現の神官に問えば、「昨日俄に引揚げ去った」という。「然らば小諸へ急げ」と、山本は十六名を急がせて下り峠にかかり、遠望の利く処で見ると、軽井沢の方に黒煙があがっている、そこで十六名中の横田大助、伊東兵馬、伊東孫太郎を斤候に出した。火事は、追分の失火である。

三斥候が帰ってきての報告で、軽井沢と沓掛との間で、嚮導隊と小諸藩との戦争になり、兵火は殆ど熄《や》み、至るところ家に人なく、死体散乱し、惨憺たる光景であると判った――この報告には誤聞多く誇大だ――そこで、山本は急行軍で小諸城にはいりそれから駿河守の家族を奉じ、事なく長岡へ帰った。この山本帯刀は傑出した人で、長岡戦争の責任を引き、進んで死に就いたその態度の立派なことは有名だ。海軍の山本五十六大将はこの山本の家系を嗣いだのである。

◇

今度は官軍先鋒嚮導隊の赤報隊士が、碓氷を押えたとき、どんな風な影響が起ったかの一例を引くことにする。

上州館林藩秋元家の塩谷甲介が、執政から渡された一通の書、それは東山道鎮撫総督府に、〝御下命次第、国力相応の御用、相勤め申し度く〟という勤王陳情書だ、それを持って塩谷は柳沢栄次郎を従え、館林を出て安中までくると、旅客が不安な顔で一杯溜っていた。聞けば碓氷の関門が閉じていて通行が出来ないのだという、どういう訳だと聞くと、桜井常五郎というものが官軍と偽わり、諸藩から金穀を掠めた、そこで、官、諸藩に命じて討伐させている、その戦争で通行ができないのだという、これが二月十七日。追分戦争はその日の深夜のこと。しかし、安中辺で今いった話になっていたのは、安中の板倉家が兵を繰出すことになっていたから、追分戦争の以前にもう知っていたのである。

翌十八日の午後、館林藩の木呂子《きろこ》退蔵《たいぞう》、高橋済の二人が、塩谷を追いかけて来た、そこへ又、足利藩士の相場《あいば》兵馬、湯沢謙吉と、画家で足利の民兵隊長の田崎草雲がきた。このことは『回顧録』にある。『回顧録』のその件りの附記に、〃明治二己巳《つちのとみ》年三月、田崎草雲は予が東京蠣殻町《かきがらちょう》の住宅に来り滞留十余日、其節前記浅間山下に於て、共に勤王を談じたる当時を追懐し、浅間山下同志議㆓進退㆒之図、及び、日柳《くさなぎ》の密使到来の数日前、予が夢みたる竜昇天の図とを揮毫す〃とある。日柳の密使とあるのは、讃岐の日柳燕石が東海道鎮撫総督に従軍していて、美濃大垣から館林の塩谷に密書を送り、〃官軍、今、大垣にあり、近日、上野州にも下るべく、その際、王師に抗するものは、即時に屠るべく、予《かね》て約束の時運到来せり、速に奪起すべし〃といった、これが届いたのが十五日、翌日、執政にそのことを告げた。執政は赤報隊が碓氷峠にきのう来たことを知って、この刺戟がひどく利き、勤王の実効を立てる決心が急についたのである。

この人々はやがて関が開かれると出発した、それから先、塩谷と館林藩の動きがどうなったかは前記『回顧録』に就いて見てもらいたい、田崎草雲のことは『草雲先生』（須永金三郎）にでも就いて知ってもらうことにし、ここではもう一ツ、別途から赤報隊の分遣隊のすがたを眺めることにする。

◇

権田、落合より先に京都を出た塩川広平は、江戸市ケ谷二番町に家があった、江戸では先ずそこへはいった。京都からの同行者は中御門家の士で藤井弥三郎である。正月二十日の晩、江戸へはいってからは、堀江無名子（克之助）、中島蔵人、宮太柱、小倉但馬、川村壱岐守、遠山備後守、宅間朔之丞、山岡鉄太郎、中条金之助、松岡万などの間を駈け廻り、老中小笠原壱岐守（長行）にぶツかり、松平大和守（直克）にもぶツかり、石川熊武、小暮藤太郎、三木七郎、桑名廉助、小津小太郎、小倉庫之丞などと往来し、〝関東謀攻策〟なるものを行い、二月十四日――神道三郎が碓氷峠に現れた日である、同志の福島都三郎、近藤十兵衛を伴い、〝官軍応援、岩倉公御迎え〟に、江戸を出発し、坂本宿で泊ったのが二月十七日だ。聞けば官軍の噂とりどりで、安中藩が官軍に横川の関所を渡したともいう。

翌十八日の朝、雪を冒して坂本を出立した塩川広平と福島、近藤の三人は、横川の関へ来てみると、開けッ放しでだれもいない。更に進むと、うしろから一梃の早駕籠が飛んで来て先になった。一里ばかり行くと、彼の早駕籠が停まっていて、中からおりた武士が「拙者は松代藩士北沢織之助というものですが貴方達は前橋藩の御方ですか」といった。塩川は「いや、われらは松平大和守家来で須田善助といいます」と正体を隠して答えた、大和守は川越十七万石の松平直克である。北沢は「左様でしたか、只今、承るところでは、今日未明より追分にて官軍と、信州の三、四藩と戦争に相成った由、貴方達はこれからどうなさる、拙者はこれより引返し、探索の上にて考えを定むる心算です、御相談いたしたし」という。塩川は、「仮令、戦争中でも、われらは急用なれば、突ッ掛ける心算です」と答えた。すると北沢が、「拙者はとにかく、引返しますから、戦争の模様お見届けの次第をお知らせくださらぬか、人足一名を出します」という、「よろしい承知いたした」と別れた。

塩川等三人が軽井沢へはいってみると、そうひどくはない、問屋場へ行き、様子を尋ねると「偽官軍が散乱したとみえ砲声が先程から聞えません」という、ここでいう砲声は銃声のことである。そこで、約束のとおり見聞のとおりを一通に書いて、松代藩士がつけて寄越した人足に与えた。「さてわれらは先を急ぐによって人足一名を出せ」と塩川がいうと、問屋場では、「飛んでもないお話で、この騒ぎでは出る人足がひとりもご座りません」というのを叱りつけ、漸く人足を出させた。塩川がこのときの見聞では〝遠山侯その他、或る諸侯一名も通り掛りしも、戦いを恐れ窃《ひそか》に泊り、一人も出でず〟とある。遠山といえば美濃苗木一万石遠山信濃守（友詳）という諸侯があるが、違うだろう、或る諸侯一名とはこれ又どこのだれか判らない。

軽井沢で塩川は近藤、福島と蕎麦屋へはいった、蕎麦屋は怖がって客にしたがらないのを、叱りつ宥《なだ》めつ、蕎麦を出させ、腹が出来たので、人足に荷を持たせて出立し、沓掛さして行くうちに雪はますます甚だしく、一間先が見えなくなった。半里ばかり来たと思うころ、塩川の前に何かしらある、と思った途端に、抜刀がぴかりと雪を帯びた妙な凄じさで鼻の先へ来た。塩川がぎょッとして見ると、それは男で、そのうしろに五、六人の足だけ見えた。

塩川は腹を据えて「おのおの方は官軍ですか」と聞いた。先方は、「足下は何者ぞ」と反問した。「拙者は松平大和守の家来、須田善助というもの」と云わせも終らず、一、三人の声で「構わず切倒せ切倒せ」と叫ぶので、塩川は声を張りあげ「拙者は松平大和守家来とあれど実は、岩倉公の間諜にて、江戸より帰る塩川広平という者なり、おのおの方に密談すべき事あり、静まり給え」、こういったときに風に雪が吹払われ、初めて相手がよく見えた。五、六人と思ったのは違っていて、二十人ばかりの姿が、ありありと見えた。銃を持ったもの、刀を携《ひっさ》げたもの、いずれも白鉢巻で、蓑を着たもの、陣羽織筒袖のままのもの、そのだれも、顔が青く、眼が赤く、唇は紫色になっている、のみならず、幾人かは血だらけになっていた。

二十人ばかりの中から二名が前に出て、堀道衛、小谷大五郎と名乗った。小谷大五郎は金原忠蔵の大砲隊にあった一人で、堀道衛はその後、安中藩に捕えられ幽閉された荒木道衛ではないか、そうだとするとこの後、この一行に放《はな》れて、峠越えをして捕われたものだろう。荒木道衛は信州高遠藩の松井忠兵衛の次男である。

塩川が、「今日の戦争はどうして起りしや」と聞くと二人が、「白川殿の御公達が御通行につき、旅宿までお送り申さんとしたところ、不意に小諸藩の百五、六十人鉄砲を射ちかけ、已むなく戦争となり、敵大勢、味方小勢にて、残念ながら斯くの如く敗走したのである」と答えた。これは二度目の戦争のことである。塩川が又、「それは残念至極。今、岩倉殿はいずれにおわすか」と聞いた。答えて、「未だ大垣に御在陣の由」といった。

塩川は両人に更めて聞いた。「おのおの方に後詰の兵はないか」、両人は「後詰は下諏訪にいる」、塩川「それは余り遠く離れ過ぎていて、如何ともならぬ。かく敗れた上では、岩倉殿の御進発を待つ外はない。おのおのはこれまで何方《いずかた》に宿陣していたのであるか」、両人

「碓氷峠の社人方に滞陣し、峠を扼していた」、「では再び碓氷峠に陣営を結び、岩倉卿の来るを待つがよろしい。拙者はこれより下諏訪と岩倉卿にこの事を急報し、おのおの方の困難一掃に努めん」、すると道衛が「もし小諸藩などに包囲されたら、どう処置したらいいであろうか」と聞いた。塩川は、「そのときは自ら縛に就き、岩倉卿の来るを待つべし」と教えた。別れるとき見れば、その二十人ばかりは雪で髭まで白くなっていた。

塩川等三人は、その夜、沓掛宿に泊り、翌十九日、和田峠に向った。

◇

碓氷峠で塩川広平に会った北沢幟之助とは、信州松代藩の留守居役で、塩川に口をきいた場所は羽根石茶屋から十町余のぼった処で、北沢は『道中日記』に「厩橋《うまやばし》藩須田前助（善助といったのを前助と書いたのだろう）に託し探索、続いて安中奉行猪狩幾右衛門、久保庭兵五郎に面会、様子相探り、峠まで登り候処、偽官軍敗軍、坂本の方乱入と相成り、一ト先《まず》坂本へ引取り、一泊」と記している。翌十九日は峠を越え沓掛へ行ったが、赤報隊の者が沓掛と追分の間にいると聞いて、沓掛にそのまま一泊。二十日漸く和田峠に達し、二十三日になって美濃の太田で総督一行にあい、香川敬三、岩村精一郎に面会した。が、香川のことを「上等の人に御座候」と書き、北沢のいう上等は、「右之仁《じん》、軍議にも参謀致し此度の元帥とも申す可き人の由」と書いている、余程、畏敬したのだろう。

総督府付の薩藩人平田九十郎（平田宗高）が北沢に、「相楽は近ごろ諏訪から京へのぼり、岩倉卿に改めて官軍先鋒のことを願いし処、卿にはそれは総督府に願えとあったので大垣へ来た、大垣では乱妨の聞えもあったが今後そんなことのないようにとの事で、賜物もあって薩州付きとなって諏訪へ帰りつかぬうちに、追分戦争となり、是非なきこと」と語ったとある。これらは北沢が藩城にいる宇敷元之丞外二名に宛てた手紙にあることだ。

◇

追分宿を発って下諏訪へ向った大木、西村等の隊から、脱走逃亡落伍が多く出た。雪に紛れて、そこやかしこで姿を隠し、小田井宿の近く鵜縄沢《うなざわ》［現・長野県佐久市］に来たときは、二十人足らずに減った。追分から小田井までは一里半だ。

と、前の方に一隊の人馬がいる、雪が折よくやんだのでよくみえる、正しくその一隊は武装している、さては岩村田藩の出兵だ、いざや一戦と色めき立ったとき、一騎、隊をはなれて乗り出したものがある、軍使らしいぞと、見つめていると、その一騎は数十歩のところへ来ると、下馬し、徒歩になって近づいて来た、それは岩村田藩の家老田中禎助だった。西村、大木等は案外におもい、味方を制した。

田中は、「警衛のために参った、時分どきなれば、弊藩において食事をされよ」といった。大木、西村等は喜んで、「お世話に相成る」といい、田中を囲んで語りつ笑いつ歩いた。このときまで居残ったものは、つぎの人々だけである。

西村謹吾則孝（伊勢亀山）、大木四郎秀美（秋田）、川崎常陸秀老（水戸）、西野又太郎美温（美濃岩手）、清水定右衛門盛直（伊賀上野）、今大路藤八郎光明（大垣）、大藤栄実吉（宇都宮）、山口金太郎忠正（不明）、信沢正記孝則（駿河）、赤松六郎正行（美濃関ケ原）、三浦弥太郎国重（江戸）、永井次郎正里（不明）、矢口一郎常元（不明）、真柴備吉平（不明）、近藤俊輔照明（駿河田中）、松岡造酒允致義（不明）、笹田宇十郎正芳（甲府）、佐々木次郎綱信（信濃善光寺）

このうち、西野又太郎、永井次郎、佐々木次郎の三人を除いて十五人は、薩邸以来の同志である。

◇

ゆっくり追いかけてきた小諸藩兵の、なにがしという人が、岩村田藩へ使者にきて「貴藩に於てお引取りの浮浪の徒を弊藩にお引渡しくだされたい」と交渉した。田中禎助は牧野林平を応接に出し、物和《ものやわら》かに拒絶した。すると使者が再びやって来た、今度はなかなか腰が強く「追分宿に於て暴行をやった偽官軍ども、当方へお引渡しが然るべし」と開き直った談判だ。そこで岩村田藩は「追分宿のことは弊藩の知るところに非ず、弊藩に於ては、総督府の御回章に拠って取押えたのみ、されば貴藩から何等の儀を申されても存ずるところに非ず」と突ッ撥ねた。小諸藩は遂に手を引いた。

岩村田の家老代理牧野林平は西村、大木等十八人にむかい「ご存じのことと存ずるが、二月十日付にて総督府より貴君等の取押えを命ぜられおるに依り、干戈を動かさずして貴君等をかく取押えたのである、干戈を動かしては、後日に至り双方の不為と存じたる故、手段を設けて斯くの仕誼、よろしく賢察を乞う。小諸藩より貴君等の引渡しを迫ること再三、弊藩はこれを拒絶いたしたるが、もし、貴君等が弊藩を出て下諏訪へ赴かれんとしても、小諸藩の攻撃あるべく、然らば、果して到着できるや否や、恐らくは諸君の悉くが戦死せらるるならん、それよりは暫くの間、これに滞在し、総督府の再命あるまで、安心して時節を待たるるがよろしからずや」といった。十八人はその好意を喜び、西村、大木が一同を代表し、「御芳志、誠に忝く存ずる、仰せに従い、当分のご厄介、偏えに頼み入る」と礼を述べ、その後で合議して、十八名連署の誓約書を差出した。〝私どもは官軍先鋒の命を蒙《こうむ》って賊を払い奸を除き、一死国に報ぜんとするところ、讒舌《ざんぜつ》に罹《かか》り、総督の疑を蒙り、斯く幽閉の身となったが、春日一たび照れば堅氷も遂に解く陽気発する処鉄石亦透る、赤心貫通して雲霧いずれは晴れん〟といい、又〝貴藩より兵端を開かぬ限り、私どもの方からは決して暴発いたさず、武士の一言、儼《げん》として斯くの如し〟と署名の下へ、十八名とも血判してあった。

西村、大木は総督府にも長文の嘆願書を出し、相楽へは報告書を出した。総督府へ出した方は形式は嘆願書だが、観ようによっては反駁論文で、〝このたびの形況は尺進む可く間退く可からざるもの、将は外にあり君命受けざる所有り〟と論じ、〝然し相楽総三は、綾小路殿に関係なく、命を蒙って、三道の官軍討入りの先鋒を仕るもので〟と極言し、偽官軍にして農商を劫《おびや》かしたという事については、〝私どもが通行した跡を御調べください、私どもは衣服も飯食も節約いたし、長途行軍ながら冗費を省きました。采地《さいち》のない烏合の兵を使用するので、諸藩からの献納を受けたが、米穀は全部総督府御来下のときの兵糧にとて預けてあります、但し若干の米は貧民に施しました〟といい、信州上州の各藩から勤王誓約書を差出させたこと、追分戦争のこと、白川千代丸のこと、岩村田藩に幽閉されたること等を述べ、〝同志百余人、妻子を捨て、親戚を忘れ、国家のために奸賊を掃《はら》わんとしたる赤心至忠の人々が、賊の汚名を蒙り冤罪に陥ること悲嘆の至りに耐えず〟というのが大意で、その文中に、〝死は辞するところでなし〟という意味が強く書いてある。

この嘆願書は総督府に握り潰された。

ここでも後日譚を付けておく。

岩村田藩の牧野林平はそのとき六十二歳、用人・郡奉行・勝手係兼帯だった。十月下旬、岩村田脱藩の大原秋治とて、岩倉家に仕え吉沢主膳と称えるものが、藩主の命令だといって、牧野林平外数名を死刑に処せんとし、北陸総督府の岩村精一郎、藤村紫朗がそれを停止させ、疑獄となって、明治四年六月まで一回の調べもなく、江州西人路に拘禁されて無罪となった、大原も釈放された。まことにこの事件は訳のわかり難い事件だが、こういうことが明治と改元されてから起った。

◇

前に書いたが、安中の板倉家では金原の首を峠町の雪に埋めた四人を釈放した他に、北村与六郎の従者をも放還した、その他に信州高遠の荒木直（道衛という、一番組監軍付）その他数名、これも釈放した。理由は主謀でなくして烏合のものというのである。それは、表向の理由で、実は一人ずつの申立てが悉く一致して、一意、赤心誠実であることが明白だったからである。

白川公子入牢

さて——実兄弥八郎等を無理やりに去らせた桜井常五郎は、ますます募る痔の痛みに、切歯《はぎしり》しながら、二月十八日の雪の中を、雪達磨のようになって発地《ほっち》村〔現・長野県北佐久郡軽井沢町〕の知人の家を訪ねたのが夜更けだった。そこは沓掛、追分間の借宿《かりやど》から東にある押立山の方へはいった処で、山と山に挟まれた処で、俗に日影通りという。知りびとは青ざめた桜井の顔をみて驚いたが、快く家の中へ扶け入れ、夫婦揃って何くれとなく介抱した。囲炉裡に温まって人心地がついた桜井は、あるじに向い、「夜が明けたら早速、訴人してくれ」といった。あるじはそれに反対し「及ばずながら屹《きっ》と隠匿い通すから安心してくれ」といったが、桜井は笑って「この常五郎は功績はあるが罪科はない、だから、御影陣屋に繋がれても小諸藩の手に移されても、後日、無罪たること確実である、安心して訴人してくれ」といったが、あるじは頑強に「そんな不人情なことは厭だ、必ず隠匿い通す」といった。桜井は困って「ここに隠れているよりも、牢舎の中にいる方が、実は安心なのだ、決して死刑などになるものか、申さば、身の安全を保つために、此方から進んで、一先ず入牢するのだから、夜が明けたら訴人に行ってくれ」と、とうとう承諾させた。

翌十九日の午後、御影陣屋の公事方《くじかた》手代が多勢つれて、発知村にやって来て、桜井のいる家を包囲したものの、踏込むものが一人もない。桜井から武芸を教授してもらったものが、その中にいてどのくらい技があるか知っているので、寄りつかない。手代が苛立《たた》って叱ったが矢張り駄目、それを見て桜井が、苦痛と疲労とで眼の窪んだ顔に苦笑を湛え「怖いか、では、それ」と大小二口《ふたふり》を、捕り手の足許へ抛り投げてやった。武器がないとなると、急に勢いよくなった捕り手が進んで、家の中で取り囲むと、手代が前へ出てきて、「桜井常五郎、御法に拠りて縄をかける、神妙にいたせ」というと、「承知した」といって桜井は、自分で両腕をうしろに廻した。

桜井は歩くのが苦しいらしいので、そこは人間の妙味で、手代が大いに奔走して、山駕籠を一梃雇い入れた、それが来るまでの扱いも悪くない、態度に打たれて手代の心もちが捕縛にきたときとは一変したのである。やがて山駕籠に揺られて桜井は、御影陣屋へつれて行かれ、取調べ抜きで入牢させられた。但し、待遇は非常によかった、綿貫庄之進の意志ではなかろう、他のだれかの考えだろう。

桜井が捕縛されたのに前後して、平八、元助、茂左衛門の三人が、沓掛古宿より追分寄りの借宿で捕縛され、桜井弥八郎、比田井村の長吉は面替《おもがえ》村［現・長野県北佐久郡御代田町］といって、平尾山の下で捕縛され、中山仲は沓掛古宿、彼の白川千代丸主従が隠れている勘兵衛の家から、余り遠くない処で包囲され、格闘の末に捕えられた。追分で二刀一槍の負傷をした小林六郎は、小荷駄方の新参者の介抱を受け引揚げの途中、新参者が棄てて逃げた、仕方がないので、独力で落ち延びんとして、草越村（現・面替と同じ村に編入さる）まで、這っては起ち、歩いては倒れして、辿りついたところを捕えられた。かくて捕えられたのは次の八人、全部、御影の牢に入れられた。

桜井常五郎、桜井弥八郎、春日村の平八、元助、茂左衛門、比田井村の武田長吉、上塚原村の小林六郎、上州坂本の中山仲。

このうち桜井弥八郎、平八、元助、茂左衛門、長吉の五人は、三月十一日、親類と組合のものの保証で放免された、これは五人とも桜井常五郎に加勢したのではなく、碓氷峠その他へ用があって行った帰りに、疑われて捕縛されたものに相違ございませんという申立が、認められたということになってである。

御影陣屋の生捕りは今いったとおりだが、小諸藩で捕縛したのは次の五人である。

今井村の小林長右衛門、小諸荒町の大池仁之助、他三人。

長右衛門の姓は鷹見だともいう。今井村は長野県北佐久郡高瀬村今井［現・佐久市］で、長右衛門は神道三郎の門人で、従者のごとくなって日がまだ浅かった。大池仁之助は桜井常五郎の剣術の門人だ。あとの三人は明らかでない。

◇

白川千代丸と従者の中島数馬、萩原主計、鯉登求馬、中島右京は、十九日まで沓掛古宿の勘兵衛方に隠れていたが、この日、勘兵衛が用意した古着に、一同が着換え、出立したばかりのところを、御影陣屋のものに見つけられ、忽ち四方を農兵に囲まれた。中島数馬と萩原主計がこれを遮《さえぎ》っている間に、鯉登求馬、中島右京が千代丸を勘兵衛方へ再び伴った。そこで陣屋のものは勘兵衛方を包囲し鉄砲を家の中に射ちこみ犇《ひし》めき騒いだ。中島、萩原が捕り手の頭に、「身分の高い御方であるから、もッと謹んだらよろしかろう」といったが、肯かばこそ「勘兵衛から先に括れ」と下知し、勘兵衛を高手小手に縛りあげた。中島、萩原は、「然らばわれわれ主従の実名を明かそう」といったが、「偽官軍の片割れが何をいうか知れぬ」と相手にしない。「然らば何処へでも行くから失礼のないようにしてくれるか」といったが相手は、「縛って引ッ立てる」といって肯かない、仕方がないので中島、萩原両人が、「われわれ両人が縄を打たれようから、主君には失礼するな」といったが、相手は怖いとみえ、「両人だけではいけない、あとの両人も縄にかかれ、それだったら若いのだけは縄を免じてやる」という。是非なく従士四人とも縛《いましめ》を受け、千代丸だけが縄目を辛くも受けず、御影へ引ッ立てられた。このとき、勘兵衛の世話で千代丸主従の供をして行くものに、政五郎といって、平常頼母しく思えるものが一人付いていたが、この騒動に肝を潰したものか、荷物を持ったまま逃げたッ切りになった。

十九日から数日間（二日間だともいう）、千代丸主従は御影の牢へ入れられていたが、赤報隊の水野内蔵ノ助（水野丹波）が千代丸の身分を説明に来たり、長土呂近津神社の神職角田角三郎（忠行）、武者武彦（重朝）、畠山伊勢（清胤）が救解に働いたり、いろいろあって御影村の金剛院という寺へ軟禁と変った。そのうち白川神祇伯の子だと綿貫庄之進等に得心がゆき、急に今度は、自分達の落度にならないように考案し、萩原主計から〝偽官軍に何処かへ連れ行かれんとした処を、幸いにお取押えになり、難なく帰京ができる〟という意味の一札を入れさせた。

　白川千代丸は三月六日、追分へ出て、岩倉具定、八千丸、正副総督に会い、その頃既に放免されていた勘兵衛には、記念として軸物一、短冊三、主従の名札等を与え、角田忠行、武者武彦、畠山清胤が警固につき、道中ことなく京都に帰り着いた。この角田忠行が島崎藤村の『夜明け前』にある暮田正香だ。政五郎は一度は夢中で逃げたが、約束を無にしては済まないと、独りで京都へ行き、托された荷物を白川家へ届け、路費の他に金二千匹の褒美をもらい信州へ帰った。勘兵衛の処には白川家の西村吉太郎、西川善六、村上出雲守と三人連名の、その年の六月九日付の礼状が届いた。それには〝千代丸殿御出京之節、草賊どもに出合い、不慮之災難受けさせられ、窮鳥ふところに入るの時、そこ許宅《もと》へ、両度厄介相掛候次第、何とも気の毒千万と深く存ぜられ候、不計《はからずも》、総督府の御救護を得、恙《つつが》なく御帰京相成り候条安心致すべく候〟とあって、そのあとに、〝政五郎儀随身の者より彼是《かれこれ》申し談じ候儀もこれあり候処、同人儀、危急の場所遁れ、去る四月十日出京〟とあり、末の方には、〝政五郎東下に付、謝辞旁々《かたがた》申入れたく、斯くの如くに候草々〟とあるから、手紙は政五郎が持ってきたものとみえる。

荻原勘兵衛は明治七年七月七日歿した、七十六歳。

◇

岩村田藩幽閉の十八名は優遇された。湯は毎日たててくれた、食事も非常に心をつけてくれた。そこで十八名は会議を開き、藩の重役に申出でたのが、〝今日より沐浴一日おきと致されたく、食事は一汁一菜限りに願いたく〟ということだった。岩村田藩ではこのことを非常に感心し、さすが武夫の道を知っていると、湯は隔日、食事は一汁一菜としたが、その他のことはいよいよ懇切を極めた。

間諜の義心

前に半ばまでしか書かなかった岩倉の間諜、塩川広平は福島都三郎、近藤十兵衛をつれ、二月十九日の朝、沓掛宿を出立して和田をさして行く途中、偽官軍を討ちとれと十人又は二十人、農家のものが武士に指図されて行くのに出会った。それを見て塩川が嘆息して「きのうの官軍は惜しいことだが、きょうこの狩夫等に討たれるだろう、残念のことをした。きのうあのとき、別れずに、岩村田まで連れて行き、内藤家に、官軍御進発までといって預けておくべきだった。残念なるかな残念なるかな、彼等は遂にこの世のものでない」といった。

その晩は長久保に泊り、翌二十日出立した、道々耳にはいる噂は偽官軍のことばかり、余り評判が悪いので、彼等は真の官軍ではなかったのかという気が出たが、すぐそれは打消された。碓氷峠へ進出したということは、上州各藩の荒肝を挫いた、それよりも大きな功は、碓氷峠を官軍が扼したりと武州の各藩に聞え、江戸に聞えたとき、影響するところ甚大で、自分のやって来た〝謀攻の策〟もこのために一段と効力が出て、そのため、江戸の頑固な主戦論者の影が薄くなることは必至だ、それほどの功あるものを、信州の一小藩の頑迷固陋《ころう》なる考えから、討たすとは残念この上もないことである、何とかならぬか、討たせたくなし討たせたくなしと、心に念じつつ、その夜は下和田に泊り、二十一日の早朝出立し、和田宿にかかると、これは又しても意外なことで、上田藩の兵が三百人ばかり、宿の入口に陣を布き、出入りを厳しく検《あらた》めていた。その態は正に戦争である。塩川等は茶店に休み、彼是の話を聞き併せてみると、この上田藩兵は松本藩六万石松平丹波守（光則）の兵と、高島藩三万石諏訪因幡守（忠誠）の兵、その他二、三の藩兵と申合わせ、下諏訪に滞陣の偽官軍を誘き出し、道路で挟み撃ちにする準備中だと判った。それとなくその偽官軍の隊長の名を聞くと、相楽総三だという。相楽総三ならば名の聞えた人物だ、偽官軍などやる人でなし、助けずんばある可からずと決心し、上田藩兵の陣へ、塩川広平ただ一人で向った。

このときの上田藩兵の隊長は重役の尼子観蔵と用人の菅谷主税であった。松平大和守家来の須田善助と名乗りをあげて面会を求めた塩川に、尼子も菅谷も会わず、藩士の田村伝之助他一名を出した。塩川が、「御出兵は何故のことか承りたく存ずる」と問えば上田側は、「下諏訪の偽官軍を討つなり」という。塩川「相判りたり、されど目下、興山様《こうざん》（註・徳川慶喜）には殊の外御恭順遊ばされ、深く御謹慎中、右につき、手前主人大和守は、右御謝罪として上京、目下道中なり、かかるとき、官軍に粗忽がましき事ありては、上の御恭順も相立たず、大和守の御謝罪も相立たざる儀とあって、此度、主人の命にて、東山道を上京いたす訳合いなり、右の次第なれば、此方よりの御進撃はなされぬがよろしと存ず」。上田側はむッとして、「弊藩に於ては京師伺いの上の出兵にて、猥《みだ》りに出兵せしに非ず。大和守殿には御指図をなさるのか」と詰寄ってきた。塩川は、「御指図は仕らぬが、御心得までに申上げしなり、拙者の愚考には、全く偽官軍にもせよ、岩倉卿御進発まで御待ちあらば、官軍にて御処分あるべし、此方より猥りに軽挙なさるるは如何なものにや、しかし、御見込み次第、御指図は仕らぬ」、上田側は色を和らげ、「御注意有難し、その旨を重役に申聞けるべし」と、これで別れた。

塩川は和田峠をくだり、下諏訪が近くなった処で福島、近藤に、ゆるゆる来《き》たれといい、独り宿へはいると、七、八人の白鉢巻陣羽織の壮漢が取組んで、「姓名を承知したい」という、塩川は例によって松平大和守家来須田善助と名乗ったところ、厳しく取囲んだ。その中で頭だった人に塩川が低声で、「実は川越藩ではない、官軍の間諜で塩川広平というものである、おのおのに密かに告げることがある故、早く拙者を取囲んだまま本陣に引け」といった。

本陣では一室に塩川を案内し、竹貫三郎、伊達徹之助が会った。竹貫は秋田の出身で菊池斎といった人で、その時二十四歳。伊達徹之助は紀州出身で前名は戸田恭太郎、両人とも薩邸以来赤報隊につづいた人だ。塩川はそのとき三十八歳。

塩川は一昨日からこっちの見聞を語り、又、上田藩が他藩と連絡をとり、挟撃せんとするものなるを漏れ聞いたと告げ、「隊長相楽氏はいかが致しおられるか」と聞くと、竹貫三郎等が、「隊長は大垣に赴きて未だ帰らず」と答えた。塩川が、「岩倉卿は大垣、貴隊はここ下諏訪、それでは余り離れ過ぎていて、偽官軍といわるる故あるかなである」。竹貫が、「遠く離るるとも、岩倉家にて嚮導隊を出せし事なしというは奇怪千万なり、相楽隊長も拙者も岩倉家の北島千太郎その他数名に面会したるものである。殊に相楽隊長は江戸薩邸の事もあり、薩兵の先鋒たる心得である、今に至って官軍に非ずと云わるる訳合いのものでない」と悲憤した。塩川はそのとき「隊士の数はどれほどあるか」と聞いた。竹貫が「三百と号すれど百余人に過ぎず」、塩川は失望して、「それは小勢で、上田、松本、高島その他を相手に戦さが出来ぬ、然らば一策を告げん、今この辺の諸藩の怖るるところは、この下諏訪を焼かるる事である、故に諸君は、諸隊を全部この宿の中に集め、決して誘いに応ずべからず。拙者は成るべく急いで岩倉卿の本営に言上すべし、しかし諸君の方でも、岩倉卿の本営と往復して真の官軍たることを示さるべし」と。

これで別れて塩川は、福島、近藤と一ツになり、その夜は塩尻泊り、越えて二十三日、駒込峠と中津川との間で、本営の斥候たる原保太郎、南部静太郎（後の南部甕男男爵）に会ったので、道端の民家を借りて、江戸の状況を語り、それが終ってから、軽井沢方面と下諏訪の相楽総三隊の苦境を語り、救助を頼んで別れた。その翌二十四日、十三峠で薩州隊の種田左門（後の陸軍少将種田政明――熊本神風連のとき暗殺された人で柳橋辺では〝花の左門さん〟と謡われた時代をもつ人）、有馬藤太――有馬は下総流山で近藤勇を捉えたのがこの後の四月三日である、塩川はこの両人にも相楽隊の苦境を語り救助を頼んだ。それから御嶽の駅までくると、そこに本陣が進められていたので、早速、北島千太郎、宇田栗園、香川敬三、石井数馬に会い、江戸の謀攻を語り、岩倉総督に謁し、同行の近藤十兵衛を本営付にと願ったりなどしているうちに時間が経ち、相楽隊のことをいわなかった。相楽の不運は、更に又、塩川が京都で岩倉具視に復命したとき、大小の事がいろいろ起ったので、遂に相楽と赤報隊士のことが口から出ず終《じま》いになった。塩川にしてみれば、原保太郎、南部静太郎、種田左門、有馬藤太と岩倉系二人、薩藩二人、この四人に話したのだから充分だと思ったのだろうが、充分にも不充分にも、その話は聞き流しにされたとしか思えない結果が間もなく来た。

◇

めちゃめちゃになった浅間の山裾の赤報隊分遣隊は、岩村田に十八名、御影に八人、小諸に五人、安中のは数不明、これだけが武士として幽閉されたり、無宿牢へ投げこまれたりしている、その他にびくびくもので隠れているものが幾人かいた。その一人で、剛胆なのは志賀［現・長野県佐久市］の神津半右衛門で、大黒屋襲撃のとき金原忠蔵などについて外へ出た。半右衛門は隊士ではなく、その晩、来合せていて、大黒屋新太郎の紹介で金原忠蔵に会ったばかりだった。だからとて攻撃勢は助けておかない、襲ってきて斬りつけたがうまく逃げた、疵は額で軽いには軽いが生々しい痕が出来た。半右衛門は志賀村へ帰って鉢巻をして翌朝平気でいた。「頭痛がしていけぬから鉢巻をしているのだ」、そう云ってその翌日も、「頭痛がするときは鉢巻がいいぞ、大分に楽だ」と澄ましていた。その翌日又そうやって、とうとう治ってから鉢巻をとり、「頭痛がやッと治った」。

◇

御影陣屋の綿貫庄之進は、二月十九日、馬に乗り、数名の部下をつれ、宿役人をうしろに随え、碓氷峠に現れ、神職を召集し、「偽官軍共に就いて取調べる」と、いろいろ糺した。綿貫は今のところ、最高の支配所役人である。取調べにあたっての綿貫はひどく尊大で、阪西高嶺、曾根忠稙、水沢筑前、その他の神職から、人物が狭く小さいのを、内々、気の毒がられた。すると、峠町の方々で男の叫び女の悲鳴、物のこわれる音、多人数の怒号などが、一ツに絡んで起った。すわこそ偽官軍が逆寄《さかよ》せしたと宿役人達は腰を抜かす、引ッくり返る、慌てふためくその中で、綿貫は猿のごとく二階へ駈けあがった。

神職達は何ごとかと外へ出てみると、嚮導隊がやって来たのではなく、綿貫の農兵が、遅れて今やッと峠町に着いた。その中の柄の悪い奴が、人家へ押入り、手当り次第に物は壊す、食い物は食う、酒はのむ、それを制すれば殴りつけるので、今いったような騒ぎが聞えたのである。それと判ると宿役人達は安心して、抜けた腰も元どおりとなり、胴ぶるいも止まった。そのころになって綿貫が、二階から悠然としておりて来た、しかし、顔の色は青かった。

こういう事があって綿貫とその部下は、軽蔑と迷惑を、峠町に残して元の道に引返した。そのあとで、二階へあがって、あのとき綿貫はどうしていたかと検めてみたら、押入の中の蒲団の底にもぐっていた形跡が、歴然と残っていた。

◇

小諸藩では〝偽官軍の討伐〟が成功したと、喜んでいるその一方、いろいろの噂が方々に伝わった、何とかいう大将分の人は、三ツ谷村の集結地で、部下に訓示をしながら鎖鉢巻を結ぼうとしたが長さが足りなくて結べない、何度もやり直しているので、部下が気がつきよく見たら、その大将分の人は、自分の頭だけでなく、うしろにある一本の棒杭までも鉢巻で結んでいたという。そうかと思うと、追分宿から逃げ出したとき、味方がどうしても引返さないで、「何の面目あって小諸へ帰れるものぞ、我が運命もこれまで」と短刀を抜いて腹へ突き立てたが、何度突き立てても突き立たなかった。それはその筈だ、具足の胴の上から短刀の鞘ごとで突いていた。こんな悪口が行われた。

それは根もない浮説だが、しかし、小諸藩は追分戦争について相当に文章を舞わした。先ず二月二十九日に牧野八郎右衛門、笠原此右衛門の連名で、総督府へ、自分の方の有利になる用意の届書を出し、続いて三月二日に詳しい届書を出した。それには、〝彼等に不審の行いがあり、徒党をあつめて連判状をつくり、白刃鉄砲を携えて諸所で暴行し、街道筋で農商を劫かし、人民に惑乱を起させ、塗炭の苦をなめさせる等のことありて、官軍の真偽不明に迷っていたところ、御廻状御回章で偽物と承知しました。然るところ彼等は、碓氷峠にて旅客を悩まし暴行に及び、軽井沢外二宿で飯炊女相手に日夜宴遊のものあり、勢い増大につき、このままでは将来の大変と存じ、近領申合せの上、捕り方を繰出し、二月十八日暁、追分宿で彼等の一部に応接の上で取押える手筈のところ、彼等より白刃を以て手向いしたので、余儀なく討棄て又は生捕りました、その跡へ又押来り、追分宿の所々へ放火発砲したので、已むを得ず此方からも発砲して打崩し、賊徒どもは東西へ脱走し、先手のものを岩村田まで追詰めたところ、内藤家で人数を出して手当をしたので此方は引取りました。軽井沢宿の方へも捕り方を出したが、賊徒は東へ走って居ないので、上州安中藩と打合せをして此方は引取りました。別に彼等の一隊が下諏訪にいるので、領分の中仙道望月宿まで人数を出しましたが、御達しによって二月二十六日これを引取りました。生捕り討棄ての名前、取上げ品目は別紙の如く〟と、大体こんな意味のことを敬意を払った書き方の候文にしたものである。これに一ツ一ツ註釈を加えないが、今まで書いてきたものと比べると、ひどく違う。

『牧野子爵（小諸）系譜』にあるのは、簡単ながら、前にいった届書の裏面であるから、次に掲げておく。〝慶応四年三月二日、東山道総督岩倉殿、御通行に付き、下諏訪まで重役並に差添えの者差出し、予て御布告に付、官軍先鋒嚮導隊と偽唱する賊徒を追討せし事由を開申す、時に感状を給う。六日、捕縛し置く賊徒八人御達しに因て追分宿に差出す〟。

戦争の原因を総督府の布告に拠ったと強調している。しかし、布告は討伐令でなく追捕令だから、〝彼から白刃で手向った〟〝彼から放火発砲した〟と力説してある。又、捕縛しおく賊徒八人というのは、小諸藩の押えた五人と、御影陣屋の三人、それで八人なのだ。

後日譚だが、牧野八郎右衛門は真木要人、高崎郁母、高栗儀人と同時に、明治元年十一月五日、同藩の加藤六郎兵衛とその派のものに殺された。直接の原因は、越後長岡藩主牧野駿河守（忠訓）の弟哲吉が、同藩士竹山定右衛門の随行で、長岡落城の後、ひそかにたよって来た、朝敵を庇うた罪を主家に免がれさせんとして斬ったともいい、政敵をいい幸いに斬ったともいう。要するに小諸の牧野には宗家の朝敵問題で、かねての不和がとにかくこうさせた。加藤と牧野等とは、その前に長岡の河井継之助が小諸に乗込み、捌きをつけたのが又燃えた、そうも見られる。

神道三郎（佐藤清臣）

碓氷峠で二月十七日、行方《ゆきがた》知れずになった神道三郎に、筆を向ける。

神道三郎は六尺近い大男で〝絵にかいた真田幸村〟という評がある。この人が赤報隊にはいったのは、京都か、美濃の中津川宿か、それとも他のところでか、明確でない。どうも中津川宿へ、東山道進軍の赤報隊が泊ったときあたりではないかと思う。相楽総三は綾小路俊実とその幕僚が、「引返せ」というのを排して「悪名を着るとも信州を押えんでどうする」と、ほとんど喧嘩別れをやり、伊牟田尚平の意見にも反対し、大久手宿に停まっていた兵を進めて二月一日、中津川に宿陣した。その日の昼飯は大井宿だった。大井は赤報隊この日の行軍の中程で、大久手からは三里半先、中津川からは三里手前である。この大井に神道三郎が佐藤倭文雄《しずお》といって居た。それにつけて、一ツ話がある。

大井宿で相楽が昼飯をとったとき、憩《やす》んだのは、無論、本陣の林茂右衛門方だ、相楽は林茂右衛門と旧知で、佐藤倭文雄の神道三郎は、もとより林と親しく、相楽とも文久か元治ごろから知合っていた。

この日、林茂右衛門が相楽にした話に「私の家に半兵衛という忠僕があって、或る年、私の家が左前になった節、半兵衛は貯えの金を残らず出して、主家の挽回をするといい、大いに働いた、そのお庇《かげ》で当家が持直って今日に及んだ。然るところ、半兵衛が病死した後で火災に罹り、遺族達が狼狽《うろた》えている。勿論、私は半兵衛の遺族をみてやるが、それは別として、半兵衛の善行が火災という悪の酬いを受けたというのは、神も仏も世にはない、こういう考えが遺族にある」と歎息した。相楽はすぐに「忠僕の遺族に会おう」といい出し、やがて呼んで来たのに会い、金を一摑み与えて慰めたり励ましたりした、それに遺族達は感激して、立直る勇気が出た。金は勘定してみたら十七両二分あった。

相楽はその以前にも、林茂右衛門の世話になったことがあったのだろう、出立のとき、白鞘の短刀一口と、毛兜、采配などを、かたみだといって贈り、赤報隊の幹部からも乳切木《ちぎりぎ》を贈った。

神道三郎がこのとき居なかったとすると、その晩、中津川で相楽に会ったのではないかと思う。二月五日午後四時ごろ信州山吹領法寺に宿陣中の本隊へ、第一回の斥候報告に神道が帰ってきた記録があるところでみると、どうもそうだと思う。神道はその後も斥候偵察の任にあたり活動したが、二月十七日の碓氷引払いのときは、竹内健介と共に所用外出でいなかった。それッ切りで行方が判らない。そのためか、感情に激した赤報隊のものが、神道三郎事、十六日、坂本辺に斥候に出で候処、追分一乱の風説を聞込み、そのまま逐電（『赤報記』）と書き残している。

◇

神道三郎は変名で、父は美濃大垣新田藩一万石戸田家の士で高橋彦助、母をみよといった。天保四年四月十六日、江戸桜田の藩邸で生れ、幼名を泰助といい、十五歳で元服し、家督を嗣いで、二十俵二人扶持の馬廻り役になったときは、高橋靭負昌信《ゆきえまさのぶ》といった。剣道は田宮流と無双流をつかい、柔道は神之神流、学問は佐藤信淵《さとうのぶひろ》に学び、十六歳で平田鋕胤の門にはいり、二十歳、時勢を観じ脱藩し、諸国を游歴している間に相楽と識り、落合源一郎と識りあった。三十歳前後でもあろうか、美濃大井の武並社［現・岐阜県恵那市］の神主三浦朝穂《あさほ》の娘清見の夫となって、それから後は三浦秀波《ほなみ》といった、秀《ほ》は舅の朝穂に通わしてそうしたのである。夫婦の間に真金《まがね》という男児が生れた。

三浦秀波は平田学だから、思想的な活動を志し、そのうち慶応元年五月二十四日、信州上諏訪に来て、諏訪神社の社人の学師となった、教えるのは神事の古典だけでなく皇国の大義である。佐幕の高島藩だから重役が大いにそれを忌み、だんだん形勢が嶮しくなったので、上諏訪神社の祝祠司長阪主計その他が心配し、着いて十数日にしかならぬ六月の雨の四日、それまでは惣髪だったのを、額を剃り、小さな髷を賤《いや》しげに結び、目立たぬ着物で変装、合羽菅笠で、長右衛門という男を供にそッと出て伊那郡伴野［現・佐久市］の松尾多勢子の屋敷へのがれ、多勢子の一門である、大河原の前島政美の家に隠れた。それから飯田へ行き、飯田を去ってから後は、僧形となり、修験者となり、画家歌詠みとなり、越後にはいっては弥彦神社で学師となり、上州にはいっては赤城神社の学師となった。

そういう漂泊流浪のいつを限りともない旅に出るにあたり、上諏訪で剃り落した髪の毛を人づてに美濃大井の妻子に届け、「三浦秀波は旅に死んでこれが遺髪である」といわせた、そうさえしておけば、何処で召捕られて死刑になっても、再び妻子を泣かすことはない、こう思ったのである。

流転に流転していた三浦秀波が、平田銕胤の同門、水野丹波を信州佐久郡落合村［現・佐久市］に訪ねた。丹波は近村の今井村の柳沢豊前（網寛）のところへ連れて行き、豊前の家で私塾をひらかせた。柳沢豊前は新海明神の神主で、好人物だったという。ここで私塾を慶応元年あたりから慶応三年の大晦日までやり、姿を消した。それから赤報隊の中に現れた、こうなるのである。赤報隊では本名は佐藤昌信だといった。

碓氷峠から姿を消す前の二月十一日ごろ、下諏訪から碓氷の方へ引返す途中、今井村の門人小林吾市方へきて、不在だったので、壁に一首の歌を書き残した。その歌はこうである。

国のため君が御為にいでたちは
　身をも惜まず名をも惜まず

そうして門人の小林長右衛門をつれて去った。小諸藩に生捕られたのはこの長右衛門だ。

碓氷を脱れてから、道中、危《あや》うきこともあったが三月上旬、京都へはいった神道三郎は、下諏訪から脱してきた同志の小山忠太郎に会い、ひそかに信州佐久の水野丹波へ手紙を出した。丹波の方も身辺が危くなり、辛くも脱してこれ又京都へのぼり、着いたのが三月十六日。間もなく丹波は六角の牢屋敷へ入れられた。小山忠太郎は岩倉家にたよる縁故が出来ていたから、無事でいられても神道三郎はそうゆかない、又もや旅に出て、富士の浅間神社に学師となって世を忍んでいるうち、その年の十二月五日、武州大宮の一ノ宮氷川神社の祠司となった、姓名をこのとき佐藤昌信と名乗った。

◇

神道三郎では最早ない佐藤昌信は、号を一絃というほどあって、〝絵にかいた真田幸村〟に似合わず、一絃琴がうまかった。心静まると時どき、一絃琴のあわれ深い音を物悲しげに掻きならしつつ、錆のある声で朗詠した。

秋風にとく散らましを恥かしの
　森の木蔭に残るもみぢ葉

盟友は断頭され梟首《きょうしゅ》され、戦死し又は生恥を掻かされて追われ、おのれ独りは今ここに在り、という意である。

明治二年の何月か、〝旅先で死んだ〟といわせてから、足掛け四年目、美濃の大井へ帰った。妻子の喜びは一方ではなかった。それから暫くは大井にいて武並社に奉仕していたが、東山道総督の指名追捕令が出たままになっているので、神道三郎と判れば召捕りとなる身である。油断せずに日を送り、翌年又もや大井を立ち出で、信州の戸隠神社の学師となった。

佐藤昌信は相楽を偲んで幾つかの歌をのこしている。

思ひきや友を夏野にふみ返り
　和田のたむけの手向せんとは

世を思ふ秋の眺めに古《いにしえ》を
　ふり重ねたる袖の露けき

◇

明治五年八月、四十歳の佐藤昌信は名を清臣と改めた。三州北設楽《きたしたら》郡稲橋《いなはし》村［現・愛知県豊田市］の富豪で篤志家の古橋暉兒《てるのり》が、私財を投じて、明月清風校を設けたとき、子弟の教育に佐藤が当った。校主の古橋は、〝明《あきら》けき御代の大道をふませむと、おもひ立《たち》たる学びやはこれ〟とそのとき詠じている、意義まことに明らかだ。

この学校へ最初にはいってきた生徒の中に、異彩を帯びた児がいた、勉強もするが乱暴もやる、この子は後には佐藤の代勤をやったり隣村の学校へ授業生になって行き、児童に教えた。やがて陸軍軍人を志し、それまでいた明月清風校の寄宿舎から上京した、この少年が大島健一陸軍中将である。

佐藤清臣は明治四十三年三月十七日、稲橋村で死亡した、年七十八。墓は同村の大井平にある。『勤王家佐藤清臣翁』〔岐阜県恵那郡大井高等尋常小学校編〕がある、が、赤報隊と神道三郎の関係については詳しくない。多分、〝秋風にとく散らましを恥かしの、森の木蔭に残るもみぢ葉〟の心の通り、亡き同志に顧みて、日ごろ、そのことをいうを好まなかったためだろう。

相楽総三の刑死

相楽の苦悩

相楽総三が東山道総督府から、下諏訪へ帰り着いたのは二月二十三日の午後四時頃だった。留守中に起った追分戦争と碓氷峠撤退、深く望みをかけていた金原忠蔵の戦死、等々に痛憤した。その一方で、高島藩の様子が怪しいからこれを抑制し、和田峠の向うに出兵している上田藩に対し、次第によっては一戦と決心し、又一方では小諸藩と御影陣屋に目にもの見せんと、それに必要な手続きを総督府にとり、それから又別に、岩村田藩内藤家に拘禁されている西村謹吾、大木四郎、川崎常陸等十八名の放還を総督府に願い出でるなど、幾つとなき事柄に膏汗《あぶらあせ》を流した。

そういう折柄、笠取峠まで繰り出してきている上田藩が間者を放った。それは中村安兵衛、高村新次郎と、その他にもあっただろうが、人数にしてどのくらい、姓名は何といったか、恐らく、この後と雖も、判明することはないだろう。

上田藩の高村新次郎は間者とわかって赤報隊に捕えられ、脇本陣丸屋に拘禁されたが、番人の隙を狙い逃げ出しざま、追わんとする人々に有りあう火鉢をとって投げつけ灰神楽の煙幕に隠れ首尾よく外へ出たが、到底、下諏訪から一歩も出られまいと観念し、それならば敵将を刺殺し、一命を乱刃の下に落そうと決心し、本陣亀屋へはいろうとしたが門が閉じていた。乗越すつもりでいるところを見つけられ、姿を一時隠し、機をみて相楽を刺そうと雪の道に凍えながら、そこここに隠れているうち、亀屋のすぐ前の表通りである綿の湯の前で、追跡してきた赤報隊士に見つけられ、闘ってはみたが勝敗はすぐついて高村は斃れた、夜中の零時ごろのことだった。

厳冬の信濃の未明は殊に寒い、高村の死体は二月二十四日の朝、血も死体も凍っていた。

おなじ二十三日の晩、中村安兵衛も捕えられ旅館江戸屋に拘禁されていた。この人はじッとしていたので斬られずにいた。それを高島藩でいろいろ交渉して預かった、そのために一命無事だった。

◇

相楽が美濃大垣の総督府で、二月十八日、大いに論じ、釈明し、陳情し、且つ頑張ったとみえ、その日、〝其方並に同志の人数薩藩へ委任致し候条、右藩の約束を受けて進退致すべき旨、御沙汰候也、東山道総督府参謀〃という書付が相楽と附属の藤井誠三郎とに渡された。二月十日付で総督府が発した相楽等を捕えよという命令は、翌十九日取消された。日付はないが今いった御沙汰書とおなじ意味のものがもう一ツある。

其方並ニ同志人数之儀、今般薩州藩エ委任致シ候間、万事、右藩之約束ヲ受ケ、屹度謹直ニ進退致シ候様、可相心得候事

戊辰二月　総督府参謀

そのとき相楽は、総督府から関東探索の命を受けて下諏訪へ帰った。帰った晩に上田藩士の斬込み未遂があり、翌日になると事も意外や、総督府は参集している五藩に向い、相楽総三等の草莽《そうもう》の士を、時宜によって断然厳重処置すべしと、次の如き命令を発した。どうしても、相楽等を殺すのだとしかみられない。そうと知らぬ相楽は、名実ともに今度こそ、官軍先鋒たり得たと喜んでいた。

薩州　長州　因州　土州　大垣

相楽総三之手ニ属シ居リ候草莽之士、従来勤王之趣総三ヨリ申立テ候ニ付採用ニ及ビ候処命令ヲ不レ待、猥リニ官軍ノ名ヲ仮リ、致二進退一剰《あまつさ》へ小諸藩ト戦争ニ及ビ候風聞有レ之、仍テ難二捨置一其藩へ取調べ申付候間、時宜ニヨリ断然厳重処置可レ致候事（戊辰二月二十四日達シ）

取調べと処置とを命ぜられた五ツの藩の中で、相楽が関係のあるのは薩藩で、だから赤報隊のものは薩藩のことを常に本藩といっていた。

土州藩とは前に関係があったが今はない、あとの三藩、長州、因州、大垣は無関係である。そうして五ツの藩の中で、どこが一番有力かといえば、薩藩だ。薩藩の欲するままになるといっていい状勢のときだ。有力な薩藩は、それから幾らも経たぬうちに相楽等を遮二無二殺した。こういう他ない。

◇

ここに又一ツ妙な事がある。相楽等の運命が悪い方にぐッと傾いたのを知っている薩藩は、その翌日——総督府から、断然厳重処分の権を与えられた日がさのうとなった二月二十五日、相楽に三ヵ条から成る約定書を渡した。第一条は天朝の御失態に相成らざるようにというのである、第二条は粉骨砕身し死を以て御奉公すべしというのである。第三条はこれから後は金穀を総督府から下さるから安堵すべしというのである。殺す前に舐めさせた飴の感がある。

相楽等の評判が悪いという表面の事は二ツある。一ツは総督府の命令をきかず勝手に行動したということだ。これについては後年になって桂太郎公爵が、芳野世経にいった言葉が記録されている。「相楽総三が軍令違反をやったからとて死に処されるということはあるまじきだ。長州藩の半隊長で、秋田方面へ出て戦った明治戊辰に、私なども軍令違反ならたびたびやった、戦争の場合、軍令を奉じて不利を招かせることは出来ないからだ」と。もう一ツの問題は金穀を掠めたということである。しかし、太政官の与え給いし書付には〝嚮導先鋒仕ル可ク〟とあり、又〝関東討入リノ節〟までは〝兵力ヲ蓄エ粮食ヲ儲ケ機会到来ヲ相待テ〟とある、一合一銭の給与はないが兵力を蓄え粮食を儲けよとあるから、諸所で金穀を献納させ、それで賄ってやって来た、それが悪いとなったのである。

　しかし、これからは給与するから安心しろというのだから、相楽は全く安心した。そこへ持って来て、薩藩から次のごとき約条書を更めて請《う》けたので、いよいよ安心した。

覚

薩州本営・約

第一条　一、勤　王之者ハ厚ク接待致シ　天朝　御失体ニ不相成様可致事

第二条　一、勤　王ト称シ屯集致候上ハ屹度粉骨砕身致シ死ヲ以御奉公可致事

第三条　一、以後金穀之義ハ　総督府ヨリ被下候間隊中安堵致候事

右三ケ条之約束ニ候間各隊中、厚ク相心得追テ敵地ニ進候ニ付テハ、身命ヲ捨御尽力有之候様致度候

二月二十五日夜

薩州
池上四郎左衛門
山下　助左衛門

総督府
南部静太郎
原　保太郎

この約定書の薩藩署名人である池ノ上四郎左衛門（貞固）は、西南の役の薩軍五番大隊長で、城山陥るの日、戦死した池上四郎だ。山下助左衛門は後の山下親民だろうか、それならば明治年間の名士のひとりだ、この四人のうち原が一番永く存世した。次の如し。

池上四郎左衛門（池上貞固・明治十年九月二十四日戦死・三十六歳）
南部静太郎（南部甕男・大正十二年九月十九日歿・七十九歳）
山下助左衛門
原保太郎（原保太郎・昭和十一年十一月二日歿・八十九歳）

◇

館林藩の岡谷鈕吾《おかのやちゆうご》（繁実《しげざね》）の談話筆記に「相楽は余りに剛直だった」とある、その他にも同じ意味のことをいった人があった。剛直が薩藩の或る人々に忌まれた。相楽と薩藩との間に、最も悪い種を蒔いたのは、美濃大垣の総督府でやった先鋒争いだった。薩藩は自分の方で先鋒をやるといい、相楽は「西藩の士、何ぞ関東の民情地理を解せんや」と真正面から論じて沈黙させた。

こういうことが、悪い感情を残させた。

◇

相楽は総督府に、小諸藩の不法を訴え、〝小諸藩が勤王ならば勤王の士を討つということはない、その暴発の様子を調べてみると、夜中に不意を襲い発砲したのであって、これ武士の所業に似ぬ卑怯の至りで、逆徒の行為であるから、この上は、私共が出張して曲直を正し、いよいよ不勤王の藩であったら、僅かに一、二万石の小藩故、手勢で討留めたく、仍《よっ》て御検視一両名、御藩からお遣わしいただきたい〟と願って出たが、何の沙汰もない、相楽は再三おなじ願いをやったが、矢張り何の沙汰もない、どこかで握り潰されたと観る他ない。

隊士の中の某（姓名を略す）が、このとき、隊の軍用金を持出し、行衛を晦《くらま》した。これについて二ツの解釈がある、某なるものが慾のために持逃げしたと解するのと、もう一ツは、軍用金を持逃げさせれば赤報隊のことだから、又、強盗をやって軍用金を得るだろう、そうしたら取って押えるという計画で某をして持逃げさせたというのである。この二ツのどちらであったか、判断のつけようがない。

相楽は村々に〝急触れ〟を出し、〝嚮導隊と偽り金策する者がある由、それらは決して嚮導隊のものではないから、宿々村々に於て、そんな奴は竹槍半鐘を用意しておき、見当り次第、突殺すとも打殺すとも勝手次第である、そのために後日に難儀が起ることはないから、遠慮なくやれ〟と文書を発して命じた。この相楽のやり方を、自己を保つための手段とするのと、本気で相楽が急触れを出したとするのと、二ツある、そのどちらを取るかは、取る人次第だ。

◇

岩村田藩に拘禁されている十八名の同志のために、相楽はたびたび総督府に願い出たが、これ又何の沙汰もない。冷たいものが信濃の冬だけでないと、相楽はさすがに心づいた。

◇

二月二十五日の夜、薩藩との約条書が赤報隊に渡ったと同時に、総督府の斥候命令があったので、その翌朝早く、赤報隊の伊達徹之助と藤井誠三郎が出発することになり、それには総督府の南部静太郎、原保太郎が同行することになった。

それと、その日わかったことだが、来る二十八日に岩倉総督が下諏訪へ着く予定だというので、相楽はそれではここを明けますと、今までいた本陣岩波太左衛門方から、格がそのころ下だった松葉屋というのへ移った。岩波は建物も良かったが、信州名代の庭園があるので人に知られていた。

夜が明けきらぬ二十六日の朝、予定のとおり南部と原と、それに赤報隊の伊達、藤井が佐久へ向って発った。伊達、藤井はこれッ切りで、相楽等と永久に会うことがないとは少しも知らなかった。それだから相楽等が殺されてから後の三日間というもの、熱心に任務に就いていた。

◇

伊達、藤井が発ったその晩、相楽は宿役人に「あすは樋橋《とよはし》に陣を移すから、人足の手配をしてくれ」と命じた。樋橋村は元治元年のむかし、武田耕雲斎などが、松本藩、高島藩と戦争した場所に極く近く、上田藩がこのごろ人数を繰り出している笠取峠は、そこから六、七里先だ。

　赤報隊は二月二十七日、陣を移した。明けて二十八日、下諏訪へ岩倉総督がはいったかというと、総督はまだまだ遠くにいた。それどころか、本営の幹部の一人だに来なかった。その翌日も翌々日も、総督本営の下諏訪入りはなかった。猜疑を挟んでこれを観ると、これは樋橋宿へ赤報隊を追出しの策だと観ることが出来る。下諏訪に赤報隊を置いて処分となると、赤報隊の反抗があれば、下諏訪は灰になるかも知れぬ、ところが樋橋へ追出しておいて、個々に指揮者を処分という手を打てば、乱闘らしい乱闘もなく、火を放たるる憂えなどない、だから、これを謀略だったと観れば観られる。

　それには高島藩は今までが、所謂〝不勤王藩〟だけに、ここで転回の態度を充分にみせなくてはならず、又、小諸藩は赤報隊を討ったのだから、赤報隊が官軍の先鋒という折紙付になっては大変な結果がくる、上田藩とても藩士を斬られている、そうすると総督本営に対し、暗躍しなかったという推定は下せない。だれがそのときどうしたという事実の発見が、今のところ出来ていないので、この件りは猜疑を挟《さしはさ》む《ことわ》と断って推定を下す他ない。

◇

　樋橋村は下諏訪から二里とはなく、餅屋峠の手前にある。下諏訪、下原、樋橋、餅屋、和田、こうなる。本陣を小松屋嘉兵衛という、赤報隊はそこに宿陣した。初めの人数は百二十五人、間もなく減って五十七、八人、これはどうして減ったのか明確でないが、このごろ脱走者が相踵《つ》いだ。この間からの様子で、行く先に暗影を認めたものは脱走し、人数が減るのに駭《おどろ》いたものも又脱走した。

赤報隊総捕縛

西村謹吾等の釈放願いも放っておかれ、相楽の小諸藩討伐の請願も握り潰され、何ということなく、暗鬱をさすがに感じて来た相楽は、一隊のものの前途を考え、執るべき道を見つけるのに苦しんだ。「風邪をひいた」といっていたが、風邪よりも苦悩がひどかったのである。総督本営が下諏訪へ着くという二月二十八日の日が暮れた、薩藩の兵と大垣藩の兵が繰りこんで来ただけのその夜、相楽は一篇の陳情書をつくった。

どんよりした日の二月二十九日、相楽はけさ出来あがった陳情書を、薩藩へ持たせてやった。それにはこういう意味が書いてある、〝小諸藩との戦争は、総督府のお出しになった御触れから起った行違いで、曲直を糺すまでもなく、拠《よんどこ》ろないことであった。目下は佐幕の強敵を目前にしているので、私論を立てては不忠になるから、この問題は朝敵を鎮静した後で御調べを受けたい、もしそのとき私の隊に曲があったとなったら、如何なる厳罰でも甘んじて受ける。只今他の隊に遅れては嚮導斥候の任務を持つ私の隊であるから、何とも遺憾の至り故、何分ともよろしく御配慮を得たい〃。

相楽がここまで折れたのは、ひやりとする物を感じたからだろう。さすがに相楽の気象は出ていて、海内《かいだい》鎮静の上で審問を受け、罪あらば死を与えられよと云い切っている、この態度も顧みられなかった、又しても黙殺だ。

◇

西村謹吾、大木四郎等が樋橋村の本隊へ帰ってきた。帰れたのは総督府が命令を岩村田藩にくだしたからである。この命令を伝えたものは尾州藩で、尾州藩の兵は佐久へ先行したのである。さてこの西村、大木など十八名が、どういう内実があって、突然、帰隊を許されたかというとそれは殺すためであった。

大木、西村等十八名は二月十八日以来、足掛け十三日間に、一人残らず頬は高く、眼は窪み、見違えるような人相になっていた。

◇

その日、夜に入ってから総督府の使者が樋橋へきた。使者は大音《おおど》竜太郎他一名である。聞けば総督岩倉太夫（具定）、副総督岩倉八千丸とその本営は、今日七ツ（午前四時）下諏訪にはいったという。

大音竜太郎は近江の出身で、京都で勉強中に岡本黄石に知られ、上州箕輪の竜門寺牧野再竜という奇警な人物に預けられたのが十六のときだった。牧野再竜は越後出身の勤王僧だから、その鼓吹をうけ、性根が出来たのである。大音は京都にのぼり、岩倉具視の知遇をうけ、今度も岩倉兄弟に随って来ていた。

幕末史の終りを、流血の惨が幾つか彩《いろど》っている、上州榛名山《はるなさん》下の権田《ごんだ》村［現・群馬県高崎市］で、旧幕府切っての主戦論者、小栗上野ノ介主従六人が惨殺された哀史もその一ツである、大音はそのときの惨殺関係者だった。

群馬県の出来る前に岩鼻県というものが設けられ、初代の知事になったものが大音で、大音の執政は苛烈を極め、麦一升を盗んだ者が斬刑となり、悪い噂に誤られて死刑になった者もあるという、その故か、七ヵ月で罷めさせられた。

大音は西南の役のとき、陸奥宗光等とひそかに薩軍のために謀り、事露われて、大音は逃亡し、陸奥は捕縛され入獄した。入獄した陸奥は、却《かえ》って明治外交の難局を背負って立って剃刀大臣の名を博し、上州の山寺に隠れて遂に捕えられなかった大音は、破れ袴の田舎画家、うらぶれた姿を旅路に見た人が幾人かあったという。大正元年十一月二十三日、東京で六十八年の生涯を終り淋しく世を去った。

◇

叩けばカンと鳴る面魂の大音竜太郎と他一名が、樋橋の小松屋にきたとき応待に出たのは竹貫三郎だった。竹貫も大音もおない年の二十四である。「これを相楽さんに」大音が渡した書付には、〝軍議の評定があるから即刻出頭せよ〟とある。相楽はそれをみて希望が容れられ、先鋒隊たることを許されると思って、「即刻出頭します」と出て行って、直接に大音に返辞した。大音は帰って行った。その召状は次のごときものであった。

相楽総三

御軍議有レ之候間、即刻、総督府御本陣へ、御出頭可レ有レ之旨、御沙汰ノ事

総督府参謀

相楽はすぐ下諏訪行きの仕度をした。竹貫三郎が「拙者がお供します」という。相楽は「君は昼の疲れがあるから止し給え」といったが肯かない。そこへ、大木四郎が「拙者が行こう」といい出した。大木はきょうの昼、岩村田藩から帰ってきたばかりだが、隊のだれが考えても、これ以上の適任者はない。大木自身も、「お供します」と頑張るし、他のものも、「大木が行ってくれれば安心だから」といった。随行は大木四郎一名と決定した。大木は二十歳だった。

大木について、ずッと後年、森田谷平のした談話筆記が残っている。「隊中で一番の剣客は、年は若かったが、飯篠長江斎だ、私と一緒に竹内啓が隊長で野州へ行き、岩船山の敗戦後、捕えられて三毳河原《みかもがわら》の露と消え、私は牢を破って逃げて助かった。薩摩屋敷で戦死した山田兼三郎と、追分宿で戦死した金原忠蔵、この二人とも、お玉ケ池の道場の出で、強い方だった。相楽さんも強かったが、だれのお弟子だか聞いたことがない、江戸時代は、本所の方からくる小倉という人と、よく立合っていた。人を斬る名人は年こそ若いけれど、大木

四郎の右に出るものはない」こういっている。森田は又、「年少だったが重用されたのは、栃木で戦死した西山謙之助と、渋谷総司。温厚なのは小松三郎だった」ともいっている。話の中に出ている大木はいうまでもないが、渋谷総司も小松三郎も樋橋の小松屋にそのときいた。

相楽が大木四郎を連れて、樋橋を出ると、そのあとから竹貫三郎が、小松三郎と二人で、見え隠れ、護衛についた。

その晩は雪催いで、真ッ暗闇だった。ところどころに、解け残りの雪が、少しばかり白くみえる。

◇

その頃、下諏訪では岩倉総督はじめ重立つ人々が、本陣の岩波太左衛門方から料理屋の菊本というのが隣りにある、そこへ一時移った。移り終ると、どこの藩士とも今では判らなくされてしまったが、数十人、物々しい仕度をしてはいってきて数ヵ所に分れた、この指揮者も判らない。

岩波太左衛門の亀屋の表庭に築地がある。その陰に約三十人、武装したものが隠れた。築地の前は表門で、向って右には供待所がある、その中に幾人だか数は判らないが、伏勢が置かれた。門の左は高さ六尺二寸の石垣、その内側にも伏勢が、これも人数は定かでないが配置された。

門内は二十四坪、これが玄関の前の広場ともいうべきもの、玄関は奥の右手にある、その手前に中の口がある。玄関からはいると広間といっている二十五畳敷、中の口からはいると槍の間又は南の間といっている十五畳敷、この槍の間にも伏勢が置かれた。相楽がきたら中の口からはいらせ、槍の間で捕縛する計画だ。相楽が隊士を幾人つれてくるか判らないが、それは門内の広場二十四坪で捕縛するなり討取るなりのつもりだ。築山の陰の三十人は、退路を遮断し、外から飛びこんでくる隊士があるかも知れないので、それにも備える、大体、こうした手配である。

岩倉総督はじめ重立つ人々が、菊本へ予め移ったのは、相楽を捕縛する場所と定めた槍の間から、隣りの二十五畳の広間へ飛びこみ、その隣りの十五畳敷を一つ越せば、岩倉総督の座敷だから——そこは上段の間九畳敷である。槍の間の敷居際から間尺でいえば、総督の間の中央まで僅かに六間で、尺にすれば三十六尺しかない。もし、相楽か、相楽の隊士かが、乱入すれば、危いこと云うまでもない。そこで人々は菊本へ移ったのである。

こうした準備が施されたと相楽は知らない。暗夜を大木と二人連れで下諏訪へ、だんだん近づいた。

ところが、樋橋と下諏訪の間に人家のない処がいくらもある、そういう処へくると、妙に人の気配がする、大木四郎はそれを小諸藩か上田藩のものと断定し、斬る気になっているのを相楽がやめさせた。いや、大木はその夜道の間に幾人か斬って棄てたという説もある。そういう説の中の一つに斬られたのは上田藩のもので、二十三日の夜、綿の湯の前で斬られた高村新次郎の身内のものだと説を為すものがある。

◇

相楽総三は大木四郎をつれて岩波方へきた。門前の築地の辺に人の気配を感じたのか感じないのか、少しも動揺せず、玄関へかかった。中の口から「こちらから」という者があったか、小戻りして中の口からはいろうとした。そのとき、厭応《いやおう》なしに眼についたのは、門内石垣際にいる物々しい出立ちで、形相の変った幾人かのものだ。大木もそれに気がついた。

相楽は「軍議のお召により相楽出頭しました」といって、中の口からあがり、槍の間へはいろうとすると、中で異常な人の気配がした。うしろに付いていた大木が、相楽の前へ飛んで出たときは、軽装したものが数人、血走る眼をして相楽に飛びかかったときだった。大木はそれらを手当り次第に、投付け蹴倒し、いつの間にか前へずっと進んでいて、相楽を背後に庇った形で抜刀した。

大木は刀を下段に構えた、横斜めのその構えに呑まれて数人の相手は、睨み合うだけで、飛びかかるものがない。大木は斬る気だから、じりじり相手を圧迫して、今にも斬りつけそうである。そのとき相楽が、「大木、控えろ、後で判ることだ、控えろ、総督府を騒がせては成らん、控えろ」と、叱りつけるように幾度となく制止した。この制止に大木は斬るのを逡巡した。それとみて相手が飛びついて来かけたので、大木は再び斬る気になった。大木の体から殺気が音を立ててでもいるかの如くである。

相楽がそのとき、大木の肩の上から、自分の大小二刀をとって投げた。二刀は槍の間の畳の上、捕縛係の眼の前へ落ちた。「大木控えろ、総督府を騒がせては相成らん、控えろ」と、またも相楽がいった。大木は切歯して、小手を返して、抜刀を畳の上からずぶりと深く刺しこみ、両眼を閉じた、その眼から涙が、はらはら頰を珠になって落ちた。

するると、今まで黙って睨み合っていた者が、急に何かめいめい云いながら、相楽と大木へ五、六人ずつ飛びつき、引きずり倒して手取り足取り押えつけ、大急ぎで縄を掛けた。この光景を見ていたものは故岩波太左衛門で、その談話筆記には、「相楽が大木を制《と》めて自分の両刀を抛り出し、神妙に坐っているのに、数人が折り重なって縄をかけたのを見まして、何たる無惨なやり方だろうと思いました」とある。

その日は朝から、霰《あられ》交りの雨が降ったりやんだりして、風が寒かった。

◇

それから半刻ばかり経つと、小松三郎と竹貫三郎が、相楽と大木の様子を知ろうとて、亀屋の門をくぐったところを、供待所の中にいた伏勢が出て、有無をいわさず捕縛しようとする。二人はその乱暴を咎め、忽ち格闘となったが、伏勢は刀を抜かせないように用意してかかったので、二人とも抜刀が出来ず、捻《ねじ》りあいの結果、遂に引き倒されて縛りあげられた。

◇

樋橋にいる本隊へ三月二日、下諏訪から使いが来た。

総督府執事

相楽総三総人数中

御用之儀有之候間、下諏訪御本陣へ、総人数、早々参着可致モノ也

三月二日

それにもう一通付いていた、相楽の自筆である。

別紙之通リ被二仰渡一候間、早々総人数共、御本陣迄、罷出可レ申候以上

三月二日

相楽総三

総隊中

これをみて一同は、いよいよ先鋒を命ぜられたと喜んだ。それはそうかも知れない、隊長が軍議に出てゆき、隊長から早々来《きた》れといって来たのだ、正しく出陣と思いこみそうなことだ。一同喜んで仕度し、樋橋を発したその数は、樋橋村小松屋嘉兵衛の帳面でみると、五十四人又は五十七人である。斥候に出ていたり外出していたりしていて、不在だったものが他に二十四人あった。

下諏訪へはいると、宿の方々には、〝五家の衆〟又は〝五家さん〟といった中の薩州、長州、大垣の藩兵が、何十人かずつ外に出ていた、その前を赤報隊のものが通ったが、何の変ったそぶりもなかった。

赤報隊のものは脇本陣へ先ず行った。「外に待っておれ」ということだったので、一同、

外に待っていた。その間に、もし、相楽等が捕縛されたと聞いたら、今、隊を率いてきている西村謹吾、渋谷総司、高山健彦、金田源一郎などが、どういう挙動に出たか、恐らく瞬くうちに斬合いとなっただろう、その他にも、浅井才二、川崎常陸、白神晋、清水定右衛門、大藤栄、三浦弥太郎、その他がいたことでもあり、容易ならぬことになっただろう。が、本営側はそんなことに手抜かりはない、だれの耳にも相楽等のことはいらせなかった。

脇本陣の丸屋へ、赤報隊の幹部が二名ぐらいずつ、命令を仰せわたすらしい様子で呼びこまれた。と、又、次の二名一名或は三名、呼びこまれたものはそれなり切《きり》で出てこなかった。二十余名がそうして呼ばれっ放しになり、外には呼びこまれないものが相変らず立っている。

と、合図でもあったのか、方々に立っていた兵が、一斉に行動を起し、四方から残っていた約三十人を包囲し、片っ端から組みつく、武器を取りあげる縄をかけるとなった。「何をする」と叱るものもあったが、そんなことに返答するものはない、一人に数人がかりで、どんどん縛りあげた。

悪い天気の日だったが昼のことだ。宿《しゆく》のものがそれをみて狼狽した、中には雨戸を閉めた家さえあった。

この人々は下諏訪明神の並木の下へ連れてゆかれて、木に縛りつけられ、抜身の槍や小銃をもった番兵に、取巻かれた。

その日の夕方まで、濡れ放題に棄て置かれ、食事も湯もあたえられなかった。寒さに戦《おのの》きつつ、怒り狂い、番兵を罵る声が絶えず起った。番兵が聞き、腹を立てて、殴る、小突く、そういう葛藤が全体にわたって起りつづけた。

雨も霰も薄鼠色を帯びた日ぐれ時、松本藩、高島藩、上田藩、小諸藩が、それぞれに指揮者がついて、兵をつれて来て、縄付きを受取って行った。連れ去られた人の数は四十八人だったという。

相楽他七名

相楽、大木、小松、竹貫の四人は、本陣の庭に繋がれ、雨叩きに任せて、食事を与えず、湯もあたえられなかった。

西村、渋谷等二十余人は、幾つにも分けられ、これも脇本陣の庭へ縛ったまま、湯すら与えられなかった。

そのうちに下諏訪のものが、みんな出てきたのではないかと思うばかり、人出が明神の森近くから坂道の両側を埋めた、抜身の槍や刀や小銃隊で囲んだ一列の曳かれ者がみえた。先頭は相楽総三でそのあとから、大木四郎も渋谷総司も小松三郎も、竹貫三郎も、赤報隊の幹部準幹部というべき人々ほとんどが曳かれてきた。

先頭の相楽は頭からびっしょり濡れて、惣髪で切りたぶさにしている黒い髪の毛に、雨の珠が何百となく光っていた。飢えと寒さに顔色は悪いが、落着いた眼をしている。かりそめにも面を伏せず、伏し眼にならず、昂然と歩いている、その一足ずつに、足袋裸足《はだし》が泥濘に音を立てた。

大木四郎からずうッと二十余人、この人々は無念やる方なき形相ならぬものとては一人もない、もし鉄片を口許にもって行ったら咬みつきそうだ。この人達は今まで、さんざん叫んだらしく、口々に今も又怒り罵っているが、だれの声も、声帯を抜きとられたように、ほとんど声になっていなかった。

明神の並木の下へ曳かれた二十余人は、さっきどこかへ連れて行かれた人々が、ここでされていたとおり、木に縛りつけられ、少からぬ人数の番兵が厳しく見張りに立った。

その晩、岩倉総督以下の人々は、菊本から隣りの亀屋太左衛門方に戻った。

雨は降りつづいた。霰もときどき降った。寒い風は絶えず吹いた。相楽等は明神の並木でグッしょり濡れ、寒さに凍え、一夜を明かされた。三月三日の朝がまたひどい寒さだった。

◇

樋橋下諏訪間に下ノ原村［現・長野県木曽郡木曽町］がある、そこの名主の山田政之丞の日記（『相楽総三関係史料』）に、「友之町張付田ごくもん見物の者、夜明より群集」という記事がある。『下諏訪町宿出張助《すけ》中村勝五郎扣《ひかえ》江雑書』（同上）にも、「死罪の者獄門にかけ候故、遠近村々より多人数群集」という記事がある、どんな風だったかは判らないが、人出を想像する根拠にはなる、もっとも獄門があれば人出があることは、別に根拠を持たないでも、判り切ったことである。岩波太左衛門の談話筆記は、今の二ツよりは、光景を明らかにしたものである。

「三月三日の朝も、きのうとおなじで、雨が降りつづき、明神並木では、番兵がゆうべから焚火を続けていた。噂を聞いて近郷近在から、早朝に見物人が出て、大変な人出で、どれが謀反人の大将だと聞くものが多い。祭のとき同様の人出が引きつづいた。そういうときによくある奴だが、他人のうしろに隠れる場所を見つけておいて、石を投げつけ、首を引ッこめる、そういった奴がかなりあった、訳もわからず判断もつかないのに、悪口を大声でいう者も多い」

この話の中にも、群集の心理の中には、卑怯を敢てする悪い習慣が、そのころもあったとみえる。

「多くの人のうちには、きのうからの雨叩きで、縄がきりきりと皮肉に食いこみ、二の腕も手首も胴も、縄のかかっている処は千切れるように痛いのを紛らすためだろう、大きな声で付添っている役人を口を極めて罵る人もあった、どういう原因で押えたのだそれを聞かせてくれ、と絶叫してばかりいる人もある。岩倉を出せ参謀をここに連れてこい、と声を顫わしていっている人もある。悲愴な混乱が渦を巻いているといった有様だった。そういう中でたッた一人、相楽総三だけは一言も発しないで、どろどろの土の上にきちんと坐って、両眼を閉じ、身動き一ツしずにいた。あまり同志のものが猛り立ったり怒鳴ったり、騒々しさがひどくなると、眼をちょっと開けて、あまり見苦しい様子はよせといって微笑したような顔をして、すぐ又元のとおり、瞑目して無言の端坐をつづけた。さすがにこれを見ると、判らずやの群集も感にうたれ、ひッそりとして、悪人でも親分は違うと、歎息の声がそこら中で起った」

◇

明神並木に繋がれた相楽等の前に、総督府の参謀は一人もやってこなかった。当時、東山道総督の下にあった参謀は、薩藩の伊地知正治（後の伯爵）、岩倉家の宇田栗園、土州藩の乾退助（後の板垣退助伯爵）で、薩藩から出た本営付は大迫喜右衛門、有馬藤太、池上四郎右衛門の三人で、それに平田九十郎、山下助左衛門もはいっていただろう。それから薩兵の隊長は小銃四番五番六番の順に、川村与十郎（後の川村純義伯爵）、野津七左衛門（大野津といわれた後の野津鎮雄将軍）、野津七次（後の野津道貫元帥）、それに大砲隊長は大山弥助（後の大山巌元帥）だった。

では、下諏訪にはいっていた〝五家の衆〟はどのくらいの人数だったかというと、薩州が四百七十二人、長州が三百九人、土州が六百余人、因州が七百九十六人、大垣が四百三人、併せて二千五百余人、だが、このうち、土州、因州の約千四百人は、乾退助が率いて三月一日下諏訪を発し、二日に甲府に入り、六日に勝沼で近藤勇の兵と戦って破った、だから下諏訪に居合わさない。そうすると、薩長と大垣で千二百人弱がいた。しかしその中で井田五蔵

（後の井田譲男爵）の率いる大垣の兵は、鳥羽伏見の戦いから後の官軍で、遠慮がちなときであるから、結局のところ、相楽と赤報隊の処分は、岩倉家と薩州藩から本営付になった人々の間で決定し実行されたものと観て誤るまい。処刑に手をくだしたのは薩藩の兵か、長州の兵か、恐らく大垣の兵は命ぜられなかったのではないかと思う、確かなことは不明だ。長州の兵は第一大隊二番中隊（司令・樽崎頼三・小隊司令梨羽才吉・後の梨羽時起将軍）と四番中隊二番小隊（司令・口羽兵部）、第四大隊一番中隊二番小隊（司令・原田良八）であった。その他に岩倉家の香川敬三とか、原保太郎とか南部静太郎とかは、相楽等の処刑に直接か間接かに関係がなかったとは観られない。岩倉直属の兵はどのくらいそのときいたか、その隊長は何という人だったか、明白でない。大山柏公爵も『総帥としての伊地知正治』の中で、参謀と兵力について、明確に知り得ないといっている。

が、『越奥戦争見聞録』（片岡志道）に録されたるものに拠ると、次の如き隊勢だ。この手録は岩倉総督の追分泊りを中心としたもので、先手は長州、土州で三月四日追分に泊り、五日沓掛泊り、総督一行は五日追分泊り、後続の大垣、因州は五日は小田井泊りだった、これらの部隊行進の状況は次の如くだ。

〔長州・先手人数〕先払ヒ宿役人（二人）、剣付キ鉄砲三列縦隊（八十一人）、太鼓（二人）、笛（二人）、唐人笛（二人）、剣付キ鉄砲二列（五十人）、馬印、槍（一本）、物頭（一人）、具足櫃《ぐそくびつ》（一人）、長柄二列（六十八人）、幟（一旒《りゅう》）、弾丸二十八箱（二十八人）、火薬長持十二棹（二十四人）、両掛合羽籠等。

〔土州先手人数〕先払ヒ宿役人（二人）、土州小頭（三人）、剣付キ鉄砲三列縦隊（九十人）、太鼓（二人）、笛（二人）、唐人笛（二人）、剣付キ鉄砲二列（五十六人）、物頭（二人）、槍（二本）、具足櫃（二人）、馬印、長柄二列（四十四人）、弾丸火薬（人数不明）、幟（一本）、両掛合羽籠等。

〔岩倉八千丸副総督行列〕先払ヒ宿役人（二人）、手人（二人）、箱（二人）、御旗・菊花御紋章赤地錦（二旒）、具足櫃（二人）、剣無シ鉄砲二列縦隊（九十二人）、貝（一人）、徒士二列（八十人）、御旗菊花御紋章白地錦（二旒）、侍二列（百八人）、馬印、槍（一筋）、侍二列（二十六人）、馬所侍（四人）、旗笹竜胆《ささりんどう》（一旒）。

〔岩倉太夫（具定）総督行列〕先払ヒ宿役人（二人）、掃除人足（四人）、松代藩先払ヒ（二人）、御旗菊花御紋章赤地錦（二旒）、箱（二人）、剣無シ鉄砲二列（百八人）、貝（一人）、侍二列（百二十人）、御旗菊花御紋章白地錦（二旒）、侍二列（百四十六人）、馬所侍（十二人）、侍（四十人）、旗笹竜胆（一旒）、槍（一筋）、大砲（一門）、半銅（一門）、曳馬（十七頭）、沓籠、跡供、両掛合羽籠等。

〔大垣人数〕先払ヒ宿役人（二人）、馬印、太鼓（二人）、剣付キ鉄砲二列縦隊（四十四人）、物頭、切棒駕籠三梃（三人）、剣付キ鉄砲二列（三十四人）、物頭（一人）、槍（一筋）、長柄二列（四十人）、弾丸火薬、跡供、両掛合羽籠等。

〔因州人数〕追分昼弁当ニテ出立、大垣人数ノ半分程ナリ。

三月三日、寒雨の降りしきる午後五時ごろ、総督府の使者が繋がれ放しの相楽総三等の前にきた。この使者がだれであるか明らかでない、或は明らかにしたくなかったのかとも思える。

相楽は使者の到来で、初めて少しばかり笑った。取調べさえあれば申開きは充分に立つのだ。二日一晩の辱《はずかし》めも間もなく払拭されるときがきたと思ったのだろう、ところが、意外だ。

使者は番兵にいいつけて姓名を呼ばせ、一人ずつ集め、無言で、明神の並木から曳いて出た。集められたのは次の八名だった。

大木　四郎（二〇歳）秋田・大樹匡ト云ヘリ。
金田源一郎　館林・宇佐美庄五郎ト云ヘリ。
小松　三郎　土佐・福岡幸衛ト云ヘリ。
竹貫　三郎（二四歳）秋田・菊池斎・栃内蔵四郎ト云ヘリ。
渋谷　総司（二二歳）下総小金・大谷総司ト云ヘリ。
西村　謹吾　伊勢亀山・菅沼八郎、山本鼎ト云ヘリ。
高山　健彦　駿州・望月長三・望月多仲ト云ヘリ。
相楽　総三（三〇歳）江戸・小島四郎将満。

この八名を警固する兵はかなり多かった。冬の日の暮れやすく、搗《か》てて雨の日のことである、人の顔がほのかにしか見えない。やがて警固の兵は松明《たいまつ》を点じた。雨はやむ気配すらない。その行列のうしろからは、群集がガヤガヤいいながら跟《つ》いてきた。

相楽は行く手の方に、ぼうッと赤く空が映えているのを見て、万事を覚った、一番あとから曳かれて行くので、前をゆく七名のいたいたしい姿がはッきり見える。二日一晩、縛りッ放しで地の上に置き、上からは雨と霰が絶えず降りそそぐ、寒い風には吹きさらされる、米一粒湯一杯与えられていないので、肉体の疲れ衰えが七名ともひどかった、気力だけで歩いているのだからよろめくもあれば立ち淀むもある。

明神の並木から約五町、下諏訪の外れの友之町矢木崎に張付田（磔田）という刑場がある、育ちの悪い生竹で、粗末な矢来が組まれたのはきょうのことである。

土地のものは、張付田に竹矢来がつくられるのを見て、「嚮導隊の偽官軍の処刑は今夜だろう」と、覚ったものが多く、口から耳へ、それが忽ち拡まって夥しい人出となったのである。

◇

刑場には総督府から検視役が来ていた筈だが、直接に刑を指揮した人の姓名など維新関係の文書にない、あれば知りたいものだ。但し、下諏訪の『御用日記』に、〝松本、小諸、上田、当藩（高島）の四藩が吟味に立会い仰付けらる〟とあるが、吟味はなくて直ぐ処刑だったから、処刑立会いだけだったのだ、処刑立会いは今いった信州四藩の他に、彦根藩が命ぜられたということは、処刑のすぐあとで松本、小諸、上田、高島、彦根が、酒二樽ずつと金七両二分ずつ、総督から下されているので判る。

処刑のあとで高島藩の郡奉行波多野左膳が、赤報隊の遺物の跡始末を担任したが、どういう訳か、〝御家老様には及びもないがセメてなりたや郡奉行に〟という、罵倒の唄ができた、という、故老の談話が伝わっている。遺物を着服したという意味だが、事実はどうか不明。

◇

判決文を相楽等八名に見せた、読み聞かせたのではない。相楽を除く七名は恐ろしい形相に変って批難し、果ては毒づいたが、相楽は口が苦《にが》くてたまらないように、声なく笑った。辞世を残す気の人もあったが、筆も紙もやらないから、一ツとして残されていない、吟じた人もあったそうだが、聞流しにされてしまった。

◇

断頭の座に坐った第一番がだれであったか、それからの順も不明だ。見ていた岩波太左衛門も「だれから順に刑されたのだったか忘れた」といっている、判るべき蔓はどこにもない。宣告文の順は大木、小松、竹貫、渋谷、西村、高山、金田である、この順で断頭されたのだろう。

最後の八人目は相楽だ、相楽は同志の最期をじッと見つめていた。多分、見苦しい最期をするものがありはせぬかと、気づかっていたのだろう、自分の死のことなどは忘れてである。

相楽がやがて死の座に直った、雨はまだやまない、相楽は、皇居を遥拝し、静かに太刀取を顧みて「しッかりやれよ」といった。これに災いされたか、太刀取は荒肝を拉《ひし》がれたように動揺が出た。再び静かに相楽が、「見事にな」といった。太刀取は相楽のうしろに廻り、気を鎮めて一声とともに斬ったが仕損じて右の肩先へ斬りこんだ、咄嗟に相楽が振返り「代れ」と怒気を含んで叱りつけた、これにたじろいてその太刀取は、顔が土気色になった。

代って、新しい太刀取が背後にくるまでに、相楽の襟のあたりに、流れる血が滲み出し、悲痛な光景となった。刑場の内も外も咳一ツするものすらない。太刀取は神気を養っていたが、やがて、一声とともに刀をふり下した。今度は見事にいって相楽の首が三尺ばかり飛んで、雨が叩く小さな紋が数限りなく立つ地面へ、音を立てて落ち、泥をがばッと四方に飛ばした。後になってこのことが誇張され、相楽の首が六尺余り飛びあがり、傍の柳の枝に咬みついていくら引っ張ってもとれなかった、とこうなった。単に誇張したのか、相楽の冤枉《えんおう》を意味させたものか、どっちだか判らない。八名の首は刑場に梟首され、高札が三つ立てられた。その一つは次の如き相楽への宣告文である。

相楽総三

右之者、御一新之時節ニ乗ジ、勅命ト偽リ官軍先鋒嚮導隊ト唱エ、総督府ヲ欺キ奉リ、勝手ニ進退致シ、剰《あまつさ》へ諸藩へ応接ニ及ビ或ハ良民ヲ動シ、莫大之金ヲ貪リ種々悪業相働キ、其罪数ルニ遑《いとま》アラズ、此儘打棄候テハ、弥《いよい》ヨ以テ大変ヲ醸シツ、其勢ヒ制スベカラザルニ至ル、之ニ依テ誅戮《ちゆうりく》梟首、道路遍《あまね》ク諸民ニシラシムルモノ也。

八ツの首級が夜になると、どこへか隠され、朝になると晒し物になっていた。これは首級を奪いにくる者があるとみての用心だった。

◇

もう一つは大木等七名の宣告文である。

大木　四郎
小松　三郎
竹貫　三郎
渋谷　総司
西村　謹吾
高山　健彦
金田源一郎

右之者共、相楽総三ニ与《くみ》シ、勅命ト偽リ強盗無頼之党ヲ集メ官軍先鋒嚮導隊ト唱ヘ、総督府ヲ欺キ奉リ勝手ニ進退シ剰《あまつさ》ヘ諸藩ヘ応接ニ及ビ或ハ良民ヲ動シ、其罪数ルニ遑《いとま》アラズ此儘打捨置キ候ハバ、弥《いよい》ヨ以テ横行終《つい》ニ天下ノ大変ヲ醸シ其勢ヒ制スベカラザルニ至ル、之ニ依テ誅戮梟首ノ上、遍《あまね》ク諸民ニ知ラシムルモノ也。

この罪状なるものが甚だ当っていないことは、今までの記述で殆ど尽している、そうしてその論旨と文章とに、小諸藩の牧野八郎右衛門、笠原此右衛門連署の届書と似通ったところがある、いや、それをそのまま、短く書直したならこうなるのではないかと見られはしないか。

後のことだが、相楽等の処刑の後に、東山道総督府から近傍の諸藩へ、〝官軍の内命とか薩長からの申付とか偽り唱え富家へ押入り強談難問を申し懸け、のみならず放火までして、日ましに乱妨が募り生民が苦しむので、総督府は一日も捨置き難く、信州一円の賊徒鎮撫を、信州各藩に命じた。諸藩は悪徒を召捕り、諸藩の脱走人、或は無宿者はその藩で然るべく死刑に処して良い〟（『太政官日誌』慶応四年四月）という意味の命令を出している。ここまでくると、前後を照らし合わせて、小諸藩などは首尾よく、官軍討伐にならずに済んだことがはっきりする。

諏訪藩で引揚げた赤報隊の大砲、小銃、刀、槍、被服その他の中に、西村謹吾と大木四郎の揮毫のある黒羅紗の陣羽織があった、紋は日の丸扇で揮毫は裏にしてある。西村のは「長剣一杯酒　男子方寸心」、大木のは「大内山茂る芒に鳴く虫を如何に聞くらん賤《しず》の杣人《そまびと》」というのである。現物はとッくに行衛不明、記録だけ残っているに過ぎない。

処刑五十余人

高札はもう一つあった、それは次の如きものであった。

三浦弥太郎　信沢　清紀
矢口　一郎　山口金太郎
川崎忠兵衛　荒木又之進
白神　晋　浅井　才二
近藤　俊助　真柴　備
大藤　栄　高橋新次郎
松田万兵衛　関本　外記

右之者共、相楽総三ニ組シ、謂フ可ラザル次第之レ有リ、厳刑ニ処セラル可キ筈ノ処、格別ノ御憐愍《ごれんびん》ヲ以テ、死罪一等ヲ減ゼラレ、斯《か》クノ如ク行ハシメラルル者也。

この十四人の処刑は、片鬢片眉を剃落し、高札場に一日晒しの上追放だった。

十四人の中の一人の浅井才二（神田湊）は、江戸の表四番町旗本の長塩隼人に奉公中、十月二十七日（慶応三年）、薩摩屋敷の浪士隊に加入し、焼討のとき闘った一人で、下諏訪では大砲方だった、総督府付の薩藩士池上四郎右衛門から、東海道筋探索を命ぜられて果したことがある。この浅井才二の談話筆記が、落合直文の家蔵になっていた。それに拠ると、「三月三日、片鬢片眉を落されて放逐となったので、私、川村藤太郎（白神晋のこと）、藤田新（大藤栄のこと）、武田力（高橋新次郎）、荒木又之進の五人連れで、下諏訪を這《ほ》う這《ほ》うの態で出て、翌日は甲州の鰍沢《かじかざわ》で泊り、そこから船で東海道の蒲原に出たが、その道中姿というものは実に道楽寺和尚の夜逃げそのままで我ながら可笑しかった。それから江戸へはいつたが、深川で淡路藩に捉まえられ（淡路と会津の聞き違いか）、会津屋敷へつれて行かれ、（会津屋敷は、一時牢屋敷に代用された）痛め吟味に掛けられた、間者だと疑って承知しないのである。捉まったのは五人ともどもだった。それから面倒臭いので、胡乱《うろん》だと思うなら五人とも首を刎ねるがよろしいと云ったが、殺しもしない。三月二十一日になって旧町奉行所へ引渡され（幕府時代の形そのままで暫く司法や警察をやった、そのときのことである）、伝馬町の牢に入れられた。いたのは牢内の南百姓で、私は名主になり、他の四人もそれぞれ役付になった。五人揃っているので牢内の悪者どもがわれわれに頭があがらないのだ、川村藤太郎は三月二十七日に牢死、武田力は三月二十九日に牢死、藤田新は五月十八日に牢死、私と荒木又之進と二人だけ、明治二年三月十一日になって、何だか判らないが、無罪だといって牢から出された」

鬢罪十四名の姓名を改めて記しておく。（薩邸浪士隊の出身と明白のものに△をつけておく）

△三浦弥太郎（江戸・植村仙七郎）
△信沢　清紀（駿州田中）
△矢口　一郎（仲戸儀太郎）
△山口金太郎（常城藤三郎）
△川崎忠兵衛（水戸・尾崎忠兵衛）
△荒木又之進（不明）

△白　神　　晋（武州駒木野・川村藤太郎・二十一歳）
△浅井　才二（甲府・神田湊・二十四歳）
△近藤　俊助（駿州田中・渡辺主馬・十九歳）
△真　柴　　備（大増司）
△高橋新次郎（宇都宮の武田力）
△大　藤　　栄（宇都宮・藤田新・三十四、五歳）
△松田万兵衛
　関本　外記（武州）

◇

他にも追放処分があった。『雪冤録』（木村亀太郎）や『赤報隊資料』（筆者手記）にその人名がなく、『松廼落葉』（宮坂正勝『相楽総三関係史料』）のみにあるが、一見して誤謬が眼につくのだが、しかしそれ以外ないのだから、一応のところ洗った上で次に掲げる。（△は薩邸以来）

△沢　　　東（伊賀上野・清水定右衛門）
△水村吉三郎（甲府・笹田宇十郎）
△川田　新助（羽州・川井次郎）
△深山　柳助（百々五百三）

△市川亀五郎（武州・中村小太郎）
△野村金次郎（武州・三上半四郎）
△安田丈八郎（大垣・今大路藤八郎）
△小増雄之助（神山小二郎・上山ともある）
△北村　佐七（美濃説と野州説あり・赤羽六郎）
△森田　谷平（武州・仙谷又は木田）
△栗宮　定吉（都賀紋蔵）
△横山　奇平（川越・立山奇平）
小川　大助（中川大助）
小川　求馬（矢野求馬）
△山田久太郎
有泉　代助
森田国太郎
加藤武次郎
△最上　司（出羽説・仙台説あり・結城四郎・村山誠吾）
△斎藤　武雄
△斎藤源次郎（武州・木曾野源次）
△山村源右衛門

三浦　主計（信州山吹）
板倉伊那助（尾州海東郡）
加藤次郎吉
井上　保
三村清十郎（三邑ともある・木曾福島）
高山　一（飛驒高山）
村瀬猶次郎（尾州一の宮）
小池虎之助（尾州海東郡）
柳沢　浪江（越後高田）
小川市左衛門（濃州苗木）
小池馬之助（信州飯田）
関政徳太郎（関島徳太郎）
関島徳右衛門
伊瀬山田松（京都）

別に軽罪という項目の中に、鬢罪の十四人も入れて記してある、その中から鬢罪になったかならなかったか判らないが挙げておく。

△鈴木　隼人（江戸・磯田啓十郎）
信沢駿次郎（相馬駿次郎）

信沢　万平（松下万平）

『相楽総三より引揚之物品取調帳』から、白鉢巻その他に書いてあったという中から、今までに漏れているらしい姓名をあらまし抄出すると、次の如くなる。これらの人達は処刑を免がれたのか、脱出に成功したのか、事非なりとみて一足先に脱走したのか、判りかねる。

清水　敬之助　　松尾　紋弥　　木曾　藤十郎
山田　久太郎　　加藤　亀吉　　矢野　留之助
市川市左衛門　　浅野　宇兵衛　　森本　豊次郎
竹内　徳之助　　佐々木要次郎　　磯田　啓十郎
鈴木　米吉　　山口　松五郎　　安江三左衛門
中島　米吉　　加藤　利雄　　田中　金次郎
川村　源太郎　　新見　内膳　　山田　久太郎

◇

東山道総督は相楽等八名を殺し、鬢罪追放十四名、追放三十余人の処分を行った翌日の三月四日下諏訪を発った。和田峠を経て佐久へ出で、浅間山の裾へ廻るのである、そうして碓氷峠を扼し、それから江戸へ向うのだ。

◇

処刑後の様子について、岩波太左衛門談話は、面白いことを残している。

「下諏訪が又元の通りの静かな宿に戻ると、だれいうとなく、八名の死者に同情した話が拡まった。相楽の最期が立派だったので、そういう同情が沸いてきたのか、それとも真の原因を、だれかが漏らしてでも行ったのか、それは判らないが、相楽は偽官軍ではなくって、真の官軍だったそうだが、余り勢いがついてきたので、味方のうちに妬むものがあってああなったとか、いやいやそうではない、小諸、上田、高島などの諸藩が佐幕である尻尾を押えられ、相楽の隊のものにギュウギュウ遣りこめられ、勤王の誓書を出したり、金穀の献納をしたりした。そこへ偽官軍だという事になったので得たりと不意討をやったが、どうも本物らしいので困り抜いて、いろいろ策動してああなったのだという者も出た、甚だしいのは近村に出た幾つかの強盗事件は、赤報隊のものでなくして各藩の武士が計略でやったのだ、それから浮浪人が本当に泥棒をやったのだと説を立てる者すらあった。それはとにかく、後になって考えると、支払いなどが几帳面だったし、人づかいも穏やかだった、そういう事に気がついて来て、同情がひどく起った」

赤報隊の支払いが綺麗だったのは、その前年の野州出流岩船の戦争のときでも、矢張りそうだった。

しかし、美濃以東からついて来た農兵の中に、ならず者が加わっていて、これらが妄《みだ》りに威張り返り、乱暴をするものもあり、一時、宿のものを怖れさせたことはある。

◇

岩波談話のつづき――「この下諏訪で弱い子供は、相楽塚といって、明治三年ごろに出来た魁塚へお詣りして、夜啼きする児には塚の土をすこし持って帰り、枕許へ置くと治るといったものである。明治元年だったか二年だったかに悪性の風邪が流行した。土地では相楽の怨念だといって〝相楽風邪〟といった。それから相楽の首を斬り損じたのは多左衛門といって信州の人だが、三日目に急に死んでしまった、死んだのは病気だろうが、そのころは相楽の祟《たたり》だと信じた」

ひとたび放たれた悪声が根を生やしたら、たとえば、伊那の林塾（林縫蔵）の子で林道俊（勘吉）が執筆した『道俊随筆』（昭和三年脱稿の回顧録）の如く、「相楽総三なる奸智に長じ無頼の悪漢私利を得んは此好機となし」、「金銀をむさぼりつつ猶道々悪徒をちかづけ、益々大勢となって上伊那に入る」「高遠も（高遠藩内藤氏）亦信じて疑わざれば、相楽のために瞞着せられしこと又大なり」「遂に積悪露顕し、総三を始め悪漢余党、捕えられて誅せらる」と記し、あとからあとから、いくらでも新たに芽を出す。『道俊随筆』は相楽等が死んで六十一年目の脱稿である。

◇

相楽総三の父兵馬の屋敷は、ずッと前に書いたとおり、江戸赤坂三分坂下にあった、そこには相楽の妻照子（雲州松江藩士渡辺某の女）がいて、一人ッ子の河次郎、四歳を養育していた。

或る日人が来て、相楽が刑に死んだと手短く知らせ、小さな紙包を置いて立去った、中には一握りほどの鬢の毛があった、毛は血に塗《まみ》れてねとねとしていた、最初の刑手が斬り損じたとき、鬢の毛が切れ傍に落ちていて、相楽の肩から流れ出た血に塗れた、それを拾いとって、遺族へかたみに届けたのだろう。当時、そういうことをした人といえば、江戸以来の深い縁故の赤報隊のものより他にはないが、だれだったか判らない。この一握りの鬢の毛が『泣血記』に書いたとおり、相楽の孫の木村亀太郎が少年ながら雪冤に起ちあがった原因となった。

血塗れの遺髪をうけとった相楽の妻照子は、一子河次郎の養育を舅兵馬と、相楽の姉木村敬弘の妻はま子に、遺書を認めて懇願し、死出の晴着を身に纏い、冤に殺された夫のあとを追い、短剣で咽喉を貫いて死んだ。

水野丹波

信州出身で赤報隊にはいった中で、岩船山出流山の戦いに参加した生残りの一人に〝生れ変った知盛《とももり》〟と風采を評された水野丹波（保定）がある。

水野丹波は信州佐久郡落合村［現・長野県佐久市］の家柄は虎が原の神主で、虎が原というのは、曾我十郎祐成《すけなり》の情人、虎御前が善光寺に詣でて後、ここに来て世を去ったという来歴の場所で、諏訪神社の分社がある、その社人で水野筑前という人の子が丹波である。文政十一年十二月七日出生、幼名を勇士と書いていさおと訓ませた。『赤報隊』人名録に水野丹波、小野内蔵之助と二重に記されているが同一人だ。

水野丹波は平田銕胤の門人で、国学者で、医学者で兵学者である。日本最初の地雷火の発明はこの人だが、そういう功績の一切が、薩邸浪士と赤報隊士だった祟りで、堙滅《いんめつ》していたのを、丹波の孫の水野純君（京都同志社教授）が奮起して、伝記の完成に努め、祖父の功績を確めた。

信州佐久の貧しい神主の子の水野丹波は、青年になるや江戸へ出て講武所にはいり、オランダ流の火術を学んで帰った。上田に赤松小三郎といって、後に京都で暗殺された兵学者がいた、この赤松と甚だ交情が深かった。

丹波が京都へのぼっているとき、神道三郎が矢張り京都にいた、そうして二人は相許していた、そのころは権田直助が五条家の庇護で滞留中だったし、水野も神道も、足利の木像切り事件の陰《かげ》で働いた。そうすると権田直助とも往来があったことになる。木像切り事件が面倒になって来たので、水野も神道も京都を立退いた、権田がそのとき立退いたことは既にいった。

水野丹波は故郷の支配所なる御影陣屋に献策して、農兵が是非とも必要な時代だといい、農兵の武器は鉄砲にあらざれば、武士相手の戦闘はできないと力説し、それが採用されて、御影陣屋の鉄砲調練教導方というのになった。後にこの中の幾人かが、赤報隊狩りに出たことだろう。

◇

丹波は馬関の長州藩対イギリス軍艦の戦いに、信州から駈けつけて長州藩の陣中で、戦闘に応援をやったという事もある。

◇

江戸へ出て薩邸の浪士隊に投じ、竹内啓を主将とする野州派遣隊に加わり、岩船山で戦闘し戦い敗れ、血路をひらいて故郷へ帰った。御影陣屋では詳しいことは判っていないが、水野丹波が臭いというので、付けつ廻しつしている、それを陰になり陽になり、助けたものは前山村［現・佐久市］の佐藤源太郎という大地主、ただの大地主でなくって剣客で、その上に十手取り縄を預かっていた人だ。この源太郎が多くの子分にいいつけ、丹波を保護した、そのうちに御影陣屋では、丹波を怪しくないと思うようになった。

と、慶応四年の二月十日、神道三郎と桜井常五郎が、不在中にやって来て、一通の文書を置いて行った。下諏訪の本陣へ出頭せよと書いてはあるが、加入の勧誘書である。丹波は友人の八幡宿の富豪依田鉄之助といって、桜井常五郎と剣道仲間の人を誘い、一両日後に赤報隊の本陣へ行った。相楽が喜んで、酒を振舞い、炬燵にはいって、大いに高談した。そこへ小諸藩の真木要と笠原此右衛門が、ひどく謙遜してやって来て、相楽には一目も二目も置いて話した。この笠原此右衛門が数日後には赤報隊潰滅の采配をふった一人である。

その日、依田鉄之助が相楽の出した連判状に署名し、つづいて水野丹波が署名した。依田は晩年『胡蝶の夢』という自伝を書いたそうで、その中にはその日の光景が詳らかに書いてあるという。それだけでなく『胡蝶の夢』は嵯峨御所の内、無輪深院という坊主が相楽を激しく励まし小諸藩の真木、笠原から袖の下を貰った、そうしてこの坊主は、信州の諸藩その他から盛んに袖の下を貰い、その額が三千両にものぼったろうと書いている。無輪深院と称したこの坊主がどういう人物か、調べずにおいてあるが、どうしてそんなに賄賂がとれたかというと、この男の口から、それぞれ有利なことを云ってもらいたいという心からである。つまりこの無輪深院を京都方で有力な坊さんと思ったからの賄賂である。信州の諸藩がどの程度に慌てていたかという事にもこれはなる。

◇

水野丹波は同志の誘引に骨を折った、そういう中で、人生の奇妙を感ずる一ツは、丹波が勧誘に行った中に伊那の小野村倉沢甚五兵衛（義髄・明治になりて清也）というがある。佐久の角田忠行、それに木曾の島崎正樹、この人は島崎藤村作『夜明け前』に出てくる人物だ。それに福羽美静、矢野玄道、近藤至邦、巣内式部、巣内とは赤報隊の最初にいた人で、名古屋から引返した中の一人で巣内四鬼武とも書いた。こういう人々と連絡があり、京都では足利木像切りに関係し、辛くも追捕を免がれた。そうして又この倉沢が平田学徒だ。そこへ丹波が勧誘にきたのだが、まことに微妙なものが人間にはあるもので、倉沢は官軍の隊長を相楽総三と聞いて応じなかった。もしこれが、小島四郎将満という本名か、或は新田満次郎を擁しての挙兵運動のころの変名の村上四郎であったなら、多分、応じただろう。しかし、相楽の名は京都では売れていたのだ。

◇

丹波は十三日ごろに連判状に署名し、十八日にはお尋ね者になった。これは、想像だがお尋ね者になったと知らせ、逃亡を教えたものは前にいった十手取り縄お預りの金持ち剣客佐藤源太郎だろう。丹波は赤報隊の分遣隊が潰滅した十八日の晩、落合の家へ突然帰ってきて、後の始末を付け、知己や門人に護られ、降りしきる雪の中を立退いた。

それと知らぬ御影陣屋のものが、二、三十人きて、丹波の家へ踏みこんだのがその晩でなく、翌日の昼間だった。丹波がいないので倅の勇士をつれて行き、牢へ入れた、後に放還した。

故郷をあとにした丹波は、京都へ向ったが、いろいろの事故にぶつかり、九日もあれば行ける道中を、三倍あまりの二十八日間を費し、三月十六日に京都へ着いた、着いて間もなく判ったことは、ここでも赤報隊のものは危険だということだった、為量《ためかず》、沢宣嘉《のぶよし》父子がいれば、その庇護で何とでもなったろうが、在京でなかったのでどうにもならない、そこで意を決して自首して出た。忽ち六角の牢屋へ五十一日の間入れられやっと放免になった。それから沢為量のところへ行き、奥羽鎮撫総督九条道孝に沢為量が副総督となるや、滝川蔵之助と変名して従って奥羽に赴き、艱難に遭遇したが遂に京都に凱旋し、槍一筋立てて往来することを許され、明治二年二月、故郷落合に帰り着くと、御影陣屋の綿貫庄之進が、捕手をさし向けて召捕り、入牢を命じた。これは怪しからんと争ったが、綿貫は、「東山道総督府が昨年二月お出しになった名指しの追捕令が取消しになっておらぬからその方は罪人だ」といって肯かない。その令状というのは総督府が追分出立の後に出たもので、信州十藩と称えた各藩へ廻ったものは次の如きものだ。

落合宿　社家　水野　丹波

右之者、従二総督府一御尋之趣有レ之付、穿鑿《せんさく》差出候様領分は勿論、御十侯方様へも可レ致二通達一旨、追分宿於二御本陣一被二仰渡一候間御達申候、以上。

これは大変と丹波の親族で、岩村田若宮八幡の神官柏原重禧《かしわばらしげよし》が、騎馬で京都へ駈けつけ、沢宣嘉から、〝家臣に相違なし、鄭重に扱うべし〟という書面を貰って引返し、それを綿貫にみせたので、やっと出牢となった。

水野丹波は信濃遷都論者で、その共鳴者は赤報隊のうちでは、神道三郎、小山忠太郎、桜井常五郎などで、しかし六角の牢に呻吟しているうち東京遷都に定まった。

明治十四年九月七日、水野丹波は前山村の金持ち剣客佐藤源太郎方に寄食していて、淋しく死んだ、年五十四だった。

是非千載の死

小山忠太郎

下諏訪を脱出した一人に小川忠太郎、三十四歳がある。本名は小山忠太郎、明治になってからは小山進といった。信州飯山町の小山ますが天保七年十二月九日に生んだ子である。父は刀工で山本忠四郎といって、挿花、茶道、謡曲、それぞれに長じ、殊に挿花はその地方で名高い本松斎一得の高弟だった。

忠太郎は十三のとき、上田城下原町の呉服店成沢金兵衛方の小僧に住みこんだ。二十三で番頭となり、慶応四年正月まで三十二年の久しき間、勤めていた。主人の金兵衛がその年の正月十九日病死した。この成沢金兵衛が、前に、丸山梅夫のところで書いた権田直助の友人で、『国郡志』とか、『尚古図譜』とか、『済世家言』とかいう著書がある、百合ノ舎といった国学者成沢寛経である。

寛経が病死すると家督相続について、骨肉の間にごたごたが出来た、時に忠太郎が、情理を尽してその解決にあたり、ごたごたが片付き、寛経の子の寛命《ひろのり》が相続した。忠太郎は、これで主家に報ずることが些か出来た、暇をとるのはこの際こそと成沢家を辞し、出てのち間もなく、水野丹波や神道三郎の紹介で、赤報隊へ加入した。

忠太郎は成沢寛経の家に勤めている間に、寛経の蔵書を悉く読破した、寛経も忠太郎をただの番頭と思わず、啓蒙指導に努め、もう一ツ進んで、友人の権田直助に教えをうけさせた。寛経も平田学徒だが、忠太郎の先輩で友人の神道三郎も平田学徒だ、権田はもとより平田学徒だ、忠太郎が皇朝の大道を識るに至った故あるかなである。

相楽総三等が悲劇に坐して頭《こうべ》を失ったとき、忠太郎の嚮導隊加入の紹介者たる水野丹波は、危難をすり抜けて他郷に奔り、神道三郎も脱して去った。忠太郎も危《あぶな》いところをすり抜けて京都へ奔り、頼った先が信州人の松尾多勢子であった。多勢子はそのとき岩倉具視の邸にいた。赤報隊のものが岩倉邸へ飛びこんだのは、字義のとおり、窮鳥ふところに入るで、岩倉ほどの人物だ、縛れの殺せのとはいわない。これで忠太郎は事なきを得た。

忠太郎の信州立退きに就き、下のごとき事がある。「小山は相楽を案じて樋橋よりその日黄昏下諏訪に入りたるが、宿場の馴染みの女の諫めにて、平野村間下《ました》の武居伊織（小萩の祝り）を訪ね、それより天竜河畔川岸村丸山の三沢覚兵衛方にて夕食をとり、勝弦《かつつる》峠を越えて上伊那郡小野村の郷士倉沢義髄の家に潜《かく》れた」（上諏訪・小口貫一手記）

その後の忠太郎は、奥羽征討慰問使平松甲斐権ノ介（時厚）の随員で東北方面へ行ったのがその年の七月、帰ってからは妙なめぐりあわせで、綾小路俊実の旗本の士となり、京都の二条城で兵の訓練を受持った、そのまま行けば武人としての生涯がひらけただろうが、転じて東京で刑法官となり、又転じて外務省附属となった。

と、樺太で我とロシヤの紛糾が突発し、それに外務大丞丸山作楽《まるやまさくら》等が急行する、一行四十七人、その中に忠太郎がはいっていた。

◇

樺太千島に起ったロシヤの進入又は侵入は、宝永元年徳川五代の将軍綱吉の時代、占守島《しゆむしゆとう》にやって来たロシヤ人が二十余人を捕虜として拉《つ》れ去ったのに始り、大小の紛糾を重ねつつ、約百七十年を経た明治二年の六月二十四日、樺太の函泊《はつこどまり》に一隻のロシヤ汽船が来り、兵五十名が上陸し、土人の墓地を取払い、木を伐って家を建てはじめた。函泊から約二里の楠渓《なんけい》にいた開拓権判事岡本監輔は、そんな事をされたのでは我が樺太の維持が出来なくなるので大いに怒って談判に行った。ロシヤ側はデフレラトウヰッチ中佐なるものが、何といっても、「私には判らない、私は上官の命令でやっているだけだ」と捉えどころがない。東京へこのことが報告されたので、外務卿沢宣嘉が外務大丞丸山作楽を急行させた。

横浜からイギリス汽船で出発したのが明治二年九月十三日、樺太の九春古丹《くしゆんこたん》へ上陸したのが九月二十二日、十月にはいって漸く談判開始となったが一向に捗《はかど》らない、気が短い日本人の短所を知っていたのか、相手はぶらぶら談判をつづけているうち、デフレラトウィッチ中佐が居なくなった。「何処へ行っているのだ」と、次席のロシヤ将校に質すと、「中佐様は本国へ打合せに行きました」という返辞だった。

越年して明治三年の正月、忠太郎はその頃もう小山進となって、監察属で函泊巡按係を命ぜられ、外務権大録《ごんのたいろく》川島元盈《もとみつ》を頭に六名で、函泊にあり、我が漁場を犯しそうなロシヤ側を監視していたところ、果せるかなロシヤ側は波止場をつくり始めた。川島権大録等はすぐさまそれを差止めたがロシヤ側は肯かない、激しく争論するうちに、ロシヤ兵二個小隊が川島等六名を包囲し、銃口をならべて脅迫した。川島等はそんなことでは屈しない、いよいよ激しく論じ立てると、号令一下、手取り足取り捕縛《と》えられ、兵営へつれて行かれ、浴場の中へ幽閉された。忠太郎の小山進もその六名の中にいた。

これを知った我が談判係中村真金《まがね》が、翌日、ロシヤ側の兵営にゆき、その不法を詰問すると、彼は「日本人が抜刀して抵抗したから已むを得ず捕えたのみ」と突ッ撥ねた。中村は隙《すか》さず「その刀はどこにあるか」と聞くと、「押収してここにある」と見せた。見ると六名の帯刀は大小とも十二本、悉く下緒《さげお》で抜き止めが施してあった。中村はその刀を指さして「抜刀した形跡なきのみか、抜刀せざりしという証拠かくの如く明白である」と難じた、これでロシヤ側はあッさり我が六名を放還した。

この事があったので丸山作楽は、この上は兵力によって解決する外途なしと、恨みをのんで四月二十日東京に帰り、樺太の敷香《しすか》に鎮守府を置かんことを建議したが政府の斥けるところとなった。丸山は奮然として大久保利通を裏霞ケ関の邸に訪い、三昼夜にわたり粘ったが、得たものは同意でなくって、〝事を誤る疎放《そほう》の者〟という正反対のものだった。

ところが、参議広沢真臣（兵助）が明治四年正月八日の夜暗殺された。何としたことか、小山進が捕縛された、刺客の一人だというのである。その後、嫌疑が晴れて放免されたが、外は外国の軽侮をどうする事も出来ない我が日本、内は冷酷鬼のごとき司法官吏の存在、国力薄弱の上に、復古の精神が一転して、舶来の思想物質にうつつを抜かす上下の風、これらに憤懣やるところなく、明治六年、野に下って皇国の大道を四方に普遍せんと神道家となって諸国を歴遊し、大いに呼号して遂に七十五年の生涯を信州松本市に閉じた。しかし、外来の物心二ツは、勢いをのばし力を拡大し、当るべからざるものとなって、小山進以上の人々の努力も、抗するに難き有様であったのは、極く近い頃までであったこと説くまでもない。

小山進と丸山作楽との間に、一ツの後日譚がある。明治第二維新の計画に連坐した丸山作楽が、隠岐の島の獄に投ぜられた。そのころ、おなじ島後の国幣中《こくへいちゅう》　社《しゃ》水若酢《みずわかす》神社に宮司であったのが小山進である。名を囚徒教誨に仮りて小山は、獄中に丸山を慰め、内外の形勢を語り、家族への伝言を往復などした。丸山が特赦で獄を出て東京へ帰ると、小山も隠岐の島を去った。

小山は明治の後、諏訪神社下社の宮司たりしことあり（或は権宮司か）、下諏訪に住みしがやがて松本市に移った。下諏訪の旧家に山家鶯と題する、〝鶯の軒端の竹になれしより山風にさへふしはありけり〟とある短冊が遺っている。松本神道の祝詞のフシに他と異なりた

る急迫せる節調のあるは、小山の風が伝わって今に及んでいるのである。（小口貫一手記）

小山の晩年、東京地学協会の展覧会が東京にひらかれた。外務省がこのとき出品した物の中に、『樺太概覧』五十余冊があった。閑院宮載仁《かんいんのみやことひと》親王殿下には、特に『樺太概覧』に御注意あらせられたと伝え聞き、小山は泣いていった。「ああ、これぞ外務省にありし頃、明治二年より六ヵ年、同志と共に営々として編纂し、拙者、専ら筆を執りしものである、指を屈すれば星霜四十年、われ老いて今、七十有三歳」と。

さて、これから再び、本筋へ戻ることにする。

検視原保太郎

三月三日（慶応四年）、岩倉両総督が下諏訪を発った、和田峠を越えてその夜は和田泊り、翌四日の昼食は岩村田でとった。岩村田藩はその日、出迎えやら接待やら多忙を極めた。近郷近在から恐ろしいほど人出があって、祭礼より賑わった。

と、ここに先月二十六日、斥候に出発以来、あとの出来事を何も知らない藤井誠三郎と伊達徹之助は、同行していた岩倉総督側の南部静太郎、原保太郎に別れ、偵察をやって引返し、岩村田を通りかかったのが三月四日の正午ごろだった。総督の一行が着いた岩村田藩で中食中だと聞き、折こそよけれと、本営をたずね、探ってきた材料をみんな話した。報告が終ると、いきなり背後から組みつくものがあって、両人とも数人がかりで捻じ伏せられ、木に繋がれた。「これは何事だ、われわれに何の罪状があるのだ」と怒号したが相手にされない、そのうち総督は出発してしまい、両人は取り残され、程経ってから縄を解かれた。岩村田藩から聞かされたことは、当藩へ御預けになったのだということだ、翌日になると「相楽氏等八人が殺された」と聞かされ、怨んだり狂ったりしたが、最早、どうにもならない、藤井も伊達も、いずれは殺されると覚悟した。

◇

伊達と藤井にも後日譚があるから、ここで続けて書く。

佐久平《さくだいら》の春が過ぎ夏も去り、秋が晩《く》れて、又しても雪のつづく十二月にはいって二十二日、拘禁、足掛け十二ヵ月目で釈放された。岩村田藩はこの両人に、そう悪い待遇をしなかった。

釈放の沙汰というのは、軍務局からきた命令書で、〝この春、この藩に預けた伊達鉄之助他一人、今より放免すべし、所持の品を渡し、勝手に進退させよ〟というのである。伊達は徹之助で鉄之助ではない、ほか一人とはいうまでもなく藤井誠三郎である。

釈放されて雪深い信濃路を、悄然《しょうぜん》と発って行く両人は、隊長を失い同志を失い、同志のうち命助かったものは散りぢりばらばらである。これから世に立ちたくも、赤報隊は賊名を着せられている。自暴《やけ》くそになった両人は、やがて、東西に別れわかれとなった。その後、この両人は二度と会わず死んだ。

◇

伊達徹之助、前名は戸田恭太郎、紀州の人、多分新宮だろう——明治の初め、うらぶれて東京へ出てきて本郷で易者をやっていた。そのうち米沢の小島辰三郎の筆になる『討薩の檄』を一読して熱狂し、小島に交際を求め、その部下となった。小島辰三郎は本名で通名は雲井竜雄である。伊達は赤報隊に賊名を蒙らせたのは薩藩なりとし、深く怨みを抱いていたので、『討薩の檄』に陶酔、命を投げ出す気になったのである。

雲井竜雄の計画露顕して大検挙となり、伊達徹之助の後身たる売卜者《ばいぼくしゃ》も捕縛され、伝馬町の牢に投ぜられた。明治三年八月二十八日、雲井竜雄とその同志が死刑となり、五十余名が流刑に処されるその前、売卜者は獄中で死んだ、病死である。

藤井誠三郎は武州多摩の人で、落合源一郎の門人、薩邸の浪士隊時代は峰尾小一郎（忠通）といい赤報隊時代は藤井誠三郎といった。由井慎之助といったこともあり、峰尾定次郎といい、小太郎といったこともある。大正年間落魄のどん底に落ち、煎餅蒲団にくるまって下谷御徒町の裏店の隅で病死したことは前にいった。

峰尾が死ぬすこし前にした談話筆記が残っている。身動きも出来ない老残病苦でいながら、眼を輝かし、乏しい血を沸き立たせ、熱烈に薩藩を罵倒した。「総裁（相楽のこと）は、背の高さ五尺七寸近く、ちょッと見ると怖いようだが非常に優しく、気象は上に強く下に弱かった、そういう点があるので、西郷（大西郷のことだがこれは峰尾の誤解で争論の相手は伊地知正治の筈だ）と争論をしたり、総督府や参謀と争ったりして、これは是なりと信じたら梃でも動かない、そういったことが欠点といえば欠点だ、そのために損もした。落命の遠い原因はそこにあった。下諏訪の梟首高札にある文句は、何たることだ、あれが強盗無頼なら維新のときに、強盗無頼ならざるものが幾人いるか。例えば鷲尾隆聚《わしのおたかつむ》さんの高野山の挙兵のとき何をやった、あれに比べたらわれわれの方は何もやっておらんといってよい。あの際は官軍の費用が不足なので土州とか薩州とか長州とかいう大藩が扣《ひか》えている藩士は、多少とも藩主から手当があったろうが、勤王浪士という側は、費用全部自分持ちだ、総裁はもとより赤坂の実家からたびたび多額の金を持ってこられたし、金原忠蔵は下総の富豪の子だし、渋谷もそうだし、小松三郎も家が豊かなので、こういう人達が自分の家の金を注ぎこんだ。あのころの勤王浪士を二ツに分けて、一ツは資産のあるもの、一つは困窮のもの、この二ツがどっちも片寄らず旨く行ったのはそういう風であったからだ。それにしても薩派のものが世に時めいている限り、相楽総三の名が有名になるものか、もし有名になりかかったら潰すにきまっている。総裁は筑波山のとき、藤田小四郎などの考えが小さいので袂を分った、不徹底が嫌いだったのだ総裁は――だから、下諏訪で命が助かったとしても、何処かしらで、何とか彼とかして殺されたに違いない」こういって泣いた。

峰尾小一郎は薩邸焼討のとき、前にもいったが、上の山の金子得所（与三郎、六左衛門）を斃した人だ、野州行の竹内啓の隊が惨敗したその復讐に、僅かの人数で、新川河岸の八州方役人屋敷の渋谷和四郎のところへ討入りをやった人だ、殺伐だが、直情勁行《けいこう》であった。七十余年のその生涯に関し、僅かながら小伝に類したものを書かれるのはこれが初めてだろう。墓もあるか無いか判らない、多分木標朽ちて無縁となって久しかろう。

◇

岩倉総督は岩村田から順路、追分宿へ出たとき、命じて小諸藩から先月の追分戦争の生捕りを差出させた。小諸藩はそれより先に、総督府の先駆たる尾州藩奥田謙之助（正香）、角田主税（弟彦）の命令で、二月二十七日御影陣屋から送ってきた桜井常五郎、中山仲、小林六郎の三人を受取っていたので、自分の方で押えておいた小林長右衛門、大池仁之助、他三人と併せて八人を差出した。

追分本陣の玄関で桜井常五郎、中山仲の二人を、大監察四、五人列席で調べた。吟味をやったものはひどい訛りが言葉にあったという。桜井、中山ともに大いに弁じたのだが、「相楽が罪に服し梟首されたのだから、その方どもが何をいっても、申分は相立たぬ」と、頭から取りあげなかった。

総督府は原保太郎、豊永貫一郎に命じて、刑の執行をさせた。処刑についての準備と執行は小諸藩がやり、執行は大垣藩士がやったという。尾張藩は警戒に当った、尾張藩とは花木鎌太郎等の磅礴《ほうはく》隊だ。薩藩のものは顔を全く出さずにいた。

処刑立会いの原保太郎は丹波篠山の人で、剣道ができるので、京都に出ている間に岩倉具視に知られ、岩倉兄弟が東山道鎮撫総督、副総督で東下するにあたり、側人となって随行した。原にいわせると「用心棒だよ」である。時に原は二十二歳（原の談話筆記に〝文久三年十六歳、江戸に出た〟とある、それだと一歳の違いができる）、原の説では、「豊永貫一郎は少年で、そのころ十六ぐらいだ」とある。この原、豊永は追分の処刑に関係しただけでなく、閏四月六日（おなじ年の慶応四年）上州の権田村烏川の河原で、小栗上野介等を死刑に行ったときも、立会人であるだけでなく、原は自分の刀で上野介を斬った。この調子から推して想像すると、相楽総三等八人の死刑執行の立会人も、豊永ではないかということになり易い。

◇

追分宿の外れに松並木のある処を追分原といって、そのころ刑場だった。三月五日、そこへ小諸の牢屋から曳き出されたのは、信州佐久郡春日村の桜井常五郎、上州碓氷峠坂本宿の中山仲、信州佐久郡上塚原村の小林六郎（六兵衛）、この三人と、おなじ佐久の今井村小林（鷹見）長右衛門、小諸荒町の大池仁之助、他三人を宿駕籠に乗せ、警固は鉄砲十五梃十五人、棒十三人、駕籠に乗った両名があった、だれか判らない。

刑場には粗末な竹矢来を結び、矢来の中には、小諸藩と大垣の兵と尾州の磅礴隊のものがいる。検視の原保太郎に豊永貫一郎がいる。小諸藩はなんという人が代表していたか、不明。

◇

中山仲はたいして窶《やつ》れていなかった、顔の色はよくなかったが眼は活々としていた。刑の執行を申渡された途端に、青筋が顔にも咽喉にもむくむく這った。処刑の理由が〝追分宿放火に付き〟というのだったからである。

中山仲は大音声を張りあげ、原保太郎を睨み「不肖ながら中山造酒ノ介仲は、天朝の御為、任務こそ尽したれ、追分宿に放火とは冤も甚だし、仰ぎ願わくば、一応の御取調べを願い奉る」と叫んで頭をさげた。それまで取調べが一度もなかったのだ。原は、〝何をいうか此奴〟と腹を立てて睨み返した、小諸藩の罪状申出でを信じ、坂本宿の牛馬宿の倅才吉と聞かされているからである。中山仲は怒号した。だれやらが大声で「見苦しいぞ中山」といったので急に怒号をやめ、「そうか見苦しいか、それでは」と鎮まり、死の座に就いてからは、何か考えていたが、「辞世を咏むから暫時」といって、やがて、

君のため棄つる命は惜まねど
　惜しきは今日の我が名なりけり

これを三べん繰返し高々と読んでから、首さしのべて刑を受けた。太刀取は大垣藩士で二十七、八歳、三度斬り損じ、四たび目にやっと終った。

小林六郎は窶れていた、元気をわれと振い起している努力が却って痛々しかった。罪状として聞かされたのは、〝安藤様御家来突殺し候に付き〟というのである。安藤とは何処の安

藤でどうして突き殺したのか、知ることが出来ない。一説には追分戦争のとき、無関係の士が死んでいた、その責任が小林六郎に行ったのだという。この刎首は一太刀で終った。六郎にも辞世があった。

　浅間根や小砂利にこぼす桃の酒

死刑の順番が桜井常五郎に廻った。

桜井の死刑

桜井常五郎は憤りも叫びもせず、中山仲と小林六郎の最期をみていたが、いよいよ自分の番になり、罪状が、〝諸藩に金穀を差出させ候に付き〟とあるのを皮肉に笑っただけで、紙と筆硯《ひっけん》を求めさらさらと一詩を書いた。小諸に移されたときから命の覚束なきを感じていたし、人あって、ひそかに相楽等の死刑を聞かせたので、今日あるを知って覚悟を練っていたのである。詩は刑場へくるまでに作っておいたらしい。

　復二古王一三月　狂風折二玉枝一
　是非千載事　天地有二明智一

皇政復古の大号令が渙発されて三月目と詩句を起し、死にあうことを承句とし、黒白を後世に譲ると転句し、天地明智ありと結句したこの常五郎は、他藩のものが書いたものに影響されて、地元の者が書いたものにまで、無学文盲なる悪漢とされて来た人物だ、七十年間にわずかに油井七回子のみが、然らずと弁駁したに過ぎない。

太刀取は十七、八とみえる年少者で、皮付きに斬ったというから冴えた手練だ。桜井の首が飛んで切り口から血が噴いて間もなく、さッきから浅間山に妙な雲がかかっていたのが、その頃、ひどい勢いで天に満ちひろがりて夜の如くなり、驚くべき大粒の雨が土砂降りとなっておッ被せてきた。

原保太郎はじめ、だれ彼が、頭からズブ濡れになり、見物に集った夥しい人のすべて濡れ鼠になった。これを〝桜井の怨み雨〟と後々いった。

◇

今井村の小林長右衛門は片鬢片眉毛剃落し、一日晒しの上、追払いの刑であった。但し、小諸藩が金を五両くれた。この長右衛門は小諸戦争のあとで、何食わぬ顔でいたところ、顔を見憶えの小諸の藩士がいて、そのために露顕して捕われたが、繋がれている間に縄を切って逃げ、寺へ駈けこんだ。それがために、死罪を許され、片鬢片眉落しで、一日間晒されて追放された。その後、今井村に帰り、農作をして、七十七歳で死んだのは明治三十年ごろである。

小諸の大池仁之助と、他三人は追放だった、これにも金一両ずつくれて、〝追て改心の上は立戻り、正路に渡世営む可き事〟と申渡された。

大黒屋新太郎は所払いという軽い罪だった、この処分は、御影の綿貫の手から支配権が総督府の命令で小諸へ移ってからである。

新太郎の息子の恕平は百日の禁錮刑を申渡された。

◇

桜井、中山、小林の首級は追分のはいり口にある社倉（備荒貯穀倉庫）の前に、板で高い台がつくられ、その上に晒された、同所に建てられた捨札の文句は次の如し。

狩宿の者の由
元百姓常作事
桜井常五郎

右之者相楽総三に与し、御一新之時勢に乗じ、勅命と偽、強盗無頼の党を集め、官軍先鋒嚮導隊と唱え、総督府を奉レ欺、勝手に致二進退一剰《あまつさ》へ諸藩へ応接に及び、或は良民を脅かし莫大の金を貪り、種々悪業を相働く、其罪数うるに遑《いとま》あらず、此儘打捨置候ては、弥《いよい》よ以賊徒横行、終に天下之大道を失ひ、大憂を醸し候条、勢制す可らず、依レ之、誅戮梟首の上、遍《あまね》く諸民に知らしむもの也。

「狩宿の者の由」の狩宿は借宿のことだろう、元百姓には違いないが常作とはどこから出たことか、捨札の全文が桜井等のやったことと正反対に捏造されている、誣《し》ゆるとはこのことであること明白だ。

小林六兵衛の小林六郎の捨札には〃佐久郡百姓六兵衛〃とあり、中山仲の捨札には〃坂本宿午《うま》宿の子の由、造酒之助事才吉〃とあった。故意に無頼漢的に扱ったと見ればみられる、捨札の文句は大同小異。

◇

獄門台にのせられた晒し首を、三日目の最後三月八日の夜、桜井常五郎の長兄新助、次兄弥八郎、それにもう一人、三人づれで盗みにそッと忍び寄った。そこには意外なことが起っていた。何者とも知れず常五郎の首を先に盗んで行くものがある、それを又二人の番人が、かんてらの灯を消して、邪魔にならぬ処に引ッこんで盗ませている。こういうところをみたので、新助、弥八郎等三人は、じっと屈んでいて首を盗ませ、首盗人の後をつけた。一本松という処まで来て、三人は首盗人が風呂敷包にして背負っている首に手をかけ、「待ってくれ」といった。首盗人は尻餅をついた。首盗人の声を聞くとそれは知っている者だったので、「この首はわしらの方に貰いたい」というと、その男は、「お届けしようと思ったのですから、それではどうかお受取りください」と渡した。

三人はその男に礼をいって別れ、春日村へこッそり帰ってきて、同村の金城山康国寺といって、春日城趾にある曹洞宗で、桜井家代々の菩提寺へ行くと、玄瑞和尚という住職が起きていて、首包を受取って引っ込み、新助等三人は立去った。夜明けにはまだ間のある頃のことだ。これら一切は無言で行われた。春日村は御影支配でなく中之条陣屋の支配、中之条の元締は阿野曾十郎である。他日これが耳にはいったが阿野は知らん顔でいた。

玄瑞和尚は常五郎に学問の手ほどきをしたことがある。処刑から一ヵ月の四月五日の常五郎命日の深夜、康国寺で内々の葬いが玄瑞和尚の導師で執行された、列席したものは僅かに四人、弥八郎と常五郎の妻と、その親族の小林秀三郎と、桜井の血族の中で女ながら確かな竹内後家の、おほのという老婆と、それだけだった。

◇

それにしても首を盗んだ一人の男は、一体だれか、それが判らないのだが、こういう逸話がある。

御影陣屋の御用聞きで若林の造酒《みき》の子分に、しッちょい兼というのがあった。いつも行商人に扮し、というよりは行商人が本職で、その傍らいろいろの事を探って親分の耳に入れた、この男が赤報隊の様子を嗅ぎ出せといいつけられ、商品を背負って追分で行商した、と、隊士がこいつ怪しいとひッ捉え、縛って大黒屋の庭へ繋いだ。気の立っている連中だけに斬ろうかなどといっているのを、聞きつけたのが桜井常五郎だった。どんな男だと顔を見に行ってみて、「何だ、しッちょいではないか」といった。常五郎なら兼が造酒の子分だと知っているのだから、最早、白状も何もない、間者だと判ってしまったのだ。ところが桜井は、「兼、追分に何しにきた、なンだと、貸金をとりにきたと、そうか、いくらばかり貸しがある。一両二分一朱と銭十六文か、よし、それでは俺が払ってやるからわれわれの居る間はこの辺へくるな、首が飛ぶといけないからな」と、一両二分一朱十六文くれた。

兼は造酒のところへ帰ってきて「親分、きょうからの兼の首は自分のものじゃねえ、桜井先生に貰ったんだ」と、涙をうかべて話した。造酒はそのとき兼に「その首を大切にしろよ、なあ兼」といって、これも深く感動した。

してみると、首盗みの一人の男とは、しッちょい兼ということになりそうだ。

◇

桜井常五郎には大体二ツの説がある。〝偽官軍の首領で無頼の悪徒〟としてが一ツ、〝冤枉いまだ雪がれず七十有余年の久しき地下に鬼哭《きこく》する勤王の志士〟としてが一ツ。桜井のみではない、相楽総三等も昭和三年十一月十日以前は、それとおなじく、偽官軍として無頼扱いされたが、その日より以後はそうでなくなった。相楽は特に正五位の追贈の光栄に浴し、部下にしておなじ時に刑に死んだ七人のうち、渋谷総司（渋谷謹三郎）が贈従五位の恩命を拝した。今は相楽、渋谷に限り、賊といい無頼というものがない筈になった。しかし、桜井にせよ、金原忠蔵にせよ、西村、小松、竹貫、大木、高山、金田、丸尾、北村、熊谷和吉その他にしろ、七十余年間に根を張ったその当時の一方的文書と、それから派生した口碑伝説と、それに拠る史実、史談、小説の類は、相も変らず、賊といい、無頼といって、久しいことである。

そこで桜井を悪漢無頼と観た方の伝を最初に書き、そのあとで、志士と観た方の伝を書き、双方から受けるものにより、いずれが正しくあるか、読む人の判断に任せてみたい。

次に書くのが〝悪漢無頼の徒と観たる桜井常五郎〟である。材料は『偽勅使桜井常五郎』（筆者所蔵本）である。

◇

常五郎は春日村永代の百姓新助の次男で、天保三年に生れた。「百姓の子には惜しい、さむらいの子のようだ」といわれる少年だった。十二、三歳から撃剣を稽古したが学問の方は駄目だった。村芝居を見物するときでも、村の集会でも上席にいつも坐り、さむらいを気取り、外出には必ず袴を穿き、武士をどこまでも気どっていたので、〝常足軽〟と悪口し、〝常ざむらい〟と陰口された。二十歳頃から讃岐の金毘羅参りをたびたびやった。金毘羅参りは口実で、京大坂で武士に近づく機会を探すのが目的であった、何度かの金毘羅参りで、とうとう本物の武士になって帰郷した。これをみて両親が心配し、早く女房をもたせ、武士をやめさせようと思い嫁探しを始めた。

常五郎の兄弥八郎は、八幡宿の寺尾治右衛門の娘を女房に迎えていたが、常田《ときだ》村の酒蔵《さかぐら》を弥八郎に借りさせ、酒つくりをやり出した。この嫂《あによめ》が常田村辺の農家へ常五郎を婿に世話した、が、農家を嫌って常五郎は間もなく春日村へ帰った。すると、春日村支配の中之条陣屋で砲術教授をはじめた、幕末の風雲ただならぬ時だから農兵をつくろうというのだ。この砲術教授を春日村のもので受けたものが二人ある、その一人が常五郎だった。常五郎はそのとき、陣屋に仕官したと触れ廻った。

常五郎はその前後に春日村の庄右衛門の娘うめじと夫婦になった、相変らず大小二刀を腰に横たえているうち、又も金毘羅参りがしたいと云い出し、一人でなく女房と一緒なら行けといわれ、渋々、うめじをつれて旅立ったが、道中で、うめじが病《わずら》ったので引返した。うめじは間もなく春日村の実家で死んだ。これが慶応二年で常五郎は三十五歳だったという。

その年の秋、常五郎はおなじ村の親族の平八老人に「江戸で武家の株を買うから」と、金を借りうけ、村役人から人別送り（戸籍書類）をもらい、江戸へ出た。江戸では本所竪川通り徳右衛門町の諸大名御用達福田源四郎から、武家の株を何とかして貰うつもりだったが、源四郎は何かの騒動に関係し江戸を去って、帰ってくるやら来ぬやら判りかねた。そこで江戸をあとに京へのぼったのが慶応三年十二月で、山城の桂の御所領内の百姓半次郎に頼み、その口入れで桂の御所の尾崎刑部に近づき、どこかへ仕官の世話を願っているうち、江州で赤報隊というのが兵を募っていると知り、参加した。慶応四年の一月十八日だったという。

赤報隊は口から出任せをいって、大小名から金穀を徴発し、朝旨変更になったが隊長相楽はこれを桜井等に隠して告げず、岩倉殿関東御下向、相楽総三指図拝命と偽り、徴発した金穀をもって機をみて一旗挙げんと陰謀した。桜井はそれに乗っかり、中之条陣屋から総督府御整理と称え金二百十一両を奪い、書類に封印を施し役人に謹慎を命じ、小諸へ向った、が、服装が粗末なので妹の嫁入っている小諸与良《よら》の足袋屋島伴をたずね、白綸子《しろりんず》の衣服と陣羽織を拵えてもらった。陣羽織には家の紋の二引き丸をつけさせた。小諸藩からは金五百両を瞞いて取り、御影陣屋へ廻り、ここでも金二百十一両と、ゲベール銃四十二梃を徴発した。道中するときは下に下にといわせ、農民を土下座させた。

常ざむらいは「後々は士分に取立てて遣す」と称し、農民を騙して入隊させた。春日村からは佐藤勘左衛門、桜井仁左衛門の二人だけ入隊した。常五郎は追分宿にきたころ、相楽に一杯食わされたと気がつき、日夜、飯炊女や白首《くろくび》相手に宴遊に耽り、下諏訪にいる徒党と音信を欠いた。心機一転した常ざむらいは、自分が今度は偽官軍の総大将となり、一仕事やろうと決心し、上州坂本辺の無頼の徒を語《かた》い、関東の様子を探ろうとした。

二月十日、総督府は彼等は偽官軍であるから、見当り次第取押えよと、信州の各藩へ通知を出したので、各藩各陣屋ではびッくりした。馬鹿をみたのは各藩の重役で、金穀をとられた上に罰まで受けたものさえある。常ざむらいは各藩から捕り手を向けられた。一隊のものは岩村田藩に欺き捕われ、常ざむらいは逃亡の途中、白川家の家司にあい、無理にこれを擁して堂々と軽井沢へ繰出したところ、捕り方に囲まれ、発砲したり所々に放火して、逃げて田圃の中の干草の下へもぐっていたが、発見されて捕われ、死罪梟首になった。

これが地元の人によって編まれた桜井常五郎伝の大意で、その中には嫂についても口汚なく書いている。次手《ついで》に常五郎がどんな風に、明治年間、悪声を放たれたかの一例を引いてみると、彰義隊三十三回忌記念に報知新聞が連載した『武川兵部』（桃川実口演・明治三十四年単行本）に、「上州沼田の博徒で桜井常五郎という悪い奴、人殺しもあり牢へ七、八度もはいった奴が」碓氷峠の関所で官軍と偽り通行人を追い剝ぎした、そこへ会津藩士武川兵部が通りあわせ引ッとらえて縛り、小柄《こづか》を抜いて常五郎の顔に犬という字を刺青した、このために「這う這うでここを退散いたし」といっている。この話がどのくらい粗雑だかいうまでもない。次には〝志士桜井常五郎〟の伝を書く。

桜井の詩と歌

信州佐久郡春日村［現・佐久市］の村役人で、桜井新助に、三男一女があった。長男は後に新助を襲名し、次男は弥八郎、三男が常五郎である。娘はぎしといって他家へ嫁入った。常五郎は康国寺の玄瑞和尚に学び、武芸を上州の真庭念流《まにわねんりゆう》の樋口の道場で学んだ。おなじとき修行に行きおなじ頃に帰った親友が二人ある。川井高一郎と岡部邦太郎である。八幡宿の資産家依田鉄之助といって水野丹波の件りでも書いたがこの人は追分戦争のあとで小諸藩に捕縛された、赤報隊加入の署名をしていたのだが、その書類は相楽が灰にでもしたか、事遂に露われず、鉄之助は宿《しゆく》預けの処分を食っただけだった。（三月四日、総督の八幡着のころ処分解消）、この依田鉄之助が桜井と剣道が同門だった。

真庭念流の修行から帰った桜井は、同郷同門の川井高一郎、岡部邦太郎と三人で、中之条陣屋の火術伝授の教練を志願して受けた。常五郎だけは、陣屋役人の気風に面白くないことが多いといって罷めて帰った。

常五郎は家で剣術をだれにでも教えた。教わりにくる中には博徒もいた、それらを憂えた両親が、嫁を探しているうち、上塚原村の神職小林日向の分家で、小林喜兵衛の娘およしとの縁談が纏まり、結婚した。上塚原に移ってからは小林常五郎である、婿だからだ。

常五郎とおよしの間に二人の女の子が生れた。長女をおぜんといい次女をおしまといった。常五郎は宗家の諏訪神社の神職小林日向について典籍を学んだ。詩作なども日向から学んだ。

和宮様御東下につき役人の往来が繁くなり、春日村からも人馬が激しく徴発された。人手が不足なので常五郎は進んで駕籠担ぎに出た、不幸にも常五郎が乗せたのが質《たち》の悪い幕臣で、助郷のものなど人間と思っていない、それどころかこいつは多少資産のある奴と見てとると、何だ彼だといいがかりをつけ、賄賂とも袖の下とも違う、酒代ねだり小遣いねだりをやった。そんな者ばかりが幕臣ではないが、そういう者がいるので、村々のものが悩まされた、常五郎もそのテを食った。常五郎は銭をやらずに議論をくれてやったので、幕臣が大いに怒り、身分を利用して責めてきたので、とうとう喧嘩になった。腕力でも常五郎の方が強い、その幕臣は衝きとばされ往来へ尻餅をつき、刀が二本蝸牛《かたつむり》の角のようにおッ立った。常五郎はそれ以上そこにいると幕臣を斬ることになるから、逃げて、その晩、家へ帰ると、そのことが問題化されていて、舅の喜兵衛、妻のおよしが心配して、思案に余っていた。宗家の小林日向もやって来ていた。中之条陣屋から、明日午の刻までに、本人を、陣屋へつれてこいといって来たのだ。

そこで、相談の末、半年前に常五郎は離別してあったという書類を作って残し、夜半に、上塚原村の家を常五郎が出奔した。これには御用聞きの若林の造酒とその子分のしッ、ちょい兼が、それとなく便宜をはかった。

和宮様御東下は十一月七日が八幡宿御泊りである。常五郎の事件は十月中旬か下旬だろう。

常五郎は先ず上州へ行き、真庭念流の道場をたずね、江戸へ出た。江戸では斎藤弥九郎の道場にはいった。と、同門の人の中で三島三郎という人と親しくなった。三島三郎は下野の人河野顕三である。坂下門事件といわれる安藤対馬守（信正）要撃に、三島三郎の河野は斬り死にした。その事件に常五郎が関係し、変名を上塚半卜斎といい、外郭にあって動いた。常五郎同様の人がそのときまだあったのだろうが、知られていない。『坂下義挙録』（沢本江南）は詳細にわたっているが、著名となった人のことが細かく尽され、正体不明の浪士の登場は尠い、常五郎のこともない。水戸の内田万之助が要撃に遅れ、長州邸にきて自殺した、これなどは詳しくある。

常五郎は幕府の追捕が急で、身の置きどころがない、斎藤弥九郎道場で知っていた桂小五郎を訪ね、長州屋敷に投じ、一先ず幕吏の眼からのがれた。このときに同行者があったのだろうが明らかでない。無論これは内田万之助の自殺のあとということになる。

江戸の長州屋敷から藩士が京へのぼる、その中に常五郎は入れてもらった。これで無事、京へはいれ、姓名を変じ春日第五郎といった。

◇

文久三年二月朔日の晩、京都の岩倉家の本邸へ浪士がやってきて、黄色い油紙包を、「前中将の御好物だから進上してくれ」といった。岩倉はそのころ三姦といわれ、弾劾されていたときで、洛外にいた。邸のものは、「受取りかねる」といい引ッこんだ後へ、置き棄てにして行った。その包の中は、千種有文《ちぐさありふみ》の家士賀川肇《かがわはじめ》の左腕だった。右腕は千種邸へ、首は将軍宣下《せんげ》の前の一橋慶喜の旅館へ投じてあった。賀川は勤王浪士の激徒に襲われたのである。その激徒の中に常五郎の春日第五郎がはいっていた。

文久三年九月だろう、常五郎は上塚原の舅喜兵衛のところへ帰り、足掛け三年振りで、妻およしに会い子供にもあった。ところが、その噂が御用聞きの若林の造酒の耳にはいったので「長くとどまっていたのでは十手捕り縄を使わない訳にゆかない、春日村の実家へ行っているなら此方は知らん顔していられる」としッちょい兼をつかって、そんな意味をいわせた。上塚原村は中之条陣屋の支配地、春日村は御影陣屋の支配地、だから、支配違いへさえ行っていてくれれば、構わないということなのである。こういうことがあるので、追分でしッちょい兼が捕まったとき、常五郎が助けて返してやったのである。

幾日か泊って故郷を又出た常五郎は、碓氷峠で神官の阪西高嶺を訪ね、そこで、その少し前に知合いになった信州高島藩を去った石城一作《いしがきいっさく》（東山）と一緒になった。だから、後に、赤報隊の一部分が碓氷へのぼったとき、阪西高嶺とは既に知合いだった。常五郎と相楽の関係は石城によって結ばれた。

◇

江戸浅草三筋町に易者の鴻雪堂《こうせつどう》というのが引越して来た、越野立斎《こしのりっさい》というのが鴻雪堂先生だ。門人が一人いて佐久間左膳という。鴻雪堂立斎、実は石城一作、佐久間左膳、実は桜井常五郎だ。

文久年間のことだろう、薩州の益満休之助と相楽総三が品川で会合したことがある。そこには後の金原忠蔵等、それに石城一作、桜井常五郎と、まだ他に幾人かいた。その夜半に石城が妓と睡っている処へ捕吏が踏んごんだが、妓の気転で石城は隠してもらった、妓は言葉巧みに捕吏を煙にまいて追い返した、ということがあった。

これは益満休之助が、江戸のまぜッ返し（攪乱）をやった時のことらしい。「益満の相棒は、そのとき、薩州系は伊集院兼寛と森時之助である」（市来四郎談話筆記）。相楽が、益満と関聯をもったのは、この頃からということになる。

益満の説に従って、石城一作、桜井常五郎は京へのぼった。京では石城は田中敬助と変名し、桜井は春日井五郎と変名した。この二人が江戸へ引返したのは慶応元年ごろだとある。

石城一作の伝馬町の死は前に書いたが、異説がある。石城が捕縛されたのは、上州から江戸への帰途、川口の渡し（現・埼玉県川口市）の船の中で、死んだのは慶応三年八月二十八日、或は九月十四日だという。石城は死ぬ前に喀血を指に塗り、牢の羽目に次の詩を書いた。

千慮化魚失　欠如一簣功
満将斯碧血　不彩剣花叢

◇

桜井常五郎はそうすると、薩邸の浪士隊にいたはずになる。「人名録」にそれらしいのが見当らないが、完全な「人名録」ではないのだから、漏れてもいるだろうし、思いも寄らぬ変名が桜井かも知れない。

常五郎が信州佐久に現れてから、集って来た入隊者が幾人あったか、そういう記録はない、が、次の人々だけは判っている。前に重複する嫌いがあるが、記しておく。

桜井　弥八郎（常五郎の次兄・一時入牢・放還・長野県北佐久郡春日村）
音　　松（春日村の農）
駒　太　郎（同　　）
佐藤勘左衛門（同　　）
桜井仁左衛門（同　　）
牧野　須磨作（同　　）

元　　　助（同・入牢・放還）
茂左衛門（同・入牢・放還）
平　　八（同・入牢・放還）
佐藤　祐重（三井村・北佐久郡協和村三井）
大池　仁之助（小諸荒町・入牢・追放）
丸山　直輔（比田井村・協和村比田井）
武田長右衛門（同　　　　　　　）
武田　長吉（同・入牢・放還）
竹割　長吉（面替村・北佐久郡伍賀村）
権　　蔵（春日村）
小林　六郎（六兵衛・上塚原村・北佐久郡中佐都村上塚原）

このうち佐藤勘左衛門は危地を脱して上州にはいり、名の聞えた博徒となった。老年に及んで春日村に帰り、信心者となって終った。

◇

小林六郎は六兵衛が本名だとは前にもいった。常五郎の舅の喜兵衛の宗家なる小林日向の弟歌吉の子で、幼くして親を失い、日向その他の扶育をうけて、勝間村［現・長野県佐久市］の川村なにがしの娘を妻に迎え一家を立てた、ところへ、常五郎が官軍で乗りこんだので志願して入隊し、六兵衛ではというので小林六郎となった。剣道は常五郎に学んだのだから真庭念流だったろう。

六郎が刑に死んだので、女房が勝間の実家へ帰った、それがため絶家した。康国寺の過去帳に〝祖岸去峰居士慶応四戊辰三月六日二十五歳〟とあるのみ、墓はない。

◇

常五郎が妻子に会ったのは、二月十一日、御影陣屋へ乗りこみ八十三ヵ村の名主総代を招集し、〝年貢半納〟を申渡した日か、その一両日後か、そのどちらかの日に呼び寄せた。場所は陣屋でなく、郷宿の柏木小左衛門方の奥座敷であった。

十三日に常五郎は、先ごろ、好意をもってくれた若林の造酒を呼び〝当分の間従前通り御用相勤む可し〟と命じ、御請をして外へ出た造酒を更めて呼びこみ「今度は官軍の桜井でなく、ただの桜井である、先般は有難かった」と懇篤に礼をいった。

常五郎の墓は今、康国寺に、後年建てたのがある。その当時からかなり久しく、遠慮して建てなかった。法号は〝玉顔常隣居士〟という。

◇

常五郎の長女おぜんは長野県御代田村の安川栄治郎に嫁し、一男一女を挙げて若くして病死した、この安川家からは医師、軍人、教育家を出している。次女のおしまは明治初期のころ、近くに製糸工場が出来て、そこの工女に出ていたが、汽罐が破裂して惨死の厄にあった。

桜井の家は常五郎の長兄が襲《つ》いで父の名の新助を名乗り、今、その三代目が佐久の方で歯科医をやっているという。常五郎の次兄弥八郎は危いところを助かり、明治年間には戸長をやったことがある。これも今、三代目が佐久で穀商をやっている。常五郎の方は今いったとおり、安川家に血が伝わっている。

以上が〝志士として観る桜井常五郎〟の事歴で、これは『勤王秘史官軍先鋒嚮導隊』（油井七回子）に概ね拠り、ところどころに修正を加えてある。

なお、同書にある、常五郎の詩、和歌、俳句を次に掲げる。

自在胸中百万兵　合縦不就更連衡
休言詭弁弄孫子　諸葛一生惟一誠

*

書剣瓢零甘謗嗤　帰東空接故山姿
虬竜蟄伏盆地底　期待風雲変化時

*

星一ツ二ツ流れて涼しさも
　かくま河原（地名）の夏の夕暮

御すず苅る信濃路ならで塵ひぢに
　染まぬ桜のあらじとぞ思ふ
手綱して引きまほしけれ立科の
　深山に残る駒形の雪

＊

朝寒やすつと抜きたる日本刀
さまざまの声に響くや除夜の鐘
弁慶がただ鉢巻やさくら狩

◇

これより後の東山道総督府と薩藩その他のことは、ここに説くまでもなく、奥羽の鎮定の戦いに向つた、それは別にいくらも、詳しく書いた本がある。

紙の記念碑

相楽総三等が梟首されたことが、京都で、薩邸浪士隊だった人々をひどく悲憤させた。権田直助と落合源一郎、岩倉に知られているこの二人すら悲憤した。京都には金輪五郎のような多血多感の人がいる、金輪は二月九日、大垣の総督府へ行くはずの相楽に随行して出発、同月二十三日、相楽が下諏訪へ帰り着いたとき一緒でなかった、京都にとどまったのだ。

京都には科野東一郎の斎藤謙助もいた、その他数名が、そのころ来ていた。それらの人々のうち幾人かが、岩倉具視を憎んだ。権田、落合の岩倉公暗殺計画といわれるのが、その現れである。

◇

岩倉のいう盟士の一人で山中静逸が、「落合源一郎が五、六人のものと、公を途に邀撃せんとしておりますから、護衛を充分に致させましょう」と岩倉に告げた。すると、岩倉は坂本健をやって、落合源一郎に、「今夕、来《きた》れ」といってやった。夜に入ると落合が斎藤貞之丞（科野東一郎・斎藤謙助）と二人でやって来た、四月二十二日のことだと『岩倉公実記』にある。

落合が明治二十六年に語ったものに、岩倉邸に行った月日がない、落合直文が養父の語ったことを書いた『白雪物語』にも月日がない。『権田直助翁詳伝』（井上頼圀校閲）にも月日がない。『岩倉右大臣と薩藩』（中村徳五郎）にもその記事があり明治元年四月となっているが、これは岩倉系の材料に拠ったものだからそうなる。信州の難を脱して水野丹波が京都へはいったのが三月十六日だから、三月か四月か、どちらとも判断がつかない。

落合談話には、「そのとき、岩倉公は補相という職で、私と外一人を召された」といっている、太政官議定兼補相である。外一人とは信州上田海野町の上野屋斎藤謙助で、丸山梅夫の義兄の斎藤貞之丞だ。『権田直助翁詳伝』では権田、落合、斎藤の三人が呼ばれて行ったとなっている。落合、斎藤だけで、権田は、そのとき行かなかったかに思える。

◇

『惟神道の躬行者・権田直助翁』（神崎四郎・昭和十二年相州大山阿夫利神社刊）ですら相楽総三について、「少数の一味と共に進軍して甲府の城代を屠り、果ては暴行掠奪を恣《ほしいまま》にして人民を苦しめた」「これは将満の部下に対する取締が届かず、浮浪人を集合した結果、軍規が乱れ勝ちであったため、事実些細のことから死を早めたものであった」「将満一味の行動は軍規を紊《みだ》したばかりか、人民をして大義名分の如何なるかをも疑わしむるに至れる結果となったため、東征軍の統轄上已むを得ぬ処置であったわけである」といっている。

どういう誤りが伝わったにしろ、相楽の同志の伝記編纂者にまで及んでいるからこそ、相楽とその同志のために雪冤の仕事が必要になるはずであろうではないか。引用した中に「甲府城代を屠り」とあるが、これが間違いであることというまでもない。因《ちなみ》にこの本は薩摩屋敷の同志の一人を伝記したものなのに、その同志を反徒の如き印象をあたえる記述をしている。出流山挙兵に続けて、「その外糾合隊の人々は各所に出没横行し全く底止する所なく、或る時は相模国戸塚宿を擾掠《じょうりゃく》して幕兵と衝突し、或は又甲州を擾乱せんとして八王子に至り捕えられる者あり、又下野に至って天明河原で幕兵に撃殺される者もあった」という如き、又は相楽を鳥羽伏見の戦いに参加させたり、板垣退助に相楽救命を唱えさせたりしている如き、薩邸浪士と赤報隊に関してこの本は事情の誤りと歪みとに富んでいる。この本にも矢張り岩倉に会った月日がなく、岩倉に喚ばれて行ったのは権田と落合だとしてある。

◇

落合と斎藤は広間へ通された、二、三人、岩倉についていたが、「この人々に少々話があるから下っておれ」と、所謂人払いをやり、主客三人差向いとなった。岩倉は白無垢を着ていて、腰に短刀すらない、落合等の方は脇差をもっている、そうして次第によっては今夜刺殺すつもりでいる、それだのに岩倉は、手ぶらで単独で、家士を遠く退けた、肝の太いこと非常だ。

岩倉は、「朝廷を思い国家をおもうこと何人にも一歩たりと譲らぬ、寝ても寤めてもその他は聊《いささ》かもない、その方どもも心はそれに劣るまい、そういう赤心のものが、為さんとする事があるなら、只今、ここでやれ」といった。落合等は黙って岩倉の顔を見つめている。又いった、「その方どもは岩倉を暗殺するといっていると聞く、それならその趣意を聞こう、全く、国家の不為であったら速かに斬れ、そういう赤心のものの手に罹ることは本望だ」と。

暫く、だれも云わずにいた、と、落合が懐中から一通の書付を取り、「公を刺そうと決心した趣意はこれに書いてあります」と前へ出した。岩倉はそれを読んで「趣意は判った、日本にもこういう人があってこそ維持が出来る、その方どもは国の柱というべきだ。此方はその方どもの五人六人を処分することは容易《たやす》いが、そういう人を失ってはならぬので呼んだのである。これより先、その方どもが尽すべきことはいくらもある」といった。

それから又つづけた、「その方どもは内輪の事情を知らぬ、それを打明けるから聞け。朝廷は、その方どもも知るとおり、鎌倉時代以来、申すも憚りある年月の経過が永かった、今日、幕府を朝敵として征討の軍をおこしたが、朝廷には一人の兵なく、兵器弾薬糧食なく、軍資の金がない、この中で大業の完成をはかるのだから勤王諸藩の力を仮らねばならぬ、勤王諸藩の力を仮れば諸藩の人を入れねばならぬ、諸藩の人を入れると日々の処分上にも我等の心に適わぬことが沢山ある、今日はそれを小事と観ねばならぬ、この大業を達成した上、それはそれで処理すべきで、それまでは勤王諸藩の人の手に任せねばならぬ、これをその方どもから観れば、不平もあろうが、今は忍ばねばならぬ時だから忍べ、これから先、改革の時がくる、死ぬべきことはその時に起る。大業成るそれまでは岩倉も忍ぶ、お前達も忍ばねばならぬぞ」

岩倉がこう説くうちに落合等は、頭を垂れて涙を流した。岩倉が「それまでの間、その方どもも生延びていてくれ、蕨の代りに米をやる」といって、家士を呼び、酒を出し、「たんと飲め」といって自身で酌をしてやった。杯は銀だった。

落合等は暗殺を断念した。岩倉の言葉の中から、今は国家のために、我慢しなくてはならない時だと深く覚ったのである。落合はそのとき歌を詠んだ。

なきものと思ひすてたる露の身の
　命となりぬ君が言の葉

蔭たかく緑いろ濃き言の葉ぞ
　今宵の露の命なりける

実相院の里坊、そこに滞在しろといわれ、そのとおりにした。翌日、来いというので行くと、金百円、「蕨の代りの米だ」といって与えられたので、落合は歌を詠んだ。

世の限り尽さざらめや賜はれる
　蕨の代《しろ》を命にはして

これは落合談話に拠ったものだ、が、『岩倉公実記』では落合等の趣意を、攘夷思想から出たものとなっている。攘夷思想が激発した近い原因というのはこうである。

その年正月、備前の兵が西の宮警備の交代にゆく途中、兵庫（神戸）で、白人に行列を横切られたのが始りで衝突した、備前の日置帯刀が指揮して、戦争にさせないよう味方を引揚げさせたが、フランス、イギリスその他が承知しない。結局、備前の士で滝善三郎が責任者の役を引受け、白人の眼前で腹を切った。この騒ぎの間に土州藩士が、或る大切なものをフランス人に奪われた、幸い奪い返したが、この一事が、後に起った堺の妙国寺事件となった、これはフランスに向けられた現れである。イギリスにも現れがあった、公使パークスが外交団主席のフランス公使ロッシュを凌ぎ、彼一流の辛辣で、我が外交の役にあった人を苦しめたことは人の知るところだ、すると、パークスの参内という事があったとき、三枝蓊《さいぐさしげる》(大和)、朱雀操（山城）等が、途上で襲い、パークスは我が武士が力闘のお庇《かげ》で墓地へ逃げこみ助かった。土州の藩士がフランス人を銃殺したのは、二月十五日、パークスが襲われたのは二月三十日、滝善三郎が切腹したのは二月九日である。これが近因で、極端な攘夷論を落合等が抱いた、こういう風に解されるのが『岩倉公実記』の書きぶりだ。

しかし、そうではない、攘夷思想の問題なら、〝諸藩の力を仮るが故に諸藩の人を入る、諸藩の人の入るが故に心に適わざることが多い、その不平を忍べ〟というのは妙だ、単に攘夷論説破なら、もッと堂々と、他にいうべきことがある時代に、最早なっていたのだ。当時、落合の出した書付には、薩邸浪士のことが書いてあった、相楽総三の名を挙げてある、だが、それについて『岩倉公実記』は何の説くところもない。

◇

落合は岩倉の声がかりで、設けられたばかりの刑法官監察司に判事試補ではいり、その十月伊那県へ判事で赴任した。伊那県は相楽等流血の地である、そこへ落合が役人で赴任したというところに、岩倉が暗黙のうちにもつ有情があったのではなかろうか。明治三年一月、落合は大参事に進み、不在の知事北小路俊昌と、病気引退の白井参事等の分まで一手で取仕切った。このとき、落合が丸山梅夫の丸山久成に、相楽等八人と、金原、熊谷と丸尾、北村を加え十二人の〝魁塚〟建立の請願を兵部省に出させた、これが許可になって、その六月、現にある下諏訪の魁塚が出来た。岩倉が根こそぎ、相楽等を憎んだのではないということが、これによって知られる。

因《ちなみ》に、魁塚建立の委員は落合の末弟で、後に西南の役に戦死した落合五十馬（直言）をはじめ、渡辺鍋八郎、青島貞賢、松尾真琴、北原稲雄、北原東五郎、市岡謙一郎、前沢中務で、全部が平田門人で、落合直言の他は信濃の勤王家である。

落合が地方官になったとき、権田は、大学校ができてその教授となり、大学中博士というのに任ぜられた。しかし、二人ともそれで済みはしなかった。

◇

権田直助が明治五年の冬、赤坂台町に家をもっていた小山進を訪ねた――下諏訪脱出の小山忠太郎である。小中村清矩、田中頼庸などと文学を語っていると、警察官が踏込んできた、小山が拘引された、前にいった広沢参議暗殺の嫌疑がかかったときのことである。権田も一時は疑われ、家の中へ軟禁の憂目にあった。学界が権田のうしろから遠くなったのは、この時からである。

権田は明治六年の夏、六十四歳、相州大山の阿夫利神社の祠官で赴任し、神道の興隆に尽し、多くの著作をし、明治二十年六月八日大山町で世を去った、年七十九。

落合は伊那県在任中、部下のしたことに坐して、十三条の嫌疑を蒙った、一々それは弁明が立ち青天白日の身とはなったが、又も国事犯の嫌疑で捕縛され、阿波の蜂須賀家へ御預けとなった、これも申開きが立って再び天日を仰ぐことが出来た。落合は権田のことを〝多難先生〟と呼んだ、災厄相踵《あいつ》いで起ること権田のごときは稀だという意味だ。しかし、落合こそ〝多難先生〟というべきだった。落合はそれ以来、官途に望みを断ち、屢々《しばしば》いった如く陸前志波彦、塩釜、浅間神社の宮司となった。明治九年、東北御巡幸に際し、途上、謁を賜わる。無量の感慨を一首の和歌に託した。

海山に晒さん屍ながらへて
　けふの行幸にあひにけるかな

明治二十七年十二月十二日、世を去った。年六十七。

斎藤貞之丞（科野東一郎）は落合とおなじく監察司にはいり、北海道開拓使の役人で赴任したときは斎藤謙助でも貞之丞でもなく、水野義郎と名乗った。この水野という姓は、謙助が三十二歳のとき、というから文久元年、弟に上野屋の家督を譲ったころ、上州館林藩士から水野の家の株を手に入れていた、それで名乗ったのである。北海道開拓使では、一等属から御用係となり、晩年は野にあって呉服商をやった。明治十三年四月二十四日、東京で世を去り、妻奈類子（丸山梅夫の姉）は、明治二十九年、東京で世を去った。

　斎藤謙助夫妻の間には大晦日《おつもり》という娘があって、信州の神官の子で佐久間象山の門人だった三浦省吾の妻となり、その間にできた子が、昭和五年のロンドン会議に行っている間に、病死した三浦省三海軍大佐である。いろいろの文書があったのが、大正十二年の大震火災で灰になった。

薩邸浪士で羽田で分散した中の北村佐七（赤松六郎）は、下諏訪で追放処分をうけたという、そのときは上京していて黒谷の御親兵に入隊していたともいう。

追放処分の横見良三（武州松山）は後に京都府の役人になった。羽田分散組の岩屋鬼三郎は明治存命で、大阪に住んでいた。

◇

羽田分散組の福島均平（武州黒須）は江戸に牢死し、田中金四郎もその四月に江戸で牢死した。

藤田一郎は羽田から江戸にはいり、捕われて入獄して死んだ。佐藤一は五月江戸で牢死した。中島旬蔵（江戸）も獄死した。原田金之助は二月、獄死した。

内海茂十郎（静美、武州川越）は、どういう訳か、京都で加藤秀吉に暗殺された。

◇

伊丹桂二郎（江戸）、この人かどうか判らないが、四月二十八日の夕方、信州松代藩が受取った二人ずつ二組のものがあった。高田藩榊原家の目附役という遠山甚太郎、同じく郷目附石原竜右衛門の一組と、薩州邸脱走中村文吉（二十二歳）と越後松崎の博徒喜三郎の一組である。遠山、石原は単に戦争見物にきたのみだと述べた。戦争というのは江戸脱走の古屋佐久左衛門等の一隊で、このころまで渋谷和四郎が加入していた筈、この一隊が信州飯山へ押しかけるその見聞のためだというのだ。中村文吉は本名を中村信吉というそうで、松代側では間者と見た。捕われたのは長野の権堂と思える。中村、遠山、石原は揚り屋へ、喜三郎は入牢、それから先のことが判らない。伊丹桂二郎が松代藩に潜伏、後に江戸へ帰る、今墓守と『赤報隊』人名録に書入れがあるから、もしやと思うだけのことだ。柴生健司は、薩邸焼討のとき、病気中で、捕われて入獄したが、三月（慶応四年）出獄した。柴生とおなじ日に捕われた河内市郎も三月出獄、伊東に復姓し、役人になった。

薩邸浪士だった平野清司（宇都宮）は、江戸で捕われ佃島流刑となり、亀山藤太郎（讃岐丸亀）も矢張り三月に佃島へやられた。

◇

羽田上陸後の消息が明らかでない一人に島林敬一郎（長沼良之輔）がある。維新の後、薩邸浪士たりしことはあまり口にしなかったとみえる。明治政府に奥州巡察使として仕え、民部省権弁事となり、明治八年八月三日東京向島で病歿した、年三十九。薩邸を脱して信州へ帰った岩波廉之助も、明治政府の刑法官で小監察になったことがあるが久しからずして退いた。赤報隊にいたもので三浦主計（信州山吹）、三村清十郎（木曾福島）、小池馬之助（信州飯田）の三人は、『赤報記』の「人名録」だと監察手附になり、中にも小池は岩村精一郎に随従と書いてある。追放処分を受けてから何かの伝手《つて》でそうなったのか、誤伝か、判らない。小野内蔵之助（信州佐久・神主）と高橋新太郎（仙台・一に下総神職という）が矢張り監察手附になったと、おなじ「人名録」にあるが、小野内蔵之助は水野丹波のことで、奥羽鎮撫副総督沢三位に随行したことは前にある。高橋新太郎ならば武田力なのだから、これも前にあるとおり牢死した。大増新三郎（高橋新三郎）という人が赤報隊にいたらしいから、そのことかも知れない。

◇

岡田信造（木村正造・美濃加納）は加納から京へのぼり、三月十六日、相楽等の死を聞いて、それまでいた薩州系の家から失踪した。明治になってから東京新宿の往来で、落合直亮の弟の直澄が出会ったという。明治元年に四十五歳だった。

沢五六郎（稲葉五六郎・伊藤了馬）は、翔鳳丸組の一人だが、京都で役人となり、後東京で病死したという。

結城四郎は越後の方で、天然瓦斯《ガス》の温泉宿を営んでいた。津田四郎（岡甚之助）は野州で死んだという記録と、上州の方で明治存命だったという説がある。

横山明平（立山奇平）は道化たことのうまい男だったが、下諏訪で追放され、江戸へ出て官軍に斬り殺されたとも、会津人に斬られて死んだともいう。

◇

長谷川鉄之進（世傑）が慶応三年の冬、薩邸糾合所浪士隊の最高幹部を罷めて離脱したことは前にいった。鉄之進は越後蒲原《かんばら》郡下粟生津《しもあおうづ》村［現・新潟県燕市］の名主の三男で、江戸に出て朝川善庵に学んだ。善庵の死後、常陸、下野で学を講じ、そののち京に上り、七卿落《しちきょうおち》のときはその随員の一人だった。長州では三田尻の戦いに参加し、元治元年の蛤御門の変には、長州方の一人として戦って敗走し、四国に隠れ、越後に帰って村松藩の医師佐々耕庵の家に滞在したことから、〝村松藩七士事件〟が起った。七士事件とは鉄之進が討幕の兵を春日山に挙げることを提案したに始る、共鳴した藩士がぼツぼツ集ったのが漏れて、藩の重役の弾圧となり、数名の亡命者も出たが、斬罪に処されたり切腹したものが七士あった。斬罪は佐々耕庵、泉仙作、切腹は下野勘平、岡村定之丞、山崎弥之助、中村勝右衛門、稲垣覚之丞、この他に永牢を命ぜられた蒲生済助などがある。鉄之進は免がれて去り、それから江戸へ出て薩邸へはいった。同和できない性格だったので、薩邸を去るようになったのが一身のためには却って仕合せとなった。

鉄之進は鉄の如く色の黒い、背の高い、頰骨の出張った人で、号を強庵といい、長い刀を腰にさし、これに千里独行虚喝刀と名をつけていた。大酒を好み、酒乱だったので人に忌まれた。

薩邸を出た鉄之進は京にのぼり、北越征討軍にはいった。北越の戦いが終って京へ引返していた明治二年の元旦のこと、割烹店の池荘で、越後の同志で北越戦争に功のあった高橋竹之助、井田年之助と飲んでいる、その隣り座敷がなかなか賑やかだった、それが癪だといって例の千里独行虚喝刀を引ッこ抜いて暴れこんだ。隣り座敷は越後へ判事で赴任する坂田潔《きよし》

（後に諸潔《もろきよ》）の送別会だったので、抜身の一刀ぐらいは何とも思わぬ客が、忽ち鉄之進を押えつけた。これを外にいた越後の兵が知って、鉄之進に加勢して発砲したので騒ぎがひどくなった。鉄之進の連れの高橋竹之助、井田年之助が越後の兵を叱って、発砲をやめさせたが、兵は散らず成行きを睨んで待っている。

酔がやや醒めると鉄之進はひどく後悔した、そこへ坂田潔が、謝罪の条件を突きつけ手酷しく談じこんだ。条件は刀をこっちへ渡し丸腰になって詫言しろというのである。刀を引渡して謝罪することは、酒の失敗を常にやっていた鉄之進でもさすがに承知できない。さればといって坂田のいきまき方は非常だ、とても尋常ではすみそうもない、すると居合せた和田理一郎が鉄之進に帯刀を渡して、「謝罪するよりこの場で割腹しろ」とすすめた。この和田理一郎は新徴組で隊長をしている頃は和田中彦といった人、新徴組を出てしまったので征討軍の側に立った。もし新徴組にずッと残っていたら、庄内藩に属し、征討軍と戦う立場にいただろう。この和田が中仙道方面で窮迫しているとき、たびたび毛呂本郷の権田直助に金の無心にきた、権田はいつも金を与えたが和田は一度も礼をいったことがなかった。それでも権田は和田を可愛がっていたという挿話がある。

和田に割腹をすすめられて鉄之進が弱っているところへ、転げこんだのが鉄之進の僕で善助というものだった。「主人の代りに私が腹を切るから、それで謝罪がすんだことにしていただきたい」と必死の頼みだ。並居るものは僕の義烈にうたれ、当の鉄之進などは泣き出したが、坂田潔は断乎として応じない。「僕《しもべ》の義心には感服した、これほどの心ある義僕の一命を、乱暴者に代らせることは不承知だ」というのである。坂田は鉄之進の酒狂を許す気が微塵もなかった。

この騒ぎを聞きつけたのが在京中の権田直助だ、権田は越後府知事に任命されている壬生基修に頼んで坂田を調停してもらい、その一方では、北越戦争に功のあった巣内四鬼武が、双方の間を奔走し、ヤッと和解が成り立った。このことが鉄之進をだいぶ懲《こ》りさせた。巣内四鬼武（式部）は勤王運動を忌む幕吏に捕われ、京都六角の獄に入れられたのが元治元年、慶応三年の末近くなって出獄して間もなく、初期の赤報隊で幹部となったが、相楽等とは出発が違う京都派なので、袂をわかって京へ戻り、軍曹を拝命して従軍した。軍曹というのは陸軍大尉に相当した。

鉄之進と善助の関係は、酒乱のときの鉄之進は乱暴で、たびたび善助を殴ってひどいときは怪我までさせた、素面《しらふ》のときは慈愛の深い鉄之進だった。或る厳冬の夜、善助に寒いだろうといって着ていた物をぬいで着せてやった。こういう一方の佳い面があったので、さてこそ、一命に代らんとしたのである。

明治二年十一月三日、洛東岡崎の寄寓先で、病のために世を去った、年五十。御贈位の栄に浴し、その詩作が多く遺っている。

◇

薩邸浪人の中で、目立った一人に金輪五郎（友行）がある。佐藤鬼太郎などと変名したこともあるが、金輪五郎とて本名でなく、羽州阿仁銀山［現・秋田県北秋田市］の志渡《しど》平四郎の次男長次郎である。志渡氏の先は金輪氏で、久保田藩（秋田佐竹家）から三人扶持を給わり、苗字帯刀を許されていた家である。

志渡長次郎は十七、八のとき、佐竹家の渋江内膳（厚光）の家臣格となった、渋江は三千石の名家に生まれ、二十歳で家老となった、吉田松陰を迎えて天下を論じたことがある。明治戊辰には兵を率いて庄内その他の兵と戦った。この内膳の許に長次郎はながくは居らず、江戸に出た。長次郎は身長五尺ばかりの小男で五人力、腰に好んで横たえた刀は三尺五寸あったという。二月九日、相楽と一緒に美濃大垣の総督府へ行ったとき、総督府についている薩藩に属し、戦功があって烏帽子と直垂をもらった。相楽の死を聞いて薩藩を放れ、五月秋田藩士小野なにがしが国へ帰るので、一緒に帰国し、沢三位宣嘉を坊沢に迎えて、その同勢に加わった。

南部藩の家老楢山佐渡が、秋田領の十二所に攻め入ったので、秋田から南部勢を討ちに出た。その中に小野寺主水の隊があった。志渡長次郎の金輪五郎はそれに加わり、貝吹、長根の戦いに功があった。

沢宣嘉に従い、再び京へ帰ったのが、生涯に急転を与え、大村益次郎暗殺の一味に投じ、現場からのがれて越前敦賀に行き、潜《ひそ》んでいるところを発見されて捕縛され、十二月京都で死刑に処された、年三十六。『能代乃武加志《のしろのむかし》』（近藤八十二）に拠ると、「大君と皇国《みくに》のために死ぬる身は大和魂の道をまよはじ」「身は野辺の草葉と共に朽るとも天の川原に名をもさがさむ」の遺墨があるという。

◇

薩藩浪士から赤報隊へ行ったもの行かぬもの、どちらも判っているだけを挙げたところでは惨憺たる半生の人が多い。伊東四郎左衛門の伊東祐亨元帥の如きや、前田隆礼中将のごときも、あるにはあるが、薩邸糾合所浪士隊の最高幹部四人のうち、相楽は死刑、落合、権田は官界学界から叩き落され、その後半生を神官となったので、どうやら過し得たというべきである。独り科野東一郎のみがどうやら無事だったが、栄達とはひどい隔たりがあった。その他は死刑、獄死か、陋巷《ろうこう》の窮死か、さもなくば行方《ゆきがた》知れずが多い。薩邸浪士でその生きている間に、自伝を残したものがないのは遠慮であり韜晦《とうかい》だった、そうせねばならぬ状態に置かれたからで、前田隆礼中将も伊東祐亨元帥も、その点になると口を噤《つぐ》んでいた。

◇

伊牟田尚平（茂時・永頼）にも手を延べてみたかったが及びかねた、他日、果したい。大正十四年十一月十一日、〝伊牟田尚平氏生誕地碑〟を鹿児島県揖宿《いぶすき》郡喜入《きいれ》村［現・鹿児島市］に建てたものがある。伊牟田尚平とおなじ土地に生れた安楽兼道が独力でやったのである。安楽が撰文した碑文に拠ると伊牟田尚平は、肝付氏の旧領だった喜入郡の旧市に生れ「明治元年維新の天業将に成らんとして不幸非命に斃る時に年三十有六」（原漢文）とある。

父は倉左衛門、肝付左門の士だ。尚平は年少、医を学んで島津斉彬に仕え、後に脱藩して国事に尽し、大小の事件に夥しく登場、慶応四年の春、大総督府参謀西郷吉之助の東下に嚮導たりしが、たまたま命を奉じて帰京中、京都二本松の薩邸で、賊名の下に強いて自刃せしめられた。安楽との関係をいえば、「予君と郷里を同じうし其志を偉とし其死を悲しみ、而して其跡の或は堙滅に帰せんことを恐る」それだから碑を建てたといっている。安楽は嘉永三年生れだから伊牟田尚平が賊名の下に斃れたとき十九歳だ。安楽は明治十年二月、少警部にして大義名分を説かんとして密かに鹿児島に帰り、大西郷の刺客と誤られて私学校生徒に捕えられ、惨憺たる拷問をうけ辛うじて帰京、東京でも大西郷暗殺嫌疑の被告として法廷に起つに至り、遂に無罪を判決されたという経歴をもつ。この一件があったので伊牟田に寄する同情が誰よりも強かったと判断していいと思う。その後山口、福島、岐阜の三県の知事を経て警保局長となり警視総監たること三回。大臣の印綬を帯ぶるを固辞して四度目の警視総監を勤めた。七十九歳、昭和七年一月七日に歿した。

◇

慶応三年十二月二十五日の薩邸焼討のとき、殉難した人々の中で落合なはが、昭和十六年の春靖国神社に合祀の光栄に浴した。なはは薩藩の中小姓落合孫右衛門の妻で、夫もまた合祀された。

◇

落合直亮は魁塚のできた明治三年六月十八日、哭《な》いて歌を捧げた。兼題を寄花懐旧という。

しるしなく世にながらへて魁し
　君に面なうけふにもあるかな

権田直助は相楽等をおもうごとに涕泣した。歌がある。

思ひきや世に長らへて咲匂ふ
　花を涙のたねに見むとは

丸山梅夫にも歌がある。

しばしこそ無き名も立ため大丈夫《ますらお》の
　赤き心は知る人ぞ知る

神道三郎も又うたった。

ますら雄のたけき心を我とものの
　形見と残す水くきのあと

『夜明け前』（島崎藤村）の島崎正樹（吉左衛門重寛）も哭歌を捧げている。

思ふこと成るも難きも国の為
　尽す心は四方に聞えつ

『日本書紀通釈』の著者も長歌を手向けた。

悼二小島四郎将満一歌　　飯田武郷

花ならば咲かまし物を、花ならば散らまし物を、波越ゆる小島の君は、春寒さ諏訪の海辺に、桜花咲くをも待たで、時の間に隠ろひにけり、うつせみは儚きものか、国のため君の御為と、たらちねの親をも別れ、若草の妻をも措きて、梓弓ゆはず振り起し、射つる矢の末も通らず、剣太刀たかみ押しねり、磨きつる心をも遂げず、ますらをや悲しかりけむ、うれたくも思ひたらめど、天翔り後《のち》こそ見らめ、国翔り今こそ知らめ、世の人の語り伝へて、天地に残るその名は、春花の栄ゆるがごと、香に匂ふごと。

◇

千葉県東葛飾郡鎌ケ谷村［現・鎌ケ谷市］にある渋谷総司の碑から、次の一詩が読まれる。

国府種徳

依然赤報隊名存　聖代復無枉屈冤
鴻礼佳辰枯骨泣　死班五位是殊恩

◇

この長い執筆にあたりて、相楽の孫の雪冤哀史を半ばまで書き、本文のみで十三回にわたり、しかも書き漏らしたものがまだある。それは他日に譲り、雪冤哀史の後半を執筆し、その前後二篇を併せて『泣血記』と題し巻首に掲げた。それらを併せて、薩邸浪士と赤報隊の殉国人柱の〝紙の記念碑〟とし、我が捧ぐる文筆香華とする。

解　説

野口武彦

このたび本文庫に採録する長谷川伸の長篇歴史小説『相楽総三とその同志』は、昭和十八年（一九四三）に定稿がこの題名で刊行される前に、一度、昭和十五年（一九四〇）三月から十六年（一九四一）七月まで雑誌『大衆文芸』に『江戸幕末志』という題名で連載された。およそ八百枚の分量だったという。

資料収集のために十三年もかかったという連載の完結後も、作者はなお満足できず、みずから「紙の記念碑」「筆の香華《こうげ》」と呼ぶこの労作に加筆訂正を加え、分量も増し、「これは決定稿ではない。未定稿というほど弱きを感じているものでもない」（本書一一ページ）とつつましく言い切った自信作が『相楽総三とその同志』なのである。

これほどストイックに作中人物の伝記考証にこだわり、忘れられて歴史の表層に浮かび出ない、あるいは故意に抹消された人間の真実発掘に精力を注ぐ長谷川伸とは、いったいどのような作家なのだろうか。

一昔前の年輩の大衆小説ファンの間では、長谷川伸の名前は一種の畏怖の念をこめて受け容れられていた。並みの大衆小説作家ではないという敬意を払われていたのである。

明治十七年（一八八四）に生まれ、昭和三十八年（一九六三）に七十九歳で世を去った長谷川伸は、本名を伸二郎といった。生まれて育ち、作家としての下地をつちかったのは、まだ幕末明治初年の新開貿易港の荒々しく活力旺盛な気風に満ちた横浜である。自伝『ある市井の徒』でみずから「新コ」と呼ぶ長谷川伸の幼少時代はそのままこの一種ゴールドラッシュ的な新興都会の脈動と連動している。

新コの祖父の兄（つまり作家の大伯父）秀造は、幕末までは戸数もわずか百ぐらいの海浜の一寒村にすぎなかった横浜を大港湾都市に変生させる気概も手腕もあった実業家であり、材木問屋駿河屋を作ってその切り盛りを弟の新造に任せた。

新コの父親の寅之助は土木請負業を嗣いだものの不幸なことに大火に遭って一代で店を没落させてしまった。新コは明治二十三年（一八九〇）に七歳で市内の小学校に入学したが、二年後に退学。以後は横浜ドックの現場で働く。だから、長谷川伸には世間並みの学歴はない。

小説を書くことの基礎作業をあらかた独学で身に付けたという特異な経歴は作家長谷川伸誕生の秘密を解く一つの鍵である。

長谷川伸の名前を世に高からしめたのは、まずいわゆる〈股旅物〉のヒットによってであった。昭和四年には「関の弥太ッぺ」、同五年には「瞼の母」、同六年には「一本刀土俵入」というふうに、今日でも繰り返し、芝居の舞台で再演を重ね、何度も映画化され、テレビドラマでも復活する名作の数々がこの時期に集中して執筆される。〈股旅物〉という言葉もここから生まれた。世に送り出された数々の名場面から、名作「瞼の母」のよく知られたセリフを紹介しておこう。再会した生母の口から「お前のような息子は持った覚えがない」と拒絶されたやくざの悲痛な述懐である。

考えてみりゃあ俺も馬鹿よ、幼い時に別れた生みの母は、こう瞼の上下ぴッたり合せ、思い出しゃあ絵で描くように見えてたものをわざわざ骨を折って消してしまった。おかみさんご免なさんせ。

このセリフがわれわれの心耳に沁み入るのは、そのセリフ回しの一節ごとに、昔聞いた子守歌のようにものなつかしい旋律とリズムがよみがえって響いているからであり、はるか遠い過去のかつて自分がうぶで純真だった時間帯がありありと現前するかのように感じられるからである。一瞬の間とはいえ、まざまざと幻のように眼に浮かんだ至福の時間は、同時にまた、人間にまだ暮らしの垢が身に付かない頃、持ち合わせていたはずの純粋無垢な正義感、潔癖な自己問責意識が生々しく思い返されてくる一刻でもあった。だが、そのような時間の幻はすぐ消え失せ、主人公たちは再び自分の回りを取り巻いているどうしようもない現実に眼を向け返さなくてはならないのである。

これら〈股旅物〉の主人公は、おおむね幕末期の江戸下層民の社会から連れて来られた人間たちである。そしてその原型は作者の長谷川伸の一家が零落して住んだスラム街の住人、なかんずく土工や職工や怪しげな飲食店に勤める近代の都市下層民の世界から得られている。どのヒーローも「自分がやくざな人間であること」をつくづくと恥じている。たんなる自己卑下ではない。裏返しの責任感とでもいうべき屈折した情念である。一種の無限責任意識に通じる倫理的な情感である。これが長谷川伸の〈股旅物〉に固有の「男らしさ」の特色だ。これもまた、長谷川伸の特異な幼少時代、青年期の体験から得られた信念といってよく、作者自身が『ある市井の徒』で分身新コの口を借りて「わが負債《おいめ》の重さ」という特別な言葉で語っているところである。この生存それ自体につきまとう悔恨の情念、生きている限りどうしても払拭しきれない無限債務感覚、ほとんど先天的というに近い罪障感の原由を、新コが、明治末年「横浜毎朝新報」の臨時雇い記者時代、自分も力を貸したことのある廃娼運動との関わりを通じて物語っていることには注目する必要があろう。

明治の廃娼運動には、女性解放運動・キリスト教系の廓清《かくせい》会・初期社会主義の公娼制度撤廃論などさまざまな潮流があり、「自廃（自由廃業）」と称して、娼妓に自主的に廃業を実行させる戦術があり、その周囲には金目当てに恐喝まがいに運動にむらがる手合いがいたりして、たんなるキレイゴトとしては単純に割り切れない複雑な要素が絡まりあっていた。一時は暴力沙汰に巻き込まれる度胸を据えてまで自廃運動の後押しをした新コだったが、ある時から思うことがあってふっつり自廃運動をやめてしまったと明言する。

自廃をやるなら、やった後の受入れが完く用意されない限り悲劇だとするようになったためです、その用意とは機構や設備や議論や理由の外に、或る意味では本当の教育者であるかの如きものを心にもつ、然るべき男が女一人につき一人ずつ必要だということです。

（『ある市井の徒』傍点引用者）

これを機に、長谷川伸は自廃への肩入れをぴたりとやめた。新コは述懐する、「自廃の結果、三人の自殺者を出しなどしたことと併せて、わが負債《おいめ》の重さを忘れかねています」と。その言や佳し、長谷川伸はその後二度と理論や観念だけの自廃運動を口にしなかった。この作家が描くやくざの女こどもの幸福に強烈な責任感、したがってまた自責の念を持っていることもさぞやと思わせる原体験だったのである。

しかし、昭和初年代に〈股旅物〉によって流行作家になった長谷川伸は、その後、このスタイルで人気作家の地位を保ち続けることにこだわらず、通俗的成功に向いているとは言いがたい「きわめて史実性の濃い、実証的な歴史小説」（佐藤忠男「見捨てられた者たちのために」、『長谷川伸論』）に進んで行く。昭和十年代の主要作品を列挙するだけでも作風の特色がわかろう。『荒木又右衛門』（十一〜十二年）、『上杉太平記』（十六年）、『江戸幕末志』（『相楽総三とその同志』の原形）、『日本捕虜志』（十九〜二十五年）などがその代表作である。

長谷川伸が進み出たこの新境地は、〈股旅物〉の世界とは縁が切れたのだろうか。それとも受け継いだのだろうか。

独自なやりかたで継承されたのである。

やくざ、小悪党、アウトローたちが最後の最後まで譲れない財産として守り通した「こう見えてもケチな真似はしねえ男さ」（「関の弥太ッペ」）というプライド・仁義・一宿一飯の恩義といった偏気《へんき》な倫理性は、晩熟期の歴史小説でも脈々と生き残る。しかも長谷川伸にあっては、そうした片意地なまでに高貴な倫理性は、かえって世の下積みになって生きた「憐むべく傷むべき」（「木村亀太郎泣血記」）無名の人々の間にこそ発見されるのだ。その信念の実例として、長篇『相楽総三とその同志』が「世間誤って強盗とする」「浪士が、明治維新に貢献したこと」を表彰する目的で書かれた意味は大きい（本書一八ページ）。

ところで〈股旅物〉から歴史小説への過渡期だったと目される昭和九年（一九三四）、この作家は『伝法ざむらひ』と題する小説を発表している。主人公は常五郎といい、信州北佐久郡春日村（作中では桜井村）の貧農出身で足袋《たび》職人とも博徒ともいうが、「既刊の書にて若干の好意をだに寄せたるもの殆《ほとん》どなき哀《あわれ》むべき人物」である。常五郎は故郷の嫌われ者となり、村から排斥されて博徒に加わり、放浪しているうちに勤王浪士の一党に拾われる。一党というのは勤王派の旗挙げを策して関東一円を荒らしまわっている浪士グループであり、それを束ねていたのが、江戸の薩摩藩邸にいた相楽総三である。常五郎はその一党に潜り込み、武士の仲間に入れられて桜井常五郎と名のることになる。

この作品の主人公は、どこまでも「伝法（ならずもの）ざむらひ」こと桜井常五郎であり、相楽総三はまだ作中の背景人物にすぎない。そのような遠近法で書いているうちにいつか主客転倒が生じ、やがて主人公の位置に進み出るのである。だからこそ、長谷川伸はのちにこれをすっかり書き直した『相楽総三とその同志』の「自序」にわざわざこう付言しているくらいである（本書一四ページ）。

『常ざむらい』（解説者註：『伝法ざむらひ』の原題）という単行本が私にある、以前『サンデー毎日』に書いたものである。『相楽総三とその同志』の刊行はそれを抹殺するものである。あれには誤りが多い。

しかしそうはいっても、長谷川伸は明らかに「常ざむらい」といわれた無頼の徒にして勤王の志士であるところのこの人物が好きなのだ。「猩々緋《しょうじょうひ》の陣羽織に白ッぽい色の紋付、袴が朱のはいった織物、刀は黒鞘の太く長いもの、髪は結ばず紫の綾絹で鉢巻」というど派手ないでたちに身を飾り、「道中するときは下に下にといわせ、農民を土下座させた」（「信州追分の戦争」）と描かれる常五郎の姿からは、幕末動乱のどさくさに束の間の身分上昇願望を満たし、短命な自己権力の幻想に酔っている庶民の悲しさがくっきり浮かび出て来るといえよう（本書四一四、五五〇ページ）。こんな目立つ身なりで中山道沿いの城下町に乗り込み、小諸藩などから金を引き出すくだりなどは、さながら歌舞伎のゆすり場である。

先行作の『伝法ざむらひ』のラストシーンは、主人公の常五郎が情婦のお新と共に小諸藩兵の銃弾を浴びて死ぬ場面になっていて、昭和初年代に流行した左翼アジプロ小説のタッチさえ感じさせるほどだが、のちに改稿された『江戸幕末志』、さらに推敲された『相楽総三とその同志』では、『伝法ざむらひ』は「あれには誤りが多い」（前出）という理由で抹消され、現行の『相楽総三とその同志』の原稿が「年来久しく拾聚《しゅうしゅう》した資料によって記述」（「木村亀太郎泣血記」本書一八ページ）されるに至ったのである。重点は、はっきり「明治維新には博徒すら起《た》って」「盗賊すら心身を浄めて御奉公に精進した」（「自序」本書一二ページ）史実を明らかにすることの方に置かれている。

こうした方向転換は、同時期の時代小説作家たちをさらっていった「勤王」という合言葉ないしは免罪符を求める時代思潮とは決して同一視できないものである。この作家は、自分が幕末の歴史変動期に見て取ったもろもろの動かしがたい「事実」の数々、「有名と比べて劣らざる有名でない人物と事蹟とを、過去にもつ豊富さ」（本書一二ページ）を掘り返す仕事に熱中したのである。その結果明らかにされるわれわれの歴史心性の目録は、いつも「国民の胸に名曲のような響きを与えるに違いない」（本書一三ページ）ものなのだ。

長谷川伸は、『相楽総三とその同志』の序章に「木村亀太郎泣血記」というかなり独立性の高い一章を書いている。相楽総三の孫にあたる木村亀太郎という実在の人物が、明治維新の歴史の闇に葬られ、「偽官軍」の賊名を着せられて処刑された祖父の暗い秘密を探り、事件に関係した政府高官の重い口を少しずつこじあけて雪冤《せつえん》に奔走し、念願かなって賊名を取り除き、ついに昭和四年（一九二九）一月、総三刑死の六十一年後に正五位を遺贈されたのち下諏訪の魁塚碑の除幕に至るまでの長い物語である。

作者自身も、この一篇を長篇の一章としてと同時に短篇小説としても意識していたと見えて、昭和二十三年（一九四八）には『泣血記・生きてゐる鬼』という書名でオリオン社から刊行した短篇小説集の中に独立した作品のように収めている。実際には、作者は右の序章に続けて、「江戸の薩摩屋敷」「栃木《とちぎ》宿の戦闘」「出流《いずる》岩船の戦い」「八王子・相州狄野山中の変」「薩邸焼討の朝」「江戸湾の海戦」「上陸組の生死」「赤報隊の進軍」「志士殺戮の前」「信州追分の戦争」「桜井常五郎捕わる」「相楽総三の刑死」「是非千載の死」と最後まで章を重ねてゆくのであるが、それらの全章は、全国に同志を求めて勤王運動に尽力した下総《しもうさ》（現・千葉県北部）出身の郷士相楽総三（本名は小島四郎将満《まさみつ》）が幕末慶応年間（一八六六〜六八）に展開した倒幕活動に即して、総三を中心にした志士たちの行動半径を踏査し、各地に残された事蹟を掘り起こす。なかんずく、幕府の薩摩藩邸攻撃を挑発し、鳥羽伏見の開戦を誘発した浪士グループが一度京都に集結して赤報隊を組織、それから中山道を東進して悲劇的結末に立ち至るまでの経過がつぶさにたどられる。

相楽総三の運命を暗転させたのは、進軍して行く赤報隊が「官軍先鋒隊」名義で布告した有名な「年貢半減令」であった。徳川政権が崩壊したので、幕府旧領地は今後すべて「天朝御領（京都朝廷直轄地）」にされる。総石高はおよそ四百万石。その全域で慶応四年（一八六八）分の年貢を半減すると布告したのである。これは決して総三が個人の資格で発した布令ではない。太政官《だじょうかん》から正式に公布された法令である（『復古記』巻九、明治元年正月十四日）。特に人心いまだ不安定な関東を鎮撫しつつ進軍している赤報隊にとっては、下ろすことのできない公約だったのである。

しかし、背後の京都では情勢が大きく動いていた。東征軍費の調達方針が変わったのである。現地調達からは初めほどの緊急性が減少した。当時の事情を窺わせる史料として岩倉具視の手紙から一節を引こう。

軍費はなるたけ三井組の手にて相弁じさせ、実々やむを得ず候時は本道（東山道）の豪農商より相弁じさせ候てもよろしく候
［戦費はできるだけ三井組から支弁させ、真実やむを得ない場合には東山道の豪農・豪商から支弁させるのもよろしい］

（明治元年二月二十五日付岩倉具定・具経宛書簡、『岩倉具視関係文書』三所収）

というのである。三井組はその担保として政府に納入する米穀の管理権を独占した。なお具定は具視の次男で東山道先鋒軍総督、具経は三男で同副総督。金主は三井組と明治政府の軸足が変わったのである。日本の新支配層としての権力者と後の新興財閥との癒着の始まり

である。

とはいえ、こういう政治上層部のゆくたては長谷川伸の世界の外側にある。この作家はただ、「偽官軍」として捕縛され、何の弁明も許されずに刑死した相楽総三の姿を読者の前に黙って提示するだけである（本書五〇五〜五〇六ページ）。

> 相楽総三だけは一言も発しないで、どろどろの土の上にきちんと坐って、両眼を閉じ、身動き一ツしずにいた。あまり同志のものが猛り立ったり怒鳴ったり、騒々しさがひどくなると、眼をちょっと開けて、あまり見苦しい様子はよせといって微笑したような顔をして、すぐ又元のとおり、瞑目して無言の端坐をつづけた。　（「相楽総三の刑死」）

一緒に縄にかかった仲間は口々に役人を罵ったり、悲愴に絶叫したり、声を顫わせて抗議したりした。その中にあって自分の死を黙って受け入れる総三のこの従容《しょうよう》たる態度は、心ない見物の群衆をも感服させたという。ここには疑いもなく、関の弥太ッぺのあの「こう見えてもケチな真似はしねえ男さ」というセリフと同質の捨て身のプライドが響きあっている。そしてこの情景は、精神の高さと状況の卑俗さとが不思議に共存する日本文化の独特の深さへの関心をそそらずにはいない。

（のぐち・たけひこ／文芸評論家）

本書の底本は、『相楽総三とその同志／相馬大作と津軽頼母』（「長谷川伸全集」第七巻、朝日新聞社、一九七一年）として刊行されました。

長谷川　伸（はせがわ　しん）

大正・昭和時代の劇作家・小説家。大衆文学の父ともよばれる。1884年，横浜に生まれる。幼くして母と別れたのち，家が没落して辛酸をなめる。新聞記者となり，やがて小説，戯曲の執筆に手を染める。「沓掛時次郎」「瞼の母」「一本刀土俵入」など世にいう〈股旅物〉ジャンルを確立する一方で「相楽総三とその同志」など，入念な考証に基づき「史実」の意味を問う作品を世に送りだした。また，門下から村上元三，山岡荘八，池波正太郎，平岩弓枝らを輩出した。1963年没。

講談社学術文庫

定価はカバーに表示してあります。

相楽総三《さがらそうぞう》とその同志《どうし》

長谷川《はせがわ》　伸《しん》

2015年2月10日　第1刷発行
2020年9月8日　第2刷発行

発行者　渡瀬昌彦
発行所　株式会社講談社
東京都文京区音羽2-12-21 〒112-8001
電話　編集（03）5395-3512
販売（03）5395-4415
業務（03）5395-3615

装　幀　蟹江征治
印　刷　豊国印刷株式会社
製　本　株式会社若林製本工場
本文データ制作　講談社デジタル製作

2015　Printed in Japan

ISBN978-4-06-292280-7

「講談社学術文庫」の刊行に当たって

これは、学術をポケットに入れることをモットーとして生まれた文庫である。学術は少年の心を養い、成年の心を満たす。その学術がポケットにはいる形で、万人のものになることは、生涯教育をうたう現代の理想である。

こうした考え方は、学術を巨大な城のように見る世間の常識に反するかもしれない。また、一部の人たちからは、学術の権威をおとすものと非難されるかもしれない。しかし、それはいずれも学術の新しい在り方を解しないものといわざるをえない。

学術は、まず魔術への挑戦から始まった。やがて、いわゆる常識をつぎつぎに改めていった。学術の権威は、幾百年、幾千年にわたる、苦しい戦いの成果である。こうしてきずきあげられた城が、一見して近づきがたいものにうつるのは、そのためである。しかし、学術の権威を、その形の上だけで判断してはならない。その生成のあとをかえりみれば、その根は常に人々の生活の中にあった。学術が大きな力たりうるのはそのためであって、生活をはなれた学術は、どこにもない。

開かれた社会といわれる現代にとって、これはまったく自明である。生活と学術との間に、もし距離があるとすれば、何をおいてもこれを埋めねばならない。もしこの距離が形の上の迷信からきているとすれば、その迷信をうち破らねばならぬ。

学術文庫は、内外の迷信を打破し、学術のために新しい天地をひらく意図をもって生まれた。文庫という小さい形と、学術という壮大な城とが、完全に両立するためには、なおいくらかの時を必要とするであろう。しかし、学術をポケットにした社会が、人間の生活にとってより豊かな社会であることは、たしかである。そうした社会の実現のために、文庫の世界に新しいジャンルを加えることができれば幸いである。

一九七六年六月

野間省一

福沢諭吉著（解説・小泉　仰）
明治十年丁丑公論《ていちゅうこうろん》・瘠我慢《やせがまん》の説

西南戦争勃発後、逆賊扱いの西郷隆盛を弁護した「丁丑公論」、及び明治維新における勝海舟、榎本武揚の挙措と出処進退を批判した「瘠我慢の説」他を収録。諭吉の抵抗と自由独立の精神を知る上に不可欠の書。

675

金達寿《キムタルス》著
日本古代史と朝鮮

地名・古墳など日本各地に現存する朝鮮遺跡や、記紀に見られる高句麗・百済・新羅系渡来人の足跡等を通して、密接な関係にあった日本と朝鮮の実像を探る。豊富な資料を駆使して描いた古代日朝関係史。

702

金達寿著
古代朝鮮と日本文化　神々のふるさと

高麗神社、百済神社、新羅神社など、日本各地に散在する神々は古代朝鮮と密接な関係があった。神社・神宮に関する文献や地名などを手がかりにその由来をたどり、古代朝鮮と日本との関わりを探る古代史への旅。

754

朝河貫一《あさかわかんいち》著（解説・由良君美）
日本の禍機《かき》

世界に孤立して国運を誤るなかれ──日露戦争後の祖国日本の動きを憂え、遠く米国からエール大学教授の朝河貫一が訴えかける。日米の迫間で日本への批判と進言を続けた朝河の熱い思いが人の心に迫る名著。

784

石村貞吉著（解説・嵐　義人）
有職故実《ゆうそくこじつ》（上）（下）

国文学、日本史学、更に文化史・風俗史研究と深い関係にある有職故実の変遷を辿った本書には官職位階・平安京及び大内裏・儀式典礼・年中行事・服飾・飲食・殿舎・調度輿車・甲冑武具・武技・遊戯等を収録。

800・801

直木孝次郎著
日本神話と古代国家

記・紀編纂の過程で、日本の神話はどのような潤色を加えられたか……。天孫降臨や三種の神宝、ヤマトタケルなどの具体例をもとに、文献学的研究により日本の神話が古代国家の歴史と形成に果たした役割を究明。

928

日本の歴史・地理

伊勢神宮
所《ところ》　功《いさお》著

日本人にとって伊勢神宮とはいかなる処か。'93年は伊勢神宮の第61回の式年遷宮の年。二十年ごとの造替行事が千数百年も持続できたのはなぜか。世界にも稀な聖地といわれる神宮の歴史と日本人の英知を論述。

1068

大和朝廷　古代王権の成立
上田正昭著

大和朝廷が成立するまでを、邪馬台国を経て奈良盆地の三輪王権から河内王権への王朝交替説などで分析。葛城、蘇我や大伴、物部などの豪族と、大王家との権力争奪の実態を克明に解く。古代日本の王権確立の過程を解明した力作。

1191

幕末日本探訪記　江戸と北京
R・フォーチュン著／三宅　馨訳（解説・白幡洋三郎）

世界的プラントハンターの幕末日本探訪記。英国生まれの著名な園芸学者が幕末の長崎、江戸、北京を訪問。珍しい植物や風俗を旺盛な好奇心で紹介し、桜田門外の変や生麦事件の見聞も詳細に記した貴重な書。

1308

シュリーマン旅行記　清国・日本
H・シュリーマン著／石井和子訳

シュリーマンが見た興味尽きない幕末日本。世界的に知られるトロイア遺跡の発掘に先立つ世界旅行の途中で、日本を訪れたシュリーマン。執拗なまでの探究心と旺盛な情熱で幕末日本を活写した貴重な見聞記。

1325

東と西の語る日本の歴史
網野善彦著（解説・山折哲雄）

日本人は単一民族説にとらわれすぎていないか。日本列島の東と西に生きた人びとの生活や文化の差異が、歴史にどんな作用を及ぼしたかを根本から見直す網野史学の代表作。新たな視点で日本民族の歴史に迫る。

1343

英国外交官の見た幕末維新　リーズデイル卿回想録
A・B・ミットフォード著／長岡祥三訳

激動の時代を見たイギリス人の貴重な回想録。アーネスト・サトウと共に江戸の寺で生活をしながら、数々の事件を体験したイギリス公使館員の記録。徳川幕府崩壊の過程を見すえ、様々な要人と交った冒険の物語。

1349

日本の歴史・地理

ザビエルの見た日本
ピーター・ミルワード著／松本たま訳

ザビエルの目に映った素晴しき日本と日本人。一五四九年ザビエルは「知識に飢えた異教徒の国」へ勇躍上陸し精力的に布教活動を行った。果して日本人はキリスト教を受け入れるのか。書簡で読むザビエルの心境。

1354

円仁《えんにん》 唐代中国への旅 『入唐求法巡礼行記』の研究
エドウィン・O・ライシャワー著／田村完誓訳

円仁の波瀾溢れる旅日記の価値と魅力を語る。九世紀唐代中国のさすらいと苦難と冒険の旅。世界三大旅行記の一つ『入唐求法巡礼行記』の内容を生き生きと描写し、歴史的意義と価値を論じるライシャワーの名著。

1379

愚管抄を読む 中世日本の歴史観
大隅和雄著（解説・五味文彦）

中世の僧慈円の主著に歴史思想の本質を問う。平清盛全盛の時代、比叡山に入り大僧正天台座主にまで昇りつめた慈円。摂関家出身で常に政治的立場をも意識せざるを得なかった慈円の目に映った歴史の道理とは？

1381

馬・船・常民 東西交流の日本列島史
網野善彦・森　浩一著（解説・岩田　晶）

日本列島の交流史を新視点から縦横に論じる。馬・海・女性という日本の歴史学から抜け落ちていた事柄を、考古学と日本中世史の権威が論じ合う。常識を打ち破り、日本の真の姿が立ち現われる刺激的な対論の書。

1400

葛城と古代国家 《付》河内王朝論批判
門脇禎二著

葛城の地に視点を据えたヤマト国家成立論。統一王朝大和朝廷はどのように形成されていったか。海外の新文化の流入路であり、大小多数の古墳が残る葛城――その支配の実態と大和との関係を系統的に解明する。

1429

人口から読む日本の歴史
鬼頭　宏著

歴史人口学が解明する日本人の生と死の歴史。増加と停滞を繰り返す四つの大きな波を経て、一万年にわたり増え続けた日本の人口。そのダイナミズムを分析し、変容を重ねた人びとの暮らしをいきいきと描き出す。

1430

日本の歴史・地理

氷川清話
勝　海舟著／江藤　淳・松浦　玲編

海舟が晩年語った人物評・時局批判の小話集。幕末期の難局に手腕を発揮し、次代を拓いた海舟。歯に衣着せず語った辛辣な人物評、痛烈な時局批判は、彼の人間臭さや豪快さが伝わる魅力いっぱいの好著である。

1463

〈出雲〉という思想　近代日本の抹殺された神々
原　武史著

〈出雲〉はなぜ明治政府に抹殺されたのか？「国家神道」「国体」の確立は、〈出雲〉に対する〈伊勢〉の勝利宣言だった。近代化の中で闇に葬られたオホクニヌシを主祭神とするもう一つの神道思想の系譜に迫る。

1516

シドモア日本紀行　明治の人力車ツアー
エリザ・R・シドモア著／外崎克久訳

女性紀行作家が描いた明治中期の日本の姿。ポトマック河畔の桜の植樹の立役者、シドモアは日本各地を人力車で駆け巡り、明治半ばの日本の世相と花を愛する日本人の優しい心を鋭い観察眼で見事に描き出す。

1537

「満州国」見聞記　リットン調査団同行記
ハインリッヒ・シュネー著／金森誠也訳

満州事変勃発後、国際連盟は実情把握のため、リットン卿を団長とする調査団を派遣した。日本、中国、満州、朝鮮……。調査団の一員が、そこで見た真実の姿とは。「満州国」建国の真相にせまる貴重な証言。

1567

信長の戦争　『信長公記』に見る戦国軍事学
藤本正行著（解説・峰岸純夫）

覇王・信長は〈軍事的天才〉だったのか？　明治に作られた「墨俣一夜城」の〝史実〟。根拠のない長篠の「鉄砲三千挺・三段撃ち」。『信長公記』の精読があかす信長神話の虚像と、それを作り上げた意外な事実。

1578

古代出雲
門脇禎二著

荒神谷遺跡発掘以後の古代出雲論を総括する。一九八四年、弥生中期の遺跡荒神谷から大量の青銅器が発掘された。出雲にはどんな勢力が存在したのか。新資料や多くの論考を検討し、新しい古代出雲像を提示する。

1580